FreeHand MX
GE-PACKT

Sabine Hamann

FreeHand MX GE-PACKT

Bibliografische Information Der Deutschen Bibliothek
Die Deutsche Bibliothek verzeichnet diese Publikation
in der Deutschen Nationalbibliografie;
detaillierte bibliografische Daten sind im
Internet über http://dnb.ddb.de abrufbar.

ISBN 3-8266-0975-1
1. Auflage 2003

Printed in Germany

Lektorat: Sabine Müthing
Satz und Layout: mediaService, Siegen
Druck: Kösel, Kempten

Inhaltsverzeichnis

Einleitung

Dieses kleine Buch versteht sich vor allem als Nachschlagewerk und richtet sich gerade auch an erfahrene Anwender. Welches Problem Sie auch immer beim Erstellen von Grafiken mit FreeHand bisher hatten, in dieser kleinen Referenz sollten Sie fündig werden, und außerdem viele Tipps und Tricks entdecken, die Ihnen die tägliche Arbeit erleichtern.

E.1 Neue Funktionen in FreeHand MX

Damit Sie sich schnell zurechtfinden, wenn Sie bereits mit FreeHand 10 gearbeitet haben, möchte ich an dieser Stelle zunächst alle Neuerungen kurz und knapp vorstellen.

Neue Oberfläche: In der neuen Oberfläche wurden die Bedienfelder optimiert, so dass Sie diese besser gruppieren und platzieren können. Einige Menüs wurden überarbeitet und besonders im Menü FENSTER werden Sie eine bessere Übersicht finden.

Bedienfeld Antworten: In diesem Bedienfeld werden Sie schnelle Verbindungsmöglichkeiten zum technischen Support von FreeHand finden. In der Palette werden auch Aktualisierungen für Hilfethemen und Lehrgänge angeboten.

Bedienfeld Objekt: In diesem Bedienfeld finden Sie nicht nur die Definition von Linien und Füllungen, sondern auch die neuen Effekte. Für die aktiven Elemente werden immer die aktuellen Einstellungen eingeblendet und auch mit einer kleinen Vorschau dargestellt.

Effekte: Mit den Effekten, die im Bedienfeld OBJEKT eingestellt werden können, haben Sie die Möglichkeit, Veränderungen an Pfaden und Elementen später nachzuvollziehen oder zu korrigieren. Die Modifikationen lassen sich miteinander kombinieren und Sie können mit den Effekten einfache Pfade aufwändig gestalten.

Mehrfach-Attribute für Linien, Füllungen und Effekte: Für jeden Pfad können Sie ab sofort mit FreeHand MX mehrere Konturlinien definieren, die übereinander liegen und so Linienmuster bilden. Ebenso werden mehrere Füllungen zugelassen und natürlich, wie bereits erwähnt, mehrere Effekte.

Verbesserte Rasterverlauf-Füllungen mit Verlaufbearbeitung durch Griffe: Für die Verläufe lassen sich Richtung und Ausdehnung nun auch mit Griffen in den Verläufen bestimmen. Die Gestaltungen sind so einfacher bearbeitbar und auch die Verlaufsmöglichkeiten sind erweitert worden.

Kalligrafie-Linienformen: Für das Stiftwerkzeug sind auch Kalligrafie-Linien verfügbar, da in FreeHand MX dieser neue Linientyp mit elliptischen Werkzeugspitzen eingeführt wurde. Die Winkelung für die Verformung der Linien lässt sich im Bedienfeld OBJEKT einstellen.

Extrusionen: Sie können jetzt Extrusionen für Pfade erstellen. Das können auch in Pfade gewandelte Buchstaben sein. Danach lässt sich das Extrusionsobjekt im Raum drehen und mit verschiedenen Schattierungen und Profilen versehen.

Radiergummi-Werkzeug: Mit dem Radiergummi-Werkzeug haben Sie die Möglichkeit, auf einfache Weise Punkte aus einer gezeichneten Form zu löschen. Es reagiert ähnlich wie das Messerwerkzeug, ist aber intuitiver einsetzbar.

Mischungswerkzeug: Das Mischungswerkzeug im Bedienfeld WERKZEUGE wurde verbessert. Es ist jetzt auch möglich, mit dem Werkzeug von einem Objekt zum nächsten zu ziehen und so Start- und Endobjekt für eine Mischung festzulegen.

Direkt-Bearbeitung von Elementen mit Aktivierungspunkten: Bei vielen Grundobjekten lassen sich mit dem Teilauswahlwerkzeug Aktivierungspunkte anklicken und verschieben. Dadurch haben Sie jetzt die Möglichkeit, Sterne in sich zu rotieren oder die Ecken eines Rechtecks abzurunden.

Alpha-Kanal-Berücksichtigung bei Bildimporten: Bilder lassen sich auch durch die Aktivierung von Alpha-Kanälen freistellen. Dabei ersparen Sie sich die Arbeit, einen Beschneidungspfad anzulegen oder eine Maskierung mit einem Pfad zu erstellen.

Ausgabe-Bereich festlegen: Es besteht in FreeHand MX die Möglichkeit, einen Ausgabe-Bereich festzulegen, der gedruckt werden soll. Damit ist es möglich, nur Teile einer Grafik vergrößert auszugeben. Außerdem lassen sich Elemente auf diese Weise im Ausdruck ausblenden. Für diese Funktion wurde ein Werkzeug in der Symbolleiste STANDARD integriert.

Symbolaustausch mit der Bibliothek: In der Bibliothek werden Symbole verwaltet. Nun ist es einfach möglich, die Symbole auszutauschen und neu gezeichnete Elemente in eine Symbolinstanz zu verwandeln. Das ist besonders sinnvoll, wenn Sie auf diese Art alle Dateien korrigieren möchten, in denen das Symbol verwendet werden soll. Es gibt für diese Funktion einen neuen Button im Bedienfeld BIBLIOTHEK.

Verbindungslinien-Werkzeug: Über das Verbindungslinien-Werkzeug werden für Organigramme die Linien zwischen den einzelnen Bereichen gezogen. Diese Art der Verbindung, die variabel mit den Elementen verschoben wird, ist auch für Datenfluss- und Programmablaufdiagramme interessant.

Verbindungslinien-Stile: Im Bedienfeld STILE finden Sie einen Standardstil für die Verbindungslinien. Aber dieser lässt sich verändern. So können Sie die Verbindungslinien schnell anpassen. Natürlich lassen sich auch weitere Stile dort eingeben und auswählen.

Aktions-Werkzeug: Mit dem Aktions-Werkzeug aus dem Bedienfeld WERKZEUGE lassen sich Dateien für Präsentationen vorbereiten. Sie haben die Möglichkeit, damit Seitenverknüpfungen zu erstellen und URLs in Dokumenten aufzurufen. Diese Art der Aktionsdefinition soll Ihnen die Arbeit erleichtern.

Flash Import/Export: Sie können Grafiken in FreeHand MX erstellen und für Flash exportieren. Stattdessen können Sie aber auch die FreeHand-Datei in Flash öffnen oder importieren. Außerdem lassen sich Flash-Dateien in FreeHand MX importieren. So haben Sie gute Möglichkeiten des Datenaustausches mit den beiden Programmen.

Verbesserte Kommunikation mit Flash und Fireworks: Fireworks kann als externer Editor für die Bildbearbeitung genutzt werden und auch ein direkter Import von Flash-Dateien lässt die Verknüpfung der Programme zu.

E.2 Systemanforderungen

Egal, ob Sie FreeHand MX auf einem PC oder auf einem Macintosh installieren möchten, Sie brauchen dazu ein CD-ROM-Laufwerk.

Sie sollten unbedingt über ausreichend Arbeitsspeicher verfügen. Macromedia empfiehlt 64 zusätzliche MB. Seit Mac OS X ist es nicht mehr nötig, dem Programm diese 64 MB Speicher zuzuweisen, da sich das System von vornherein mehr Speicher nimmt. Bei den PCs sieht das ganz ähnlich aus, wenn Sie mit Windows, Windows NT, Windows Me oder Windows XP arbeiten. Also sollten Sie etwa 128 MB berücksichtigen.

Die Festplatte Ihres Rechners sollte mindestens 70 MB freie Kapazität haben. Da die meisten Anwender aber auch Photoshop auf dem Rechner haben und auch damit arbeiten möchten, ist 1 GB die von mir empfohlene Mindestanforderung des freien Speichers.

Die Prozessorgeschwindigkeit des jeweiligen Computers entscheidet über die Arbeitsgeschwindigkeit. Also ist hier fast die Aussage zu treffen: je schneller, desto besser, aber mindestens 300 MHz. Ein PC sollte mindestens einen Pentium-II-Prozessor mit wenigstens 300 MHz Geschwindigkeit haben.

Am Schluss sind sogar noch die Grafikkarte und der Monitor erwähnenswert. Je schneller die Grafikkarte für den Bildschirmaufbau sorgen kann, desto eher können Sie auch die bessere Darstellung von FreeHand verlangen. In jedem Fall sollte der Bildschirm eine Auflösung von 1024 x 768 Pixel schaffen. Eine höhere Auflösung ist aber empfehlenswert, da sonst die Paletten im Programm sehr viel von der Seite verdecken. Um wirklich alle Farben korrekt darstellen zu können, sollte der Bildschirm 16,7 Millionen Farben darstellen können. Es geht zwar auch mit weniger Farben, aber ist für Grafiker eigentlich Unsinn.

Für die Ausgabe auf einem Drucker sollten nur PostScript-Level 2-kompatible als Mindestanforderung verwendet werden. Alle höheren PostScript-Versionen sind besser.

TrueType-Schriften werden von Macromedia nicht empfohlen, da sie meist Probleme im Ausdruck verursachen oder mindere Qualität bei Kerning- und Laufweitewerten zur Folge haben.

E.3 Hinweise zu diesem Buch

Alle Screenshots wurden am Macintosh mit dem Betriebssystem Mac OS X erstellt. An den Stellen, an denen es nötig war, finden Sie aber auch die Windows-Screenshots. In jedem Fall wurde bei der Angabe von Tastenkürzeln darauf geachtet, dass die Abweichungen, die es bei der Macintosh- zur Windows-Version gibt, jeweils erwähnt wurden. Eine grundsätzliche Abweichung wird jedoch in den Screenshots der Menüs deutlich. Jedes Mal, wenn Sie in den Bildschirmfotos dieses Zeichen sehen: [⌘], werden Sie bei Windows-Computern auf dem Bildschirm dieses Zeichen stattdessen finden: [Strg].

Beim Mac ist das die Apfel-Taste und bei Windows-Computern die [Strg]-Taste. Die [⌥]-Taste beim Mac wird meist in Handbüchern auch Wahl-Taste genannt und entspricht der [Alt]-Taste bei Windows-Computern.

Es gibt Funktionen in FreeHand MX, die es nur in der Windows-Version gibt. Diese Funktionen wurden in den Kapiteln nur mit den Windows-Screenshots und Windows-Tastenkürzeln beschrieben.

Da dieses Buch mit der ersten Final-Version von FreeHand MX erstellt wurde, kann es sein, dass nach den ersten Updates kleine Fehler bei der Übersetzung der Menüs oder Bedienfeldtexte korrigiert wurden und somit Abweichungen von diesem Buch entstehen. Da es allgemein üblich ist, solche Updates online bereitzustellen, sollten Sie auf der Webseite von Macromedia nachsehen, ob es bereits eine neuere Version gibt.

FreeHand-MX-Schnelleinstieg

1.1 Der Arbeitsbereich

Wenn Sie das Programm gestartet haben, sehen Sie oben die Menüleiste und links das Bedienfeld WERKZEUGE. Auf der rechten Seite werden wichtige Bedienfelder gezeigt, die untereinander gehängt sind. In den Bedienfeldern erscheinen Kartenreiter, die einen Wechsel zu anderen Bedienfeldern zulassen, indem Sie einmal darauf klicken. In der Macintosh-Version sehen Sie am unteren Fensterrand Funktionen, die in der Windows-Version als gesonderte Symbolleiste aufgerufen werden müssen. In diesem Beispiel ist eine leere Seite sichtbar, die noch keine weiteren Elemente enthält.

Im Menü FENSTER werden alle Bedienfelder aufgeführt und auch die Symbolleisten aufgerufen. Dabei platziert FreeHand MX die Symbolleisten nicht selbstständig. Sie können die Leisten aber einfach in den oberen Bildschirmbereich ziehen und schon werden sie zu ganz normalen Symbolleisten, die beim nächsten Programmstart wieder dort erscheinen. Auch das Bedienfeld WERKZEUGE kann auf diese Weise in eine Symbolleiste umfunktioniert werden.

Die Bedienfelder können aneinander angedockt werden und Sie sollten sich eine Platzierung der wichtigsten Bedienfelder überlegen, die Sie immer wieder brauchen werden. Beim ersten Start des Programms sind die wichtigen Bedienfelder schon auf diese Weise gruppiert.

Allerdings lassen sich die Bedienfelder auch neu gruppieren und die Gruppierung lässt sich wieder lösen. In dem kleinen Menü eines Bedienfeldes finden Sie die entsprechenden Befehle, um diese Gruppierungen von Bedienfeldern zu steuern.

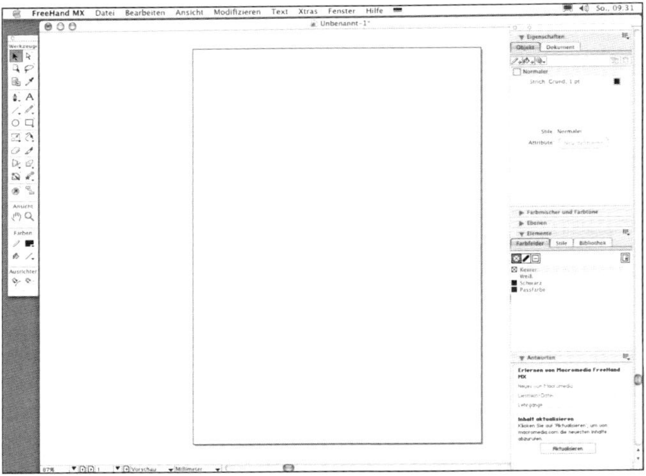

Abbildung 1.1: Nach der Installation sieht FreeHand MX erst einmal so aus.

In der Abbildung 1.2 sehen Sie ein Beispiel, wie die Symbolleisten angeordnet werden können. Die Symbolleisten für die Xtra-Funktionen und Xtra-Werkzeuge habe ich aus dem Menü FENSTER aufgerufen und dann oben neben die Standard-Symbolleiste und die Text-Symbolleiste gelegt. Die Werkzeuge kann man auch links platzieren, aber auch diese finde ich oben sinnvoller. Daneben liegt noch eine Symbolleiste und zwar die der Umhüllungs-Werkzeuge.

Am unteren Bildschirmrand finden Sie noch eine zusätzliche Leiste, die Info-Leiste. Diese Leiste muss nicht unbedingt eingeblendet sein, aber Sie werden sich schnell daran gewöhnen, dort Winkel, Maße und Werte ablesen zu können, die gerade durch Mausaktionen erstellt werden. Sie müssen diese Leiste über das Menü FENSTER aufrufen.

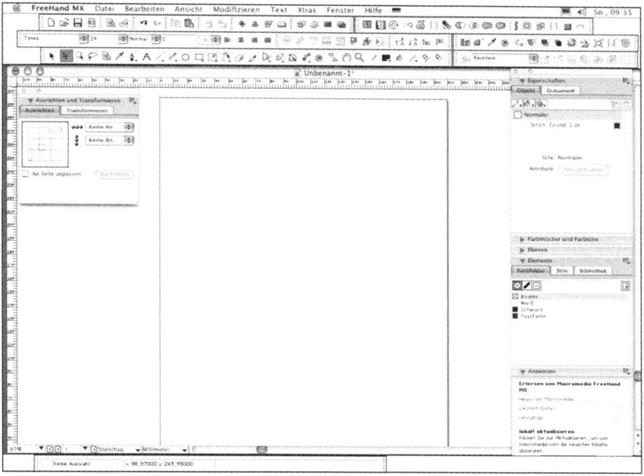

Abbildung 1.2: So könnte die Oberfläche nach einer eigenen Einrichtung der Symbolleisten und Bedienfelder aussehen.

Einige der Bedienfelder lassen sich auch in der Symbolleiste STANDARD aufrufen und werden eingeblendet und aufgeklappt, falls die Bedienfeldgruppe gerade zusammengeklappt oder ausgeblendet war.

In den folgenden Abschnitten werden kurz die einzelnen Bedienfelder und Menüs vorgestellt.

1.2 Symbolleisten

Um alle Symbolleisten auf den Bildschirm zu holen und anzuordnen, verwenden Sie das Menü FENSTER. Darin finden Sie die Symbolleisten und die

Bedienfeld-Paletten. Rufen Sie alle Symbolleisten auf, bis auf die STEUERUNG. Die brauchen Sie zu selten, nämlich nur für die Erstellung von Flash-Dateien.

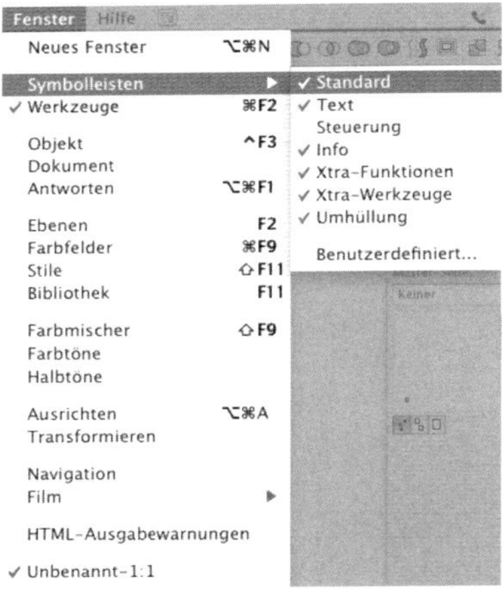

Abbildung 1.3: Symbolleisten im Menü FENSTER

Die Symbolleisten verlieren den Charakter einer Palette, wenn sie in den oberen Fensterbereich gezogen werden. Zuerst sehen sie aber wie normale Paletten aus und haben sogar einen kleinen Schließ-Button links oben. Bei Windows sehen die Leisten und auch die Schließ-Buttons etwas anders aus. Hier ein Beispiel:

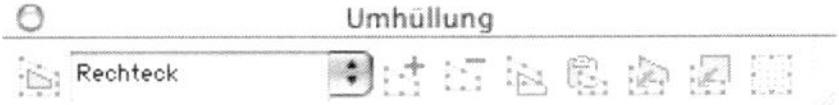

Abbildung 1.4: Die Symbolleiste UMHÜLLUNG als Bedienfeld dargestellt

Sie können die Symbolleisten aber auch wieder mit der Maus an einem der Begrenzungsstriche anfassen und aus dem Symbolleistenbereich in das Fenster nach unten ziehen, so dass wieder eine Palettendarstellung entsteht. Links am

Fensterrand können bei Windows auch Bedienfelder platziert werden. Dann wird die Windows-Funktion verwendet, bei der die Bedienfelder an das Dokumentfenster angedockt sind. Nach dem Start von FreeHand ist die Gruppe von Bedienfeldern rechts an das Dokumentfenster angedockt. Der Vorteil ist, dass die Bedienfelder dann zeitweise komplett ausgeblendet werden können.

Damit Sie lernen können, welche Funktionen die Symbole der Symbolleisten haben, gibt es in FreeHand so genannte »QuickInfo«-Einblendungen. Wenn Sie mit der Maus kurz auf einem Symbol verweilen, wird ein kleiner gelber Kasten eingeblendet, der den Namen des Symbols darstellt. Damit können Sie meist schon direkt erkennen, wozu die Funktion dient.

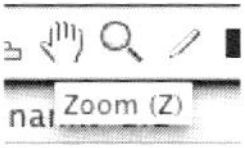

Abbildung 1.5:
Das Zoom-Werkzeug mit dem QuickInfo-Text darunter

Hinter dem Namen der Funktion steht im QuickInfo-Feld immer noch in Klammern das jeweilige Tastenkürzel, mit dem die Funktion ebenfalls aufgerufen werden kann. So werden Sie sicherlich schnell auch diese Arbeitsweise kennen lernen, mit Tastenkürzeln Werkzeuge zu wechseln, statt mit der Maus die Werkzeuge auszuwählen.

1.2.1 Symbolleiste Standard

In dieser Symbolleiste befinden sich die Buttons für die Grundfunktionen, die Sie für die Steuerung des Programms benötigen und mit denen einige Bedienfelder aufgerufen werden können.

Sie können mit einem Klick auf den entsprechenden Button eine neue Datei erstellen, eine Datei öffnen, eine Datei speichern, drucken und auch Arbeitsschritte wieder rückgängig machen. In dieser Symbolleiste befinden sich auch Buttons für die Sperrung von Elementen oder zum Einblenden von verschiedenen Bedienfeldern.

1.2.2 Symbolleiste Text

In der Symbolleiste TEXT werden viele Funktionen für die Textgestaltung aufgeführt. Sie haben die Möglichkeit, eine Schrift auszuwählen und die Textausrichtung zu bestimmen. Außerdem werden Funktionsbuttons für die Textausrichtung an Pfaden und Grundlinienverschiebung in dieser Symbolleiste angeboten.

1.2.3 Symbolleiste Steuerung

Die Symbolleiste STEUERUNG ist für die Kontrolle von Flash-Dateien sinnvoll einsetzbar, wenn Sie diese direkt mit FreeHand erstellt haben und nun abspielen möchten. Hierzu sind in Kapitel 18 weitere Informationen zu finden.

1.2.4 Symbolleiste Info

In dieser Symbolleiste werden tatsächlich nur Informationen sichtbar. Aber es kann bei vielen Arbeitsschritten sehr sinnvoll sein, dass Sie die Informationen in der Symbolleiste im Blick haben.

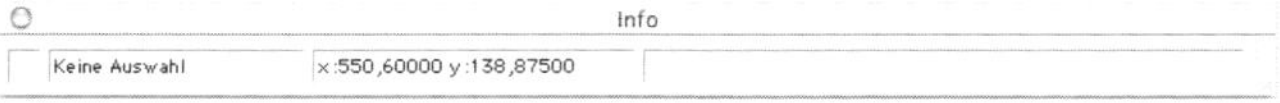

1.2.5 Symbolleiste Xtra-Funktionen

Mit dieser Symbolleiste werden einige Funktionen für die Bearbeitung von gezeichneten Pfaden bereitgestellt, die keinem bestimmten Einsatzgebiet zuzuordnen sind und somit hier gesammelt wurden. Viele dieser Xtra-Funktionen werden in Kapitel 7 beschrieben.

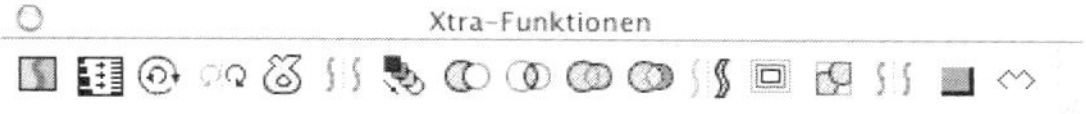

1.2.6 Symbolleiste Xtra-Werkzeuge

Alle diese Werkzeuge sind auch im Bedienfeld WERKZEUGE mit anderen Werkzeugen zusammengefasst worden. Sie müssen dann mit der Maus auf einem Werkzeug-Button klicken, die Maustaste gedrückt halten und auf das gewünschte Werkzeug wechseln.

1.2.7 Symbolleiste Umhüllung

Mit dieser Symbolleiste arbeiten Sie wahrscheinlich nur, wenn Sie eine Verzerrung mit einer Umhüllung erstellen und bearbeiten möchten. Die genaue Funktionsweise dieser Buttons erfahren Sie in Kapitel 13.

1.2.8 Symbolleiste Status

Die Symbolleiste STATUS gibt es nur in der Windows-Version. Sie enthält alle Bedienelemente, die in der Macintosh-Version am unteren Bildschirmrand platziert sind. Im Text der weiteren Kapitel wird davon ausgegangen, dass Sie diese Leiste immer auf dem Bildschirm platziert haben und zwar am unteren Bildschirmrand. Deswegen wird diese Symbolleiste nicht jedes Mal im Text erwähnt.

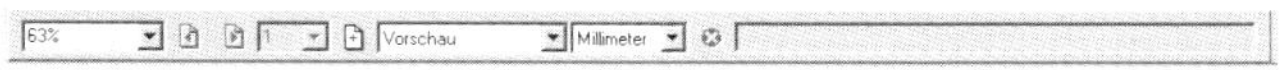

1.2.9 Symbolleisten anpassen

Nun, da Sie sich mit den einzelnen Symbolleisten von FreeHand MX vertraut gemacht haben, sollten Sie überlegen, ob Sie die Symbolleisten an Ihre Bedürfnisse anpassen möchten. Sie müssen vielleicht Funktionen oft verwenden, die nicht als Button in einer Symbolleiste zu finden sind. Deswegen gibt es im Menü FENSTER|SYMBOLLEISTEN die Option ANPASSEN. Beim Macintosh heißt die Option BENUTZERDEFINIERT. Es erscheint ein Dialogfeld, in dem die Symbole, die verwendet werden können, in verschiedenen Kategorien sortiert sind.

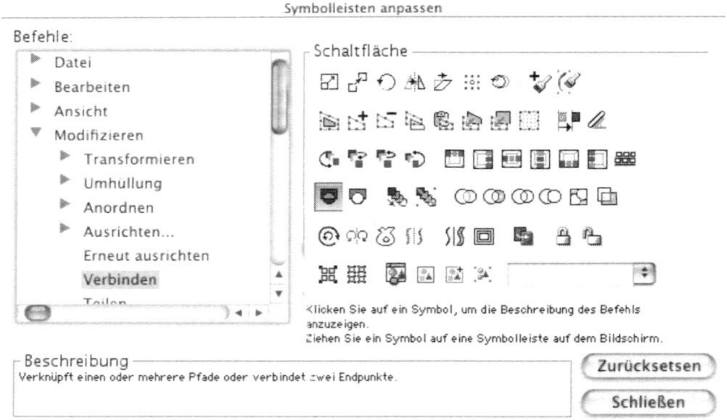

Abbildung 1.6: Dialogfenster zum Anpassen der Symbolleisten

Sobald Sie das Dialogfeld auf dem Bildschirm haben, lassen sich die Symbolleisten bearbeiten. Sie brauchen nur eine der Schaltflächen (eines der Symbole) mit der Maus in die gewünschte Symbolleiste zu ziehen. Die Beschreibung, was bei einem Klick auf das Symbol passiert, finden Sie immer unten im Fenster. Das ist eine gute Hilfe, falls Sie die Funktion des Symbols nicht gleich erkennen.

Unter Windows sieht das Dialogfeld etwas anders aus.

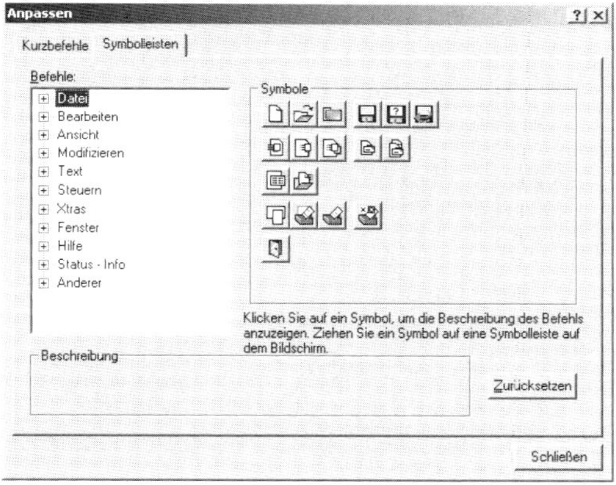

Abbildung 1.7: Dialogfenster zum Anpassen der Symbolleisten unter Windows

Unter Windows können Sie mit dem Button ZURÜCKSETZEN die Änderungen wieder rückgängig machen.

Sie haben aber auch die Möglichkeit, mit der Maus die Symbole wieder aus der Symbolleiste herauszuziehen. Wenn Sie die `Alt`-Taste festhalten, können Sie die Symbole in den Symbolleisten mit der Maus neu anordnen.

1.3 Menüs

Die Tastenkürzel in den folgenden Abbildungen entsprechen der Macintosh-Version.

1.3.1 Menü Datei, Bearbeiten, Ansicht

Im Menü DATEI finden Sie alle Optionen, die Sie benötigen, um neue Dateien zu erstellen, Dateien zu speichern und zu drucken. Außerdem werden die Optionen IMPORTIEREN und EXPORTIEREN dort aufgerufen.

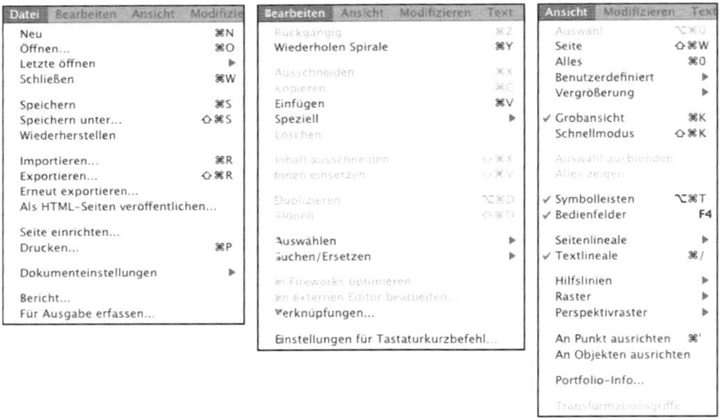

Das Menü BEARBEITEN bietet die Standardfunktionen an, die in fast jedem Macintosh- oder Windows-Programm dort platziert sind: die Befehle, um Arbeitsschritte rückgängig zu machen, und Elemente zum Ausschneiden, Kopieren, Einfügen und Löschen.

Das Menü ANSICHT enthält viele Einstellungsmöglichkeiten für die Darstellung von Dateien.

1.3.2 Menü Modifizieren, Text, Xtras

Im Menü MODIFIZIEREN finden Sie viele Optionen für die Bearbeitung von Pfaden. Dabei sind viele Werkzeug-Buttons aus den Symbolleisten mit den Befehlen aus dem Menü MODIFIZIEREN in ihrer Funktionsweise gleich.

Das Menü TEXT ist für alle Textbearbeitungsfunktionen vorgesehen.

Im Menü XTRAS werden Xtra-Funktionen gesammelt und es sind einige Sonderfunktionen verfügbar, die mit der Animation zu tun haben. Dort werden Sie viele Untermenüs finden.

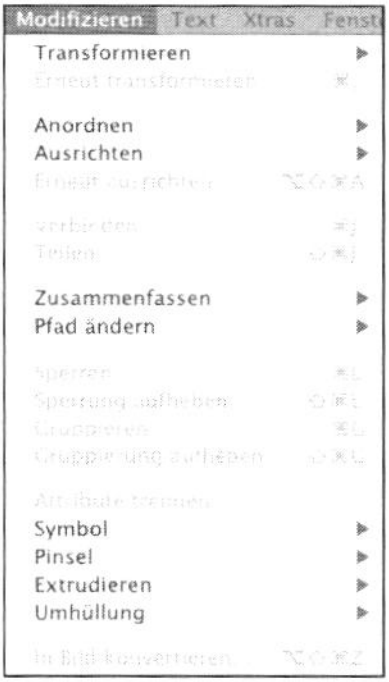

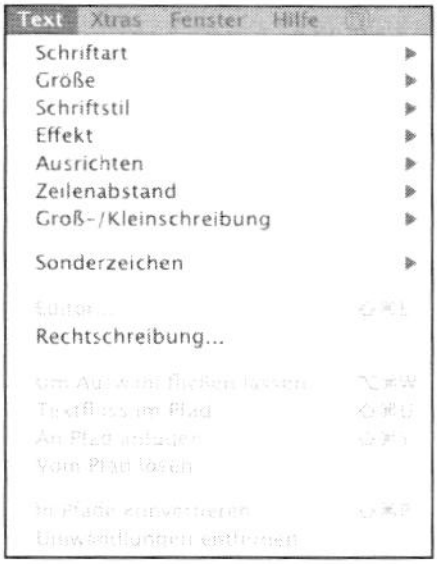

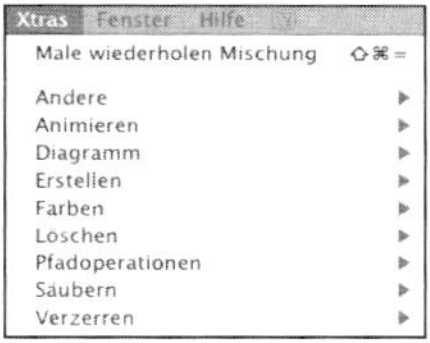

1.3.3 Menü Fenster, Hilfe

Im Menü FENSTER werden alle Symbolleisten und Bedienfelder aufgerufen.

Das Menü HILFE bietet die Hilfsfunktionen an, mit denen Sie online über das Internet auf die Hilfe-Seiten von Macromedia gelangen.

1.4 Bedienfelder

Wichtige Grundeinstellungen, wie z.B. das Seitenformat und die Seitenausrichtung finden Sie im Bedienfeld DOKUMENT. Es müssen viele Bedienfelder ständig auf dem Bildschirm sichtbar sein, damit Sie diese Grundeinstellungen schnell und einfach erreichen. Rufen Sie die Bedienfelder aus dem Menü FENSTER auf. Vielleicht lohnt sich bei ständiger Arbeit mit FreeHand MX die Anschaffung eines zweiten Bildschirms, damit Sie auf dem zweiten Monitor die Bedienfelder ungruppiert unterbringen können, so dass diese nichts von der Seite verdecken, aber immer alle Einstellungen schnell erreicht werden können. Sie können die Paletten der Bedienfelder neu anordnen und zusammenstellen.

Zur besseren Übersicht lassen sich die Bedienfeldgruppen von aneinander angedockten Bedienfeldern als separate Palette herauslösen. Ziehen Sie einfach den Griff der Bedienfeldgruppe mit der Maus an eine freie Fläche im Bildschirm.

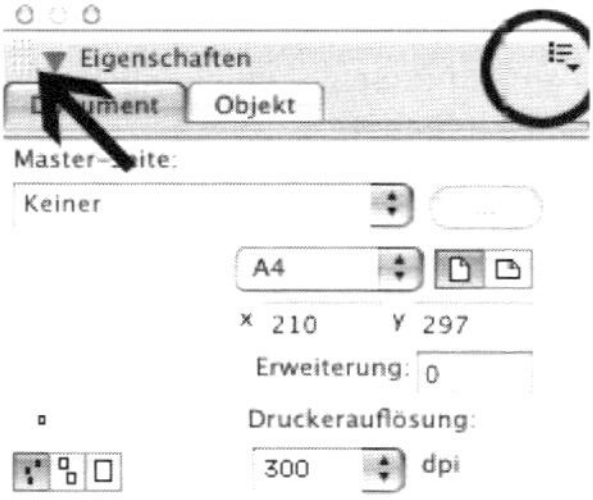

Abbildung 1.8:
Der Pfeil markiert den Griff für die Bedienfeldgruppe und der Kreis zeigt das Menü der Bedienfeldgruppe.

Sie müssen die Bedienfeldgruppe am Griff mit der Maus anfassen, wenn Sie sie an eine andere Bedienfeldgruppe andocken möchten. Dann ziehen Sie die ganze Bedienfeldgruppe an den unteren Rand einer anderen Bedienfeldgruppe.

Sie haben die Möglichkeit, die Kategorien der Bedienfeldgruppen neu zusammenzusortieren und zusammenzustellen. Sie können in dem Palettenmenü des Bedienfeldes die Einzelkategorien neu gruppieren, damit Sie alle für die Arbeit wichtigen Elemente gut im Blick haben.

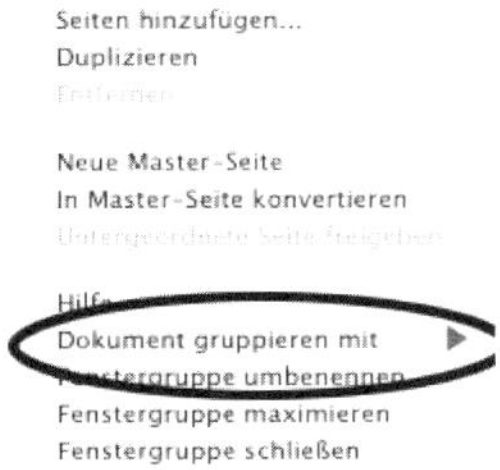

Abbildung 1.9: Die in einer Bedienfeldgruppe aktivierte Kategorie wird dargestellt. Es kann gewählt werden, mit welchem Bedienfeld stattdessen gruppiert werden soll.

Wenn Sie doch einmal eine Bedienfeld-Palette geschlossen haben und schnell wieder aufrufen möchten, dann nutzen Sie einfach die Buttons in der Symbolleiste STANDARD. Die Bedienfeld-Paletten werden dann inklusive der darin verschachtelt abgelegten weiteren Bedienfelder als ganze Bedienfeldgruppe geöffnet.

Abbildung 1.10: Bedienfeld-Buttons in der Symbolleiste STANDARD

Sie finden die Bedienfelder GRAFIKEN SUCHEN/ERSETZEN, AUSRICHTEN, TRANSFORMIEREN, BIBLIOTHEK, OBJEKT, FARBMISCHER, FARBFELDER und EBENEN in der Symbolleiste.

Falls Sie ein Bedienfeld nicht auf dem Bildschirm sehen können, lässt es sich über das Menü FENSTER aufrufen.

1.4.1 Bedienfeld Werkzeuge

Bei einigen Werkzeugen ist ein kleines schwarzes Dreieck unten rechts sichtbar. Damit wird gekennzeichnet, dass bei diesem Werkzeug weitere Werkzeuge verborgen sind. Klicken Sie bei gedrückt gehaltener Maustaste auf dieses Werkzeug, um die weiteren Werkzeuge aufzurufen.

Auf die Werkzeuge, die einen kleinen Winkel rechts oben im Button haben, können Sie doppelklicken, damit ein Einstellungsdialogfenster geöffnet wird.

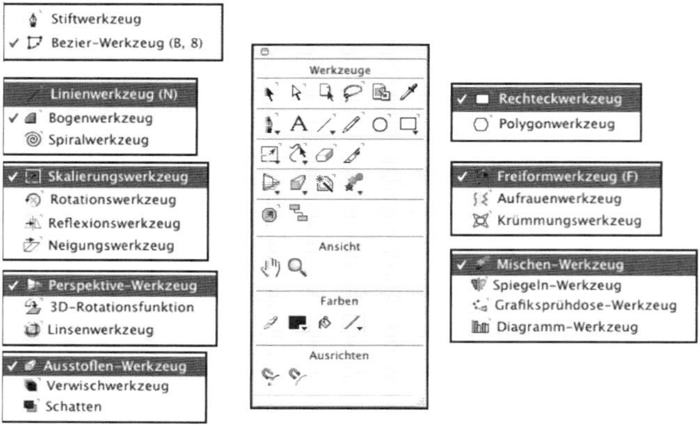

1.4.2 Bedienfeldgruppe Eigenschaften: Bedienfeld Dokument und Bedienfeld Objekt

Diese beiden Bedienfelder sind in der Grundeinstellung nach der Installation des Programms zusammengruppiert. Mit dem Bedienfeld DOKUMENT werden die Seiteneinstellungen vorgenommen. Das Bedienfeld OBJEKT ist besonders wichtig. Viele Dinge sehen Sie nur in diesem Bedienfeld, nämlich die Objektart, die Sie gerade aktiviert haben und die Einstellungen eines Objektes. Das Bedienfeld verändert die Anzeige jedes Mal, wenn Sie ein anderes Element aktivieren.

Die Icons im Bedienfeld OBJEKT sind neu und haben folgende Bedeutung:

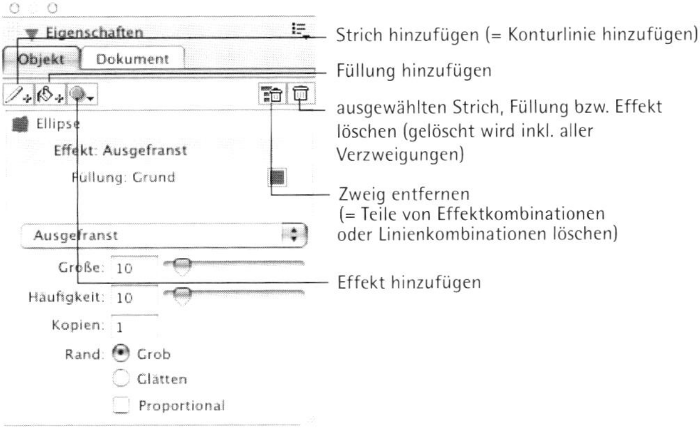

1.4.3 Bedienfelder Farbmischer und Farbtöne

Das Bedienfeld FARBMISCHER ist für die Definition neuer Farben wichtig. Damit lassen sich mit einem Klick auf die Buttons an der linken Seite verschiedene Farbmodi auswählen.

Im Bedienfeld FARBTÖNE definieren Sie von bereits gemischten Farben Rastertonwerte. Dazu brauchen Sie nur die Farbe und den gewünschten Prozentwert auszuwählen.

Diese beiden Bedienfelder werden im Kapitel 9 näher erklärt.

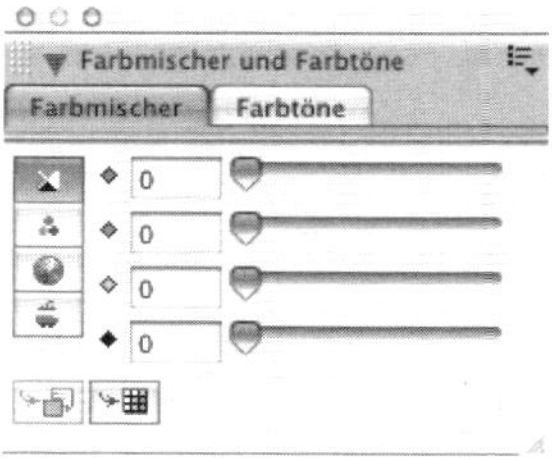

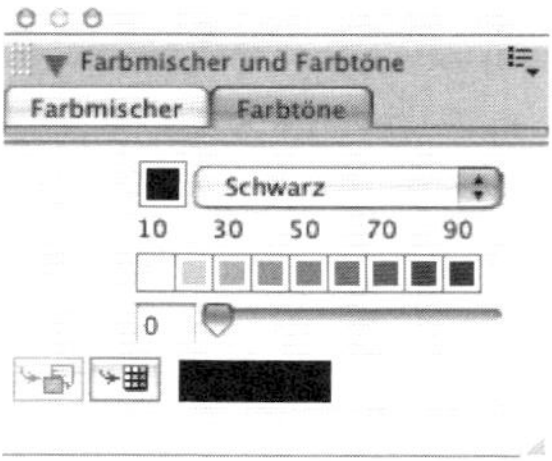

1.4.4 Bedienfeld Ebenen

Das Bedienfeld EBENEN ist zunächst nicht mit anderen Bedienfeldern zusammengruppiert. Es verwaltet die Ebenen in der Datei. Wie Sie mit Ebenen arbeiten, können Sie im Kapitel 2 lesen.

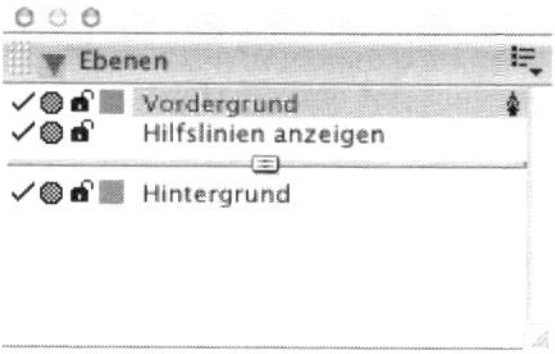

1.4.5 Bedienfeldgruppe Elemente: Bedienfeld Farbfelder, Bedienfeld Stile und Bedienfeld Bibliothek

Die Farben, die Sie im Bedienfeld FARBMISCHER definiert haben, werden meist im Bedienfeld FARBFELDER abgelegt und gespeichert. Es ist also ein Bedienfeld zur Farbverwaltung und -anwendung.

Gestaltungsvorgaben werden in FreeHand Stile genannt und lassen sich im Bedienfeld STILE verwalten.

Das Bedienfeld BIBLIOTHEK ist ebenfalls zum Speichern von Vorgaben vorgesehen. Dort werden Musterseiten, Symbole und Pinsel verwaltet. Über dieses Bedienfeld erfahren Sie mehr im Kapitel 16.

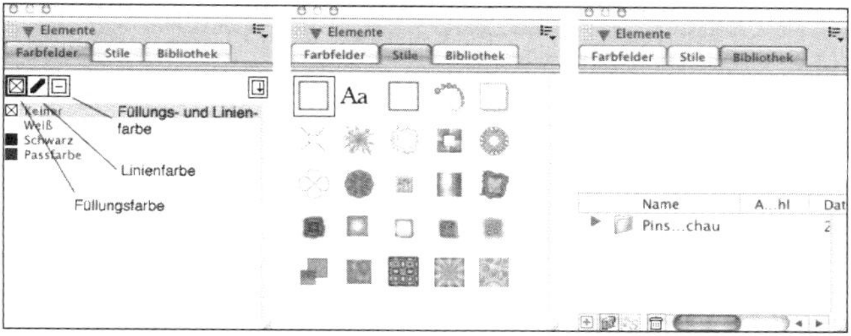

1.4.6 Bedienfeld Antworten

Das Bedienfeld ANTWORTEN soll Ihnen natürlich Antworten auf Ihre Fragen liefern. Hier werden viele Hilfen angeboten.

1.4.7 Bedienfeld Halbtöne

Wenn Sie Rasterungen festlegen möchten, die von den Einstellungen beim Ausdruck abweichen, dann lassen sich mit diesem Bedienfeld Rasterformen einstellen. Zu diesem Bedienfeld und seiner Verwendung erhalten Sie Infos in Kapitel 17, denn es sind eigentlich Ausgabeeinstellungen, die Sie hier definieren.

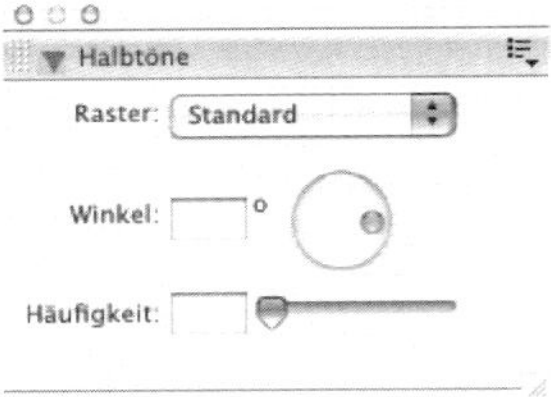

1.4.8 Bedienfelder Ausrichten und Transformieren

Wenn Elemente ausgerichtet werden sollen, brauchen Sie das Bedienfeld AUSRICHTEN. Damit lassen sich auf einfache Weise Elemente zurechtrücken.

Im Bedienfeld TRANSFORMIEREN werden Einstellungen für Verschiebung, Rotation, Neigung und Skalierung vorgenommen.

Wie Sie mit diesen Bedienfeldern arbeiten, wird in Kapitel 4 und 5 beschrieben.

1.5 Lineale

Haben Sie das Programm das erste Mal gestartet, dann wird eine Datei geöffnet, die zunächst ohne die Lineale dargestellt wird. Lineale sind etwas Praktisches. Rufen Sie die Lineale über das Menü ANSICHT|SEITENLINEALE|ANZEIGEN auf. Oben und links erscheinen dann die Lineale, an denen Sie sich orientieren können. Zunächst benutzen Sie die Lineale, um festzustellen, an welcher Position auf der Seite Sie ungefähr zeichnen. Besonders hilfreich ist allerdings, dass mit der Maus aus den Linealen die Hilfslinien gezogen werden können.

1.5.1 Nullpunkt der Seite einstellen

Der Nullpunkt einer Seite befindet sich unten links. Das ist durch die Definition von Koordinaten in PostScript vorgegeben und führt oft zu Problemen, wenn man nicht daran denkt. Die Verschiebewerte für Objekte werden entsprechend berücksichtigt. Wird ein Element mit einem positiven Wert in der Y-Achse verschoben, wandert es nach oben. Verwenden Sie dagegen für die Verschiebung einen negativen Wert, dann schiebt sich das Element nach unten. Stellen Sie sich einfach ein Koordinaten-System aus der Schulzeit vor. Da werden die Werte meist genauso angeordnet.

Links oben in der Ecke der beiden Lineale finden Sie ein kleines Kreuz. Mit diesem Symbol können Sie den Nullpunkt auf der Seite verschieben. Ziehen

Sie mit der Maus den Button und platzieren Sie das Fadenkreuz neu. Damit wird der Nullpunkt neu gesetzt. Die meisten Anwender setzen den Nullpunkt links oben auf die Seitenkante, damit er, wie bei QuarkXPress, normal oben an der Seite aktiv ist. Leider beeinflusst das nicht die andere Art der Verschiebung. Daran müssen Sie sich trotzdem gewöhnen.

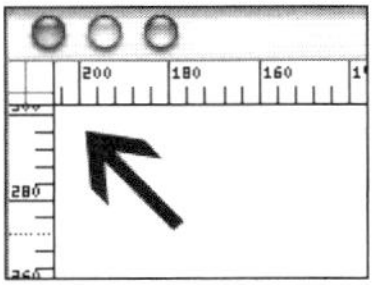

Abbildung 1.11:
Der Pfeil zeigt auf das Element, mit dem der Nullpunkt verschoben werden kann.

Wenn Sie auf diesen Punkt einen Doppelklick machen, wird der Nullpunkt auf die Standard-Position zurückgesetzt und gleichzeitig werden Änderungen an der Einrichtung der Lineale zurückgesetzt.

1.5.2 Maßeinheiten auswählen

Die Maßeinheit für die Lineale und die zu zeichnenden Elemente müssen vor Beginn der Grafikgestaltung einmal definiert werden. Das heißt natürlich auch, dass Sie während der Arbeit die Maßeinheiten wieder umstellen können. Am unteren Fensterrand finden Sie ein kleines Klappmenü. Dort stellen Sie die Maße für die Lineale und Formen z.B. auf Millimeter ein.

Aber damit werden nicht alle Angaben verändert. Die Schriftgröße bleibt als Punktgröße eingestellt.

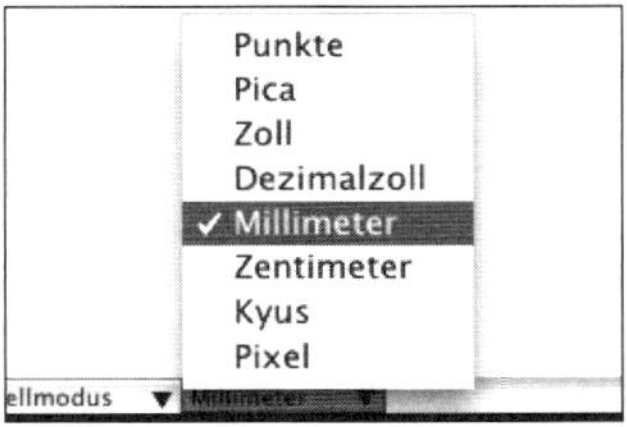

Abbildung 1.12:
Einstellung der aktiven Maßeinheit am unteren Bildschirmrand

Folgende Umrechnungen werden für die Maßeinheiten verwendet:

1 Punkt entspricht 0,352777 mm
1 Pica entspricht 12 pt
1 Zoll entspricht 2,54 cm (Angaben in Bedienfeldern als Inch mit einem i)
1 Dezimalzoll entspricht 25,4 mm (wie Zoll = 2,54 cm)
(bei Windows nur Dezimal)
Millimeter und Zentimeter sind bekannte Einheiten
1 Kyus entspricht 0,25 mm
1 Pixel entspricht 0,352777 mm
(Diese Einheit wird für Webseitengestaltung verwendet.)

1.5.3 Lineale einrichten

In einigen Fällen ist es sinnvoll, die Maßeinheit der Lineale zu ändern und neu einzurichten. Das macht z.B. die Arbeit bei der Gestaltung von Endlosformularen einfacher. Dazu stellen Sie die Maßeinheit Zoll ein.

Bei der Gestaltung von Landkarten lassen sich mit der individuellen Einstellung der Maßeinheiten maßstabsgerechte Umrechnungen erzeugen. Nehmen Sie an, Sie möchten einen Grundriss eines Hauses planen. Dann können Sie alle Werte in Meter eingeben und diese werden in der gewünschten Umrechnung dargestellt. Wählen Sie aus dem Menü ANSICHT|SEITENLINEALE|BEARBEITEN. Im Dialogfeld lassen sich dann der Umrechnungsfaktor und der Name der neuen Maßeinheit definieren.

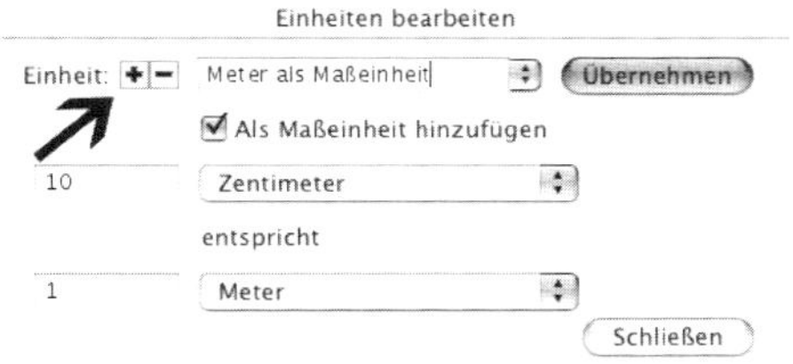

Abbildung 1.13: Eigene Umrechnungen erstellen mit dem MASSEINHEITEN BEARBEITEN-Dialogfenster

Sie klicken auf das kleine Pluszeichen, damit die neue Maßeinheit am unteren Fensterrand in der Liste der Maßeinheiten hinzugefügt wird. Die Seitenlineale zeigen andere Werte, wenn Sie diese neue Maßeinheit auswählen.

Abbildung 1.14: Neu erstellte Maßeinheit in der Liste der Maßeinheiten

Ein gezeichnetes Element, dass die Größe 1 für die Breite und 1 für die Höhe erhält, wird auf dem Bildschirm in 10 x 10 Zentimetern auf der Seite dargestellt. Die Einheit wird also automatisch umgerechnet. Im Bedienfeld OBJEKT können Sie die neue Maßeinheit verwenden und auch im Bedienfeld DOKUMENT wird der Wert für die Seitengröße umgerechnet. Eine DIN-A4-Seite ist dann nur noch 2,1 x 2,97 cm groß. Wenn Ihre Zeichnung dann immer noch zu groß werden sollte, brauchen Sie einfach nur die Maßeinheit erneut zu bearbeiten und wählen wieder ANSICHT|SEITENLINEALE|BEARBEITEN aus. In dem Pulldown-Menü rufen Sie Ihre selbst erstellte Maßeinheit auf und ändern den Umrechnungsfaktor, z.B. 1 Zentimeter entspricht 1 Meter, und klicken auf den Button ÜBERNEHMEN. Dadurch können Sie die Zeichnung entsprechend kleiner anlegen. Die DIN-A4-Seite entspricht plötzlich 21 Meter x 29,7 Meter.

1.6 Ansichten einstellen

Bevor Sie nun anfangen können, den Rest der Seitendarstellung vorzubereiten, sollen Sie lernen, wie man die Zoom-Einstellung verändert und welche weiteren Darstellungsmöglichkeiten es gibt.

Mit den Rollbalken kann der Bildschirminhalt für die Darstellung verschoben werden. Dieses Prinzip sollten Sie aber bereits aus anderen Programmen kennen. Sowohl bei Windows als auch beim Mac hat es sich für fast alle Programme eingebürgert, dass rechts und unten am Fenster ein Rollbalken erscheint.

1.6.1 Darstellung vergrößern und verkleinern

Zunächst sehen Sie eine Seite auf Ihrem Bildschirm, mit der und auf der Sie arbeiten können. Dabei kann es vorkommen, dass Sie kleine Grafikelemente erstellen möchten und diese schlecht sehen. In FreeHand gibt es jedoch die Möglichkeit, die Darstellung zu vergrößern. Dafür haben die Programmierer gleich mehrere Wege vorgesehen:

- Das Zoom-Werkzeug: Es befindet sich in der Werkzeugleiste und ist als kleine Lupe dargestellt. Klicken Sie darauf und dann klicken Sie damit auf der Seite in dem Bereich, der vergrößert dargestellt werden soll. Noch besser ist es, wenn Sie mit dem Werkzeug einen Rahmen um den Bereich ziehen, der vergrößert dargestellt werden soll. So erreichen Sie die optimale Vergrößerung und alles, was Ihnen wichtig ist, bleibt sichtbar. Sonst kann es passieren, dass Sie mit dem Rollbalken unten oder rechts den sichtbaren Bereich verschieben müssen. Zum Verkleinern der Darstellung mit dem Lupen-Werkzeug muss die [Alt]-Taste festgehalten werden. Die Lupe wird dann mit einem kleinen Minuszeichen dargestellt. Einfaches Klicken mit dieser Minus-Lupe verkleinert dann wieder die Darstellungsgröße.
- Das Menü ANSICHT: In diesem Menü finden Sie den Menüpunkt VERGRÖSSERUNG. Dieser Menüpunkt hat ein Untermenü, in dem verschiedene Darstellungsgrößen in Prozent sichtbar werden. Dort kann nicht nur eine Vergrößerung eingestellt werden, sondern auch eine Verkleinerung der Seitendarstellung ist möglich, nämlich alle Werte unter 100 %.
- Die Angabe AUSWAHL vergrößert oder verkleinert die Darstellung so, dass das jeweils ausgewählte Element optimal dargestellt werden kann.
- Die Angabe SEITE wird verwendet, wenn Sie die ganze Seite in der optimalen Größe für das Fenster auf dem Bildschirm vergrößert bzw. verkleinert dargestellt haben möchten.
- Mit ALLES aus dem Menü ANSICHT ist gemeint, dass alle Seiten und Elemente auf der Montagefläche jetzt im Fenster dargestellt werden sollen. Dabei muss in der Regel die Darstellung verkleinert werden. So verschafft man sich eine Übersicht über die Datei.

- Die Tastenkürzel: Im Menü ANSICHT werden einige der Tastenkürzel für die Darstellungsgröße neben den Prozentwerten dargestellt. Verwenden Sie die [⌘]-Taste und die Zahl bzw. die [Strg]-Taste bei Windows und die Zahl, um einen bestimmten Zoom-Faktor für die Darstellung zu erreichen.
- Die Fensterelemente: Am unteren Rand des Dokumentfensters, das Sie gerade geöffnet haben, finden Sie Einstellungsmöglichkeiten. Als Erstes ist die Darstellungsgröße dort sichtbar, die zurzeit verwendet wird. Klicken Sie doppelt in dieses Feld und ändern Sie die Einstellung. Abschließend bestätigen Sie die neue Darstellung mit der [↵]-Taste. Daneben befindet sich ein kleiner dreieckiger Pfeil, unter dem sich ein Menü mit verschiedenen Werten für die Ansichtsgrößen befindet. So können Sie auch die Ansicht verändern.

  Die Angabe unten im Fenster zeigt immer die aktuelle Darstellungsgröße, auch wenn diese mit dem Zoom-Werkzeug verändert wurde.

Die maximale Vergrößerung beträgt 6400 % und dient in vielen Fällen zur Gestaltung von sehr kleinen Grafiken z.B. Briefmarken.

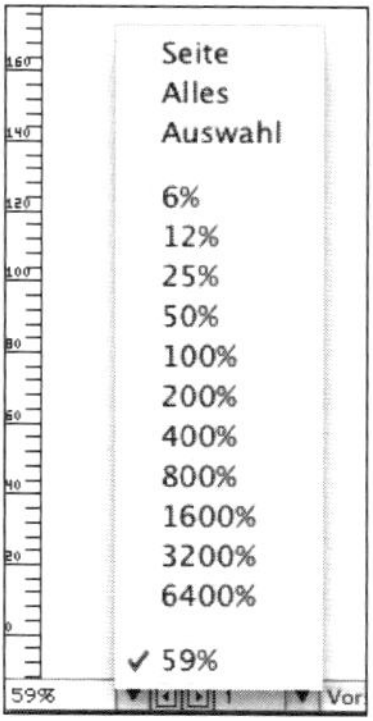

Abbildung 1.15:
Die Liste der Darstellungsgrößen am unteren Fensterrand

1.6.2 Ansichten speichern

Es kann sein, dass Sie ein sehr filigranes Element innerhalb einer größeren Zeichnung gestalten müssen. Dabei ist es sinnvoll, sowohl die Ansicht zu speichern, in der Sie den Gesamtüberblick behalten, als auch die Ansicht, die Ihnen die Arbeit an den kleinen, feinen Elementen eines bestimmten Bildbereiches ermöglicht.

Gehen Sie folgendermaßen vor: Stellen Sie den Zoomfaktor ein, der eine optimale Übersicht bietet, und wählen Sie aus dem Menü ANSICHT|BENUTZERDEFINIERT|NEU. Nun erscheint ein kleines Fenster, in dem Sie Ihrer Ansicht einen Namen geben können.

Abbildung 1.16: Speichern Sie die Ansicht unter einem sinnvollen Namen.

Diese neue Ansicht wird im Menü ANSICHT gespeichert und kann dort jederzeit aufgerufen werden. Danach würden Sie die zweite Ansicht speichern, die die Detailbearbeitung ermöglicht. Das Menü ANSICHT wird um die neuen Ansichten erweitert.

Die neue Ansicht wird auch in den Fensterelementen am unteren Fensterrand aufgeführt, damit Sie schnell in diese Ansicht umschalten können.

Die so gespeicherten Ansichten lassen sich bearbeiten, für den Fall, dass Sie merken, dass der Zoomfaktor oder Bildausschnitt nicht ganz stimmt und noch geändert werden soll. Ändern Sie die Darstellung zuerst entsprechend, damit die Ansicht danach neu gespeichert werden kann. Wählen Sie aus dem Menü ANSICHT|BENUTZERDEFINIERT|BEARBEITEN.

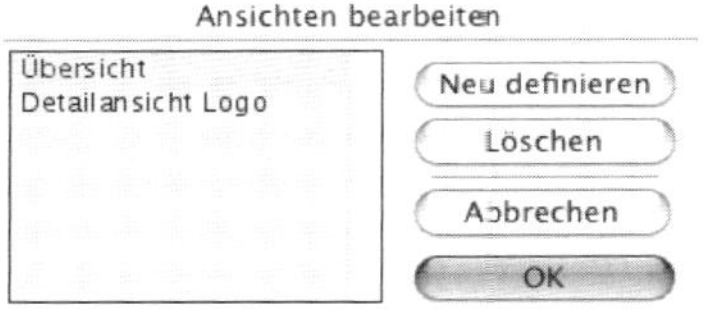

Abbildung 1.17:
Löschen einer selbst definierten Ansicht

Wählen Sie die zu korrigierende Ansicht und klicken Sie auf den Button NEU DEFINIEREN. Dann ist die Änderung gespeichert. Bei Windows heißt der Button STIL NEU DEFINIEREN.

1.6.3 Ansicht verschieben

Mit dem Hand-Werkzeug können Sie ganz einfach den Bildschirmausschnitt verschieben, der z.B. durch eine starke Vergrößerung nicht alles zeigt, was Sie sehen wollen.

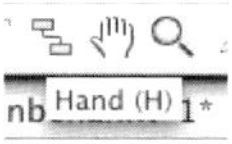

Abbildung 1.18:
Beim Zeichnen können Sie auch durch Drücken der Leertaste auf das Hand-Werkzeug wechseln.

1.6.4 Vorschau und Grobansicht

Dies ist ein Tipp, der vor Beginn der Erstellung von Grafiken allerdings schon recht sinnvoll ist: Sie haben die Möglichkeit, Ihre Grafikelemente durchsichtig zu machen und als Gittergerüst darzustellen. Diese Ansicht nennt sich in FreeHand MX GROBANSICHT. Zum Einstellen der Grobansicht gibt es einen Menüpunkt im Menü ANSICHT, eine Tastenkombination und am unteren Fensterrand ein kleines Menü. Unter Windows ist dieses Menü in der Symbolleiste STATUS zu finden. Die normale Ansicht ist die VORSCHAU. Bei der Darstellung im SCHNELLMODUS werden beispielsweise Farbverläufe in Streifen dargestellt, damit der Bildschirm schneller aufgebaut werden kann.

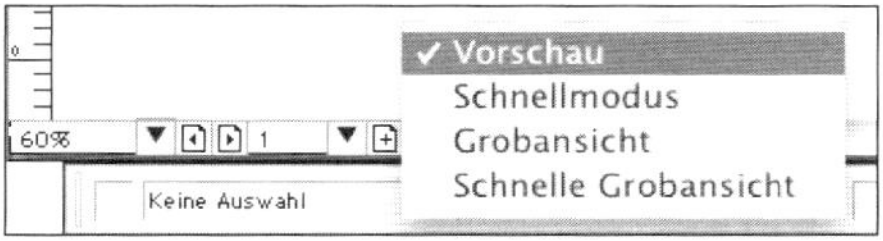

Abbildung 1.19: Die verschiedenen Vorschau-Modi am Fensterrand

1.7 Tastenkürzel anpassen

Dieses Thema gehört auch zur Vorbereitung Ihrer eigentlichen Arbeit. Sie wissen bestimmt, dass in vielen Programmen für Befehle Tastenkürzel vergeben werden können. Solche Tastenkürzel gibt es auch in FreeHand MX. Die meisten gängigen Tastenbefehle werden in den Menüs hinter den Menübefehlen dargestellt. Einige Tastenbefehle werden in den QuickInfo-Feldern dargestellt.

Jeder Anwender hat die Möglichkeit, die Befehle zu erlernen und direkt zu verwenden, aber wenn Sie einige Befehle häufig nutzen und umständlich finden, ist es sogar möglich, die Tastenkürzel zu ändern. Sie sollten kurz überlegen, ob das für Ihre tägliche Arbeit Sinn macht.

Wählen Sie aus dem Menü BEARBEITEN|EINSTELLUNGEN FÜR TASTATURKURZBEFEHL. In der Windows-Version wählen Sie aus dem Menü BEARBEITEN|KURZBEFEHLE.

Links sind die Befehlskategorien aufgeführt und Sie können dort einzelne Menübefehle aktivieren, um einen Tastenbefehl zu ändern oder einen Tastenbefehl zuzuweisen, wenn es noch keinen gab. Unten im Feld BESCHREIBUNG wird der Befehl erklärt.

Wenn Sie jetzt einen Kurzbefehl für den Menübefehl vergeben möchten, sehen Sie, ob der Kurzbefehl bereits einem anderen Menübefehl zugeordnet ist. Damit gibt es einen Konflikt und die ursprüngliche Funktion kann mit der Tastenkombination nicht mehr ausgeführt werden. Erscheint die Angabe [UNASSIGNED], dann können Sie die Tastenkombination dem Befehl zuweisen, denn es handelt sich um einen ganz neuen Tastenbefehl. Manchmal verändern Sie Tastenbefehle absichtlich und verhindern dadurch andere Befehle. Das tun Sie immer dann, wenn es Ihnen bei der Arbeit Vorteile bringt.

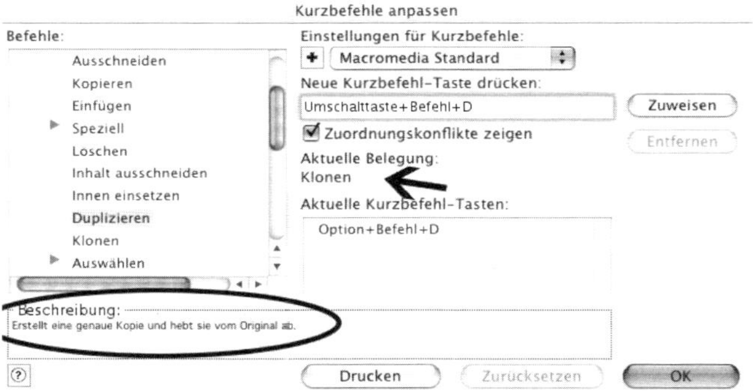

Abbildung 1.20: Dialogfenster zum Anpassen der Kurzbefehle

Eingefleischte Tastaturkünstler schätzen bei FreeHand MX aber auch sehr schnell, dass Sie ein komplettes Tastaturkürzel-Set eines anderen Programms für die Befehle von FreeHand zuweisen können. Dabei werden allerdings nur die Funktionen berücksichtigt, die in den Programmen gleich sind.

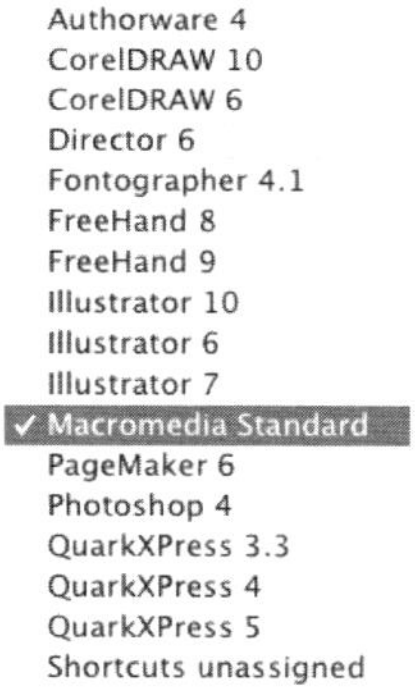

Abbildung 1.21:
In der Windows-Version sind weniger Tastenkürzelsets verfügbar.

Wenn Sie ein eigenes Tastenkürzelset erstellen möchten, dann sollten Sie Ihre Änderungen vornehmen und danach auf das Pluszeichen klicken. Damit öffnen Sie ein Dialogfenster, mit dem Sie die Datei unter einem Namen speichern können. Wo genau die Datei gespeichert werden muss, sehen Sie direkt in dem Fenster, denn FreeHand schlägt die Speicherung der Datei am richtigen Ort auf der Festplatte vor. Sollten Sie ein Tastenkürzelset bearbeitet haben, das bereits gespeichert wurde, und es somit verändert haben, dann lässt sich die Änderung rückgängig machen, wenn Sie auf den Button ZURÜCKSETZEN klicken.

Beschäftigen Sie sich bitte ganz zu Anfang mit dieser Funktion, damit Sie später nicht umlernen müssen.

Im Anhang finden Sie die Tastenkürzel von FreeHand MX. Sobald Sie eigene Sets erstellt haben, lassen sich diese über den Button DRUCKEN bequem ausdrucken oder als Datei speichern.

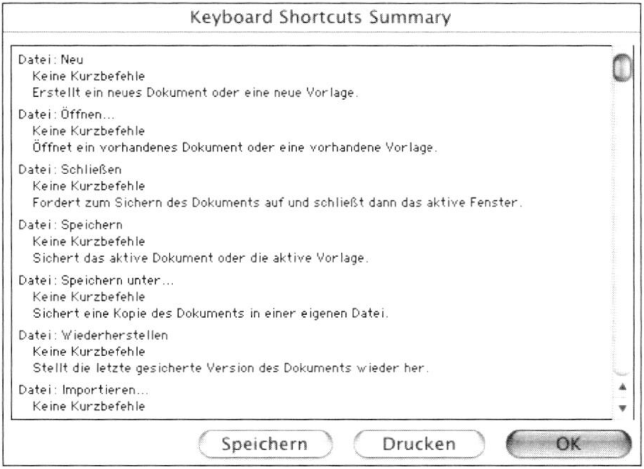

Abbildung 1.22: Übersicht über ein Tastenkürzelset vor dem Ausdruck

1.8 Hilfsfunktionen in FreeHand MX

Falls Sie während der Arbeit mit FreeHand an eine Stelle kommen, an der Sie nicht weiterkommen und schnell Hilfe benötigen, nehmen Sie dieses Buch zur Hand, oder – verwenden Sie die Hilfefunktionen von FreeHand. Zunächst finden Sie die QuickInfos in den Symbolleisten, wenn Sie mit der Maus etwas länger auf ein Werkzeug zeigen.

Bereits beim ersten Start von FreeHand wird ein nettes Fenster WILLKOMMEN erscheinen, in dem Sie einige Lektionen finden, die Sie sich auch später noch einmal ansehen können.

Alle weiteren Hilfsfunktionen werden über die Hilfefunktionen des jeweiligen Betriebssystems aufgerufen. Die Hilfsdateien von FreeHand WAS IST NEU IN FREEHAND MX und FREEHAND MX HILFE, die Sie im Menü HILFE finden, greifen auf Dateien auf Ihrer Festplatte und auf die Online-Hilfe zu. Es wird automatisch ein Fenster geöffnet und die Start-Datei dieser Hilfe-Funktion aufgerufen.

Beim Macintosh wird das Macintosh-Hilfecenter geöffnet und dort die Hilfe aufgerufen. Darin lässt sich über Buttons navigieren. Es gibt viele Verknüpfungen und eine Suchfunktion.

Auch weitere Hilfsfunktionen greifen auf Server im Internet zu. Dort finden Sie Online-Foren, in denen Sie Ihre Frage stellen können und dann hoffentlich bald eine Antwort bekommen. Beim FreeHand-Support-Center lassen sich Fragen per E-Mail an die Support-Abteilung von Macromedia richten. Beide Hilfsfunktionen sind über englische Webseiten verfügbar.

Auf der Webseite finden Sie auch die Informationen zu den neuen Features. Diese Webseite wird aufgerufen, wenn Sie den Menüpunkt ERLERNEN VON FREEHAND MX aus dem Menü HILFE aufrufen.

Unter Windows können Sie die Assistenten aus dem Menü HILFE aufrufen. Damit rufen Sie ein Auswahlmenü auf. Danach werden Sie durch verschiedene Dialogfenster geführt und müssen eigentlich nur die Fragen der Bildschirmmasken beantworten. So kommen Sie schneller und leichter zu einem Ergebnis. Probieren Sie das doch mal aus.

Grundlagen

Viele Grundlagen haben Sie schon im ersten Kapitel kennen gelernt, aber es gibt noch vieles, das Sie über die Grundeinstellungen von FreeHand MX und ihre Bedeutung wissen sollten. Sie müssen sich Ihren Arbeitsbereich einrichten und die Standards wählen, die Sie immer wieder benötigen. Dazu gehört auch, dass Sie Musterseiten anlegen können und Hilfslinien und Raster Ihren eigenen Bedürfnissen anpassen.

2.1 Grundeinstellungen

Die Grundeinstellungen von FreeHand MX sind fast alle unverändert zu übernehmen, bis auf ..., bis auf die Grundeinstellungen, die für die jeweilige Zeichnung umgestellt werden sollten, damit Sie besser arbeiten oder überhaupt das gewünschte Ergebnis erreichen können.

Wählen Sie aus dem Menü FREEHAND|EINSTELLUNGEN aus. Im Dialogfenster werden mehrere Kategorien untereinander dargestellt, die etwas Ordnung in die ganzen Grundeinstellungen bringen. In der Windows-Version finden Sie die Einstellungen im Menü BEARBEITEN.

Einstellungen Allgemein

Im Dialogfeld unter Windows ist die Reihenfolge etwas anders, aber es gibt die gleichen Einstellungsmöglichkeiten.

Rückgängig: Zuerst stellen Sie ein, wie viele Schritte Sie rückgängig machen möchten. Damit sind die Arbeitsschritte in FreeHand gemeint und die Voreinstellung ist schon recht hoch. Wenn Sie 30 Schritte rückgängig machen möchten, können Sie meist wieder ganz zur Ausgangssituation zurückkehren. Das kann manchmal ganz sinnvoll sein und ist abweichend von der Grundeinstellung hier im Bildschirmfoto bereits dargestellt.

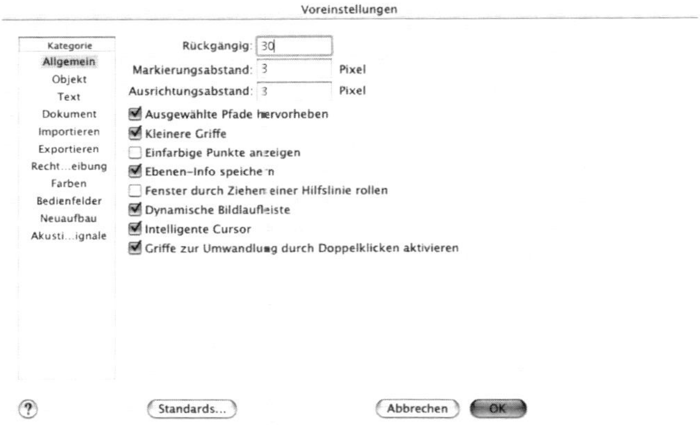

Abbildung 2.1: Einstellungen ALLGEMEIN *in FreeHand MX*

Markierungsabstand: Der Markierungsabstand ist auf drei Pixel gesetzt. Das bedeutet, dass Sie in einem Radius von drei Bildschirmpixel neben dem Element klicken können und es dennoch aktivieren.

Ausrichtungsabstand: Sobald ein Grafikelement diesen oder einen geringeren Abstand zu einer Raster- oder Hilfslinie hat, wird es an die Rasterlinie oder die Hilfslinie angezogen und dort genau platziert. Dazu muss allerdings auch eingestellt sein, dass die Elemente an den Rasterlinien oder den Hilfslinien ausgerichtet werden sollen. Diese Einstellung machen Sie im Menü ANSICHT.

Ausgewählte Pfade hervorheben: Wenn die Ebenenkennzeichnung verwendet wird, ist ein aktiver Pfad durch eine farbige Linie besser der Ebene zuzuordnen, auf der der Pfad angelegt wurde.

Kleinere Griffe: Durch diese Option werden die Griffe und Punkte verkleinert dargestellt.

Einfarbige Punkte anzeigen: Normalerweise werden Punkte als kleine offene Rechtecke, kleine Dreiecke oder kleine Kreise dargestellt, je nach Punkttyp.

Wenn Sie diese Option aktivieren, werden alle Punkte einfarbig gefüllt dargestellt. Das ist Ansichtssache, ob man die eine oder die andere Option besser findet.

Ebenen-Info speichern: Diese Option sorgt dafür, dass Elemente von verschiedenen Ebenen, die durch das Gruppieren auf eine Ebene zusammengezogen werden, später nach dem Aufheben der Gruppierung wieder auf ihre Ursprungsebenen platziert werden.

Fenster durch Ziehen einer Hilfslinie rollen: Diese Option ist angenehm, wenn Sie viele Seiten auf der Montagefläche platziert haben und eine Hilfslinie nicht auf der aktuellen Seite, sondern auf der daneben liegenden Seite platzieren möchten. Das Fenster wird einfach verschoben, wenn Sie die Hilfslinie über die Seitenkante hinaus bewegen.

Dynamische Bildlaufleiste: Diese Option sorgt dafür, dass der Bildschirminhalt zeitgleich mit dem Kästchen in den Rollbalken verschoben wird. Wenn Sie diese Option abschalten, schieben Sie die Rollbox, und sobald Sie loslassen, wird der Bildschirminhalt verschoben.

Intelligente Cursor: Diese Funktion ändert die Darstellung des Mauszeigers für das Stiftwerkzeug. Damit wird beispielsweise sehr deutlich angezeigt, wenn Sie den Pfad schließen oder einen Punkt einfügen. Es ist also absolut sinnvoll, diese Option aktiviert zu lassen.

Griffe zur Umwandlung durch Doppelklicken aktivieren: Sobald diese Option in den Einstellungen aktiv ist, reicht es aus, wenn Sie einen Doppelklick auf einem Griff oder Pfad machen, damit die Punkte und Anfasser für die Umwandlung erscheinen. Die Umwandlung ist ein Rahmen mit Aktivierungspunkten, mit denen das Element skaliert, gedreht und verzerrt werden kann.

Einstellungen Objekt

Standards durch Änderung am Objekt ändern: Mit dieser Funktion können Sie sich das Leben leichter oder schwerer machen. Wenn die Funktion aktiv ist, wird ein Element, das Sie gestaltet haben, mit dem Bedienfeld OBJEKT zur neuen Vorgabe gemacht. Das nächste Objekt bekommt die gleiche Füllung und Linie. Das kann lästig werden. Also bitte nur bei Bedarf die Funktion einschalten.

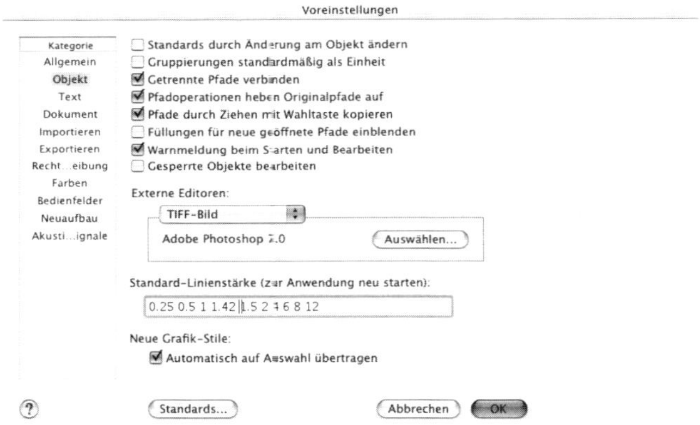

Abbildung 2.2: Einstellungen O*BJEKT in FreeHand MX*

Gruppierung standardmäßig als Einheit: Durch diese Option wird erreicht, dass für gruppierte Elemente bei einer Skalierung auch die Linienstärke der Einzelelemente in einer Gruppe skaliert wird. Falls Sie diese Option abgeschaltet lassen, können Sie im Bedienfeld TRANSFORMIEREN oder im Bedienfeld OBJEKT die Einstellung für einzelne Gruppen wieder aktivieren.

Getrennte Pfade verbinden: Liegen Punkte direkt übereinander, werden Pfade verbunden. Wenn Sie zusätzlich diese Option aktivieren, werden auch Pfade miteinander verbunden, die in dem Abstand zueinander liegen, der in den EINSTELLUNGEN|ALLGEMEIN als Ausrichtungsabstand definiert wurde.

Pfadoperationen heben Originalpfade auf: Eine Pfadoperation berechnet neue Pfade und kann den Originalpfad automatisch entfernen, so dass nur noch das Ergebnis der Berechnung in der Grafik bleibt. Wenn Sie das Ursprungselement behalten möchten, deaktivieren Sie diese Option. Das kann sinnvoll sein, wenn Sie viele Pfadoperationen ausführen möchten und den Pfad nicht immer vorher klonen möchten.

Pfade durch Ziehen mit Wahltaste kopieren: Dies ist eigentlich eine Mac-typische Funktion. Die Macintosh-Wahltaste [⌥] wird in vielen Programmen und auf Systemebene gedrückt gehalten, wenn Sie ein Objekt kopieren möchten. Das funktioniert auch für FreeHand-Grafiken, wenn die Option in den Einstellungen aktiv ist. Bei Windows-Computern muss die [Alt]-Taste festgehalten werden.

Füllungen für neue geöffnete Pfade einblenden: Normalerweise ist diese Option in FreeHand nicht aktiv. Im Schnelleinstieg konnten Sie aber bereits lesen, dass die Funktion manchmal ganz sinnvoll ist. Was die Funktion macht, ist aus der Bezeichnung schon ersichtlich. In den weiteren Kapiteln gehen wir davon aus, dass die Option nicht aktiviert ist.

Achten Sie darauf, dass eine Füllung für einen geöffneten Pfad immer gerade vom Anfangs- zum Endpunkt geschlossen wird. Das kann unschön aussehen. In so einem Fall sollten Sie das Objekt maskieren.

Warnmeldung beim Starten und Bearbeiten: Wenn Sie ein Bild in FreeHand platziert haben und dieses nun noch mit einem externen Editor (z.B. Photoshop) bearbeiten möchten, wird FreeHand Sie nochmals fragen, ob Sie das Programm wirklich starten möchten. Diese Meldung kann sinnvoll sein, wenn Sie wenig Arbeitsspeicher zur Verfügung haben und der Start eines zusätzlichen Programms die Arbeit verlangsamt.

Gesperrte Objekte bearbeiten: Sie können Objekte sperren und dadurch die Bearbeitung verhindern. Damit schützen Sie Elemente, die bereits fertig sind. Wenn Sie aber diese Option aktivieren, wird zugelassen, dass die Konturlinien und Füllungen der gesperrten Objekte bearbeitet werden können. Das ist manchmal sehr sinnvoll, wenn Sie umfangreiche Änderungen in der Datei über die Funktion SUCHEN/ERSETZEN|GRAFIK vornehmen möchten.

Externe Editoren: In diesem Teil des Einstellungsfensters haben Sie die Möglichkeit, für bestimmte Dateitypen, die Sie in eine FreeHand-Datei importieren können, ein Programm (Externer Editor) zu bestimmen, das verwendet werden soll, falls Sie die importierte Datei korrigieren müssen.

Standard-Linienstärke: Dies sind die Linienstärken, die in Ihren Pulldown-Menüs erscheinen. Sie können zusätzlich zu den vorhandenen Linienstärken weitere einfügen. Es sind Punktwerte und zwischen den Werten muss ein

Wortzwischenraum eingegeben werden. Ich habe bereits einen Wert zur Grundeinstellung hinzugefügt, der häufig verwendet wird. Die Linienstärke von 1,42 pt entspricht z.B. 0,5 mm.

Neue Grafik-Stile: FreeHand MX arbeitet mit so genannten Grafik-Stilen. Dabei legen Sie Füllung und Strichbreite, Farben und Muster für Füllung und Striche fest. Diese Grafikstile lassen sich dann auf neue Elemente anwenden. Das spart Zeit und ist bequem. Wie Sie die Funktion genau nutzen, erfahren Sie in Kapitel 9.

Automatisch auf Auswahl übertragen: Sobald Sie einen neuen Stil erzeugt haben und dabei ein Grafikelement oder ein Textelement ausgewählt hatten, wird das Element entsprechend des neuen Stils formatiert. Das kann versehentlich passieren, aber auch gewollt. Prüfen Sie notfalls die Einstellung und ändern Sie sie, so dass Sie nicht dadurch in Ihrer Arbeit behindert werden, dass falsche Stile auf Elemente angewendet werden.

Einstellungen Text

Abbildung 2.3: Einstellungen TEXT *in FreeHand MX*

Immer Texteditor verwenden: Diese Funktion ist immer dann sinnvoll, wenn Sie sich bei der Texteingabe auf den Text konzentrieren möchten oder der Text durch eine Umhüllung stark verzerrt wurde. Es wird ein kleines Fenster geöffnet, in dem der Text eingegeben werden kann. Dadurch wird der Text möglicherweise anders dargestellt, wobei Sie im Texteditor Optionen für die Darstellung wählen können.

Bewegen mit der Tabulator-Taste durch vertikale Linie kennzeichnen: In einem Text können Tabulatoren in der Leiste über dem Text eingegeben werden. Diese kleinen Tabulator-Pfeile lassen sich mit der Maus verschieben. Durch diese Option wird eine senkrechte Linie im Text dargestellt, wenn der Tabulator mit der Maus verschoben wird.

Textgriffe anzeigen, wenn Lineal deaktiviert ist: Wenn Sie mit dem Text-Werkzeug in einen Textblock klicken, werden die Griffe normalerweise nicht angezeigt, wenn das Lineal deaktiviert ist. Aber wenn Sie diese Option aktivieren, werden die Textgriffe angezeigt. Bei einer Aktivierung des Textes mit dem Zeiger-Werkzeug (schwarzes Pfeil-Werkzeug) werden die Textgriffe immer dargestellt.

Neue Textcontainer automatisch erweitern: Durch einen einfachen Klick mit dem Text-Werkzeug entsteht ein Textcontainer. Diese Textcontainer werden automatisch größer, wenn Sie Text eingeben und diese Option ausgewählt haben. Falls die Option nicht ausgewählt ist, müssen Sie eigentlich immer selbst mit der Maus einen Textcontainer auf die Größe ziehen, die Sie brauchen, damit der Text hineinpasst.

Text-Werkzeug wird wieder zu Zeiger-Werkzeug (Macintosh), Text-Werkzeug wird wieder zu Auswahlwerkzeug (Windows): Ist diese Funktion aktiv, wird automatisch das Werkzeug gewechselt, wenn Sie die Maus aus dem Text herausbewegen. Aus dem Text-Werkzeug wird automatisch das Zeiger-Werkzeug.

Schriftartvorschau anzeigen: Lassen Sie sich bei der Schriftauswahl eine Vorschau der entsprechenden Schrift schon im Menü anzeigen. Die Vorschau funktioniert im Bedienfeld OBJEKT und in der Text-Symbolleiste.

Geschwungene Anführungszeichen: Diese Funktion muss aktiviert sein, damit FreeHand die normalen deutschen An- und Abführungszeichen verwendet und automatisch bei der Eingabe des Zollzeichens ([⇧]+[2]) ersetzt.

Anführungszeichen definieren (Macintosh), Geschwungene Anführungszeichen (Windows): Sie haben in dem kleinen Menü sechs Möglichkeiten für die geschwungenen Anführungszeichen. Für deutsche Texte stellen Sie die dritte Variante ein. Sie können während der Arbeit an einem Dokument die Anführungszeichen umschalten und für andere Sprachen anpassen. Im Bildschirmfoto wurde bereits die deutsche Variante eingestellt, nur leider ist das unter Mac OS X nicht sichtbar

Textstile erstellen auf Grundlage von: Sie können ähnlich wie in Layoutprogrammen Schriftformate erstellen, die sich in FreeHand Textstile nennen. Diese Stile können auf unterschiedliche Art erstellt werden.

Erstem ausgewählten Absatz: Mit dieser Option erstellen Sie den Textstil basierend auf dem ersten ausgewählten Absatz. Dieser Absatz wird absichtlich so formatiert, dass er dem gewünschten Stil entspricht.

Gemeinsamen Attributen: In diesem Fall sind mehrere Absätze in einem Textcontainer ausgewählt und das Absatzformat wird dadurch definiert, dass alle Gemeinsamkeiten der Absätze in das Format gespeichert werden. Also nur die Einstellungen, die bei allen Absätzen gleich sind, bilden das Format.

Ziehen eines Textstils ändert: Dies ist die Überschrift für eine Funktion, die in FreeHand auch für Farben verwendet wird. Sie können Textstile aus dem Bedienfeld STILE auf einen Textcontainer anwenden. Wenn Sie den Stil auswählen, wird der aktive Text neu formatiert. Das kann besonders praktisch sein, wenn Sie die Stile erst nachträglich angelegt haben und nun den Text damit formatieren möchten.

Einzelnen Absatz: Durch diese Option wird nur der Absatz neu formatiert, auf den Sie den Stil mit Drag&Drop aus dem Bedienfeld STILE ziehen.

Gesamten Textcontainer: Durch diese Option wird der gesamte Text in einem Textcontainer mit einem neuen Stil versehen, wenn Sie aus dem Bedienfeld STILE den Textstil mit der Maus auf den Text ziehen und loslassen.

Einstellungen Dokument

Abbildung 2.4: Einstellungen DOKUMENT *in FreeHand MX*

Ansicht beim Öffnen des Dokumentes wiederherstellen: Wenn Sie hier ein Häkchen gesetzt haben, wird beim Speichern einer Datei auch die Ansicht gesichert, damit FreeHand beim nächsten Öffnen des Dokuments wieder den gleichen Ausschnitt der Montagefläche in der gleichen Zoomeinstellung zeigen kann.

Fenstergröße und -position sichern: Ist diese Option aktiv, merkt sich FreeHand beim Speichern einer Datei auch die Platzierung des Fensters und die Größe des Fensters. Das kann sinnvoll sein, wenn Sie zwei Dokumente nebeneinander geöffnet hatten und dies bei der nächsten Bearbeitung der Dokumente wieder so einrichten müssen.

Aktive Seite durch Ändern der Ansicht einstellen: Diese Funktion ist sehr nützlich, wenn Sie viele Seiten auf der Montagefläche platziert haben. Sobald Sie mit den Rollbalken die Ansicht verändern, wird die jeweils dargestellte Seite aktiv, so dass Sie dort zeichnen können.

Aktive Seite durch Anwendung der Werkzeuge einstellen: Mit dieser Einstellung lässt sich eine Seite zur Bearbeitung aktivieren, indem Sie ein Werkzeug auf der Seite verwenden und beispielsweise ein Element aktivieren oder das Seitenwerkzeug verwenden und auf eine Seite klicken. Weitere Funktionen zum Seitenwechsel sind am linken unteren Fensterrand untergebracht.

Nicht gespeicherte Objekte vor Beenden immer überprüfen: Mit dieser Funktion wird FreeHand aufgefordert, alle geöffneten Dateien zu prüfen, ob sie in der aktuellen Fassung gespeichert wurden, bevor das Programm beendet werden darf. Diese Funktion kann aber eigentlich nicht komplett abgeschaltet werden, denn das jeweilige Betriebssystem würde ebenfalls dafür sorgen, dass Daten, die bisher noch nicht gespeichert wurden, also Dokumente, die noch keinen Namen und Speicherort auf der Festplatte haben, erst mal gesichert werden.

Neue Dokumentvorlage: Hier stellt FreeHand MX die aktuelle Dokumentvorlage dar. Diese kann geändert werden. Dazu müssen Sie in dem Pulldown-Menü die gewünschte Vorlage auswählen. In FreeHand MX werden dort verschiedene Seitenformate dargestellt. Wenn Sie auf den Button AUSWÄHLEN klicken, wird das Verzeichnis geöffnet, in dem die Vorlagen gespeichert sind. Sie können auch eigene Vorlagen speichern und dort ablegen. Diese Vorlagen lassen sich dann auswählen und aktivieren. Die Dokumentvorlage wirkt sich auf die Grundeinstellung einer neuen Datei aus.

Fehlende Hyperlinks suchen (nur Macintosh): Mit dieser Option sucht FreeHand nach allen platzierten Bildern einer Datei in dem angegebenen Ordner. Sie können auf den Button mit den drei Punkten klicken und einen Bildordner auswählen.

Einstellungen Importieren

Editierbare EPS beim Importieren konvertieren: FreeHand hat ein eigenes Dateiformat und konvertiert EPS-Dateien in das eigene Format, wenn ein EPS importiert wird. Das funktioniert nicht immer. FreeHand versucht es aber auch nur, wenn diese Funktion aktiv ist.

Bilder und EPS bei Import einbetten: Wenn Sie eine Datei erzeugen möchten, die alle Bilder bereits beinhaltet, müssen Sie vor dem Importieren von Bildern diese Funktion aktivieren, damit alle Bilder in die FreeHand-Datei eingebettet werden.

Die FreeHand-Datei wird dadurch stark vergrößert und kann sehr langsam in der Bearbeitung werden.

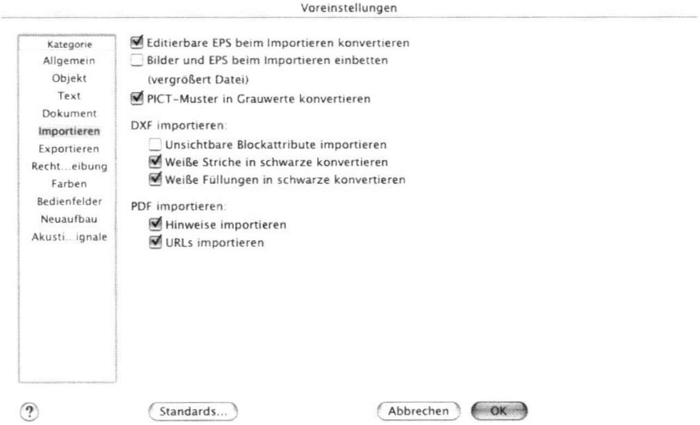

Abbildung 2.5: Einstellungen IMPORTIEREN *in FreeHand MX*

PICT-Muster in Grauwerte konvertieren (Macintosh): Es gibt Muster in PICT-Dateien, die in FreeHand nicht dargestellt und verwendet werden können. Diese werden beim Import einfach durch graue Flächen ersetzt. Das heißt, dass sich die Datei durch den Import verändern kann. Also Vorsicht beim Import von PICT-Dateien!

DXF importieren (Macintosh): FreeHand MX kann DXF-Dateien importieren. Allerdings verursacht diese Format einige Probleme und die Umsetzung einer solchen Datei muss genauer eingerichtet werden.

Unsichtbare Blockattribute mportieren (Macintosh): Nur wenn Sie diese Option aktiviert haben, werden auch die unsichtbaren Flächen und Linien bei der Konvertierung berücksichtigt.

Weiße Striche in schwarze konvertieren (Macintosh): Alle weißen Striche werden in schwarze Striche umgewandelt. Das ist oft nötig, wenn die Linien sonst nicht sichtbar werden und eigentlich auch als schwarze Linien verwendet werden sollen.

Weiße Füllungen in schwarze konvertieren (Macintosh): Da es in DXF-Dateien oft weiße Füllungen gibt, die dann später als Flächen verwendet werden sollen, ist es sinnvoll, die weißen Füllungen in schwarze Füllungen zu konvertieren. Damit werden die Elemente sichtbar und sind besser bearbeitbar.

PDF importieren: Grundsätzlich können PDF-Dateien einfach in FreeHand MX geöffnet und auf diese Weise importiert werden. Allerdings kann es sein, dass PostScript-3-Verlaufsfüllungen als 10%iger Grauton umgesetzt werden. Prüfen Sie unbedingt, ob die FreeHand-Datei dem PDF genau entspricht.

Hinweise importieren: Zusätzlich gibt es in den Einstellungen diese Option. Mit HINWEISE IMPORTIEREN ist gemeint, dass die Notizzettel in eine spezielle Ebene in FreeHand gelegt werden und nach dem Import in der Ebene IMPORTED NOTES (Anmerkungsebene) verfügbar sind.

URLs importieren: In einer PDF-Datei können Web-Verknüpfungen erstellt werden. Diese Links lassen sich dann in FreeHand so importieren, dass die Links auf eine eigene Ebene gelegt werden. Die Ebene in FreeHand heißt IMPORTED URLS (URL-Ebene).

Das Dialogfeld in Windows sieht etwas anders aus und hat eine zusätzliche Option, dafür sind die DXF-Importoptionen und die PICT-Muster-Konvertierung in der Windows-Version von FreeHand MX nicht verfügbar.

Einfügeformate der Zwischenablage: Bestimmen Sie die Formate, die Sie aus der Windows-Zwischenablage in FreeHand-Dateien importieren möchten. Alle nicht aktiven Formate funktionieren dann leider nicht.

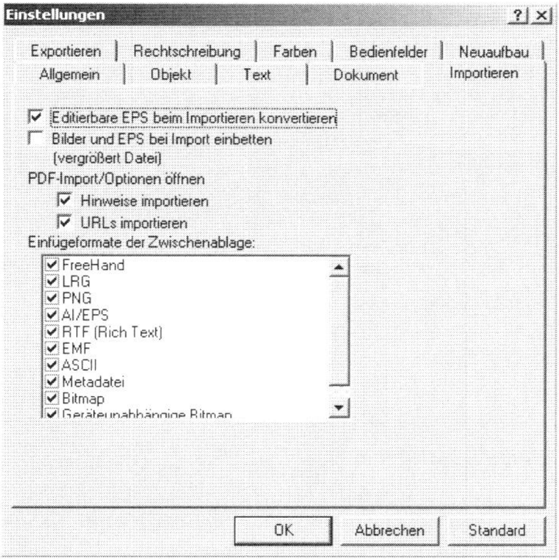

Abbildung 2.6: Einstellungen IMPORTIEREN unter Windows

Einstellung Exportieren

FreeHand-Dateivorschau: Mit dieser Funktion erreichen Sie, dass für die Dateien Miniaturen gespeichert werden, die dann beim Öffnen, Importieren und als Link-Info angezeigt werden können. Das hilft Ihnen zu erkennen, ob Sie wirklich die gewünschte Datei öffnen. Sie können den Typ der Dateivorschau einstellen und auch die Größe und Komprimierung für ein JPEG definieren.

Bitmap-PICT-Vorschau: Wenn Sie ein EPS von einer FreeHand-Seite erstellen möchten und in dieser Datei eine farbige Vorschau gespeichert werden soll, müssen Sie am Macintosh diese Funktion aktivieren. In den Programmen, in denen Sie das EPS platzieren, wird eine grobe Vorschau gezeigt. Unter Windows müssen Sie beim Exportieren der EPS-Datei auswählen, dass Sie die Datei mit farbiger Vorschau exportieren möchten. Das Export-Dialogfeld unter Windows sieht etwas anders aus.

Abbildung 2.7: Einstellung EXPORTIEREN in FreeHand MX

Bitmap exportieren (Windows): Über diesen Button öffnen Sie ein Dialogfeld, in dem Sie die Einstellungen für die Bitmap-Vorschau der Windows-FreeHand-Dateien vornehmen können.

Abbildung 2.8: Bitmap-Export-Dialogfeld unter Windows

Vorschaugröße von Portfolio (Macintosh): Um eine Vorschau für das Macintosh-Programm Extensis Portfolio zu erstellen, muss die Bitmap-PICT-Vorschau aktiv sein und Sie definieren mit dem Schieberegler die prozentuale Verkleinerung für diese Vorschau.

UserPrep-Datei: Um Ausdrucke für bestimmte Drucker zu optimieren, werden verschiedene User-Prep-Dateien mit FreeHand mitgeliefert. Sie sollten den Ordner bzw. das Verzeichnis USERPREP auf Ihrer Festplatte suchen und darin die LIESMICH-Datei ansehen, ob Sie einen der darin beschriebenen Drucker besitzen und Sie die Datei beim Ausdruck verwenden sollten.

Ausgabe-Optionen beim Drucken überschreiben (Macintosh): Um Probleme beim Drucken zu vermeiden, lassen sich die Daten auch automatisch in das Format wandeln, das der Drucker am besten versteht. Dabei werden die Ausgabe-Optionen beim Drucken verändert. Diese Einstellung kann, einmal eingestellt, beibehalten werden, es sei denn, Sie kaufen einen neuen Drucker.

Immer binäre Bilddaten (Macintosh): Für Macintosh-typische und -taugliche Drucker sollten Sie immer binäre Bilddaten zum Drucker senden. Damit vermeiden Sie Ausgabefehler, besonders dann, wenn EPS-Dateien in einer FreeHand-Datei als Bild platziert wurden. EPS-Dateien, die am Macintosh erzeugt wurden, enthalten fast immer Binärdaten.

Immer ASCII-Bilddaten (Macintosh): Die meisten Drucker, die für PCs bzw. Windows-Computer verwendet werden, verstehen ASCII-Daten besser. Deswegen ist es ratsam, bei einer Ausgabe der FreeHand-Datei vom PC an den Drucker ASCII-Daten zu senden.

Kopierformate der Zwischenablage: Hier können Sie vorgeben, wie FreeHand-Grafikelemente in die Zwischenablage kopiert werden können. Dabei werden Texte so in die Zwischenablage kopiert, dass sie in anderen Programmen wieder als Texte verwendet werden können. Grafikformatierung und Schrifteffekt gehen dabei allerdings verloren, es sei denn, Sie setzen die Texte in einem Programm wieder ein, das diese Effekte darstellen und die Befehle richtig interpretieren kann.

Farben konvertieren zu: In der Zwischenablage können keine Sonderfarben verwaltet werden. Deswegen müssen die Farben eines FreeHand-Elements konvertiert werden, wenn die Datei in die Zwischenablage kopiert wird. Die Sonderfarbe bleibt nur erhalten, wenn Sie das Element in eine FreeHand-Datei einsetzen. Die Standardeinstellung verwendet die Farben von Photoshop 4/5, wobei die Einstellung CMYK und RGB oft sinnvoller ist, nämlich dann, wenn Sie kein Photoshop verwenden, um Bilder der Zwischenablage weiterzubearbeiten.

Einstellung Rechtschreibung

Abbildung 2.9: Einstellung RECHTSCHREIBUNG in FreeHand MX

Doppelte Wörter finden: Durch diese Einstellung werden doppelte Wörter, die direkt hintereinander stehen, bei der Rechtschreibprüfung als Fehler erkannt.

Falsche Großschreibung finden (Macintosh), Falsche Großschreibung suchen (Windows): FreeHand sucht nach fälschlicherweise groß- bzw. kleingeschriebenen Wörtern.

Wörter mit Zahlen ignorieren: Die Rechtschreibprüfung wird Wörter, in denen Zahlen vorkommen, nicht als Fehler markieren. Das kann sehr sinnvoll sein, denn in vielen Begriffen oder Firmennamen werden Zahlen verwendet.

Internet- und Dateiadressen ignorieren: Internet- und Dateiadressen werden nicht als Fehler angesehen, wenn Sie diese Option aktiviert lassen. Das macht Sinn, wenn Sie solche Angaben im Fließtext haben, denn sonst stoppt die Rechtschreibprüfung zu oft.

Wörter in Großbuchstaben ignorieren: Manche Firmennamen werden nur in Großbuchstaben in Texten verwendet. Deswegen können Sie die Rechtschreibprüfung für solche Begriffe auch in den Voreinstellungen ignorieren lassen.

In Wörterbuch einsetzen (Macintosh), In Wörterbuch einfügen (Windows): Damit die Rechtschreibprüfung nicht ständig bei Wörtern stoppt, die im Wörterbuch nicht vorhanden, aber richtig geschrieben sind, sollten Sie diese Wörter in das Wörterbuch einsetzen.

Genau wie angezeigt: Sie können die Wörter genau in der Schreibweise in das Wörterbuch einsetzen, in der Sie es verwendet haben. Damit wird auch die Prüfung der Groß- und Kleinschreibung für dieses Wort ermöglicht.

Nur Kleinbuchstaben: Im Wörterbuch lassen sich alle Begriffe nur mit Kleinbuchstaben hinzufügen, was eine Doppelung verhindert, denn die Begriffe sind darin automatisch alphabetisch sortiert und Sie sehen viel schneller, welche Wörter bereits im Wörterbuch vorhanden sind.

Sammlung (Macintosh), Wörterbuch (Windows): Die Sammlung entspricht dem Wörterbuch, mit dem die Begriffe bei der Rechtschreibprüfung verglichen werden. Sie haben jetzt die Möglichkeit, auch eigene Benutzer-Wörterbücher zu speichern und hier als Sammlung einzustellen.

Persönliche Sammlung: Diese Angabe zeigt den Pfad zu Ihren Benutzer-Wörterbüchern an und dort lassen sich auch die Benutzer-Wörterbücher auswählen und somit wechseln und bearbeiten. Bei der Bearbeitung ergänzen Sie Wörter, damit diese bei der Rechtschreibprüfung verwendet werden können.

Einstellung Farben

Hilfslinienfarbe bzw. Rasterfarbe: In diesem Einstellungsfenster können Sie die Farbe der Hilfslinien oder des Rasters bestimmen. Klicken Sie doppelt auf das Farbfeld und wählen Sie eine Farbe aus dem Farbwähler des jeweiligen Systems.

Farbfelder zeigen: Im Bedienfeld FARBFELDER wird die Füllungsfarbe und die Linienfarbe dargestellt. Wenn Sie Text mit dem Text-Werkzeug aktiviert haben, lässt sich die Darstellung des Bedienfeldes FARBFELDER so einstellen, dass Sie die Containerfarbe oder Textfarbe angezeigt bekommen.

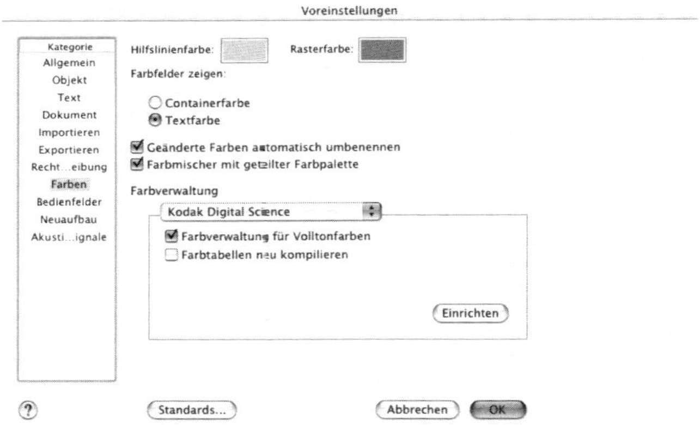

Abbildung 2.10: Einstellung FARBEN in FreeHand MX

Containerfarbe: Mit diesem Radiobutton setzen Sie die Einstellung fest, so dass im Bedienfeld FARBFELDER die Containerfarbe (Container = Textblock) dargestellt werden soll.

Textfarbe: Mit diesem Radiobutton setzen Sie die Einstellung fest, so dass im Bedienfeld FARBFELDER die Textfarbe dargestellt werden soll.

Geänderte Farben automatisch umbenennen: Sie können eine Farbe ändern, indem Sie ein Farbkästchen aus dem Bedienfeld FARBMISCHER auf ein Farbkästchen im Bedienfeld FARBFELDER ziehen. Da die Farbe absichtlich anders sein kann und so geändert werden soll, wird durch diese Funktion auch der Name der Farbe automatisch geändert.

Farbmischer mit geteilter Farbpalette (Macintosh), Mischer-/Farbtöne-Bedienfeld mit geteiltem Mischfeld (Windows): Im Bedienfeld FARBMISCHER kann das Feld, das die gemischte Farbe darstellt, geteilt werden. Das versetzt Sie in die Lage, die Farbe vor und nach der Änderung zu beurteilen. Diese Funktion ist sinnvoll und sollte aktiv sein.

Farbverwaltung: Über die Farbverwaltung lässt sich eine bessere Bildschirmdarstellung von Farben einrichten. Sie können die systemeigenen Einstellungsmöglichkeiten des Macintosh oder des Windows-PC verwenden und sich einfach nach der Darstellung richten oder mit ICC-Profilen eine Darstellung eines Druckers simulieren. Lesen Sie dazu auch Kapitel 9.

Einstellung Bedienfelder

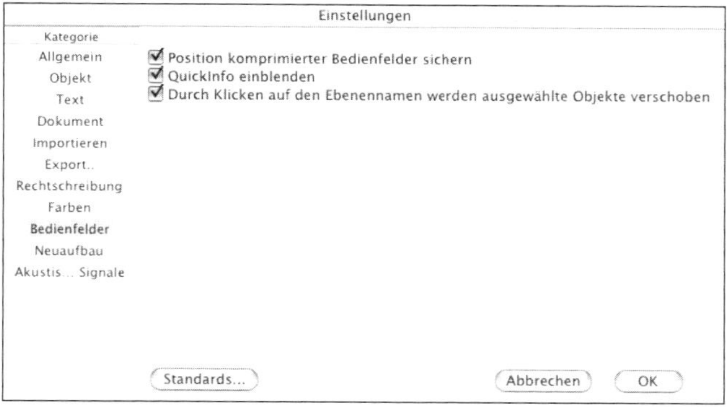

Abbildung 2.11: Einstellung BEDIENFELDER in FreeHand MX

QuickInfo einblenden: Die kleinen gelben Hinweise, die erscheinen, wenn sie mit der Maus ein Weile auf einem Werkzeug verweilen, heißen QuickInfos. Diese Infos sollten unbedingt eingeblendet werden. Es hilft sehr, wenn Sie das Programm erlernen möchten.

Durch Klicken auf den Ebenennamen werden ausgewählte Objekte verschoben: Sie können ein aktives Element auf eine andere Ebene verschieben, wenn diese Option aktiv ist. Das ist meist der Fall und kann manchmal eine Falle sein. Versuchen Sie, mit dieser Einstellung zu arbeiten, es sei denn, Sie finden das Verfahren unpraktisch.

Tabs kennzeichnen: Die Standardeinstellung hier ist TEXT. Mit dieser Einstellung lassen sich die Bezeichnungen (Tabs) von gruppierten Bedienfeldern in Symbole ändern. Als dritte Möglichkeit lassen sich Symbole und Texte für die Bedienfeld-Tabs einstellen.

Einstellung Neuaufbau

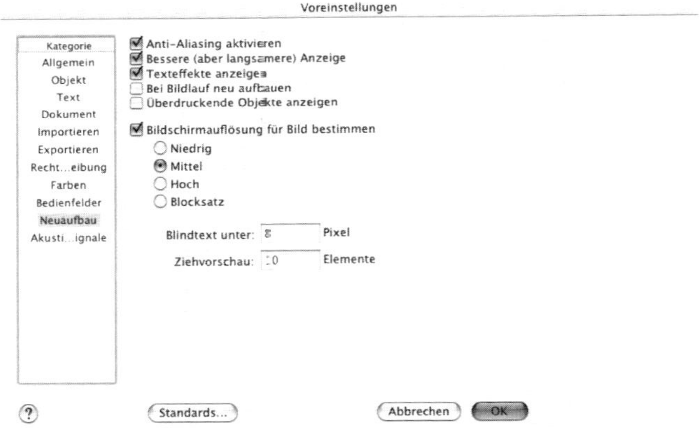

Abbildung 2.12: Einstellung NEUAUFBAU in FreeHand MX

Anti-Aliasing aktivieren: Durch diese Grundeinstellung werden Grafikelemente geglättet dargestellt. Das ist besonders interessant bei Grafikelementen mit schrägen Linien.

Bessere (aber langsamere) Anzeige: Wenn Sie diese Funktion aktiviert haben, werden Verläufe besser dargestellt, aber langsamer auf dem Bildschirm aufgebaut. Sonst zeigt FreeHand die Verläufe streifig.

Texteffekte anzeigen: Die verschiedenen Texteffekte, die Sie im Bedienfeld OBJEKT einstellen können, werden nur dargestellt, wenn diese Option aktiv ist.

Bei Bildlauf neu aufbauen: Der Bildschirminhalt wird neu aufgebaut, wenn Sie diese Option aktiviert haben und in der Datei einen Rollbalken (= die Bildlaufleiste) oder einen der Pfeile am Fensterrand verwenden. Der Bildschirminhalt soll verschoben, aber eben dabei neu aufgebaut werden. Das kann sehr merkwürdig aussehen. Wenn die Option deaktiviert ist, wird der Bildschirm neu aufgebaut, wenn Sie mit dem Verschieben des Bildschirminhalts fertig sind.

Überdruckende Objekte anzeigen: Hier lässt sich einstellen, dass die Objekte, deren Füllung auf ÜBERDRUCKEN gestellt wurde und deren Farbe andere überdrucken soll, auf dem Bildschirm anders dargestellt werden. Sie erhalten zusätzlich ein Muster aus vielen kleinen »O« über der Farbfläche, die meist weiß dargestellt werden.

Bildschirmauflösung für Bild bestimmen: Um eine bessere Bildvorschau zu erhalten, lässt sich mit Hilfe der Einstellungen NIEDRIG, MITTEL und HOCH die Darstellung wählen. Sonst sind möglicherweise die Details nicht zu erkennen.

Blindtext unter: Dies ist eine Schriftgröße in Pixel. Kleinerer Text wird nur noch durch graue Balken dargestellt. Alle Texte, die größer sind, werden normal als Text dargestellt. Ist im Menü ANSICHT|SCHNELLMODUS eingestellt, wird der Text allerdings auch durch graue Balken ersetzt.

Ziehvorschau: Hier wird die Anzahl der Objekte definiert, die beim Bewegen der Objekte als Vorschau dargestellt werden sollen. Wenn Sie zu viele Objekte eingeben, wird der Neuaufbau der Seite sehr verlangsamt. Außerdem wird mindestens 32 MB RAM-Cache benötigt. Sie müssen die Alt-Taste festhalten, wenn Sie die Vorschau von Objekten beim Ziehen sehen möchten.

In den Windows-Einstellungen wird eine zusätzliche Einstellung angezeigt (siehe Abbildung 2.13):

Auflösung der intelligenten Bildvorschau: Die Einstellung für die Auflösung von Bildern in der Darstellung wird bei Windows mit einem Schieberegler dargestellt und nicht mit Buttons für die verschiedenen Auflösungen.

Bild-RAM-Cache (Windows): Unter Windows wird die Möglichkeit sichtbar, den Cache für die Bilddarstellung zu definieren. Normalerweise wird durch die dynamische Einstellung der bestmögliche Wert verwendet. Dadurch wird der Neuaufbau von Bildern beschleunigt.

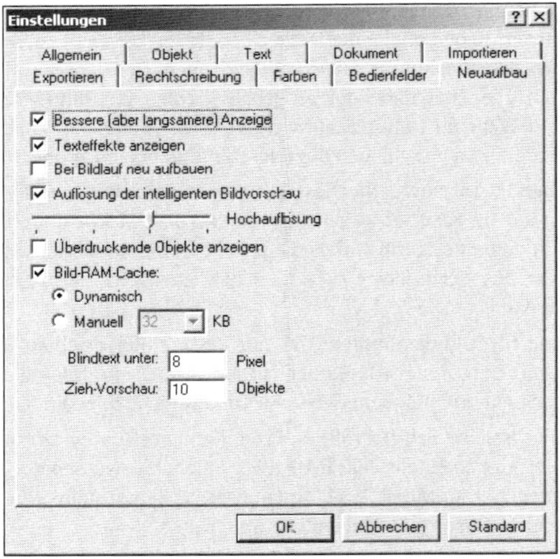

Abbildung 2.13: Einstellung NEUAUFBAU *unter Windows*

Einstellung Akustische Signale (Macintosh)

Akustische Signale aktivieren: Natürlich können Sie sich auch durch akustische Signale helfen lassen. FreeHand kann Sounds wiedergeben, wenn Sie ein Element am Raster, am Punkt-Raster, an den Hilfslinien oder an Pfad-Hilfslinien ausrichten. Zusätzlich können Sie das Loslassen der Maustaste durch einen Sound anzeigen lassen. Allerdings ist das bei der Arbeit in einem größeren Büro sehr unschön, wenn alle Computer Geräusche von sich geben. Sie müssen entscheiden, ob die Sounds hilfreich oder störend werden.

Abbildung 2.14: Einstellung AKUSTISCHE SIGNALE in FreeHand MX

Standards in den Einstellungen wiederherstellen

Mit einem Klick auf den Button STANDARDS (Macintosh) bzw. STANDARD (Windows) wird die Standardeinstellung wiederhergestellt. So haben Sie die Sicherheit, dass Sie auf die Grundeinstellung jederzeit wieder zurückgreifen können.

2.2 Dokumente und Seiten einrichten

Um eine neue Datei zu erstellen, wählen Sie aus dem Menü DATEI|NEU aus. FreeHand richtet die Datei so ein, wie die FreeHand-Standard-Vorlage erstellt ist, die in den Grundeinstellungen gewählt wurde. Sie können aber das Seitenformat im Bedienfeld DOKUMENT ändern. Dort finden Sie verschiedene Standard-Angaben für Seitengrößen und auch die Möglichkeit, eine Seite im Querformat einzurichten.

Die Seiten können auch benutzerdefiniert eingerichtet werden. Dann lassen sich Breite und Höhe der Seiten direkt im Bedienfeld DOKUMENT eingeben.

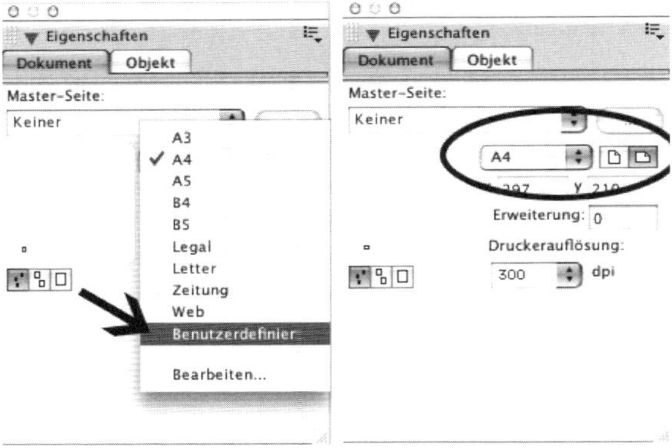

Abbildung 2.15: Einrichtung der Seitengröße im Bedienfeld DOKUMENT

Diese Erweiterung ist sehr wichtig. Wenn Sie planen, dass das Element, z.B. ein Bild, nach dem Druck angeschr itten werden soll, müssen Sie dafür sorgen, dass entsprechend mehr von dem Bild bei der Belichtung berücksichtigt und mit ausgegeben wird. Stellen Sie d e Erweiterung so ein, dass die gewünschte Anzahl Millimeter entsprechend zusätzlich ausgedruckt und ausgegeben wird.

FreeHand MX lässt zu, dass S e in einer Datei Seiten in verschiedenen Formaten definieren. Allerdings müssen Sie beim Ausdruck unterschiedliche Einstellungen für die Seiten verwenden. Es ist etwas Besonderes, dass sich die Seiten auf diese Weise eir richten lassen. Der Vorteil ist allerdings, dass Sie alle Seiten, die zusammengehören, in einer Datei verwalten können.

Richten Sie Ihre Seite, die Sie als eigene FreeHand-Vorlage speichern möchten, so ein, dass Sie dem Seitenformat entspricht, das erscheinen soll, wenn Sie ein neues Dokument erstel en. Brauchen Sie hauptsächlich DIN-A3-Seiten im Querformat, dann richten Sie die Seite jetzt so ein. Danach speichern

Sie die Datei als Vorlage. Legen Sie diese Vorlage in das Verzeichnis, in dem auch die Standard-Vorlage für DIN-A4-Seiten liegt. Danach lässt sich die Vorlage in den Grundeinstellungen auswählen.

Die Druckerauflösung, die Sie im Bedienfeld DOKUMENT einrichten können, hat Auswirkung auf die bessere (aber langsamere) Darstellung von Rasterverläufen. Stellen Sie die Auflösung Ihres Druckers ein. Für die spätere Belichtung ist diese Auflösung nicht relevant. Es sollte aber auf jeden Fall eine Auflösung eingestellt werden, die höher als 300 dpi ist, denn die Auflösung wirkt sich auch auf die automatische Abflachung von Kurven aus. Das heißt, dass die Genauigkeit der Zeichnungen etwas beeinflusst wird. Deswegen sollten Sie die Druckerauflösung nicht ignorieren, sondern einstellen.

Im Menü des Bedienfeldes DOKUMENT lassen sich außerdem ausgewählte Seiten duplizieren und Seiten hinzufügen. Im Menü des Bedienfeldes finden Sie auch die Möglichkeit, eine Seite zu löschen.

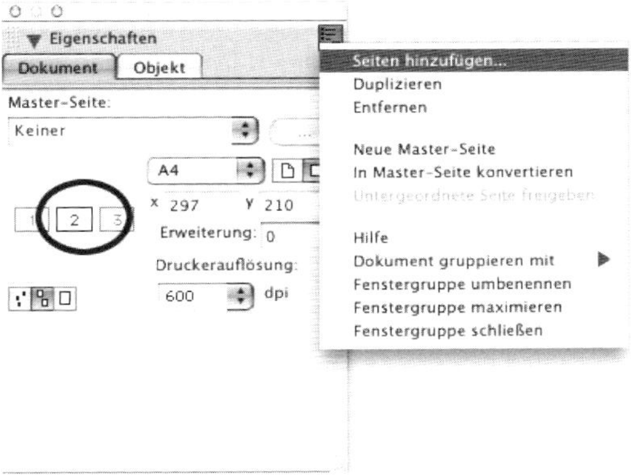

Abbildung 2.16: Hinzufügen von Seiten im Bedienfeld DOKUMENT

Für die Auswahl von Seiten können Sie die Vorschau der Montagefläche im Bedienfeld DOKUMENT verwenden. Sie machen einfach einen Doppelklick auf eine der Miniseiten und schon wird diese dargestellt.

Am linken unteren Fensterrand befindet sich die zweite Möglichkeit, um zu einer anderen Dokumentseite zu gelangen. Sie können die Pfeilelemente oder das Pulldown-Menü für die Auswahl einer bestimmten Seite verwenden. Mit einem Klick auf den Button mit dem Pluszeichen in der Seite lässt sich ebenfalls eine Seite hinzufügen. Allerdings wird nicht das Dialogfenster geöffnet, in dem sich die Seitengröße bestimmen lässt.

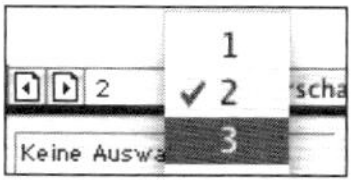

Abbildung 2.17: Seitenauswahl am unteren Fensterrand

Zum Duplizieren von Seiten lässt sich eine Seite auch mit dem Seitenwerkzeug aktivieren und dann bei gedrückt gehaltener [⌥]-Taste (Macintosh) bzw. [Alt]-Taste (Windows) auf eine freie Fläche der Montagefläche ziehen.

2.3 Hilfslinien einrichten

Sie sind jetzt so weit, dass Sie Ihre Seite vor sich sehen und eine Grafik zeichnen möchten. Dazu wird allerdings noch eine Vorbereitung nötig sein. Es kann unglaublich lästig werden, wenn sich Punkte beim Zeichnen von Pfaden oder anderen Grafikelementen nicht da erzeugen lassen, wo Sie es möchten. Das kann dann daran liegen, dass Sie versehentlich eine Tastenkombination gedrückt haben, durch die alle Punkte an einem unsichtbaren Raster ausrichtet werden. Dieses Raster ist standardmäßig mit einem Wert von 5 eingestellt. Das hat zur Folge, dass immer nur im Abstand von 5 mm Punkte gesetzt werden können, sobald die Maßeinheit mm eingestellt wurde. Prüfen Sie also unbedingt, ob diese Funktion aktiv ist. Im Menü ANSICHT wird diese Art der Ausrichtung aktiviert oder deaktiviert. Der Befehl heißt AM RASTER AUSRICHTEN. Diese Funktion finden Sie im Menü ANSICHT|RASTER.

Für den Anfang ist es aber die sinnvollste Einstellung, wenn Sie die Ausrichtung an Hilfslinien aktivieren.

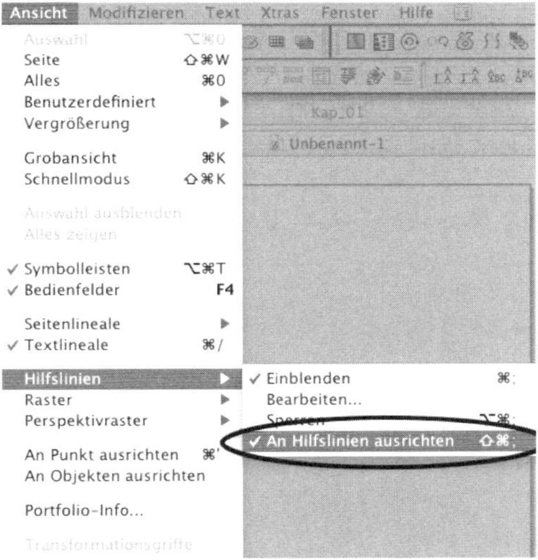

Abbildung 2.18: Die Ausrichtung an Hilfslinien aktivieren

Nun erstellen Sie Hilfslinien, indem Sie mit der Maus in einem der Lineale klicken und eine Hilfslinie herausziehen. Unten in der Informationsleiste können Sie sehen, wo genau die Hilfslinie platziert wird, wenn Sie sie mit der Maus loslassen. Natürlich nur, wenn die Informationsleiste unten platziert wurde.

Hilfslinien sparen viel Ausrichtungsarbeit, denn die Elemente können genau an der Hilfslinie erstellt werden oder später an die Hilfslinie geschoben werden. Das Element, das in die Nähe der Hilfslinie geschoben wird, wird dort magnetisch angezogen und direkt an der Position der Hilfslinie platziert.

Für unseren Schnell-Einstieg sollen Hilfslinien erstellt werden, die folgendes Schema haben. Es gibt eine senkrechte Hilfslinie bei 10 mm, eine bei 60 mm und drei waagerechte Hilfslinien. Diese sollen bei -10, -30 und -50 mm platziert werden. An den Minuswerten können Sie erkennen, dass der Nullpunkt tatsächlich nach links oben an die Ecke der Seite verschoben wurde.

Das sieht dann so aus:

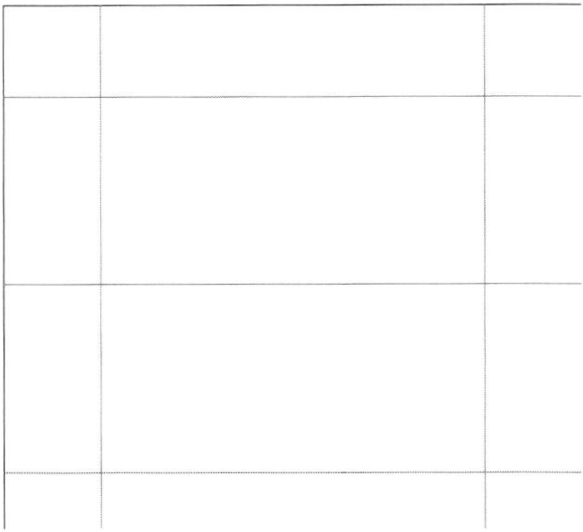

Abbildung 2.19: Hilfslinien links oben an einer Seite

Leider kann es sein, dass Sie die Hilfslinien mit der Maus nicht genau genug platzieren können. Deswegen sollten Sie kontrollieren, ob die Genauigkeit ausreichend ist. Oft ist die Position in der vierten Stelle nach dem Komma erst relevant. Dann könnten Sie großzügig sein. Aber wenn Sie ganz genau mit FreeHand MX arbeiten möchten, rufen Sie als Nächstes aus dem Menü Ansicht|Hilfslinien|Bearbeiten auf.

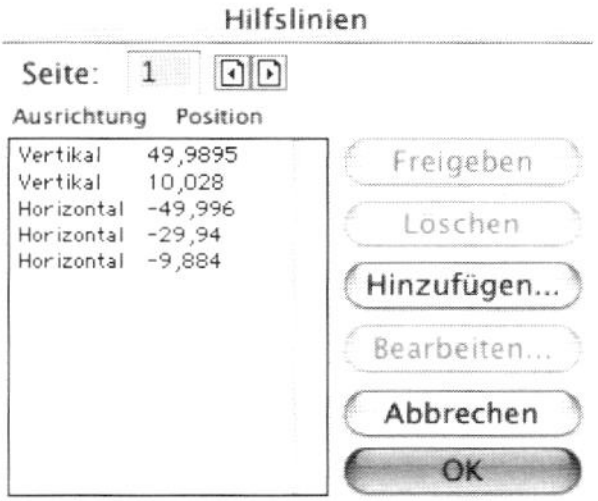

Abbildung 2.20:
Das Dialogfeld HILFSLINIEN BEARBEITEN

In diesem Dialogfenster sehen Sie die tatsächlich verwendeten Werte für die erstellten Hilfslinien. Diese lassen sich bearbeiten. Aktivieren Sie den Wert einer Hilfslinie und klicken Sie auf den Button BEARBEITEN.

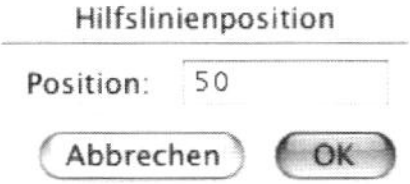

Abbildung 2.21:
Eingabe der Hilfslinienposition im Dialogfenster HILFSLINIEN BEARBEITEN

Nun kann der wirklich gewünschte Wert für die Position der Hilfslinie eingegeben werden.

2.3.1 Hilfslinien sperren

Sie wissen bereits, dass Sie Hilfslinien aus den Seitenlinealen ziehen können. Die Ausrichtung von Elementen an diesen Hilfslinien ist eigentlich nur dann sinnvoll, wenn Sie die Hilfslinien genau eingerichtet haben.

Damit Sie keine Probleme bei der Aktivierung von Elementen bekommen, können Sie die Hilfslinien sperren, denn es kann sein, dass Sie versehentlich die Hilfslinie aktivieren und verschieben. Wählen Sie aus dem Menü ANSICHT|HILFSLINIEN|SPERREN aus.

2.4 Raster einrichten

Eine Gestaltungshilfe für genaues Konstruieren von Grafiken kann auch ein Raster sein. Solche Raster werden meist für technische Zeichnungen verwendet. Das ist dann so, als ob Sie auf Millimeter-Papier zeichnen würden. Richten Sie beispielsweise das Raster auf Millimeter-Abstände ein. Wählen Sie aus dem Menü ANSICHT|RASTER|BEARBEITEN aus. Die Einheit wird passend zur eingestellten Maßeinheit verwendet. Wenn Sie also die Maßeinheiten auf Millimeter gestellt haben und dann im Dialogfeld »1« eingeben, wird ein Millimeterraster definiert.

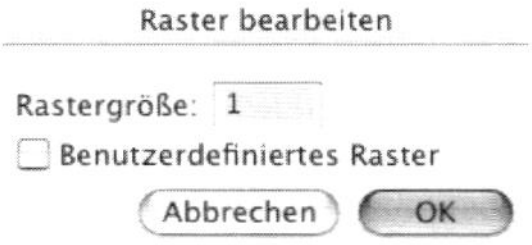

Abbildung 2.22: Rastergröße einstellen

Sie können das Raster sichtbar machen, indem Sie aus dem Menü ANSICHT|RASTER|ANZEIGEN aufrufen. Dadurch werden kleine Punkte dargestellt, deren Farbe in der Grundeinstellung »rot« ist. Wenn Sie möchten, können Sie die Farbe in den Voreinstellungen ändern. Aber meist ist das nicht nötig. Damit die Darstellung nicht zu verwirrend wirkt, zeigt FreeHand nicht alle Punkte, sondern Punktlinien, die sich in regelmäßigen Abständen kreuzen. Meist wird eine Unterteilung von vier Einheiten gewählt, aber das ist je nach Zoom-Einstellung unterschiedlich.

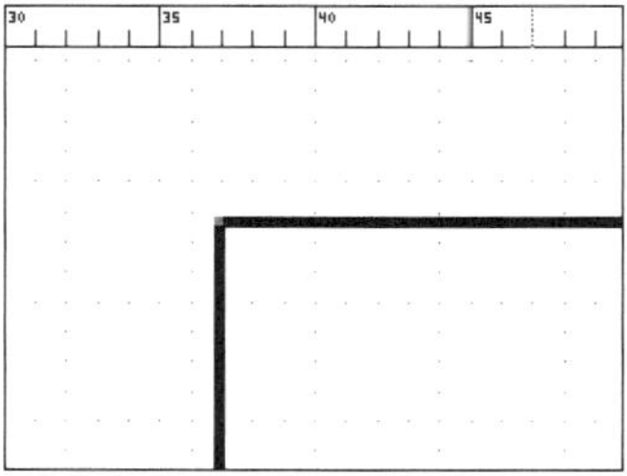

Abbildung 2.23: Rasterdarstellung mit gepunkteten Linien

Jetzt, nachdem Sie das Raster definiert und sichtbar gemacht haben, aktivieren Sie die Ausrichtung durch den Menübefehl ANSICHT|RASTER|AM RASTER AUSRICHTEN. Dabei ist relevant, ob Sie das Raster als benutzerdefiniertes Raster definiert haben oder nicht. Diese Option hat Auswirkungen auf Elemente, die vor dem Aktivieren des Rasters gezeichnet wurden. Nehmen Sie an, dass ein vorher gezeichnetes Element nicht an einem Raster ausgerichtet wurde und nach der Aktivierung verschoben werden soll. Wenn kein benutzerdefiniertes Raster verwendet wird, wird das Element nun am Raster ausgerichtet und rastet in die vorgegebenen Abstände ein. Bei einem benutzerdefinierten Raster lässt sich das Element in Rasterschritten verschieben, bleibt aber dabei in Abhängigkeit zur ursprünglichen Position platziert. Es rastet nicht an einer Rasterposition ein, lässt sich aber eben nur in Abständen verschieben, die durch die Rasterschrittweite teilbar sind.

2.4.1 Eigene FreeHand-Standard-Vorlage speichern

Sie haben eine Seitengröße, eine Seitenausrichtung, die Maßeinheiten und das Raster eingerichtet. Wenn Sie die Seitenlineale sichtbar gemacht haben, den Nullpunkt und die Lineale eingerichtet haben, sind alle Vorbereitungen für die Speicherung der eigenen FreeHand-Standard-Vorlage getroffen. Alles, was Sie jetzt eingerichtet haben und sichtbar ist, wird in Zukunft für jede neue Datei verwendet.

Wählen Sie aus dem Menü DATEI|SICHERN UNTER.

Sie müssen sich entscheiden, wie Sie Ihre neue Vorlage nennen möchten. Achten Sie darauf, dass Sie die Datei im vorgesehenen Ordner bzw. Verzeichnis speichern.

Beim Macintosh müssen Sie darauf achten, dass sich die Datei im Ordner APPLICATION SUPPORT|MACROMEDIA|FREEHAND MX|11|GERMAN|SETTINGS befindet. Unter Windows wird eine Vorlage-Datei im Verzeichnis ANWENDUNGSDATEN|MACROMEDIA|FREEHAND MX|11|GERMAN|EINSTELLUNGEN gespeichert. Bei beiden Systemen ist es möglich, unterschiedliche Einstellungen für verschiedene Benutzer zu aktivieren. Die beschriebenen Ordner bzw. Verzeichnisse liegen in einem Benutzerverzeichnis des gerade angemeldeten Benutzers.

Stellen Sie als Format ein, dass Sie eine FreeHand-Vorlage speichern möchten.

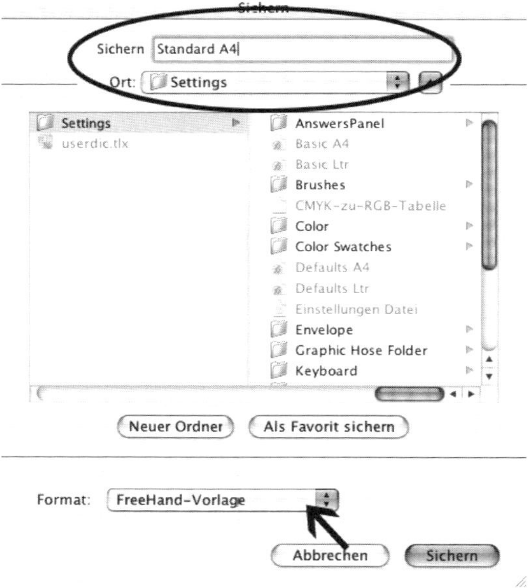

Abbildung 2.24: FreeHand-Standard als FreeHand-Vorlage speichern

Wenn Sie eine eigene Vorlage gespeichert haben, lässt sich diese in den Einstellungen aktivieren. Dazu wählen Sie FREEHAND|EINSTELLUNGEN|DOKUMENT und wählen die Datei in dem Pulldown-Menü aus. Sie können sogar mehrere Standard-Dateien erstellen und bei Bedarf wechseln. Bei Windows liegen die Einstellungen im Menü BEARBEITEN.

2.5 Master-Seiten erstellen

Master-Seiten sind eine schnelle Hilfe zum Einrichten von Dokumentseiten in FreeHand. Es ist ein Teil Ihrer Arbeitsvorbereitung, zu überlegen, ob Sie Master-Seiten einrichten und verwenden möchten. Nutzen Sie diese Möglichkeit, um Zeit zu sparen. Auf der Installations-CD von FreeHand werden einige Vorlagen mitgeliefert, die Ihnen fertige Gestaltungsmuster anbieten. Diese Dateien finden Sie im Ordner VORLAGEN auf der CD. Es gibt eine Informations-Datei, die Auskunft über die verwendeten Schriften in diesen Vorlagen gibt. Zunächst können Sie die Vorlagen ganz normal in den Einstellungen als neue Standard-Vorlage einstellen. Oder Sie nutzen die Vorlagen-Datei zum Erstellen von Master-Seiten.

Die Vorlage-Dateien sind in einer älteren Version von FreeHand erstellt worden und werden beim Öffnen automatisch konvertiert. Dadurch können Sie die Datei nach der Änderung nicht einfach speichern und die Vorlage verändern. Der Dateiname wird geändert und Sie müssen die Datei unter einem neuen Namen speichern. Dabei legen Sie wie üblich auch fest, wo die Datei gespeichert werden soll.

Ich erkläre das Prinzip und die Arbeitsweise mit einer Master-Seite an einem Beispiel mit einer Vorlagen-Datei. Öffnen Sie eine Vorlagen-Datei, wobei Sie darauf achten müssen, dass Sie alle benötigten Schriften installiert und aktiviert haben. Falls eine Meldung erscheint, die Sie auf fehlende Schriften hinweist, müssen Sie die Datei wieder schließen ohne zu speichern, und vor Beginn der Arbeit erst die Schriften verfügbar machen.

Nach dem Öffnen der Datei können Sie Änderungen durchführen. Ich stelle beispielsweise die Maßeinheit um und oft auch das Seitenformat, denn meist sind amerikanische Formate in den Vorlagen verwendet worden. Meistens brauchen Sie aber entweder DIN-Formate oder eigene benutzerdefinierte Formate. Ändern Sie die Einstellung im Bedienfeld DOKUMENT.

Diese Vorlagen-Datei enthält nur einen Schmuckrahmen und wurde auf DIN-A4-Querformat angepasst. Dieser Rahmen soll auf allen Seiten an der gleichen Stelle erscheinen. Der zweite Grund, den es geben kann, um eine Master-Seite zu erstellen, ist, dass Sie ein Gestaltungsraster aus Hilfslinien auf allen Seiten verwenden möchten, die nach dem Muster dieser Master-Seite erstellt werden.

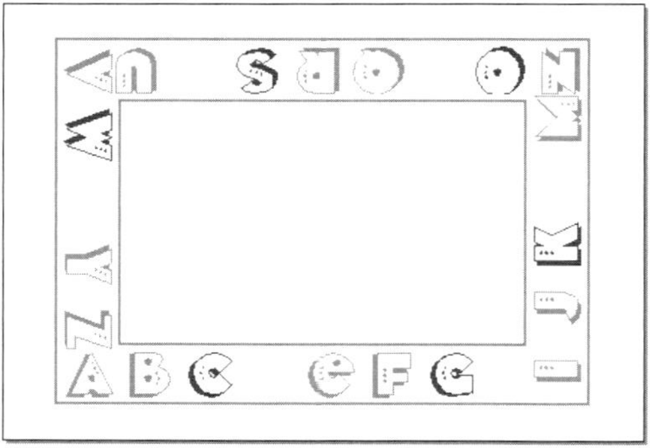

Abbildung 2.25: Darstellung einer Master-Seite

Wählen Sie aus dem Menü ANSICHT|HILFSLINIEN|BEARBEITEN. Dann erstellen Sie ein Hilfslinienraster, das z.B. für die Platzierung des Textes innerhalb des Rahmens verwendet werden kann.

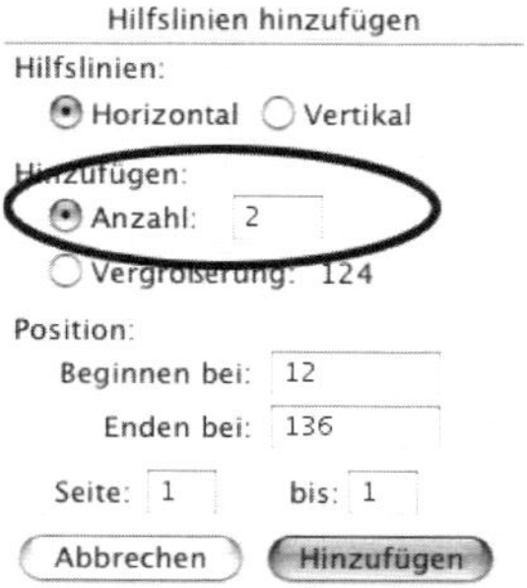

Abbildung 2.26: Hilfslinien über das Dialogfeld erstellen

Erstellen Sie immer gleich zwei Hilfslinien auf einmal, indem Sie die Anzahl eingeben und dann den Anfang (Position von Hilfslinie 1 = BEGINNEN BEI) und das Ende (Position von Hilfslinie 2 = ENDEN BEI) eingeben. Für die effektive Einrichtung von Hilfslinien-Gestaltungsrastern lässt sich auch der Abstand zwischen den Hilfslinien eingeben. Dabei wählen Sie die Anzahl und dann die VERGRÖSSERUNG. Sollten Sie nicht mit Master-Seiten arbeiten, lassen sich die Hilfslinien auch auf mehreren Seiten erstellen, denn Sie haben die Möglichkeit, in diesem Dialogfeld die Seiten einzugeben, bevor Sie auf den Button HINZUFÜGEN klicken.

Um aus dieser Seite jetzt eine Master-Seite zu erstellen, wählen Sie im Menü des Bedienfeldes DOKUMENT die Option IN MASTER-SEITE KONVERTIEREN.

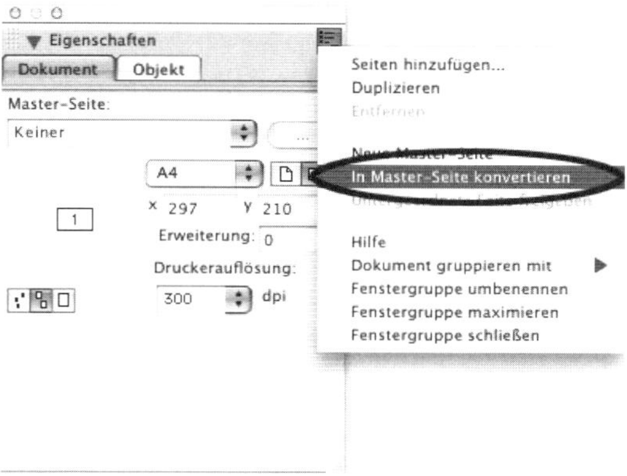

Abbildung 2.27: Konvertierung einer Dokumentseite in eine Master-Seite

Die aktive Seite ändert sich nicht in der Darstellung, aber sie ist nach dieser neu erstellten Master-Seite gestaltet. Damit werden alle Elemente der Master-Seite automatisch für die normale Bearbeitung gesperrt. Das gilt auch für das Seitenformat.

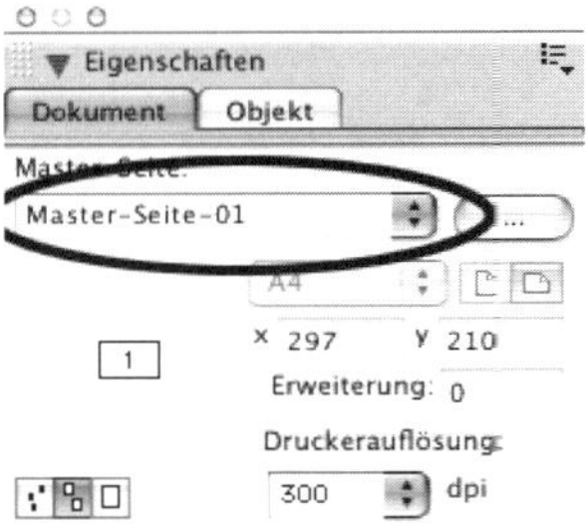

Abbildung 2.28: Anzeige der aktiven Master-Seite im Bedienfeld DOKUMENT

Im Bedienfeld DOKUMENT sehen Sie die aktive Master-Seite, die für die jeweils aktive Dokumentseite verwendet wird. Wenn Sie nun entdecken, dass Sie einen Fehler gemacht haben und die Master-Seite noch verändern müssen, klicken Sie auf den Button mit den drei Punkten neben dem Pulldown-Menü für die Auswahl der Master-Seite. Die Master-Seite wird in einem neuen FreeHand-Fenster geöffnet und kann ganz einfach bearbeitet werden. Danach brauchen Sie das Fenster nur zu schließen und schon ist die Master-Seite geändert und damit natürlich auch alle Dokumentseiten, die darauf basieren.

Alternativ können Sie leere Master-Seiten erstellen, die Sie erst mit den gewünschten Elementen füllen, wenn Sie wissen, was Sie wollen. Wählen Sie aus dem Menü des Bedienfeldes DOKUMENT die Option NEUE MASTER-SEITE. Damit wird sofort ein neues Fenster für die neue Master-Seite geöffnet.

Um für eine Dokumentseite eine Master-Seite zuzuweisen, wählen Sie im Bedienfeld DOKUMENT in dem Pulldown-Menü die gewünschte Master-Seite aus.

Beim Erstellen neuer Seiten über das Menü des Bedienfeldes DOKUMENT mit dem Befehl SEITEN HINZUFÜGEN fragt FreeHand direkt, welche Master-Seite für die neuen Seiten verwendet werden sollen.

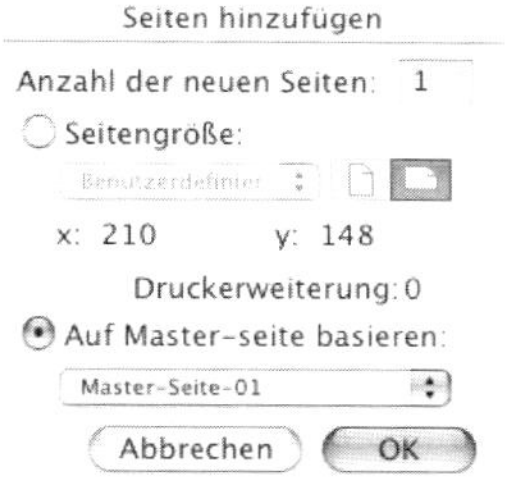

Abbildung 2.29: Zuweisen einer Master-Seite beim Hinzufügen von Seiten

Um eine der Master-Seiten einer Datei umzubenennen, wählen Sie aus dem Menü FENSTER|BIBLIOTHEK. Darin werden die Master-Seiten Ihrer Datei angezeigt und Sie können sie ganz einfach umbenennen. Master-Seiten können über das Bibliothek-Fenster als Symbol exportiert und importiert werden.

Abbildung 2.30: Darstellung der verfügbaren Master-Seiten in der Bibliothek

Wenn Sie die Master-Seite aus dem Fenster der Bibliothek auf die Dokument-Seite ziehen, wird die Master-Seite auf die Dokument-Seite angewendet. Weitere Informationen zur Verwendung des Bedienfeldes BIBLIOTHEK finden Sie in Kapitel 16.

Um vielen Seiten eine neue Master-Seite zuzuweisen, müssen Sie die Ansicht so einstellen, dass Sie die Seiten auf der Montagefläche sehen können. Dann wählen Sie die Seiten mit dem Seitenwerkzeug aus, indem Sie einen Rahmen um die Seiten ziehen.

Abbildung 2.31:
Seitenauswahl-Werkzeug mit QuickInfo-Einblendung

Die Seiten werden mit einem aktiven Seitenrahmen dargestellt und im Bedienfeld DOKUMENT lässt sich die Master-Seite für alle aktiven Seiten ändern.

Falls Sie Änderungen auf einer Seite vornehmen möchten, die generell nach der Master-Seite gestaltet ist, können Sie im Menü des Bedienfeldes DOKUMENT die Option UNTERGEORDNETE SEITE FREIGEBEN aufrufen. Damit werden alle Elemente von der Master-Seite bearbeitbar auf die Dokument-Seite kopiert und lassen sich wieder ändern.

Machen Sie bei gedrückt gehaltener [⌥]-Taste (Macintosh) bzw. [Alt]-Taste (Windows) mit dem Seitenwerkzeug einen Doppelklick auf die Seite. Damit wird das Dialogfeld SEITE ÄNDERN geöffnet. Darin wird die aktuelle Master-Seite gezeigt und diese lässt sich ändern. Wenn Sie keine Master-Seite zugewiesen haben, lässt sich in diesem Dialogfeld auch das Format der Seite ändern.

2.6 Ebenen einrichten

Als Vorbereitung für strukturiertes Arbeiten sollten Sie wissen, wie Sie Ebenen einrichten können und wie man mit Ebenen arbeitet. Es ist zwar grundsätzlich auch möglich, ohne die Verwendung von Ebenen Grafiken zu zeichnen, aber es macht deutlich mehr Probleme, wenn Sie sehr viele Elemente erstellen und die Reihenfolge der Elemente übereinander beim Zeichnen nicht beachtet haben und später sortieren möchten.

Wenn das Bedienfeld EBENEN nicht auf Ihrer Montagefläche sichtbar ist, rufen Sie es im Menü FENSTER auf. Es gibt aber auch einen Button in der Symbolleiste STANDARD, den Sie anklicken können.

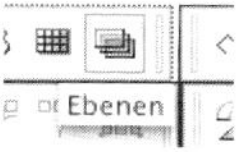

*Abbildung 2.32:
Button zum Aufrufen des Bedienfeldes EBENEN in der Symbolleiste STANDARD*

Normalerweise sind bereits drei Ebenen vorhanden: die Hintergrundebene, die unter einer Trennlinie liegt, und darüber die Hilfslinien und der Vordergrund. Die Hilfslinien werden in FreeHand auf einer besonderen Ebene verwaltet, damit es leichter ist, alle Hilfslinien auf einmal hinter die Objekte oder vor die Objekte zu legen. Dazu wird nur die Ebenenreihenfolge geändert.

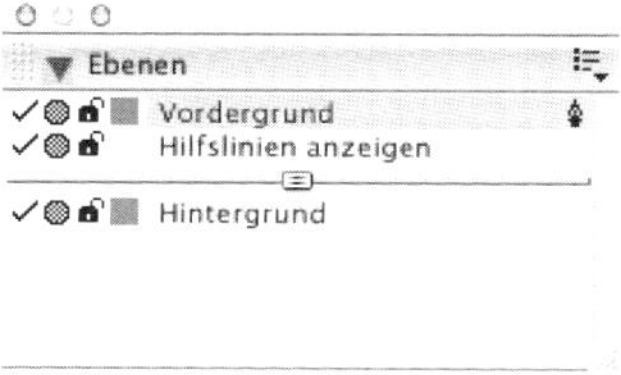

*Abbildung 2.33:
Bedienfeld EBENEN in der Standardeinstellung*

Der Vordergrund ist mit einer kleinen Zeichenfeder markiert, so dass Sie sehen können, dass Sie auf dem Vordergrund zeichnen.

Die Häkchen vor den Ebenen zeigen an, dass die Ebenen dargestellt werden. Daneben sehen Sie einen kleinen grauen Kreis. Dieser Kreis wird gefüllt dargestellt, wenn die Ebenenelemente im Vorschau-Modus angezeigt werden, und mit einem kleinen Kreuz, wenn die Ebenenelemente in der Grobansicht angezeigt werden. Die Grobansicht muss aber durch einen Klick auf den kleinen grauen Kreis eingeschaltet werden. Bei Windows-Rechnern wird die Grobansicht alternativ in der Symbolleiste STATUS eingeschaltet, allerdings wird dann in der Ebenenpalette das Symbol des kleinen Punktes nicht geändert! Über das Bedienfeld EBENEN lassen sich dadurch Teile der gesamten Grafik als Grobansicht darstellen, um den Bildschirmaufbau zu beschleunigen oder durch verschiedene Elemente hindurch sehen zu können, was auf den unteren Ebenen liegt.

Jede Ebene kann eine eigene Farbe bekommen, die dann für aktivierte Elemente für die Aktivierungspunkte verwendet wird. Standardmäßig sind alle Ebenen mit einem Blauton gekennzeichnet. Wenn Sie andere Farben verwenden möchten, müssen diese im Bedienfeld FARBMISCHER definiert werden. Dann ziehen Sie das Farbkästchen auf das Farbkästchen im Bedienfeld EBENEN.

Zusätzlich lassen sich die verschiedenen Ebenen mit Namen versehen. Dazu reicht es aus, wenn Sie einen Doppelklick auf dem Namen machen und ihn mit dem Ebenentitel überschreiben, den Sie gern verwenden möchten. Das ist besonders sinnvoll, wenn Sie mit vielen Ebenen arbeiten. Dann benenne ich die Ebenen immer so, dass ich den Inhalt schnell erkennen kann. Bei Straßenkarten beispielsweise gibt es immer viele Ebenen: Grünflächen, bebaute Flächen, Straßen, Straßennamen, Sondersymbole, Autobahnen usw.

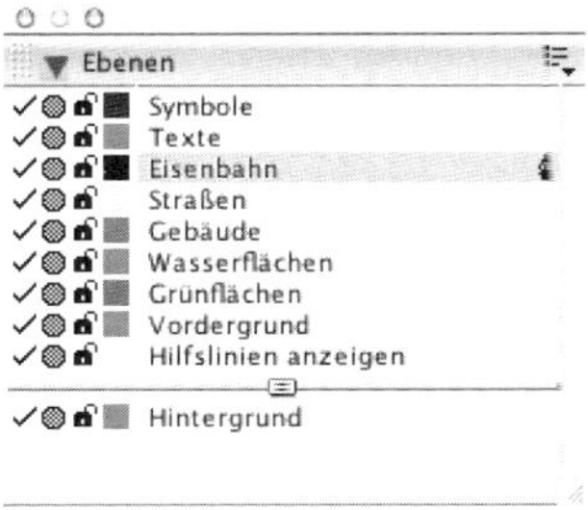

Abbildung 2.34:
Bedienfeld EBENEN mit selbst erstellten Ebenen, für eine Karte vorbereitet

Richten Sie die Ebenen vor dem Zeichnen der Elemente ein, damit die Elemente direkt auf der passenden Ebene erstellt werden können.

Es kann auch mehrere Hintergrundebenen geben, wenn Sie Elemente z.B. nichtdruckbar, aber sichtbar erstellen möchten. Alle Hintergrundebenen werden normalerweise nicht gedruckt.

Um ein Element von einer Ebene auf eine andere zu verschieben, reicht es aus, das Element zu aktivieren und auf die Ziel-Ebene im Bedienfeld EBENEN zu klicken. Damit wird das Element auf diese Ebene verschoben. Auf der Ebene selbst kann aber die Reihenfolge der Elemente auch geändert werden. Manchmal muss das Element trotzdem nach hinten gestellt werden. Über die Anordnung finden Sie in Kapitel 4 weitere Hinweise.

Im Bedienfeld EBENEN finden Sie ein kleines Menü unter dem schwarzen Dreieck rechts oben. In diesem Menü lassen sich u.a. neue Ebenen erstellen und alle Ebenen aus- oder einblenden (ALLE AUS bzw. ALLE EIN).

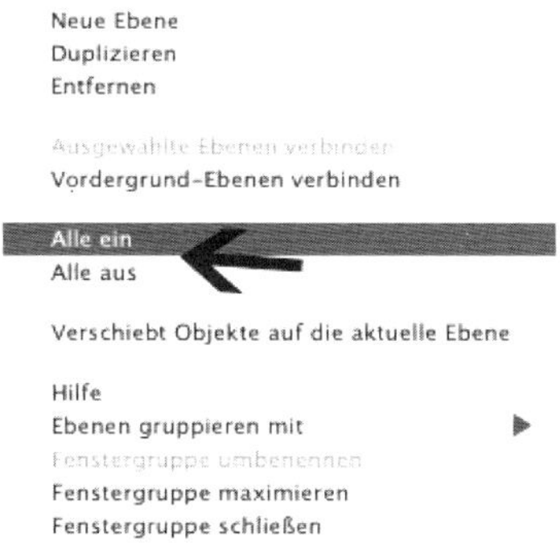

Abbildung 2.35:
Menü im Bedienfeld EBENEN

Eine aktivierte Ebene kann dupliziert oder entfernt werden. Damit werden auch alle Elemente auf der Ebene dupliziert oder gelöscht.

Die Option VORDERGRUND-EBENEN VERBINDEN zieht alle Elemente auf einer einzelnen Vordergrundebene zusammen. Damit werden alle Ebenen gelöscht, aber alle Elemente auf der Vordergrundebene gesammelt. Das funktioniert auch für ausgewählte Ebenen. Die Ebenen müssen dazu bei gedrückt gehaltener [⌘]-Taste (Macintosh) bzw. [Strg]-Taste (Windows) angeklickt und damit ausgewählt werden. Anschließend wählen Sie AUSGEWÄHLTE EBENEN VERBINDEN aus dem Menü im Bedienfeld EBENEN.

Damit Ebenen, die bereits fertig gestaltet wurden, nicht versehentlich bearbeitet werden, sperren Sie die Ebenen. Dazu klicken Sie auf das Schloss im Bedienfeld EBENEN, das die Sperrung aktiviert und danach als geschlossenes Schloss erscheint. Wenn eine Ebene auf diese Weise gesperrt wurde, lässt sich kein anderes Element auf diese Ebene verschieben. Das ist wichtig, denn sonst kann es versehentlich zu Verschiebungen kommen, weil ja ein Klick auf den Ebenennamen genügt.

Wenn Sie sich eine Arbeitsweise mit einer Ebenenstruktur angewöhnen, wird Ihnen das Sortieren der Grafikelemente leichter fallen.

2.6.1 Hilfslinien aus Grafiken und Hilfslinien wieder freigeben

Die Hilfslinienebene wird auch verwendet, wenn Sie beispielsweise eine schräge Hilfslinie erstellen möchten. Dann zeichnen Sie eine Linie mit dem Linienwerkzeug und richten sie so ein, wie die Hilfslinie aussehen soll. Es kann auch eine runde Hilfslinie sein, die aus einem Kreis entstehen soll. Jedenfalls muss die Hilfslinie zunächst als normales Grafikelement erstellt werden.

Aktivieren Sie das Element oder die schräge Linie und klicken Sie auf den Ebenennamen HILFSLINIEN ANZEIGEN. Damit wird das Element in eine Hilfslinie umgewandelt. Obwohl die Hilfslinie aus einem Grafikelement entstanden ist, ist sie magnetisch und kann hervorragend zum Ausrichten von Elementen verwendet werden.

Ein solches Grafikelement, das in eine Hilfslinie umgewandelt wurde, lässt sich auch wieder zurückverwandeln. Diese Funktion heißt in FreeHand MX FREIGEBEN und funktioniert nur über das Dialogfeld ANSICHT|HILFSLINIEN|BEARBEITEN.

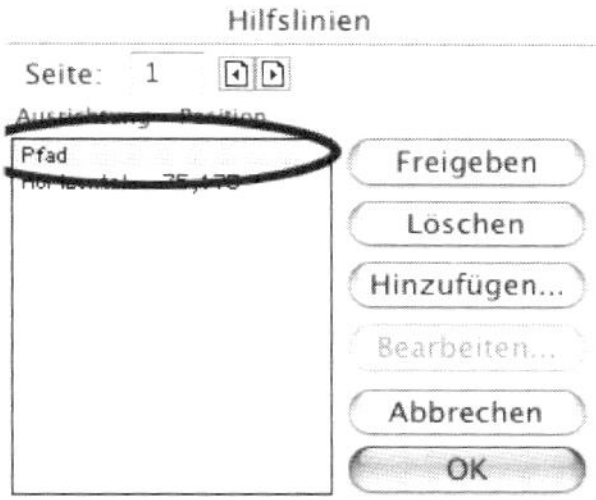

Abbildung 2.36: Hilfslinie, die aus einem Pfad erstellt wurde, im Dialogfenster HILFSLINIEN

Wenn Sie mehrere Pfade in Hilfslinien umgewandelt haben, sind auch mehrere Pfade in diesem Dialogfeld sichtbar. Leider ist nicht zu sehen, welcher Pfad freigegeben wird, da erst nach der Bestätigung der Pfad wieder als Grafikelement auf der Seite erscheint. Falls Sie nun den falschen Pfad erwischt haben, macht das aber nichts, dann klicken Sie ihn einfach wieder auf die Hilfslinienebene und versuchen es noch einmal.

Besonders praktisch ist, dass der Pfad nach dem Freigeben wieder das Aussehen hat, das er vor der Umwandlung in eine Hilfslinie auch hatte. Die Linienart, -stärke und -füllung wird wieder hergestellt.

2.7 Dateien speichern

Jetzt können Sie anfangen, sich Grafiken auszudenken und zu zeichnen, oder Sie zeichnen mit FreeHand MX gescannte Vorlagen nach. Wenn Sie so weit gekommen sind, wollen Sie die Datei speichern. Das sollten Sie auch zwischendurch tun, falls der Computer unerwartet abstürzt.

Beim Speichern wählen Sie auch, wie die Datei heißen und wo sie auf der Festplatte in Ihrem Dateisystem abgelegt werden soll. Wählen Sie aus dem Menü DATEI|SICHERN UNTER.

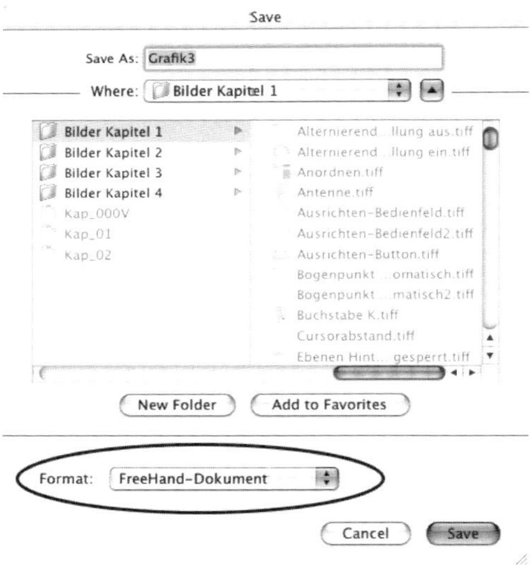

Abbildung 2.37: Dateiformat zum Speichern von FreeHand-Grafiken

Ähnlich wie unter Windows können Sie auch am Macintosh falls nötig einen neuen Ordner bzw. ein neues Verzeichnis erstellen. Das Format, in dem die Grafik gespeichert wird, lässt sich in einem Pulldown-Menü einstellen. Normalerweise wird eine einfache FreeHand-Datei gespeichert. Sie können aber auch eine Vorlage erstellen, die als Musterdatei verwendet wird, oder eine editierbare EPS-Datei.

Abbildung 2.38: Dateiformate, die gespeichert werden können

2.8 Dateien exportieren

Meist werden die Grafiken als EPS-Datei exportiert, damit sie als Teil eines Layouts in einem anderen Programm eingesetzt werden können. Dazu wählen Sie aus dem Menü DATEI|EXPORTIEREN aus.

Bevor Sie den Export starten, wählen Sie das Format. Beim Export von Grafiken wird meist das EPS-Format gewählt. Das EPS-Format kann alle Informationen speichern, die in einer FreeHand-MX-Datei enthalten sein können. Klicken Sie auf den Button EINRICHTEN, um weitere Einstellungen für die EPS-Datei vorzunehmen.

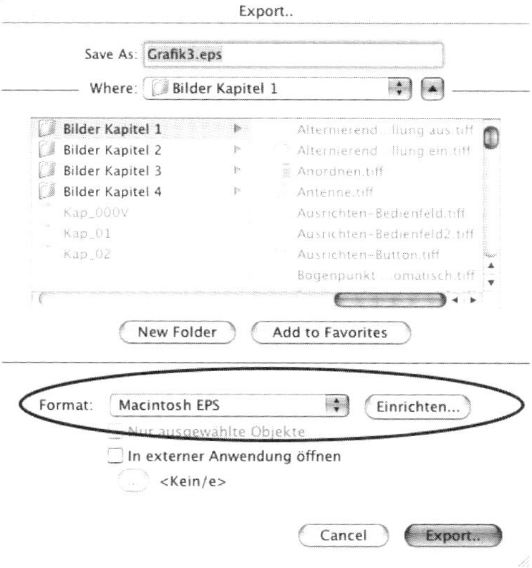

Abbildung 2.39: Dialogfenster zum Export vom Dateien mit Formateinstellungen

Abbildung 2.40: EPS-Speicherung einrichten

Wenn Sie mehrere Seiten exportieren, wird für jede Seite eine EPS-Datei erzeugt, die automatisch durchnummeriert wird.

Diese EPS-Dateien können Sie nun wie Bilder in Layouts einsetzen.

Eine Übersicht über die Exportformate finden Sie im Anhang.

Zeichenwerkzeuge/ Objekte zeichnen

Nun folgt eine komplette Übersicht mit allen Tipps und Tricks zum Zeichnen einfacher Formen. Diese einfachen Formen sind oft Grundlage sehr komplexer Grafiken. Mit der Verwendung dieser Werkzeuge können Sie Zeit sparen und effektiv arbeiten, so dass Sie FreeHand MX schnell gewinnbringend nutzen können.

3.1 Zeichnen mit Grundformen

Statt Punkte zu setzen und die Kurven mit den Griffen zu verändern, können Sie auch einige Werkzeuge verwenden, mit denen sich einfache Grundformen erstellen lassen. Diese Grundformen können die Basis oder das Ausgangsobjekt für die weitere Bearbeitung sein oder auch direkt miteinander kombiniert werden. Zu den Grundformen zählen die Linie, das Rechteck, die Ellipse, das Polygon und die Spirale.

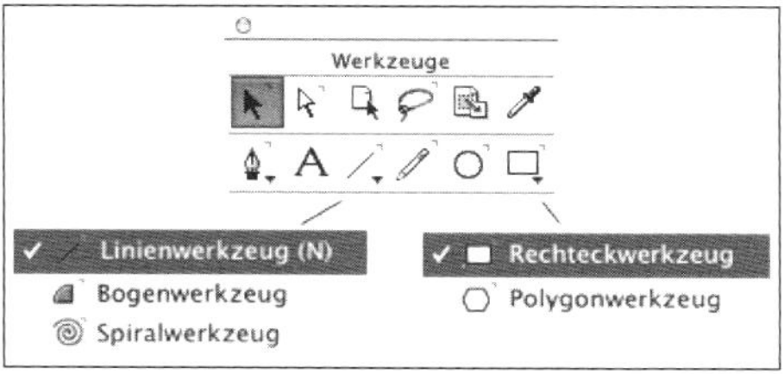

Abbildung 3.1: Werkzeuge zum Zeichnen einfacher Grundformen

3.2 Rechteck

Ein Rechteck wird mit dem Rechteckwerkzeug gezeichnet. Das Werkzeug ist im Bedienfeld WERKZEUGE, das im Menü FENSTER aufgerufen werden kann, auswählbar.

Abbildung 3.2:
Rechteckwerkzeug mit QuickInfo-Einblendung

Ein Rechteck kann einfach freihändig gezogen werden. Es wird meist von links oben nach rechts unten gezogen. Das bedeutet: Sie klicken auf das Werkzeug, der Mauszeiger ändert sich zu einem kleinen Kreuz, Sie klicken mit diesem Mauszeiger auf der Seite, lassen die Maustaste gedrückt und ziehen mit der Maus das Rechteck auf die Seite. Sie sehen in FreeHand beim Erstellen von Objekten immer eine Vorschau auf der Seite, damit Sie entscheiden können, wann Sie die Maus loslassen möchten.

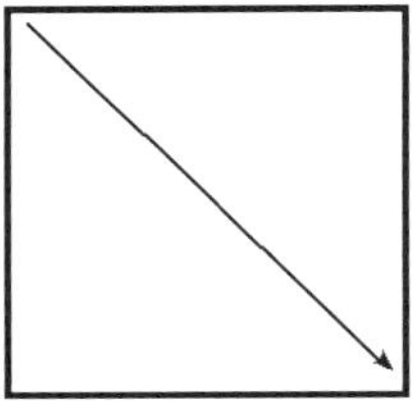

Abbildung 3.3:
Rechtecke und Quadrate können von links oben nach rechts unten gezeichnet werden.

Im Bedienfeld OBJEKT sehen Sie nach dem Erstellen, solange das Rechteck noch aktiv ist, dass das Objekt in FreeHand als Rechteck bezeichnet wird und welche Position und Breite es hat.

Sie können jetzt direkt in diesem Bedienfeld die Werte ändern, indem Sie in die Felder klicken, die Zahlen löschen und neue Werte eingeben. Damit die Änderung ausgeführt wird, drücken Sie zur Bestätigung die [↵]-Taste.

Ein Rechteck kann auch direkt als Quadrat gezogen werden, wenn Sie beim Ziehen mit der Maus die [⇧]-Taste drücken.

Ein Rechteck kann auch aus der Mitte heraus gezogen werden, wenn Sie beim Ziehen mit der Maus die [⌥]-Taste (Macintosh) bzw. [Alt]-Taste (Windows) festhalten.

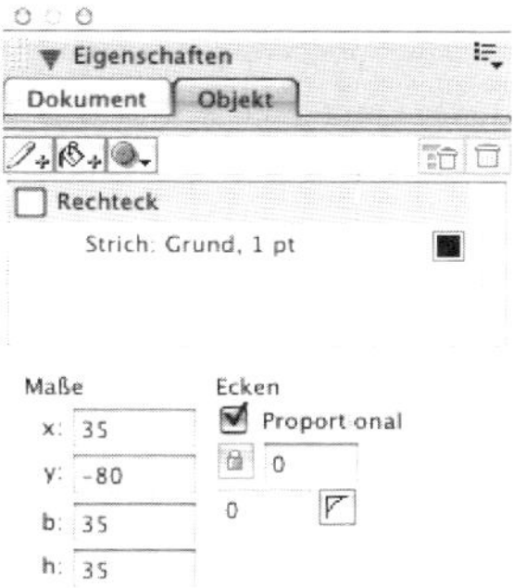

Abbildung 3.4:
Genaue Maße für ein Rechteck eingeben im Bedienfeld OBJEKT

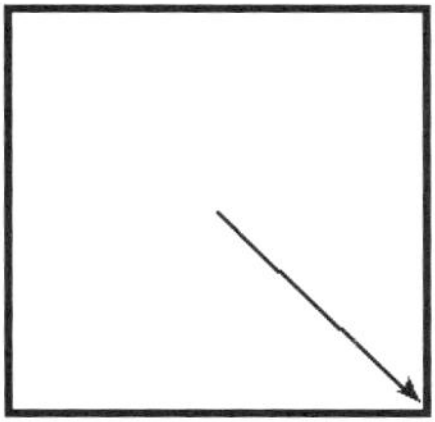

Abbildung 3.5:
Bei gedrückter gehaltener Alt *-Taste wird das Rechteck aus der Mitte gezogen.*

Das kann sinnvoll sein, wenn Sie es genau mittig über einem anderen Element platzieren möchten oder wenn Sie die Mitte durch Hilfslinien festgelegt haben. Außerdem kann man beide Tasten, die ⇧-Taste und die Alt-Taste, zusammen festhalten und so ein Quadrat, aus der Mitte gezogen, erstellen.

Grundsätzlich lassen sich alle Rechtecke auch auf vorbereiteten Hilfsliniengittern oder mit dem Raster als Positionierhilfe erstellen. Probieren Sie einmal aus, wie das Gitter die Größenänderung und die Maße beeinflusst.

3.2.1 Rechtecke mit abgerundeten Ecken

Für ein Rechteck lässt sich bereits, bevor Sie es erstellen, der Eckenradius einstellen. Machen Sie einen Doppelklick auf dem Werkzeug, um in dieses Dialogfeld zu gelangen.

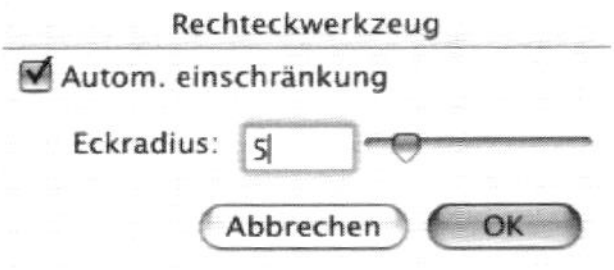

Abbildung 3.6: Grundeinstellung des Rechteckwerkzeugs

Das Werkzeug wird damit in seiner Grundeinstellung verändert und Sie zeichnen nun immer mit diesem Eckenradius.

Der Eckenradius kann auch nachträglich im Bedienfeld OBJEKT eingestellt werden. Das ist meist die bevorzugte Variante, denn der Eckenradius verändert sich häufig während der Arbeit an einer Grafik mit vielen Elementen und wird nicht beibehalten.

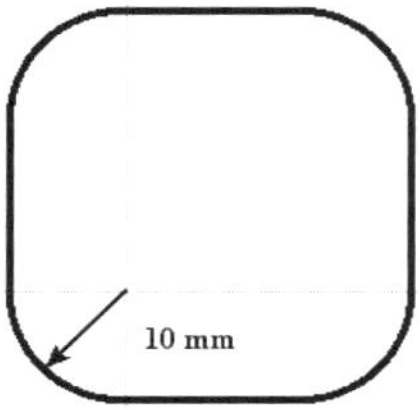

Abbildung 3.7: Definition des Eckenradius bei einem Rechteck

Sobald Sie den Eckenradius für zwei der Ecken unterschiedlich einstellen möchten, deaktivieren Sie die Option PROPORTIONAL im Bedienfeld OBJEKT für ein aktives Rechteck mit runden Ecken und stellen die gewünschten Werte für die vier Ecken ein. Dabei kann die Rundung einer Ecke auch nach innen gewölbt werden. Sie klicken einfach auf das kleine Symbol mit dem Bogen.

Um eine Eckenrundung verzerrt zu gestalten, muss das Schloss angeklickt werden, so dass es geöffnet wird, und dann lassen sich zwei Werte für eine Rundung einstellen. Die Breite und Höhe kann unterschiedlich eingestellt werden, so dass eine elliptische Rundung entsteht.

Falls Sie die Rundungen intuitiv durch Ziehen mit der Maus einrichten möchten, wählen Sie das Teilauswahl-Werkzeug (weißer Pfeil) und ziehen an den Griffen, die an den abgerundeten Ecken dargestellt werden. Bei Elementen mit nicht-proportionalen Eckenrundungen lässt sich jede Ecke separat bestimmen und mit der Maus verändern.

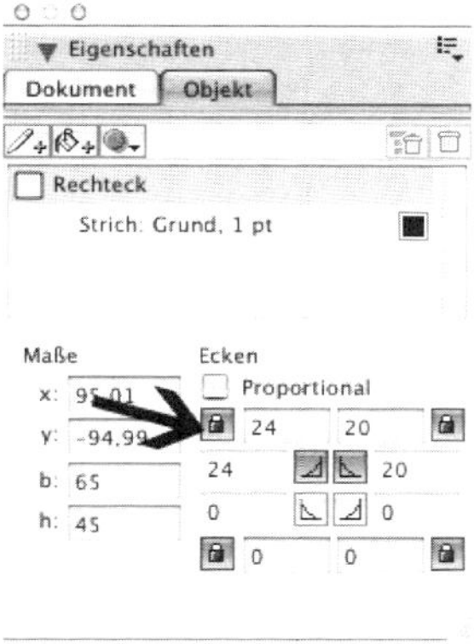

Abbildung 3.8: Eckenrundungen einstellen

Ein Rechteck, bei dem die Gruppierung aufgehoben wird, z.B. mit dem Befehl MODIFIZIEREN|GRUPPIERUNG AUFHEBEN, wird in einen Pfad umgewandelt. Wenn es ein einfaches Rechteck ohne abgerundete Ecken war, besteht der Pfad aus vier Punkten, wenn es abgerundete Ecken hatte, besteht der Pfad aus acht Punkten.

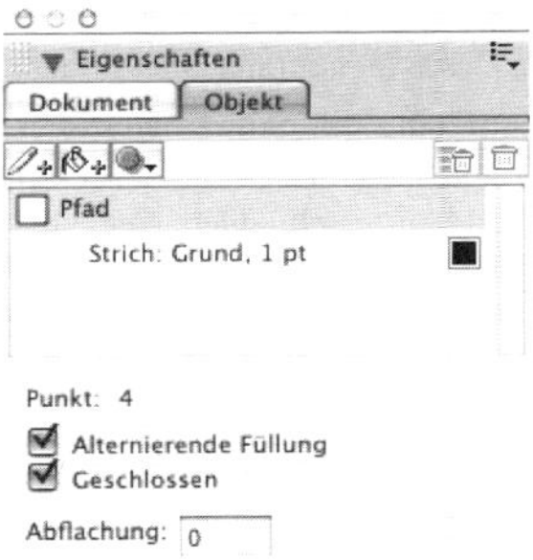

Abbildung 3.9:
Rechtecke bestehen aus vier Punkten, nachdem die Gruppierung aufgehoben wurde.

3.3 Ellipse

Wenn Sie eine Ellipse zeichnen möchten, wählen Sie das Werkzeug direkt neben dem Rechteckwerkzeug im Bedienfeld WERKZEUGE aus.

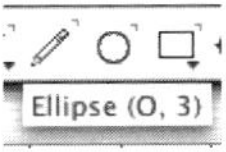

Abbildung 3.10:
Ellipsenwerkzeug mit eingeblendetem QuickInfo-Text

Eine Ellipse wird normalerweise von links oben nach rechts unten gezogen.

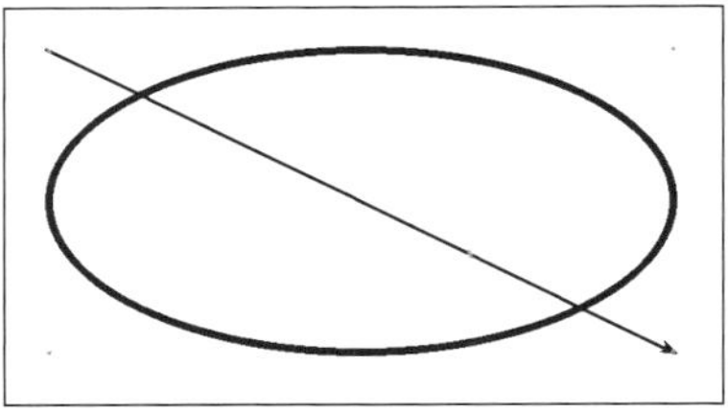

Abbildung 3.11:
Ellipsen werden meist wie Rechtecke von links oben nach rechts unten gezogen.

Genauso wie bei Rechtecken wird durch Festhalten der [⇧]-Taste das Element beim Zeichnen verändert. Es wird zu einem Kreis geformt. Wenn Sie beim Zeichnen die [Alt]-Taste festhalten, wird die Ellipse aus der Mitte heraus gezogen. Hält man beide Tasten, [Alt]+[⇧], fest, wird ein Kreis aus der Mitte heraus gezogen.

Ellipsen sind wie Rechtecke gruppierte Elemente, die im Bedienfeld OBJEKT in ihrer Größe genau definiert werden können. Dort können Sie auch sehen, dass es sich um eine Ellipse handelt, wenn Sie ein solches Grafikelement aktiviert haben.

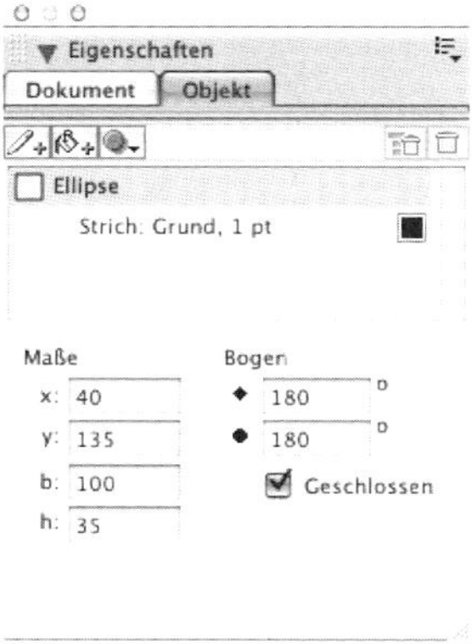

Abbildung 3.12: Darstellung der Werte einer Ellipse im Bedienfeld OBJEKT

Eine Ellipse kann auch für die Gestaltung von Tortendiagrammen verwendet werden. Dazu gibt es einige Hinweise im Kapitel 17.

Nachdem die Gruppierung rückgängig gemacht wurde, besteht eine Ellipse aus vier Punkten, die als Kurvenpunkte mit einer bestimmten Krümmung definiert sind. Die Griffe an den Kurvenpunkten können dann verschoben werden und so kann die Form verändert werden.

Als gruppiertes Element hat eine Ellipse vier Aktivierungspunkte an den Ecken, um die Größe der Ellipse zu ändern.

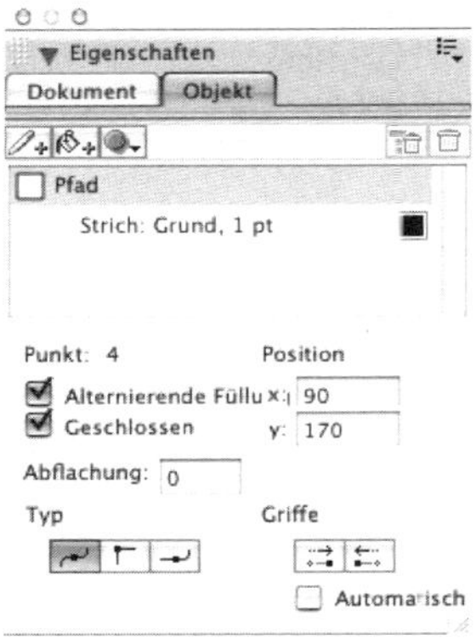

Abbildung 3.13:
Darstellung eines aktiven Ellipsenpunktes nach dem Aufheben der Gruppierung

Wenn Sie beim Verändern der Größe die [⇧]-Taste festhalten, wird wieder ein Kreis geformt. Das bedeutet, dass Sie auch nachträglich aus einer Ellipse einen Kreis machen können. Allerdings nur, solange die Gruppierung nicht aufgehoben wurde.

3.4 Linien

Einfache gerade Linien werden natürlich auch beim Erstellen von Grafiken benötigt. In diesem Abschnitt geht es nur um gerade Linien, in Kapitel 6 werden kompliziertere Wege zum Erstellen von kurvigen Linien erklärt. Sie finden ein passendes Werkzeug zum Zeichnen von geraden Linien wieder im Bedienfeld WERKZEUGE.

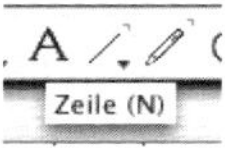

Abbildung 3.14:
Zeilen-Werkzeug zum Zeichnen von Linien mit eingeblendetem QuickInfo-Text

Die Linie, mit dem Zeilen-Werkzeug gezeichnet, ist normalerweise eine einfache Gerade, die einfach vom Anfangspunkt zum Endpunkt gezogen wird. Dabei ist nicht festgelegt, in welche Richtung Sie die Linie ziehen möchten. Sie können aber die Linie in bestimmten Winkeln ziehen, wenn Sie beim Ziehen die ⇧-Taste festhalten. Dann sind sie auf alle Winkel im Abstand von 45 Grad beschränkt.

Nach dem Zeichnen einer Zeile (Linie) sehen Sie im Bedienfeld OBJEKT, dass Sie einen Pfad erzeugt haben.

Abbildung 3.15:
Linien werden als Pfade im Bedienfeld OBJEKT dargestellt.

Dieser Pfad besteht aus zwei Punkten, die mit Eingaben im Bedienfeldfenster verschoben werden können, denn die Koordinaten der aktiven Punkte werden dort sichtbar, wenn Sie einen Punkt mit dem weißen Pfeilwerkzeug aktivieren.

Um eine Linie in der Länge genau zu bestimmen, greifen Sie am besten zu dem Trick, der auch bei anderen Objekten hilft. Sie gruppieren den Pfad, der aus zwei Punkten besteht, indem Sie aus dem Menü MODIFIZIEREN| GRUPPIEREN auswählen oder die Tastenkombination ⌘+G (Macintosh) bzw. Strg+G (Windows) verwenden. Dann wird die Linie im Bedienfeld OBJEKT als Gruppe dargestellt und lässt sich über die Werte verändern.

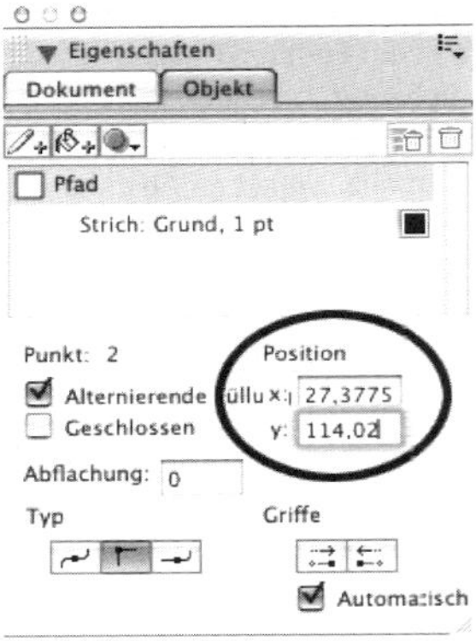

Abbildung 3.16:
Darstellung eines aktiven Punktes eines Linienpfades

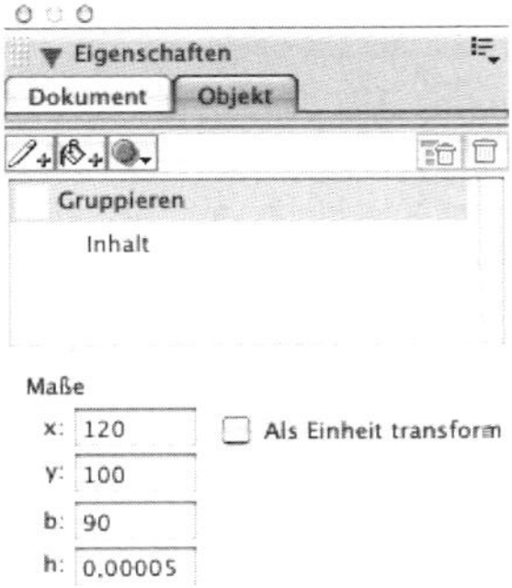

Abbildung 3.17:
Darstellung eines Linienpfades nach dem Gruppieren im Bedienfeld OBJEKT

Zusätzlich gibt es aber noch zwei andere Werkzeuge, mit denen Sie Linien zeichnen können. Das Stiftwerkzeug ist ebenfalls zum einfachen Erstellen von Linien geeignet.

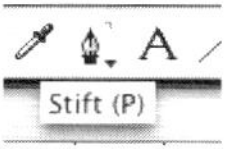

Abbildung 3.18:
Stiftwerkzeug mit eingeblendetem QuickInfo-Text

Mit diesem Werkzeug erstellen Sie durch Klicken auf der Seite den Anfangs- und Endpunkt einer Linie. Wenn Sie nur einmal klicken, wird eine gerade Linie erzeugt. Wenn Sie die Maus während des zweiten Klicks bewegen, erstellen Sie eine Kurve.

Im Bedienfeld OBJEKT wird wieder die Linie als Pfad dargestellt und die Anzahl der Punkte angegeben.

Auch das Stiftwerkzeug reagiert darauf, wenn Sie die [⇧]-Taste festhalten. Sie können auf den ersten Punkt klicken und dann mit gehaltener [⇧]-Taste auf den zweiten Punkt klicken. So wird die Linie genau waagerecht, senkrecht oder in einem 45-Grad-Winkel erstellt. Die Richtung bestimmen Sie selbst, indem Sie entscheiden, wo der zweite Punkt erstellt werden soll.

Das dritte Werkzeug zum Erstellen von Linien ist das Bézier-Werkzeug. Es funktioniert ähnlich wie das Stiftwerkzeug, hat aber einige Besonderheiten (siehe dazu Abschnitte 3.8 sowie 6.9).

Bézier-Werkzeug mit QuickInfo-Einblendung, es liegt unter dem Stiftwerkzeug. Halten Sie die Maustaste auf dem Stiftwerkzeug gedrückt, damit Sie das zweite Werkzeug darunter wählen können.

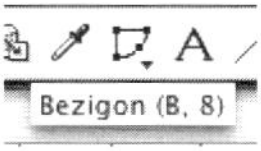

Abbildung 3.19:
Bei dem Bézier-Werkzeug wird die alte Bezeichnung Bezigon-Werkzeug noch für die QuickInfo-Einblendung verwendet.

Sie können mit dem Werkzeug Linien erstellen, indem Sie für den Anfangs- und Endpunkt mit dem Werkzeug auf Ihre FreeHand-Seite klicken. Das ist also genauso einfach wie mit dem Stiftwerkzeug. Es wird sogar das gleiche Symbol für den Mauszeiger und auch die gleiche Funktionsweise beim Festhalten der [⇧]-Taste verwendet. In diesem Fall funktionieren die beiden Werkzeuge gleich und somit ist es egal, welches Sie verwenden.

3.5 Polygone

Polygone werden gern verwendet, wenn geometrisch genau gezeichnete Formen benötigt werden und die Anzahl der Seiten einer Form eingestellt werden soll. Das gilt für Elemente, die man in chemischen Formeln verwenden kann und auch für einfache Geometrie-Elemente aus der Mathematik.

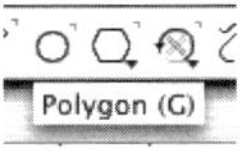

Abbildung 3.20:
Polygonwerkzeug mit QuickInfo-Einblendung

Bevor Sie das Polygonwerkzeug verwenden, sollten Sie unbedingt einen Doppelklick auf dem Werkzeug machen. Im Dialogfeld wird nun bestimmt, wie viele Seiten das Polygon haben soll, das Sie dann mit dem Werkzeug erstellen möchten.

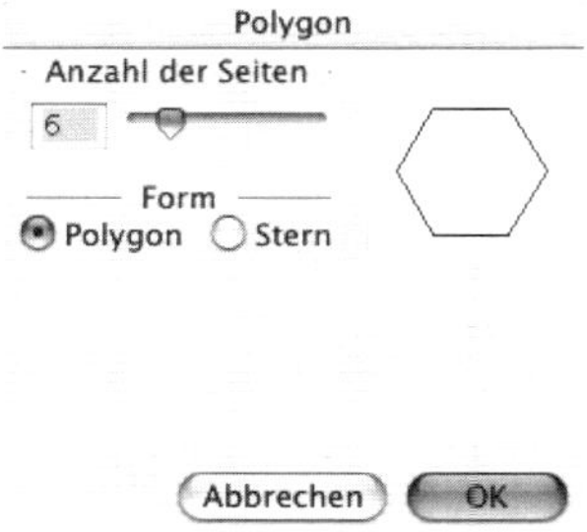

Abbildung 3.21:
Dialogfeld zum Einstellen des Polygons

Wenn Sie das Dialogfeld das erste Mal öffnen, wird ein Polygon als Form verwendet und die Anzahl der Seiten ist auf »6« eingestellt. Ein solches Polygon kann beispielsweise die Grundlage der chemischen Formel von Benzol sein. Dabei werden aber die Ecken wieder mit weißen Flächen abgedeckt und die Texte darüber platziert.

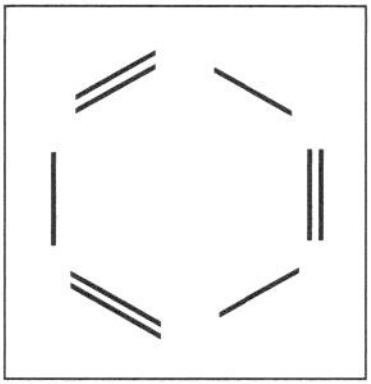

Dies ist nur ein Beispiel. Ihnen fällt bestimmt noch mehr ein, was mit so einem Polygon gezeichnet werden kann.

Sie sollten beim Ziehen eines Polygons die [⇧]-Taste festhalten. Denn dann können Sie die Drehung des Polygons, die beim Ziehen mit der Maus möglich ist, auf Winkel im 45-Grad-Abstand festlegen. Damit ist es leichter, ein Polygon gerade zu erstellen. Die [Alt]-Taste hat keine besondere Funktion, da Polygone ebenso wie Sterne immer aus der Mitte heraus gezogen werden.

Häufig wird das Polygonwerkzeug auch verwendet, um ein gleichseitiges Dreieck zu erstellen. Was sonst nur mit mathematischer Berechnung möglich ist, indem genau die Punktkoordinaten ausgerechnet werden, ist mit diesem Werkzeug ganz einfach.

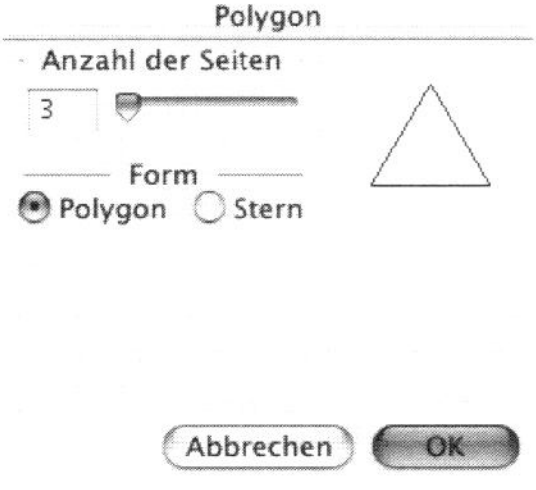

Abbildung 3.22:
Ein Polygon mit drei Seiten wird als Dreieck verwendet.

Im Bedienfeld OBJEKT wird ein Polygon wieder als Pfad dargestellt und die Punktanzahl ist abzulesen. Erst wenn Sie ein Polygon gruppieren, wird die genaue Breite und Höhe sichtbar. Im Unterschied zu einer Linie ist das Polygon aber eine geschlossene Form.

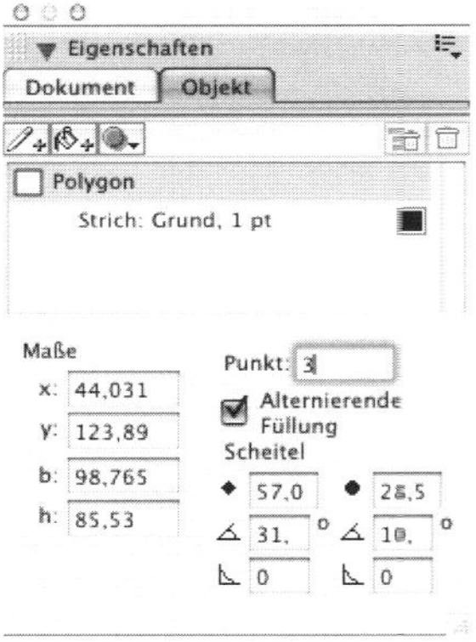

Abbildung 3.23: Darstellung eines Polygons mit drei Seiten. Es hat dann auch drei Punkte.

Es ist möglich, im Bedienfeld OBJEKT die Anzahl der Punkte eines Polygons zu verändern und zu korrigieren. Sie sehen die Winkeleinstellungen und die Koordinaten des Scheitelpunktes. Da ein Polygon auch als Sternform verwendet werden kann, lässt sich in FreeHand MX die Sternform mit dem Teilauswahl-Werkzeug (weißer Pfeil) schnell nachträglich einstellen. Dazu fassen Sie mit dem Werkzeug einen der Griffe in der Mitte einer Polygonlinie an und ziehen diesen Punkt in Richtung Mitte des Elements.

Beim Erstellen einer solchen Sternform lassen sich weitere Optionen einrichten und das Element kann noch als gedrehter Stern gestaltet werden. Dazu finden Sie im nächsten Abschnitt weitere Hinweise.

3.6 Sterne

Im gleichen Dialogfenster, in dem Sie auch die Seiten eines Polygons festlegen können, lässt sich das Werkzeug zum Zeichnen von Sternen umschalten. Im Klartext: Um einen Stern zu zeichnen, verwenden Sie das Polygonwerkzeug und machen zuerst einen Doppelklick auf dem Werkzeug.

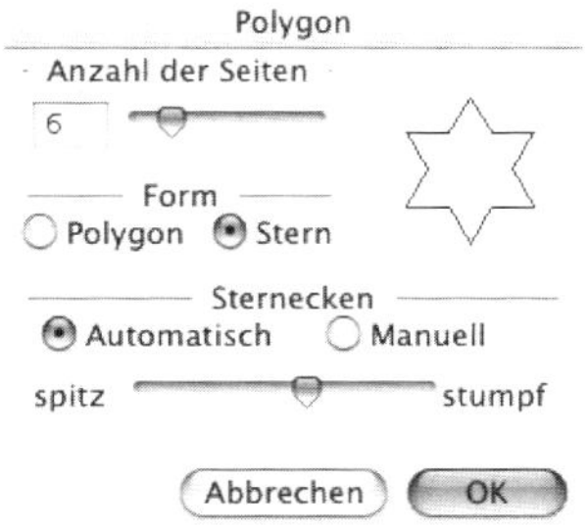

Abbildung 3.24: Einstellungen des Polygonwerkzeugs, um Sterne zu zeichnen

Sie stellen die Form auf die Option STERN um und können sich nun anhand der Anzahl der Spitzen eine automatische Sternform erstellen lassen. Wenn Sie an dem Schieberegler die Form spitzer oder stumpfer einstellen, schaltet FreeHand automatisch auf die Option MANUELL um.

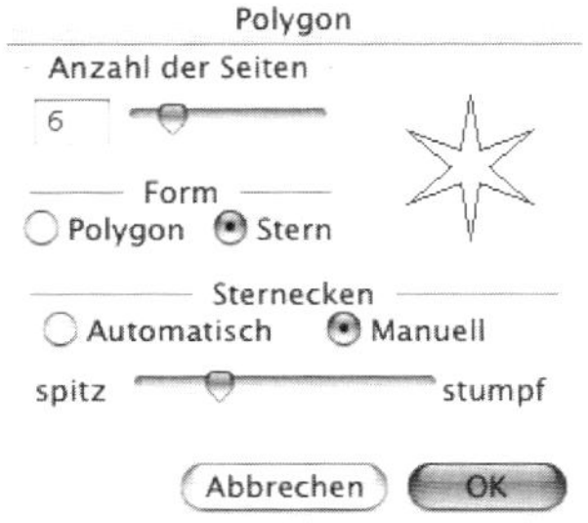

Abbildung 3.25: Ein Stern, der spitzer eingestellt wird, erzeugt die Sternecken nicht mehr automatisch.

Beim Zeichnen von Sternen kann es wieder sinnvoll sein, wenn Sie die [⇧]-Taste festhalten, damit der Stern nur noch eingeschränkt beim Zeichnen gedreht wird. Es wird wieder eine Drehung auf Abstände im 45-Grad-Winkel erreicht. Damit ist es leichter möglich, dass eine Spitze des Sterns genau nach oben weist. Die [Alt]-Taste hat keine zusätzliche Funktion, da Sterne immer aus der Mitte heraus gezogen werden. Sie legen sozusagen den Radius fest.

Der Radius lässt sich auch im Bedienfeld OBJEKT einstellen. Im Bedienfeld OBJEKT haben Sie auch die Möglichkeit, die Rundung für die inneren Sternspitzen und die äußeren Sternspitzen einzustellen. Das hat aber nichts mit der Einstellung einer Konturlinie und der Eckengestaltung zu tun. Sie können die Anzahl der Sternspitzen neu eingeben und den Winkel für eine Drehung der inneren Punkte im Verhältnis zu den äußeren Punkten bestimmen. Damit wird der Stern in sich gedreht.

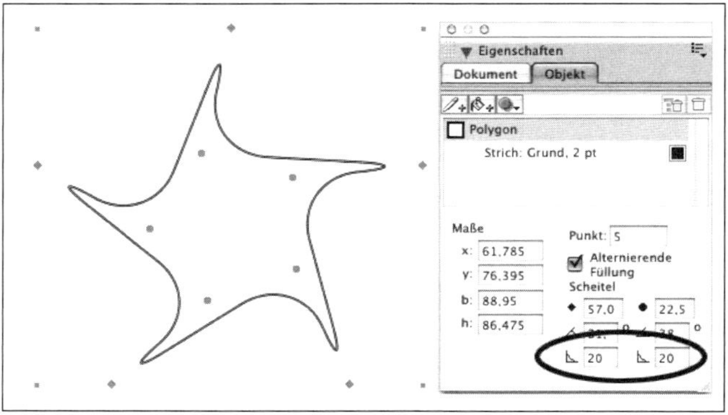

Abbildung 3.26: Stern mit fünf Punkten und verdrehten Innenpunkten. Innen und außen an der Sternform wurde eine Rundung im Winkel von 20 Grad eingestellt.

Mit der Maus lässt sich der Radius verändern, indem Sie mit dem Teilauswahl-Werkzeug (weißer Pfeil) einen der Griffe der inneren Sternspitzen anfassen und weiter nach innen ziehen. Sie sehen dann auch wieder im Bedienfeld OBJEKT die Veränderung. Wenn Sie dabei keine Drehung der inneren Sternpunkte wünschen, halten Sie die ⇧-Taste fest und ziehen dann erst die Punkte mit der Maus.

Ein Stern, der nur drei Spitzen hat und spitz eingestellt wird, kann für die Konstruktion eines weltbekannten Logos verwendet werden.

Natürlich lässt sich diese Form auch durch Veränderungen der Werte im Bedienfeld OBJEKT erzeugen.

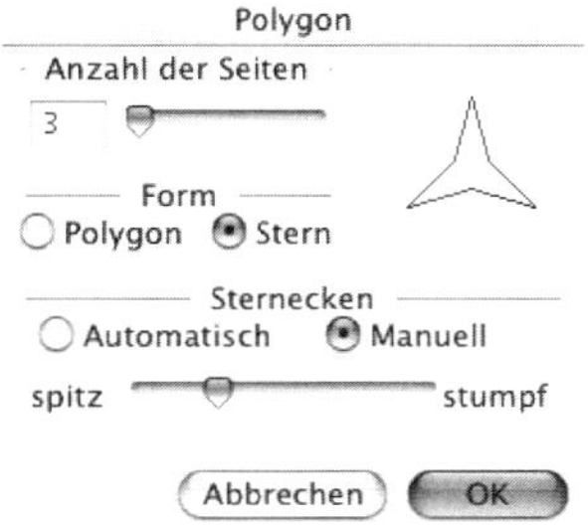

Abbildung 3.27: Einstellung des Polygonwerkzeugs für einen Stern mit drei Spitzen

Wenn Sie die genaue Breite und Höhe einer Sternform bestimmen möchten, geben Sie die Werte im Bedienfeld OBJEKT ein. Aber dabei muss unbedingt beachtet werden, dass ein Stern oft nicht genau quadratisch in Breite und Höhe eingerichtet werden kann, denn die Drehung des Sterns muss berücksichtigt werden. Ein weiteres Problem beim Zeichnen von Sternen ist die korrekte Berechnung der Spitzen, wenn die Form sehr spitz eingestellt wurde. FreeHand MX berechnet diese Spitzen nur, wenn die Winkelgrenze im Bedienfeld OBJEKT bei der Definition einer Konturlinie passend eingerichtet wird.

Abbildung 3.28: Ausschnitt eines Sterns, bei dem die Winkelgrenze für die Ecken noch nicht verändert wurde

Die Spitzen des Sterns sind innen korrekt berechnet worden, aber außen werden abgeflachte Ecken dargestellt. FreeHand berechnet die Spitzen erst, wenn Sie den Wert für die Winkelgrenze erhöhen.

Abbildung 3.29: Einstellung der Winkelgrenze im Bedienfeld OBJEKT

Dabei müssen Sie einfach einen Schätzwert im Bedienfeld OBJEKT eingeben und Sie sehen in der Grafik dann, ob die Spitzen berechnet wurden. Die Höhe des Wertes ist abhängig davon, ob ein Stern sehr spitz erzeugt wurde oder nicht.

Abbildung 3.30: Stern mit richtig berechneten Spitzen

Die Spitzen eines Sterns werden nicht für die korrekte Berechnung der Breite und Höhe des Elements berücksichtigt. Das bedeutet, dass Sie vorsichtig sein müssen, wenn Sie die Größe auf diese Weise korrigieren möchten und die Spitzen korrekt berücksichtigen möchten. Ziehen Sie zur Kontrolle Hilfslinien.

3.7 Spirale

In diesem Abschnitt soll die Konstruktion von Spiralen erläutert werden, da das Werkzeug wie als Grundfunktion im Bedienfeld WERKZEUGE zu finden ist. Das Spiralwerkzeug ist mit dem Linienwerkzeug und dem Bogenwerkzeug zusammengruppiert.

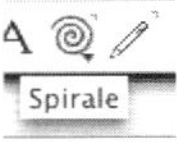

Abbildung 3.31: Spiralwerkzeug mit eingeblendetem QuickInfo-Text

Natürlich können Sie einfach das Werkzeug anklicken und loslegen, aber ... es ist wieder sinnvoller, vorher einen Doppelklick auf dem Werkzeug zu machen, damit Sie die Optionen einstellen können, die für die Spirale tatsächlich eingesetzt werden sollen.

Es gibt zwei Typen von Spiralen. Der erste Typ hat gleichmäßige Linienabstände und wird durch die Anzahl der Drehungen festgelegt. Irrtümlicherweise haben die Programmierer die Anzahl bei der Macintosh-Version mit Anfangsradius übersetzt. Je größer die Spirale gezogen wird, desto größer ist dann der

Abstand der Linien. In diesem Beispiel ist die Anzahl der Drehungen im Feld ANFANGSRADIUS auf den Wert »4« eingestellt. Der Schieberegler daneben kann zum Erhöhen der Anzahl der Drehungen verwendet werden. Alternativ kann aber auch eine Zahl eingegeben werden und mit [↵] bestätigt werden.

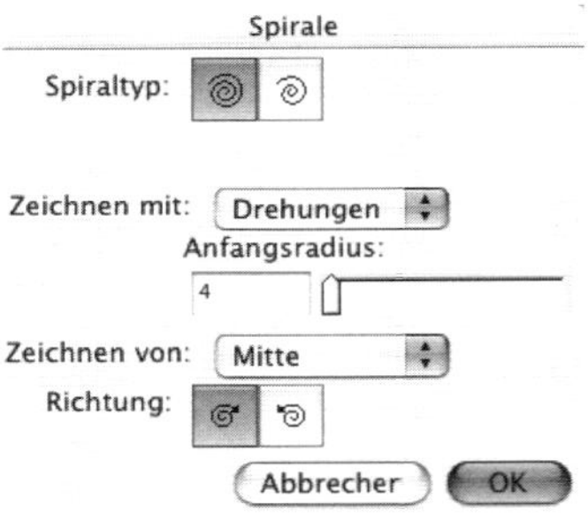

Abbildung 3.32: Einstelldialogfenster für das Spiralwerkzeug

Die Anzahl der Drehungen lässt sich aber auch direkt beim Ziehen der Spirale bestimmen. Schalten Sie in dem Pulldown-Menü die Option SCHRITTE ein. Je größer dann die Spirale gezogen wird, desto mehr Drehungen werden erstellt.

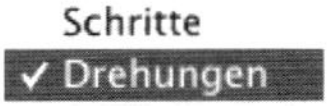

Abbildung 3.33: Entweder legen Sie die Anzahl der Drehungen oder die Schritte beim Zeichnen einer Spirale fest.

Statt einer Anzahl von Drehungen müssen Sie dann die Schrittweite einstellen. Diese wird in der Maßeinheit verwendet, die Sie für Ihr Dokument am unteren Fensterrand bzw. in der Symbolleiste STATUS festgelegt haben.

Spiralen können aus der Mitte, vom Rand oder von der Ecke her gezogen werden. Wenn Sie eine Spirale vom Rand her ziehen, wird der Endpunkt mit dem ersten Klick festgelegt und die Spiralmitte gezogen. Mit der Option ECKE erreichen Sie, dass die Spirale ähnlich wie ein Rechteck von links oben nach rechts unten gezogen werden kann. Das ist manchmal der günstigste Weg, um die Größe genau zu bestimmen. Die Spirale kann aber erst verzerrt werden, wenn Sie sie vorher gruppiert haben und anschließend an den Markierungspunkten ziehen.

Abbildung 3.34:
Dies sind die drei Möglichkeiten, eine Spirale zu zeichnen.

Um eine Spirale trotz einer anderen Einstellung aus der Mitte zu ziehen, wird die [Alt]-Taste festgehalten.

Beim zweiten Spiraltyp in FreeHand MX wird die Spirale innen enger.

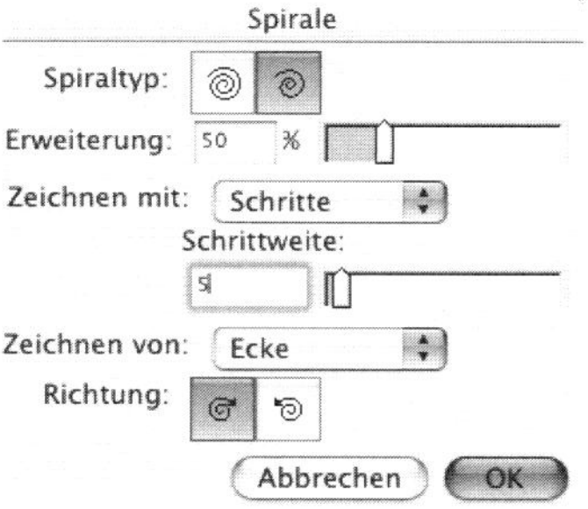

Abbildung 3.35: Eine Spirale, die nach außen weiter wird, muss mit einer prozentualen Erweiterung gezogen werden.

Nun lässt sich die Erweiterung in Prozentwerten einstellen. Das bedeutet, dass bei jeder zusätzlichen Drehung der Abstand der Linie vergrößert wird. Sie geben einen Anfangsradius ein und dieser wird bei der nächsten Drehung um die Hälfte vergrößert. Für die folgende Drehung wird der unmittelbar davor erzeugte Linienabstand wieder als Grundlage für die Berechnung verwendet. So ergibt sich bei vier Drehungen eine Folge von Linienabständen, die Sie auch genau berechnen können: Anfangsradius 5, erste Drehung 7,5, zweite Drehung 11,25, dritte Drehung 16,875, vierte Drehung 25,3125.

Wenn Sie beim Zeichnen einer solchen Spirale nicht in Schritten, sondern in Drehungen die Spiralform verändern, dann wird der Anfangsradius ebenso wie der Linienabstand am Ende der Spirale schlicht durch die Größe der Spirale eingerichtet. Das Feld ANFANGSRADIUS bestimmt die Zahl der Drehungen.

Eine Spirale wird als normaler Pfad erstellt und bekommt automatisch Punkte und Griffe. Sie sehen im Bedienfeld OBJEKT, aus wie vielen Punkten die Spirale besteht, die Sie gezogen haben. Die Punkte lassen sich dann direkt verändern und bearbeiten.

3.8 Bogen bzw. Kurven

Eigentlich könnte hier auch eine genaue Erklärung zum Zeichnen von Pfaden stehen, aber dafür habe ich extra ein ganzes Kapitel reserviert und so soll hier nur eine der Grundfunktionen genauer betrachtet werden, mit der Bogen und Kurven erstellt werden können.

Das Bézier-Werkzeug wird in FreeHand verwendet, wenn Sie Linien und Kurven oder einfache Bögen erstellen möchten. Denn diese Funktion dient zum Zeichnen mit einer genauen Vorschau. Damit wird Ihnen das richtige Platzieren der Punkte erleichtert. Es gibt zwar auch für das Stiftwerkzeug eine Vorschau, aber die Funktion des Werkzeuges ist etwas anders.

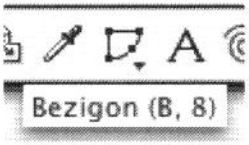

Abbildung 3.36:
Früher hieß das Bézier-Werkzeug Bezigon-Werkzeug, deswegen ist dieser Name noch in der QuickInfo zu sehen.

Wenn Sie mit dem Bézier-Werkzeug einfache gerade Linien zeichnen möchten, dann klicken Sie einfach nur Punkte und diese werden dann automatisch mit einer Linie verbunden. Wenn Sie dabei die [⇧]-Taste festhalten, schränken Sie die Winkel der Linie auf 0, 45, 90 und 135 Grad ein.

Das Bézier-Werkzeug wird über Tastenkürzel beeinflusst und Sie müssen die [Alt]-Taste festhalten, um statt Eckpunkten direkt Kurvenpunkte zu erzeugen. Die Punkte werden immer mit einer automatischen Krümmung erstellt. Das Gute ist, dass Sie die Maustaste festhalten können und den Punkt sehen, bevor Sie ihn endgültig setzen. Damit wird die Kurve zum vorhergehenden

Punkt auch dargestellt, aber die Kurve zum nächsten Punkt kann erst bestimmt werden, wenn Sie den nächsten Punkt auch wirklich setzen. In der Vorschau sind die Griffe sichtbar.

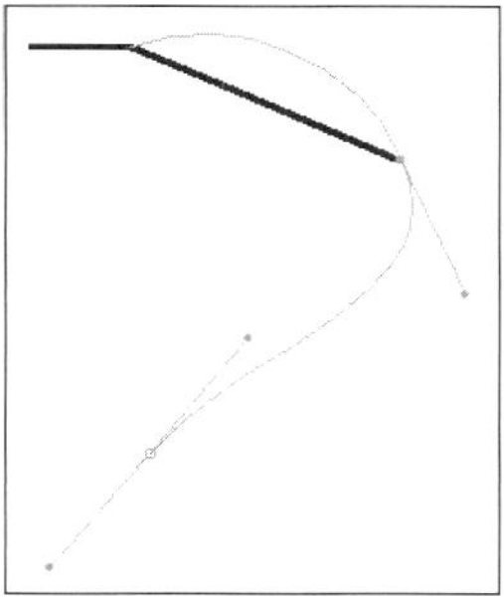

Abbildung 3.37:
Funktionsbeispiel für das Bézier-Werkzeug. Der aktive Punkt beeinflusst die Kurven zum vorhergehenden Punkt und zum Punkt davor.

Im Bedienfeld OBJEKT wird der gerade gesetzte Punkt mit seinem Typ und seiner Position sichtbar.

Abbildung 3.38:
Anzeige des Punkttyps beim Zeichnen mit dem Bézier-Werkzeug

Die dritte Punktform, der Anschlusspunkt kann mit dem Bézier-Werkzeug bei gedrückt gehaltener [Strg]-Taste (Windows) bzw. [Ctrl]-Taste (Macintosh) erstellt werden. Für diesen Punkttyp werden ebenfalls die Griffe automatisch eingerichtet. Später können Sie selbstverständlich die Griffe und Punktkoordinaten ändern.

Probieren Sie es einmal aus. Gerade, wenn Sie auf Hilfsliniengittern Punkte setzen und auch Bogen und Kurven erzeugen möchten, kann das Bézier-Werkzeug die richtige Wahl sein.

3.8.1 Bogenwerkzeug

Einfache Bögen sind auch mit einem Bogenwerkzeug leicht erstellt. Sie finden dieses Werkzeug im Bedienfeld WERKZEUGE mit dem Linienwerkzeug und dem Spiralwerkzeug zusammengruppiert. Wenn Sie die Symbolleiste XTRA-WERKZEUGE auf den Bildschirm holen, dann finden Sie das Werkzeug, das nur Bogenformen erzeugen kann, dort noch einmal. Es ist doppelt vorhanden.

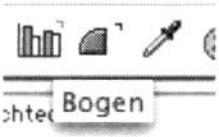

Abbildung 3.39:
Xtra-Werkzeug Bogen mit eingeblendetem QuickInfo-Text

Bevor Sie loslegen, sollten Sie einen Doppelklick auf dem Werkzeug machen und die Optionen ansehen, denn das Werkzeug kann beispielsweise offene und geschlossene Bögen erzeugen.

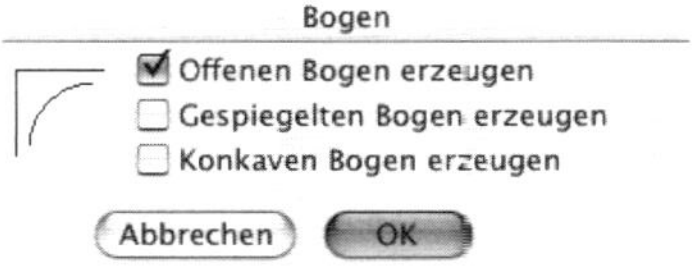

Abbildung 3.40:
Einstellungsdialogfeld für das Bogenwerkzeug

Sie sehen immer in der Vorschau in dem Dialogfeld, welche Option Sie für Ihren nächsten Bogen aktiviert haben und wie das Ergebnis sein wird. Die Größe ergibt sich, wenn Sie den Bogen ziehen. Bei gedrückt gehaltener [⇧]-

Taste lassen sich nur Bögen erstellen, die die gleiche Breite und Höhe haben und somit einem Viertel eines Kreises entsprechen.

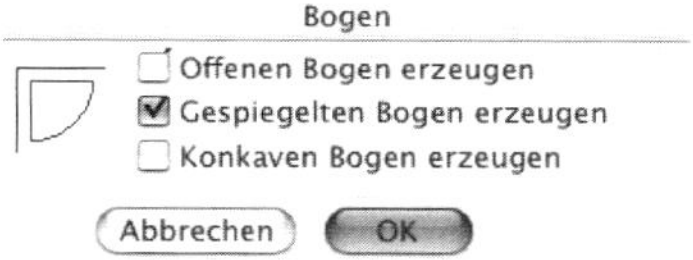

Abbildung 3.41:
Die Vorschau im Dialogfenster des Bogenwerkzeugs zeigt die Wirkungsweise der Einstellung.

Ein gespiegelter Bogen, der geschlossen ist, kann als Segment und somit als Teil eines Diagramms verwendet werden. Vielleicht fallen Ihnen aber auch noch andere Verwendungsmöglichkeiten ein.

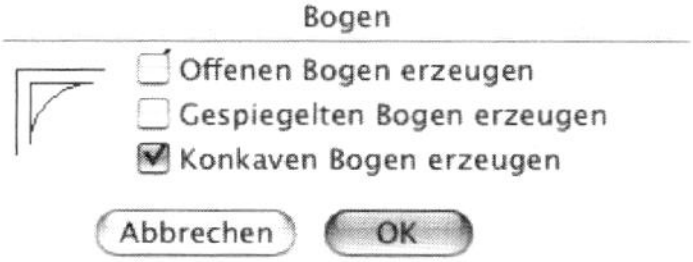

Abbildung 3.42:
Konkave Bogen sind anders gewölbt.

Ein konkaver Bogen wird immer als geschlossene Form erstellt. Sie können nur die Spiegelung zusätzlich einstellen.

3.9 Ausgerichtet zeichnen

Um ausgerichtet zeichnen zu können, lässt sich das Raster als Hilfe verwenden. Sie können so arbeiten, dass die Punkte beim Zeichnen mit dem Stiftwerkzeug nur in einem bestimmten Raster erstellt werden können. Dazu wird im Menü ANSICHT die Funktion RASTER|AM RASTER AUSRICHTEN aktiviert. Somit ist es nur noch möglich, Punkte auf einem definierten Gitter zu setzen. Das klingt etwas verwirrend, kann aber sehr nützlich sein, da es viel einfacher wird, Punkte auf gleicher Höhe zu setzen. Die Punkte rücken selbstständig in das Gitter, wenn Sie versuchen, zwischen den möglichen Koordinaten Punkte zu erzeugen.

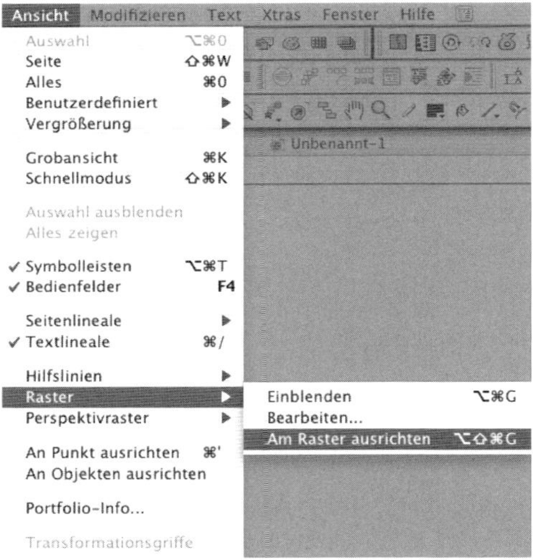

Abbildung 3.43: Menübefeh' zum Einstellen der Ausrichtung am Raster

Statt in den Standard-Raster-Abständen zu arbeiten, können Sie auch das Raster auf den gewünschten Abstand einrichten. Dazu wird aus dem Menü ANSICHT die Funktion RASTER|BEARBEITEN aufgerufen. Sie können beispielsweise 0,5 mm einstellen. Die Einheit für das Dokument wird auch als Einheit für das Raster verwendet. Diese Einheit haben Sie ja am unteren Bildschirmrand bereits eingestellt.

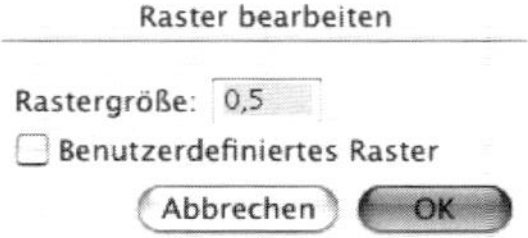

Abbildung 3.44: Einstellung der Rastergröße zum Ausrichten der Elemente oder um ausgerichtet zeichnen zu können

Das benutzerdefinierte Raster wird meist nicht aktiviert und deswegen beginnt das Raster am Nullpunkt der Seite.

Damit am Raster ausgerichtet gezeichnet werden kann, müssen Sie zusätzlich im Menü ANSICHT die Option AM RASTER AUSRICHTEN aktivieren.

Diese Art der Ausrichtung beim Zeichnen kann ganz schnell im Bedienfeld OBJEKT geprüft werden. Dort können Sie sehen, wie die Werte eines erstellten Rechtecks auf halbe Millimeter genau erscheinen.

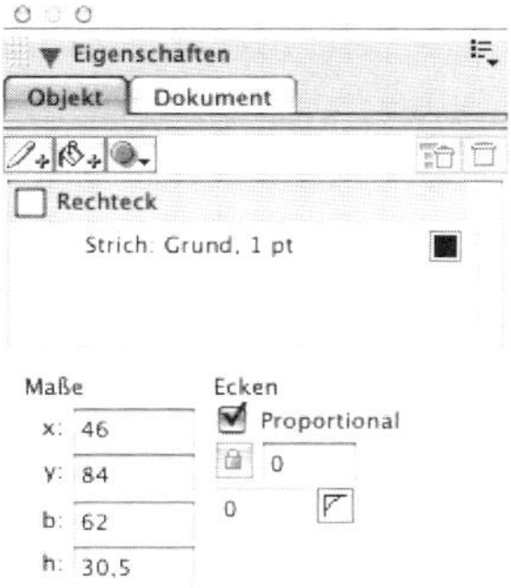

Abbildung 3.45: Auswirkung der Ausrichtung an einem Raster mit halben Millimetern

Eine weitere Art, genau zu zeichnen, kann mit der Drehung von Elementen zu tun haben. Diese Funktion wird häufig beim Zeichnen von Grundrissen und architektonischen oder technischen Zeichnungen verwendet. Sie können alles, was Sie zeichnen, in einem festen Winkel erstellen. Wählen Sie aus dem Menü DATEI|DOKUMENTEINSTELLUNGEN|FESTER WINKEL, damit Sie den Winkel einstellen können.

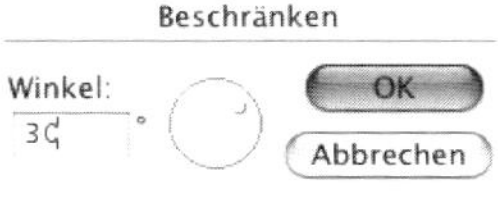

Abbildung 3.46: Einstellung, auf welchen Winkel das Zeichnen beschränkt werden soll

Damit ist allerdings die Ausrichtung an einem Raster teilweise außer Kraft gesetzt, denn oft können gedreht erstellte Elemente nicht gleichzeitig den festen Winkel und das Raster berücksichtigen.

Der Winkel kann während der Arbeit an einer Zeichnung geändert werden.

3.9.1 Ausrichtungshilfen

Mit zwei neuen Optionen lassen sich bereits gezeichnete Elemente aneinander ausrichten.

Abbildung 3.47:
Aktivieren Sie diesen Button, um Elemente an den Punkten der gezeichneten Pfade ausrichten zu können.

Sobald Sie die Option zum Ausrichten der Elemente am Punkt aktiviert haben, werden Sie beim Verschieben von Objekten ein Symbol am Mauszeiger sehen, wenn Sie in die Nähe eines Punktes kommen. Die Punkte sind dann magnetisch. Die Option kann auch im Menü ANSICHT aktiviert werden.

Aber es gibt noch eine zweite Möglichkeit, die Elemente bequem und schnell aneinander zu fügen. Dazu sollten Sie den Button daneben aktivieren.

Abbildung 3.48: Der Magnet verdeutlicht, dass auch die Option AN OBJEKTEN AUSRICHTEN dafür sorgt, dass die Elemente magnetisch reagieren.

Sie werden einen kleinen Kreis neben dem Mauspfeil sehen, wenn Sie die Objekte beim Verschieben fast berühren, denn dann wird wieder ein Element an das andere angezogen und so ausgerichtet.

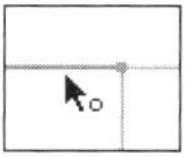

Abbildung 3.49:
So wird Ihnen deutlich gezeigt, dass ein Element an einem anderen ausgerichtet wird.

4 Objektbearbeitung

Als Beispiel für die Objektbearbeitung in FreeHand können Sie die Grundformen verwenden, die Sie im vorhergehenden Kapitel kennen gelernt haben. Grundsätzlich können aber auch importierte Bilder bearbeitet werden.

4.1 Objekte auswählen

Bevor Sie die Objekte bearbeiten können, müssen Sie ein oder mehrere Objekte auswählen. Das heißt, dass Sie FreeHand erklären müssen, welche Objekte eigentlich bearbeitet werden sollen. Das ist eigentlich selbstverständlich, aber es gibt Tricks, wie Sie schnell eine Auswahl treffen können. Die Auswahlwerkzeuge sind im Bedienfeld WERKZEUGE zu finden.

Zunächst einmal sollte Ihnen der Unterschied zwischen dem Auswahl-Werkzeug und der Teilauswahl klar sein. Mit dem Auswahl-Werkzeug klicken Sie auf ein Objekt und es ist ausgewählt. Das funktioniert aber nur, wenn Sie die Linie oder die Füllung eines Objektes anklicken. Wenn Sie beispielsweise in der Mitte eines ungefüllten Objektes klicken, können Sie es nicht aktivieren.

Die Auswahlwerkzeuge, zu denen auch das Lasso-Werkzeug gehört, lassen sich mit einem Doppelklick anklicken, um diese auf DRUCKEMPFINDLICH einzustellen. Damit erreichen Sie, dass Elemente oder Punkte auch dann ausgewählt werden, wenn sie nicht komplett mit einem Rahmen mit einem Auswahlwerkzeug umfahren werden.

Abbildung 4.1: Die Auswahlwerkzeuge von links: Auswahl-Werkzeug, Teilauswahl, Seitenauswahl-Werkzeug und Lasso-Werkzeug mit eingeblendetem QuickInfo-Text

Um mit dem Lasso-Werkzeug Objekte auszuwählen, umfahren Sie diese mit dem Lasso. Ist das Lasso auf DRUCKEMPFINDLICH eingestellt, werden alle Objekte, die mit dem Lasso berührt wurden, ausgewählt.

In den Einstellungen von FreeHand MX lässt sich festlegen, wie die maximale Entfernung Ihres Mauszeigers zum Objekt sein darf, das Sie durch einen Klick aktivieren möchten. Wählen Sie im Menü FREEHAND|EINSTELLUNGEN und dann die Kategorie ALLGEMEIN. Dort wird der Markierungsabstand definiert. Bei der Windows-Version finden Sie die Einstellungen im Menü BEARBEITEN.

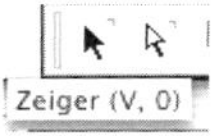

Abbildung 4.2:
Mit dem Auswahl-Werkzeug werden Objekte komplett ausgewählt.

Wenn Sie bereits eine Auswahl getroffen haben, halten Sie die [⇧]-Taste fest, um weitere Objekte auszuwählen. Wenn Sie die Auswahl aufheben möchten, drücken Sie einfach die [⇥]-Taste. Oder Sie klicken an eine Stelle des Dokuments oder der Montagefläche, an der sich nichts weiter befindet. Wenn Sie gerade etwas gezeichnet hatten und kurzfristig auf das Auswahl-Werkzeug umschalten möchten, drücken Sie die [⌘]-Taste (Macintosh) bzw. die [Strg]-Taste (Windows).

Abbildung 4.3:
Das Teilauswahl-Werkzeug dient auch zum Auswählen von Objekten in einer Gruppierung.

Klicken Sie mit dem Teilauswahl-Werkzeug auf einen Teil eines Pfades, um den Teil auszuwählen. Ebenso werden damit einzelne Punkte ausgewählt. Wenn Sie wieder die [⇧]-Taste festhalten, können Sie zusätzliche Punkte oder Pfadsegmente auswählen. Sie können das Auswahl-Werkzeug verwenden und durch Drücken der [⌥]-Taste (Macintosh) bzw. [Alt]-Taste (Windows) zeitweise zum Teilauswahl-Werkzeug wechseln. Um von irgendeinem Zeichen-Werkzeug zeitweise zum Teilauswahl-Werkzeug zu wechseln, drücken Sie die [Strg]+[Alt]-Tasten (Windows) bzw. [⌘]+[⌥]-Tasten (Macintosh).

Das Teilauswahl-Werkzeug wird auch verwendet, wenn Sie ein einzelnes Objekt in einer Gruppe von Objekten auswählen möchten.

Weitere Möglichkeiten zum Auswählen von Objekten finden Sie im Menü BEARBEITEN. Dort finden Sie einen Menübefehl AUSWÄHLEN, der ein Untermenü hat.

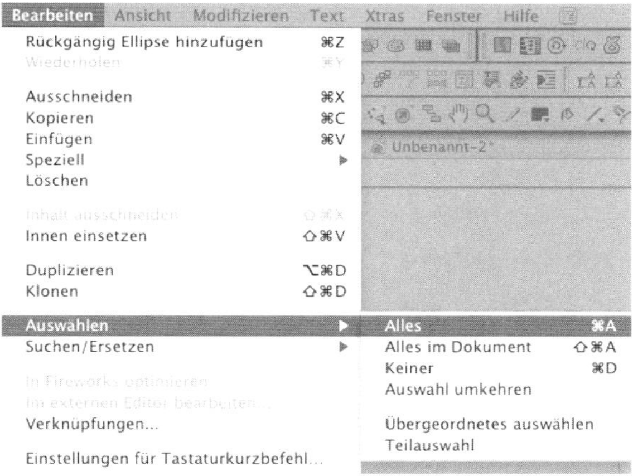

Abbildung 4.4: Über die Menübefehle kann alles auf der Seite oder im Dokument ausgewählt werden.

Im Menü AUSWÄHLEN sehen Sie die zweite Tastenkombination, um die Auswahl wieder aufzuheben. Besonders praktisch kann der Befehl AUSWAHL UMKEHREN sein, denn oft ist es einfacher, zum Ziel zu kommen, indem man umgekehrt arbeitet.

Da die Elemente einander verdecken können, ist es manchmal nötig, dass Sie unten liegende Objekte auswählen, um diese wieder in den Vordergrund zu stellen. Das Auswahl-Werkzeug kann verwendet werden, um verdeckte Objekte zu aktivieren, indem Sie die `Ctrl`-Taste (Macintosh) festhalten bzw. die `Strg`+`Alt`-Taste (Windows) und die rechte Maustaste benutzen.

4.2 Objekte verschieben

Zum Verschieben mit der Maus muss ein Objekt nur ausgewählt werden. Aber es gibt noch weitere Möglichkeiten. Sie können auch mit den Pfeil-Tasten (Cursor-Tasten) das Objekt bewegen. Wenn Sie im Menü DATEI|DOKUMENTEINSTELLUNGEN|CURSORABSTAND im Dialogfeld die Werte kontrolliert haben, werden Sie auch genau wissen, um wie viel das Objekt mit den Cursortasten verschoben wird.

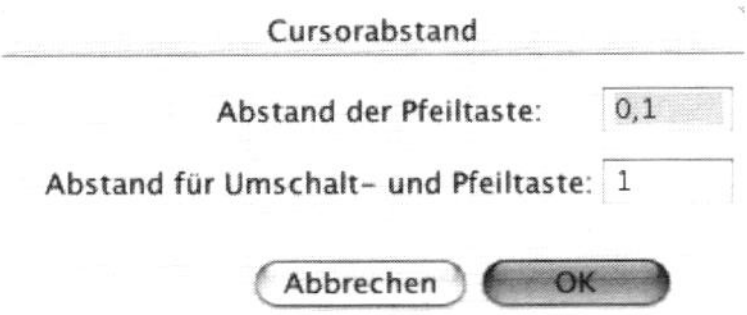

Abbildung 4.5: Das Dialogfeld zum Einstellen des Cursorabstandes

Die dritte Möglichkeit, um ein Objekt zu verschieben, wird ganz einfach im Bedienfeld OBJEKT durch Eingabe von Werten im Bedienfeldfenster erreicht.

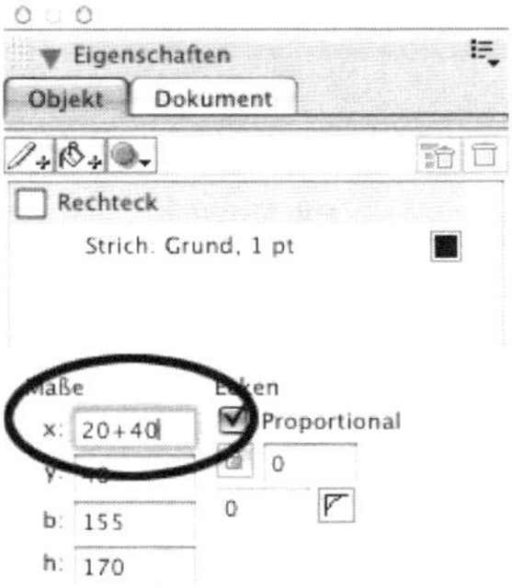

Abbildung 4.6:
Im Bedienfeld OBJEKT können Sie Verschiebewerte auch mit Rechenfunktionen eingeben. Hier wurde eine Verschiebung um 20 mm nach rechts eingegeben.

Und es gibt noch eine vierte Möglichkeit in FreeHand MX, mit der Sie ausgewählte Objekte verschieben können. Sie können das Bedienfeld TRANSFORMIEREN aufrufen. Dazu klicken Sie auf den Button in der Symbolleiste STANDARD oder wählen den Menübefehl FENSTER|TRANSFORMIEREN.

Abbildung 4.7:
Button in der Symbolleiste STANDARD zum Aufruf des Bedienfeldes TRANSFORMIEREN mit QuickInfo-Einblendung

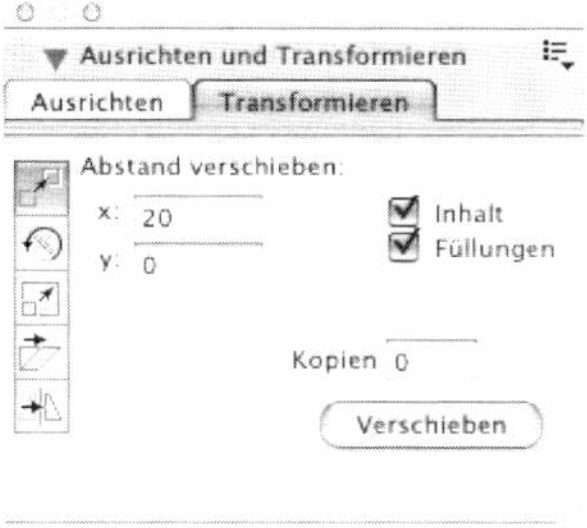

Abbildung 4.8:
In diesem Bedienfeld wurde eine Verschiebung um 20 mm nach rechts eingegeben.

Um Objekte nach oben zu verschieben, werden positive y-Werte verwendet und zum Verschieben nach unten müssen negative y-Werte eingegeben werden.

Wenn Sie wissen möchten, um wie viel Millimeter ein Objekt mit der Maus verschoben wurde, rufen Sie direkt nach der Aktion das Bedienfeld TRANSFORMIEREN auf. Dort werden die Werte angezeigt, die zuletzt verwendet wurden.

Achten Sie darauf, ob die beiden Optionen INHALT und FÜLLUNG beim Verschieben eines Objektes aktiv sind. Sonst könnte es passieren, dass eine Musterfüllung oder ein eingefügtes Bild nicht verschoben wird. Möglicherweise ist das aber Ihr Wunsch, dann müssen Sie die Optionen natürlich deaktivieren.

4.3 Objekte kopieren

Zum Kopieren von Objekten in FreeHand MX müssen Sie erst das betreffende Objekt auswählen. Danach sind mehrere Arbeitsweisen verfügbar. Die einfachste und eigentlich allen Anwendern bekannte Variante ist, ein Objekt in die Zwischenablage zu kopieren und wieder auf der Seite einzufügen. Wählen Sie im Menü BEARBEITEN|KOPIEREN oder die Tastenkombination, die Sie im Menü sehen können, [⌘]+[C] (Macintosh) und [Strg]+[C] (Windows). Das Objekt bleibt auf der Seite sichtbar und ist zusätzlich in die Zwischenablage gespeichert worden. Die Zwischenablage kann immer nur einmal mit Inhalt gefüllt werden. Beim zweiten Kopiervorgang wird die Zwischenablage überschrieben.

Danach wird aus dem Menü BEARBEITEN|EINFÜGEN aufgerufen. Die Kopie des Inhaltes der Zwischenablage wird auf der FreeHand-Seite eingefügt. Nun müssen Sie die Kopie nur noch platzieren.

Der Menübefehl BEARBEITEN|SPEZIELL|KOPIEREN SPEZIAL ruft ein Dialogfenster auf, in dem Sie auswählen können, was genau in die Zwischenablage gelegt werden soll. Dabei wird also gleichzeitig eine Konvertierung der Daten durchgeführt.

Mit diesem Befehl haben Sie die Möglichkeit, auch ältere FreeHand-Versionen mit den kopierten Daten zu versorgen.

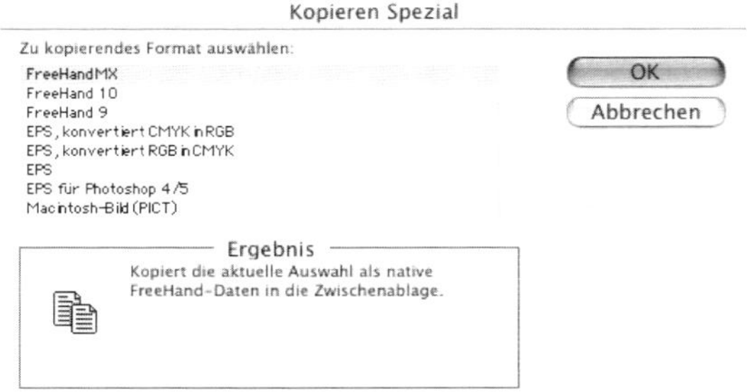

Abbildung 4.9: Der Inhalt dieses Dialogfensters verändert sich, wenn Sie Text auf diese Weise kopieren möchten.

Der Befehl INHALTE EINFÜGEN aus dem gleichen Untermenü zeigt ebenfalls ein Dialogfenster und ermöglicht die Konvertierung der Daten aus der Zwischenablage. Dabei können Formatierungen verloren gehen, wenn Sie ein Format wählen, das die Formatierungen nicht kennt, die in der Zwischenablage verwendet wurden.

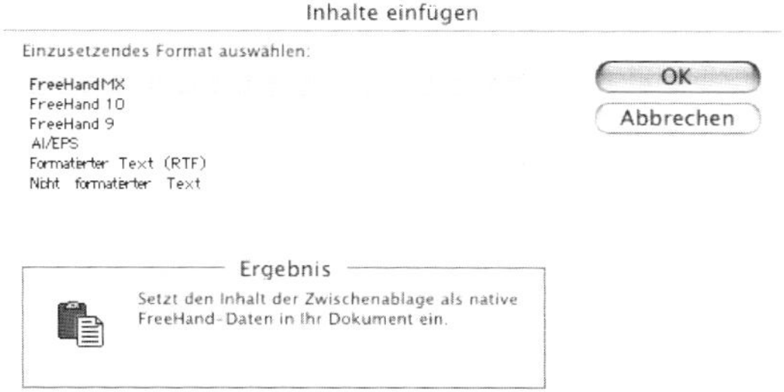

Abbildung 4.10: Dialogfenster für Formate der Texte in der Zwischenablage. Sie können den Text auch in ein EPS wandeln und dann wieder in die FreeHand-Datei einfügen.

Sie können auch das Bedienfeld TRANSFORMIEREN zum Kopieren von Objekten verwenden. In den verschiedenen Bereichen des Bedienfeldes gibt es ein Eingabefeld, um gleichzeitig zu der gewünschten Aktion Kopien der aktivierten Objekte zu erzeugen.

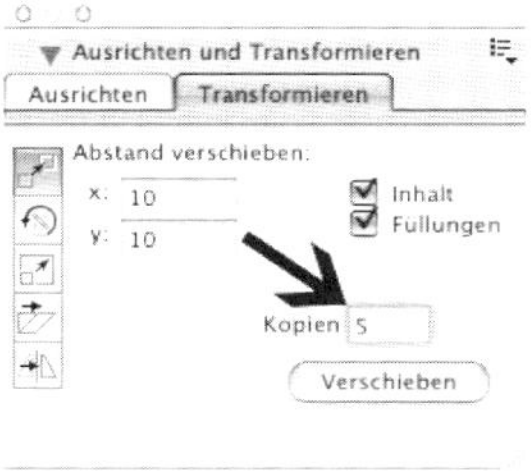

Abbildung 4.11: Das Bedienfeld TRANSFORMIEREN mit einem Verschiebewert für ein Objekt und der gleichzeitigen Anweisung, fünf Kopien in diesem Abstand zueinander zu erstellen

Im Menü BEARBEITEN gibt es noch weitere Möglichkeiten, die Sie zum Erzeugen von Kopien eines Objektes nutzen können. Der Befehl, den Sie sicherlich gleich erkennen, heißt DUPLIZIEREN. Dieser Befehl kann auch mit einer Tastenkombination aufgerufen werden. [⌥]+[⌘]+[D] (Macintosh) oder [Alt]+[Strg]+[D] (Windows). Das aktive Objekt wird etwas versetzt als Kopie eingefügt. Damit lässt sich also ein Tastenbefehl sparen. Statt zuerst zu kopieren und dann einzufügen, wird sofort die Kopie erstellt. Die Kopie ist nach dem Duplizieren aktiv, damit Sie sie nun richtig platzieren können.

Außerdem wird häufig die beliebte Funktion KLONEN aus dem Menü BEARBEITEN verwendet. Damit lässt sich eine Kopie erstellen, die nicht verschoben ist. Das erleichtert die Platzierung der Kopie, denn Sie können nun im Bedienfeld OBJEKT die neuen Koordinaten auch wieder über Werte eingeben. Die Tastenkombination für das Klonen ist oft geändert worden und in FreeHand MX lautet sie jetzt [⇧]+[⌘]+[D] (Macintosh) bzw. [⇧]+[Strg]+[D] (Windows).

4.3.1 Attribute kopieren

Im Menü BEARBEITEN gibt es das Untermenü SPEZIELL. Dort wurde ein Menübefehl programmiert, mit dem Sie nur die Attribute eines Elements kopieren können. Die Attribute werden wieder in der Zwischenablage gespeichert. Danach lässt sich ein anderes Grafikelement auswählen und der Befehl BEARBEITEN|SPEZIELL|ATTRIBUTE EINSETZEN aufrufen. So werden die Füllungen, Konturen und Effekte übertragen.

4.4 Objekte gruppieren

In vielen Fällen ist es einfacher, mit vielen Objekten zu arbeiten, wenn Sie sinnvoll Gruppierungen erstellen. Dazu müssen Sie nur die Objekte auswählen und dann aus dem Menü MODIFIZIEREN den Menüpunkt GRUPPIEREN aufrufen. Alternativ lässt sich auch wieder eine Tastenkombination verwenden, [⌘]+[G] für Macintosh-Anwender bzw. [Strg]+[G] für Windows-Anwender.

Im Bedienfeld OBJEKT wird Ihnen angezeigt, ob Sie eine Gruppe aktiviert haben und bearbeiten. Es wird dort nur die Position, Breite und Höhe der Gruppe dargestellt.

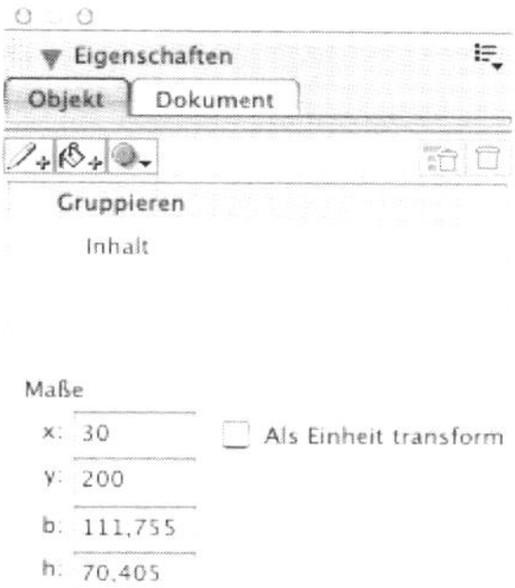

Abbildung 4.12:
Bedienfeld OBJEKT *mit der Darstellung einer Gruppe und deren Maße*

Um ein einzelnes Element in einer Gruppe auszuwählen, verwenden Sie das Teilauswahl-Werkzeug.

Die Gruppierung kann mit einer Tastenkombination wieder aufgehoben werden, oder Sie verwenden den Menübefehl GRUPPIERUNG AUFHEBEN aus dem Menü MODIFIZIEREN. Das Tastenkürzel heißt [⌘]+[⇧]+[G] am Macintosh und [Strg]+[⇧]+[G] an Windows-Rechnern.

4.5 Objekte anordnen

Wichtig für die Ordnung in einer Datei ist die Anordnung der Objekte übereinander und zueinander auf der Seite. Auch wenn es Ihnen nicht bewusst ist, erzeugen Sie jedes neu erstellte Element auf der FreeHand-Seite über dem zuvor gezeichneten Element. Diese Grundfunktion ist unerheblich, wenn die Elemente nebeneinander gezeichnet werden oder keine Füllung haben. Wenn Sie aber Farbfüllungen erstellen und die Elemente teilweise einander überlagern, wird schnell sichtbar, in welcher Reihenfolge von unten nach oben die Elemente erzeugt wurden.

Jetzt kann es sein, dass Sie die Zeichnung nicht in der am Ende gewünschten Reihenfolge erstellen konnten. Möglicherweise macht eine Korrektur auch eine Änderung der Anordnung nötig.

Sie können ein Objekt unter alle anderen Objekte legen, indem Sie es aktivieren und dann aus dem Menü MODIFIZIEREN die Option ANORDNEN|IN DEN HINTERGRUND aufrufen. Damit wird das Objekt auf der gleichen Ebene ganz nach hinten gestellt, so als ob es als Erstes gezeichnet worden wäre. Für diese Aktion gibt es die Tastenkombination [⌘]+[⇧]+[↓] für den Macintosh bzw. [Strg]+[⇧]+[↓] für Windows-Computer.

Auf ganz ähnliche Art und Weise können Sie ein Objekt von unten nach oben setzen. Dazu aktivieren Sie ein Objekt, das unter anderen Objekten liegt, und wählen dann MODIFIZIEREN|ANORDNEN|IN DEN VORDERGRUND aus. Der Tastenbefehl für diese Aktion verwendet die gleichen Funktionstasten wie IN DEN HINTERGRUND, nur dass statt der Pfeiltaste nach unten die Pfeiltaste nach oben gedrückt wird.

Mit den beiden Befehlen NACH VORNE VERSCHIEBEN und NACH HINTEN VERSCHIEBEN lässt sich ein aktiviertes Element schrittweise in der Reihenfolge nach unten oder nach oben verschieben. Dabei ist jeder Schritt ein Element. Sie stufen das Objekt also immer ein Element höher oder tiefer ein.

Wenn Sie ein Objekt aktivieren möchten, das unter anderen Objekten verborgen liegt, können Sie am unteren Bildschirmrand die Grobansicht einstellen und nun alle Objekte nur mit einer Konturlinie sehen. Oder Sie verwenden die Tastenfunktion, die in Abschnitt 4.1 beschrieben wurde, um unten liegende und nicht sichtbare Objekte zu aktivieren.

Eine andere Form der Ausrichtung hat etwas mit der Lage der Objekte zueinander zu tun. Die Elemente können auf der Seitenmitte ausgerichtet werden oder aneinander ausgerichtet werden. Um die Elemente aneinander auszurichten, können Sie wieder das Menü MODIFIZIEREN verwenden. Sie müssen mehrere gezeichnete Elemente oder Gruppierungen aktivieren.

Sie können die Elemente OBEN (an der oberen Kante des obersten Elements), UNTEN (an der unteren Kante des untersten Elements), HORIZONTAL ZENTRIEREN (am Mittelpunkt waagerecht), VERTIKAL ZENTRIEREN (am Mittelpunkt senkrecht), LINKS (an der linken Kante des am weitesten links stehenden Elements) und RECHTS (an der rechten Kante des am weitesten rechts stehenden Elements) ausrichten.

Um in einer Vorschau sehen zu können, was genau passiert, empfehle ich, dass Sie mit dem Bedienfeld AUSRICHTEN arbeiten.

Abbildung 4.13:
Sie können das Bedienfeld AUSRICHTEN mit diesem Button aufrufen oder aus dem Menü FENSTER.

In diesem Bedienfeld sind zusätzliche Möglichkeiten zu finden und die Ausrichtung an der Seite kann aktiviert werden.

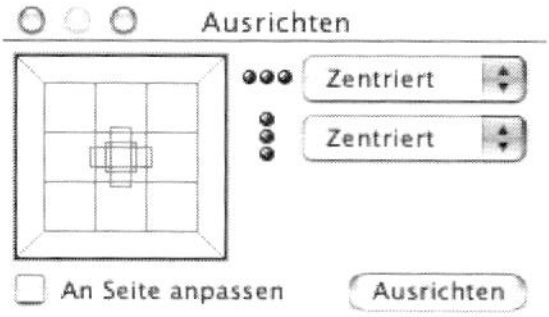

Abbildung 4.14:
Das Bedienfeld AUSRICHTEN mit einer Vorschau mit kleinen Kästchen

Unten links können Sie im Bedienfeld AUSRICHTEN die Ausrichtung an der Seite mit der Option AN SEITE ANPASSEN aktivieren. Dann wird bei einer Ausrichtung ZENTRIERT das Seitenformat auch als Bezug für die Berechnung verwendet.

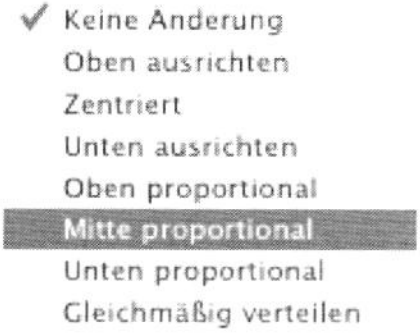

Abbildung 4.15:
Bei der vertikalen Ausrichtung lassen sich die Objekte auch in der Höhe gleichmäßig verteilen. In der Windows-Version heißt die Option HÖHE PROPORTIONAL.

Die Ausrichtungsart OBEN PROPORTIONAL verteilt die Elemente in der Höhe, indem die Abstände zur oberen Kante der Elemente berechnet werden. Ausgehend vom obersten und untersten Objekt werden die oberen Kanten im gleichen Abstand zueinander platziert. Ähnlich funktioniert die Ausrichtungsart

MITTE PROPORTIONAL, nur dass in dieser Variante die Mittelpunkte der Objekte als Berechnungsgrundlage genommen werden. Als dritte Ausrichtungsart, die zusätzlich verfügbar ist, erzeugt UNTEN PROPORTIONAL eine Verteilung der Elemente mit Bezug auf die unteren Kanten.

Wenn Sie GLEICHMÄSSIG VERTEILEN auswählen, werden alle Objekte in ihrer gesamten Höhe berücksichtigt und dann mit gleichmäßigen Abständen wieder von dem obersten zum untersten Objekt verteilt.

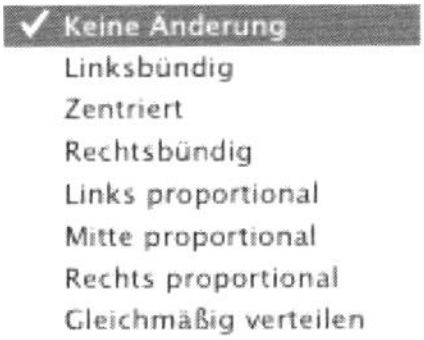

Abbildung 4.16: Bei der waagerechten Ausrichtung finden Sie ebenfalls zusätzliche Funktionen im Bedienfeld AUSRICHTEN.

Mit der Ausrichtungsart LINKS PROPORTIONAL berechnet FreeHand MX die Abstände der ausgewählten Elemente zueinander und schafft gleiche Abstände zwischen den linken Kanten. Wird stattdessen MITTE PROPORTIONAL ausgewählt, werden die Mittelpunkte der Elemente berechnet und alle Mitten der ausgewählten Elemente werden mit gleichen Abständen neu platziert. Dabei werden die beiden äußeren Elemente nicht verschoben, denn sie bilden die Grenzen für die Berechnung. Wenn Sie RECHTS PROPORTIONAL auswählen, werden die rechten Kanten der Elemente für die Ausrichtung verwendet.

Die letzte Option, GLEICHMÄSSIG VERTEILEN, schafft gleiche Abstände zwischen allen Elementen und berücksichtigt die volle Breite der Objekte. Das ganz links und ganz rechts platzierte Element wird als Berechnungsgrundlage nicht verschoben. In der Windows-Version heißt die Option BREITE PROPORTIONAL.

4.6 Suchen/Ersetzen

Ein Teil dieses Themas, nämlich das Suchen und Ersetzen von Texten wird im Kapitel 11 erklärt. Aber in FreeHand MX wird mit der Palette SUCHEN/ERSETZEN auch die Auswahl von Elementen nach bestimmten Kriterien gesteuert und die automatische Änderung von Grafik-Elementen ist möglich.

4.6.1 Grafikformate suchen und ersetzen

Zunächst ist hier die zusätzliche Auswahlmöglichkeit von gleichartigen Elementen möglich. Weil man aber die Elemente so gut suchen kann, kann man die Suchattribute wie z.B. Füllungsfarben dann auch automatisch ersetzen lassen.

Wählen Sie aus dem Menü BEARBEITEN|SUCHEN/ERSETZEN|GRAFIK oder verwenden Sie die Tastenkombination [⌘]+[F] am Macintosh bzw. [Strg]+[F] am Windows-PC.

Sie können in dem Dialogfeld die verschiedenen Attribute aufrufen, nach denen gesucht werden soll, und dann bestimmen, ob das gesamte Dokument, die Seite oder eine bestehende Auswahl durchsucht werden soll.

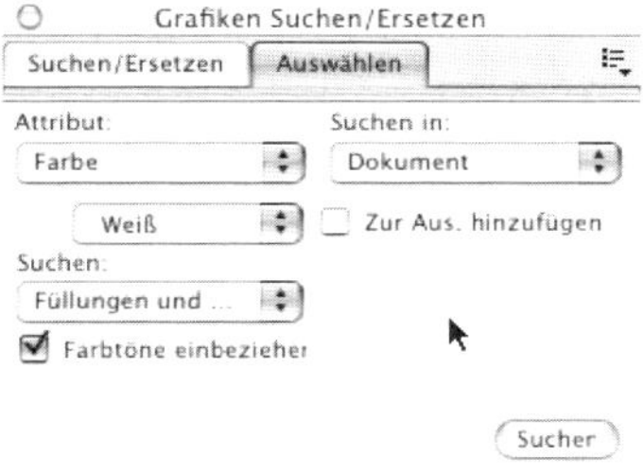

Abbildung 4.17: Das Dialogfeld GRAFIKEN SUCHEN/ERSETZEN

In dieser Palette lässt sich aktivieren, dass zu einer bestehenden Auswahl die gefundenen Elemente zusätzlich zur Auswahl hinzugefügt werden sollen. Das kann sehr hilfreich sein, wenn Sie in einem Dokument zwei verschiedene Fehler korrigieren müssen und das Ziel für beide Elementgruppen gleich ist.

Abbildung 4.18:
Die Auswahlkriterien, nach denen Sie suchen können. In der Windows-Version sind die Bezeichnungen in diesem Menü etwas anders.

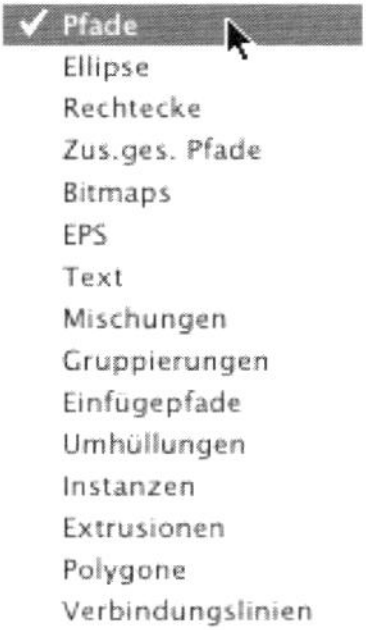

Abbildung 4.19:
Wenn Sie nach Objekttypen suchen lassen, wird in dem zweiten Pulldown-Menü diese Auswahlliste sichtbar.

Wenn Sie alle Suchkriterien definiert haben, klicken Sie nur noch auf den Button SUCHEN. Danach sind alle Elemente ausgewählt (aktiviert), die mit den Kriterien übereinstimmen.

Auf ähnliche Weise können auch automatisiert Korrekturen ausgeführt werden, denn Sie können die Grafikfehler suchen und durch die korrekte Grafikformatierung ersetzen.

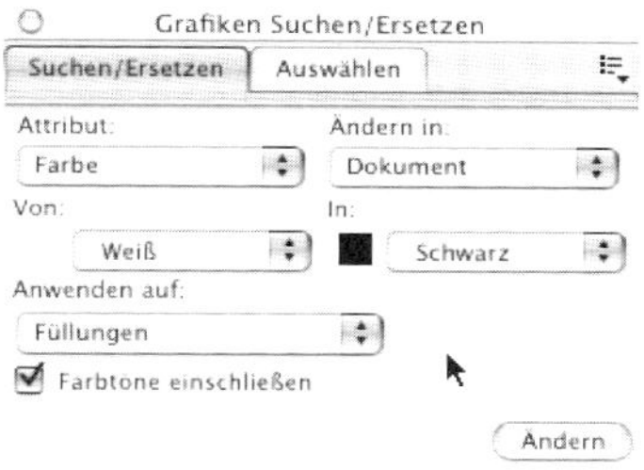

Abbildung 4.20: Bei dieser Suchfunktion lässt sich beispielsweise die Farbfüllung Weiß suchen und durch Schwarz ersetzen. Und zwar nur für Füllungen, alle Linien bleiben unverändert.

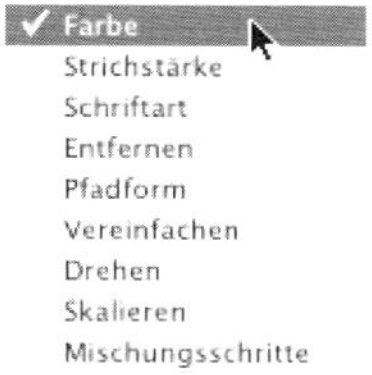

Abbildung 4.21: Drehen und Skalieren verändert die Objekte allerdings nur. Dabei kann nicht nach bereits gedrehten Elementen gesucht werden.

Besonders praktisch ist diese Funktion beim Suchen und Ersetzen von Schriften oder auch um Fehler auszuschalten und z.B. alle Elemente zu ändern, die zu wenig Mischungsschritte aufweisen.

Da Haarlinien im Offsetdruck immer Probleme bereiten, können Sie diese mit der Funktion suchen und ersetzen lassen.

Objekte verzerren und transformieren

Jetzt, nachdem Sie schon einige Objekte gezeichnet haben, haben Sie vielleicht festgestellt, dass es nicht so einfach ist, ein Objekt zu zeichnen. Wenn Sie aber wissen, wie Sie Objekte verzerren und verändern können, können Sie dadurch doch noch die ursprünglich gewünschte Form erzeugen, die beim ersten Versuch nicht entstanden ist.

5.1 Skalieren

Skalieren von Objekten kann aus unterschiedlichen Gründen nötig sein, wenn Sie durch einen Korrekturwunsch des Kunden z.B. feststellen, dass die Größe noch nicht stimmt, oder wenn Sie die Ansicht falsch einstellen und dann später feststellen müssen, dass die Zeichnung insgesamt zu klein geworden ist.

Am einfachsten ist es, wenn Sie die Objekte gruppieren, die verändert werden sollen, und dann mit dem Auswahlpfeil an einem der Aktivierungspunkte der Gruppe anfassen und die Gruppe so einfach größer ziehen. Sie können die Grundelemente, die als gruppierte Objekte erscheinen (Ellipse, Rechteck), auch direkt auf diese Weise verändern. Dabei lassen sich die Elemente natürlich auch verkleinern. Bei gedrückt gehaltener [⇧]-Taste wird das Objekt proportional verändert. Es wird dann also nicht verzerrt. Halten Sie die [Alt]- und die [⇧]-Taste fest, wird proportional aus der Mitte die Größe verändert.

Die zweite Möglichkeit ist, dass Sie im Bedienfeld OBJEKT die Maße eines Objektes verändern. Bei gruppierten Elementen lassen sich so ganze Objektgruppen verkleinern oder vergrößern. Dabei müssen Sie allerdings darauf achten, dass die Objekte nicht verzerrt werden. Das passiert allerdings meist, wenn Sie die Werte für die Breite und Höhe einer Gruppierung verändern. Diese Möglichkeit eignet sich also nur bei der Gestaltung von frei gezeichneten Elementen.

Die dritte Möglichkeit zum Skalieren finden Sie im Bedienfeld TRANSFORMIEREN. Dieses Bedienfeld kann über den Button in der Symbolleiste STANDARD aufgerufen werden.

Abbildung 5.1:
Der dritte Button von oben links im Bedienfeld muss angeklickt werden, um die Skalierung für ein ausgewähltes Element einstellen können.

Im Bedienfeld TRANSFORMIEREN können Sie einfach einen Prozentwert für die Skalierung einstellen und auf den Button SKALIEREN klicken. Damit wird das ausgewählte Objekt verändert. Für den Inhalt, die Füllung und die Linienstärke lassen sich kleine Häkchen setzen. Sie können also in FreeHand MX ein Element kleiner skalieren, ohne dass die Linienstärke auch prozentual verringert wird. Das ist sehr praktisch und Sie müssen immer kurz prüfen, ob die Häkchen gesetzt sind. Sonst kann es passieren, dass die Skalierung nicht wie erwartet ausgeführt wird.

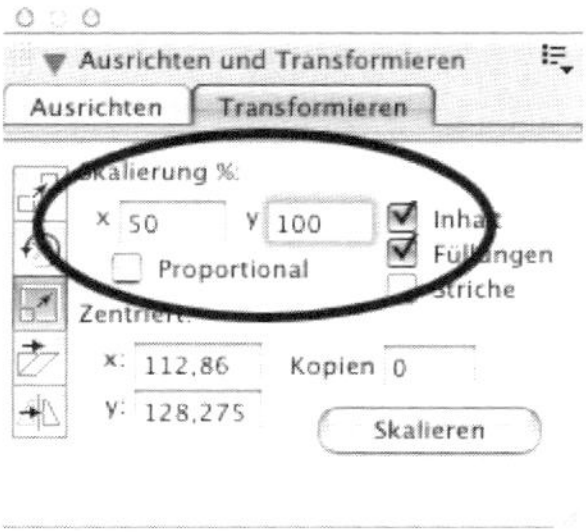

Abbildung 5.2:
In diesem Bedienfeld-Dialogfeld wurde für die Skalierung nur eine Veränderung der Breite eingestellt. Das Element wird in der Breite auf die Hälfte verringert.

Zusätzlich lässt sich die Option PROPORTIONAL abwählen. Damit wird im Bedienfeld dann ein zweites Feld eingeblendet, in dem ein Prozentwert eingetragen werden kann. Sie haben die Möglichkeit, einen Skalierungswert für die Breite (x) und einen anderen Skalierungswert für die Höhe (y) einzugeben.

Das Bedienfeld TRANSFORMIEREN wird auch aufgerufen, wenn Sie auf einem der Transformationswerkzeuge einen Doppelklick ausführen. Die Werkzeuge sind im Bedienfeld WERKZEUGE zusammengefasst.

Abbildung 5.3:
Das Skalieren-Werkzeug ist ebenfalls für die Größenänderung von Elementen einsetzbar.

Das Werkzeug zum Skalieren ist eine andere Möglichkeit, um ein Element auf eine besondere Größe zu bringen. Sie können mit dem Werkzeug bestimmen, welche Kante bzw. welcher Punkt des Elements fixiert bleiben soll, indem Sie mit der Maus diesen Punkt oder diese Kante anklicken und dann die Skalierung durch Ziehen mit der Maus ausführen. Zuerst wird Sie vielleicht verwirren, dass die Veränderung sehr stark sein kann. Praktisch ist allerdings, dass Sie beim Skalieren mit dem Werkzeug die Veränderung sowohl im Bedienfeld OBJEKT als auch im Bedienfeld TRANSFORMIEREN anschließend kontrollieren können. Die erzeugten Werte werden dort dargestellt. Da das Werkzeug zunächst nichtproportional arbeitet, sehen Sie die unterschiedlichen Werte für die Veränderung der Breite und der Höhe im Bedienfeld TRANSFORMIEREN. Wird die ⇧-Taste festgehalten und mit dem Werkzeug skaliert, können Sie das Element auch proportional verändern.

Da das Werkzeug zum Skalieren so eng mit dem Bedienfeld TRANSFORMIEREN zusammenarbeitet, verwendet es auch die Einstellungen für die Veränderung des Inhalts und der Linienstärke. Deshalb sollten Sie immer einen Doppelklick auf dem Werkzeug ausführen und die Einstellungen prüfen.

5.2 Freies Transformieren

Dies ist eine Funktion, die Sie sicherlich sonst vermissen würden. In FreeHand lässt sich mit einem Doppelklick auf einem Objekt die Funktion einschalten, mit der Sie mehrere Verzerrungen gleichzeitig machen können. Die Funktion ist nicht als Menübefehl oder Button verfügbar, sondern nur durch einen Doppelklick mit dem Auswahl-Werkzeug auf einem Element einschaltbar.

Um das Objekt wird ein Rahmen mit einer gestrichelten Linie und Anfasspunkten gezeigt. Sie können dann das Element skalieren, indem Sie an den Eckpunkten oder Seiten mit der Maus die Punkte verschieben. Dabei müssen Sie auf die Darstellung des Mauscursors achten. Wenn sich ein gebogener Pfeil zeigt, wird das Element nicht skaliert, sondern gedreht. Wird ein gerader Doppelpfeil gezeigt, skalieren Sie das Element. Halten Sie wieder die ⇧-Taste fest, wenn Sie das Element beim Skalieren proportional vergrößern oder verkleinern möchten. Wenn zwei parallele Linien erscheinen, lässt sich das Element neigen.

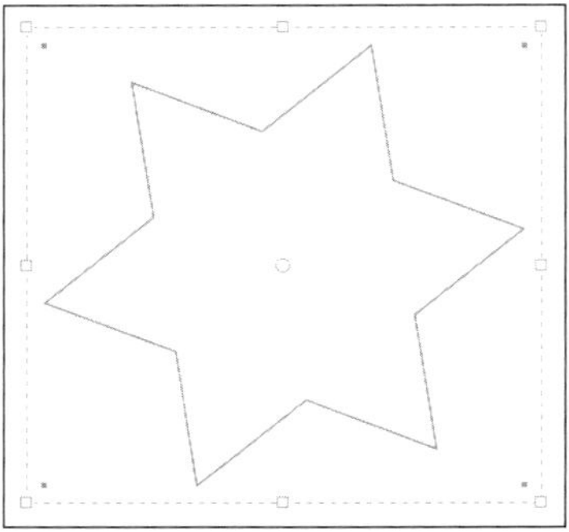

Abbildung 5.4: Beim freien Transformieren lässt sich der Mittelpunkt verschieben. Damit wird beispielsweise der Drehpunkt verändert, wenn Sie das Objekt danach drehen.

Um die Funktion des freien Transformierens wieder zu verlassen, halten Sie die ⌘-Taste (Macintosh) bzw. die Strg-Taste (Windows) fest und klicken neben das Objekt. Ohne gedrückt gehaltene Taste wird FreeHand weiter in diesem Modus bleiben.

5.3 Füllung: Linse

Diese besondere Füllung ist nicht nur zum Vergrößern von Grafikbereichen gedacht, es können auch andere Dinge eingestellt werden, aber in diesem Kapitel geht es nur um die Veränderung der Maße, die dieses Werkzeug erreichen kann. Erstellen Sie ein Objekt über einem anderen und weisen Sie im Bedienfeld OBJEKT eine Füllung zu. Die Füllungsart wird dann auf die Option LINSE eingestellt. Damit ist das Objekt ähnlich wie eine Lupe in der Lage, Teile der darunter liegenden Grafik zu zoomen. Das kann ein schöner Effekt sein, wenn Sie beispielsweise eine kleine Straßenkarte gestaltet haben.

Abbildung 5.5:
Im Bedienfeld OBJEKT lässt sich eine Füllung hinzufügen und die Fülloption LINSE aus dem Pulldown-Menü auswählen. Für die Linsenfüllung wählen Sie die Option VERGRÖSSERN.

Dies ist eindeutig eine kreative Füllfunktion, bei der sogar Variationen eingestellt werden können. Sie sehen im Beispiel von Abbildung 5.6, dass der Zwischenraum zwischen den vergrößerten Bären weiß dargestellt ist. Die Option NUR OBJEKTE sorgt dafür, dass der Hintergrund als normales, nicht-skaliertes Bärenmuster gezeigt wird. Um eine Verschiebung des Linseninhalts zu erreichen, lässt sich der Mittelpunkt für die Linsenfüllung verändern. Dazu wird die Option MITTELPUNKT aktiviert und die Koordinaten werden leicht verändert. Da der Inhalt ja gezoomt dargestellt wird, sorgt schon eine kleine Verschiebung für einen starken Effekt. Mit der Option MOMENTAUFNAHME lässt sich der Inhalt der Linsenfüllung festhalten. Wie mit einem Fotoapparat aufgenommen, bleibt die Linsenfüllung auch dann erhalten, wenn Sie das Element verschieben.

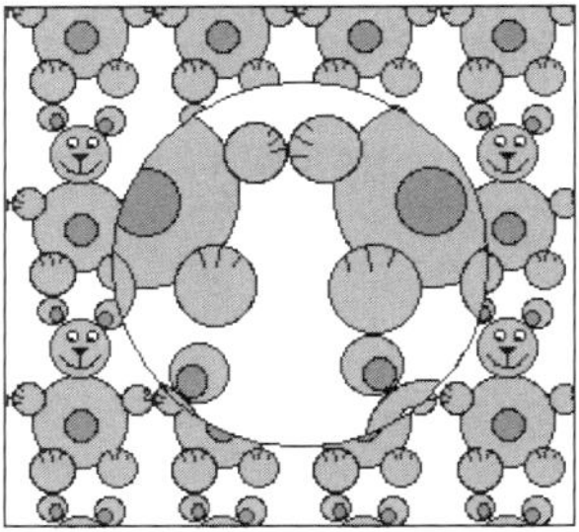

Abbildung 5.6:
Ein Beispiel für eine Linsenfüllung. Sie können deutlich erkennen, dass im Bereich des Kreises, der die Füllung hat, die Bärchen vergrößert wurden.

5.4 Neigen

Zum Neigen von Elementen finden Sie im Bedienfeld TRANSFORMIEREN einen Button und können dort direkt Einstellungen vornehmen. Dabei lässt sich ein Element auch senkrecht (v = vertikal) und waagerecht (h = horizontal) gleichzeitig neigen.

Abbildung 5.7:
Beim Neigen können Sie den Inhalt oder die Füllung zusammen mit dem Objekt neigen oder die Optionen abschalten.

Sogar Texte lassen sich mit dieser Funktion schräg stellen. Allerdings erreichen Sie mit einem Doppelklick auf einem Text nicht, dass der Rahmen für das freie Transformieren erscheint. Bei anderen Objekten lässt sich die Neigung beim freien Transformieren einstellen, indem Sie mit dem Mauszeiger nicht direkt auf einen Aktivierungspunkt des Transformationsrahmens zeigen, sondern etwas daneben auf der gestrichelten Linie anfassen. Dort wird ein anderes Symbol sichtbar (zwei waagerechte Pfeile), so dass Sie sehen können, dass jetzt das Objekt geneigt werden kann.

Abbildung 5.8:
Mit einem Doppelklick auf dem Neigungswerkzeug lässt sich das Bedienfeld TRANSFORMIEREN aufrufen.

Das Werkzeug zum Neigen finden Sie im Bedienfeld WERKZEUGE. Damit lassen sich die aktivierten Objekte auch direkt anklicken und mit der Maus verzerren. Meist scheint auch eine Drehung dabei ausgeführt zu werden. Sie haben nämlich wieder die Möglichkeit, den Bezugspunkt für die Neigung mit der Maus festzulegen. Wenn dieser weit vom Objekt entfernt ist, neigen Sie das Element eher intuitiv, kreativ. Wird beim Neigen mit dem Werkzeug die [⇧]-Taste festgehalten, lässt sich die Neigung nur waagerecht oder senkrecht ziehen.

5.5 Drehen

Viele Elemente werden Sie zuerst gerade zeichnen und dann später in die richtige Position drehen. Das erleichtert die Arbeit und die Berechnung von genauen Maßen.

Wenn Sie ein Objekt drehen möchten, können Sie wieder das Bedienfeld TRANSFORMIEREN verwenden. Es hat einen Button, um das Dreh-Dialogfeld sichtbar zu machen, und ermöglicht eine genaue Einstellung des Winkels.

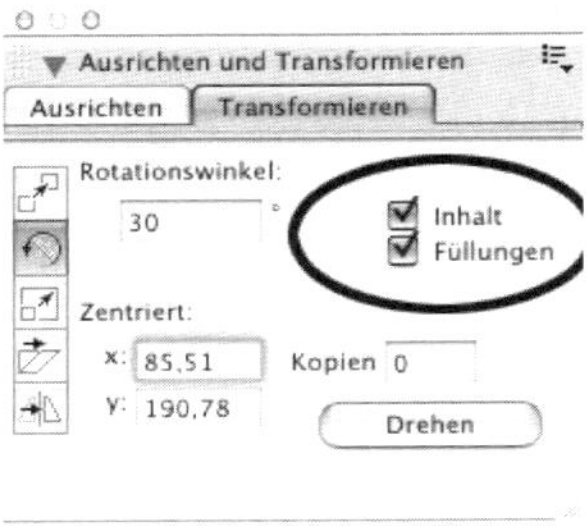

Abbildung 5.9:
Beim Drehen über das Bedienfeld TRANSFORMIEREN *lässt sich einstellen, ob der Inhalt und/oder die Füllung gedreht werden soll.*

Für freies Drehen mit dem Rotationswerkzeug wird einfach das Objekt, das gedreht werden soll, aktiviert und dann mit dem Werkzeug mit der Maus die Drehung eingerichtet.

Abbildung 5.10:
Das Rotationswerkzeug mit dem QuickInfo-Text. In der Windows-Version wird es Rotationswerkzeug genannt.

Nach dem Drehen ist oft nicht mehr nachvollziehbar, in welchem Winkel das Objekt gedreht wurde. Hier sind also ein paar Tipps angebracht, wie Sie diese Informationen quasi speichern können. Zuerst lohnt es sich vielleicht, die Informationsleiste am unteren Bildschirmrand eingeblendet zu lassen, damit Sie dort den Drehwinkel sehen können, während Sie mit der Maus das Element drehen. Die Leiste wird über den Menübefehl FENSTER|SYMBOLLEISTEN|INFO aufgerufen.

Eine Funktion, die eigentlich auch einen anderen Nutzen hat, kann etwas zweckentfremdet gut eingesetzt werden, um Bearbeitungsschritte festzuhalten. Dabei können Sie das Bedienfeld NAVIGATION verwenden. Es lässt sich aus dem Menü FENSTER aufrufen. In diesem Bedienfeld lässt sich ein Name für ein Objekt vergeben und auch ein Kommentar zu einem Objekt eingeben.

Abbildung 5.11:
Ein Rahmen kann natürlich sinnvoller bezeichnet werden als in diesem Beispiel, aber der Hinweis kann für die spätere Bearbeitung wichtig sein.

5.6 Spiegeln

Häufig werden symmetrische Objekte zunächst nur halb gezeichnet und dann geklont. Klonen ist die Funktion, mit der ein Objekt verdoppelt wird, ohne dass es verschoben wird. Dann wird das neue Objekt gespiegelt und so entsteht die zweite gespiegelte Hälfte der gewünschten Form.

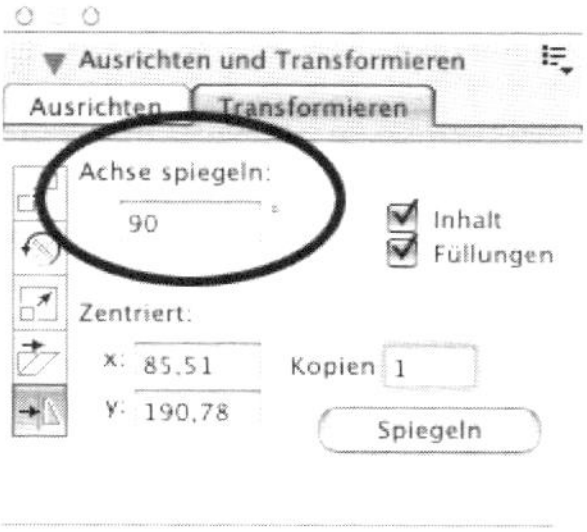

Abbildung 5.12:
Im Bedienfeld TRANSFORMIEREN kann die Spiegelachse genau bestimmt werden. Meist wird durch den Mittelpunkt des Elements, sozusagen auf der Stelle gespiegelt.

Im Bedienfeld TRANSFORMIEREN können Sie für die Spiegel-Funktion bestimmen, ob der Inhalt und/oder die Füllung gespiegelt werden soll. Das kann bei Musterfüllungen ganz wichtig sein. Und wie bei allen Transformationen können Sie gleichzeitig beim Transformieren Kopien von den Elementen machen.

Soll beim Spiegeln die Spiegelachse nicht nur in der Richtung, sondern auch in der Lage bestimmt werden, können Sie vielleicht besser eine Hilfslinie erstellen und mit dem Spiegeln-Werkzeug auf der Hilfslinie das Element spiegeln. Vorher wird aber das Element, das gespiegelt werden soll, auch an die Hilfslinie geschoben.

In der Windows-Version heißt das Werkzeug auch Reflexionswerkzeug.

Abbildung 5.13: Wird bei der Verwendung des Spiegeln-Werkzeugs die ⇧-Taste festgehalten, lässt sich die Lage der Spiegel-Achse damit auf 45-Grad-Winkel einschränken.

Die Transformationen Skalieren, Verschieben, Drehen, Spiegeln und Neigen lassen sich auch im Menü MODIFIZIEREN|TRANSFORMIEREN aufrufen. Dabei wird allerdings auch immer das Bedienfeld TRANSFORMIEREN verwendet.

5.7 Effekt: Transformieren

Für Transformationen, die noch später gut nachvollzogen und korrigiert werden können, ist es am besten, wenn Sie den Effekt aus dem Bedienfeld OBJEKT verwenden. Wählen Sie aus dem Menü unter dem Button für die Effekte den Effekt TRANSFORMIEREN aus.

Dadurch werden im Bedienfeld OBJEKT die verschiedenen Einstellungsmöglichkeiten dargestellt, mit denen die Transformation ausgeführt werden soll. Es gibt Eingabefelder für eine Skalierung, eine Neigung, eine Drehung, eine Verschiebung und auch für die Anzahl der Kopien.

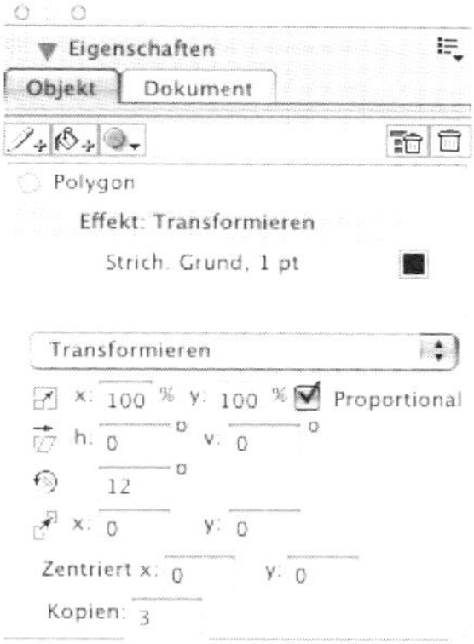

Abbildung 5.14:
Für die Skalierung lässt sich die Option PROPORTIONAL *abschalten, so dass ein Element verzerrt werden kann.*

Direkt über der Zahl der Kopien lässt sich der Mittelpunkt für die Berechnung der Transformationen verschieben. Das ist dann wieder eine Variationsmöglichkeit, mit der der Effekt noch weiter verändert werden kann.

5.8 Xtra-Werkzeug: Spiegeln

Mit diesem Werkzeug können Sie zusätzlich verschiedene Effekte für die Transformation SPIEGELN einstellen. Es kann viel Zeit sparen, wenn Sie diese Funktion statt des normalen Spiegel-Werkzeuges verwenden.

Damit Sie das Werkzeug mit einem Button aufrufen können, müssen Sie nicht unbedingt die Werkzeugleiste der Xtra-Werkzeuge aufrufen und sichtbar auf dem Bildschirm platzieren. Wenn Sie das aber möchten, wählen Sie aus dem Menü FENSTER|SYMBOLLEISTEN|XTRA-WERKZEUGE. Das Werkzeug ist auch im Bedienfeld WERKZEUGE beim Mischungs-Werkzeug zu finden. Dort sind mehrere Werkzeuge zusammengruppiert.

Die Xtra-Werkzeugleiste ist eine Symbolleiste und lässt sich auch als permanent dargestellte Symbolleiste im oberen Bereich des Bildschirms bei den anderen Symbolleisten ablegen.

Ein Doppelklick auf das Werkzeug ruft ein eigenes Dialogfenster auf, in dem Sie dann Optionen wählen können.

Abbildung 5.15:
Klicken Sie doppelt auf diesen Button, um das Dialogfenster für die Spiegeln-Funktion aufzurufen.

Die Voreinstellung für das Werkzeug lässt sich so einstellen, dass aktive Elemente nur vertikal oder nur horizontal gespiegelt werden. Die Vorschau zeigt Ihnen immer, was gerade durch die Verwendung des Werkzeuges passieren würde. Sie können auch gleichzeitig horizontal und vertikal spiegeln. Alternativ zum Spiegeln lässt sich auch einstellen, dass die Elemente durch die Funktion nur gedreht werden sollen. Dazu stellen Sie zuerst die Option MEHRERE und dann in dem kleinen Pulldown-Menü die Option ROTIEREN ein. Bei einer kreativ gestalterischen Verwendung des Werkzeuges wird sicherlich die Option MEHRERE häufiger eingestellt und dann auch die Anzahl der Kopien bzw. Spiegel- oder Rotationsschritte definiert.

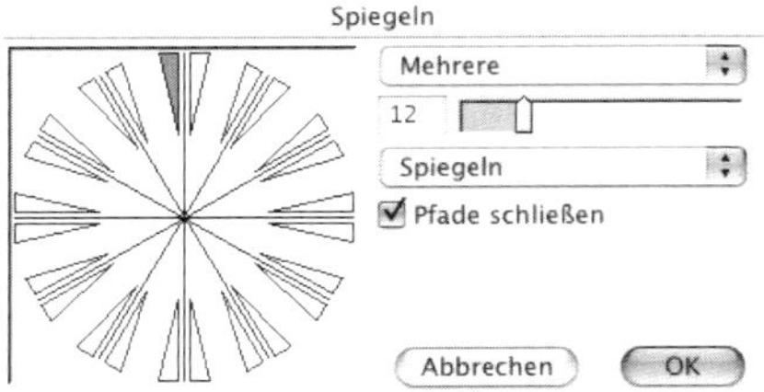

Abbildung 5.16: Bei dieser Funktion können mehrere Schritte ausgeführt und so eine bestimmte Anzahl von Kopien des Elements erzeugt werden.

Durch die Option PFADE SCHLIESSEN werden die Elemente, die genau aneinander stoßen, weil die Funktion die Drehung oder Spiegelung ausführt, automatisch verbunden und die Punkte zusammengefügt. Das lohnt sich wieder einzustellen, wenn Sie nur eine Hälfte der Form gezeichnet haben und nun ein ganzes Element erzeugen möchten, ein halbes Herz beispielsweise.

5.9 Xtra-Werkzeug: Linse

Mit diesem Werkzeug lassen sich Verzerrungen erzeugen, die eigentlich in den Bereich »kreatives Arbeiten« gehören, aber trotzdem soll es in diesem Kapitel bereits erwähnt werden, denn Sie werden nach dem Beherrschen der Grundtechniken hauptsächlich kreativ mit dem Programm FreeHand MX arbeiten wollen.

Das Werkzeug lässt sich nicht so gut auf geometrische Formen anwenden, aber bei Texten, die in Pfade gewandelt wurden, oder bei Verzerrungen, die als Experiment ausgeführt werden, ist es sicherlich ein gutes Tool.

Abbildung 5.17:
Machen Sie einen Doppelklick auf dem Werkzeug, um das Dialogfenster für die Einstellungen zu öffnen.

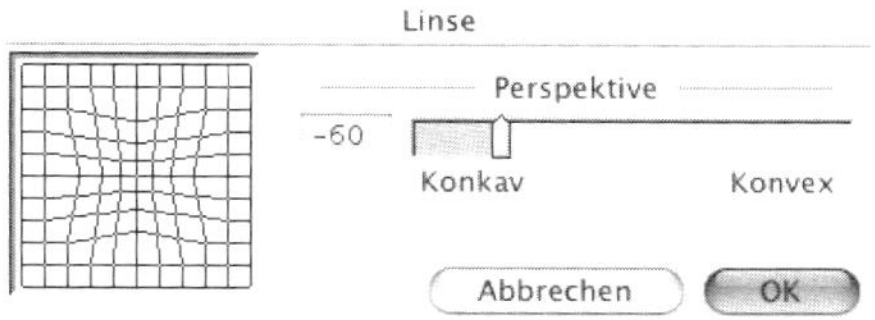

Abbildung 5.18: Sie können eine konkave oder konvexe Verzerrung für das Werkzeug einstellen.

Mit diesem Werkzeug ziehen Sie einen kreisförmigen Rahmen über dem Bereich des Grafikelements, der verzerrt werden soll.

Abbildung 5.19: Text muss vor der Verzerrung in Pfade umgewandelt werden. In diesem Beispiel wurde der Bereich für die Verzerrung elliptisch und größer als das Element selbst gezogen.

5.10 Perspektivisch verzerren

Für das perspektivische Verzerren lässt sich auch eine Umhüllung anlegen, was im Kapitel 13 näher erläutert wird. Außerdem lassen sich aber mit FreeHand MX jetzt auch extrudierte Elemente erstellen. Diese werden nicht nur perspektivisch richtig verzerrt, sondern Sie fügen über die Funktion die Seitenflächen und Rückfläche an, so dass sich das Element später auch dreidimensional rotieren lässt. Dazu mehr in Kapitel 13.

Das Ergebnis dieser Verzerrung ist wieder eine normale Grafik.

5.11 Perspektivraster nutzen

Das Perspektivraster wird über einen Button in der Symbolleiste aktiviert. Es dient zum korrekten perspektivischen Verzerren von Elementen (bei den Umhüllungen ist immer auch eine Biegung der Elemente dabei), ohne eine Extrusion zu verwenden. Dabei lassen sich mehrere Fluchtpunkte aktivieren. Das Problem ist oft, die richtige Neigung und Position des Gitters einzustellen.

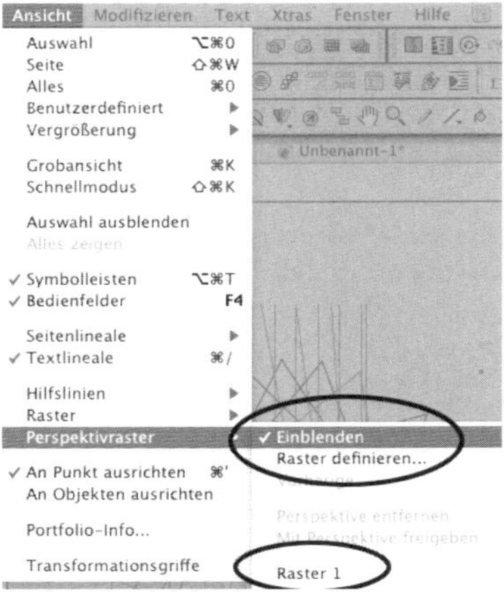

Abbildung 5.20: Das Perspektivraster lässt sich auch mit einem Tastenkürzel einblenden. Falls kein Tastenkürzel vergeben wurde, können Sie dies nachholen.

Zunächst, bevor Sie das Perspektivraster verwenden, müssen Sie es einblenden und eventuell anders einrichten. Wählen Sie aus dem Menü ANSICHT|PERSPEKTIVRASTER|EINBLENDEN. Damit wird das Standard-Perspektivraster sichtbar. In der Windows-Version heißt der Befehl ANSICHT|PERSPEKTIVRASTER|ANZEIGEN.

Unter dem Menüpunkt EINBLENDEN bzw. ANZEIGEN finden Sie den Menüpunkt RASTER DEFINIEREN. Sie können die Anzahl der Fluchtpunkte und die Rasterflächenfarben einrichten.

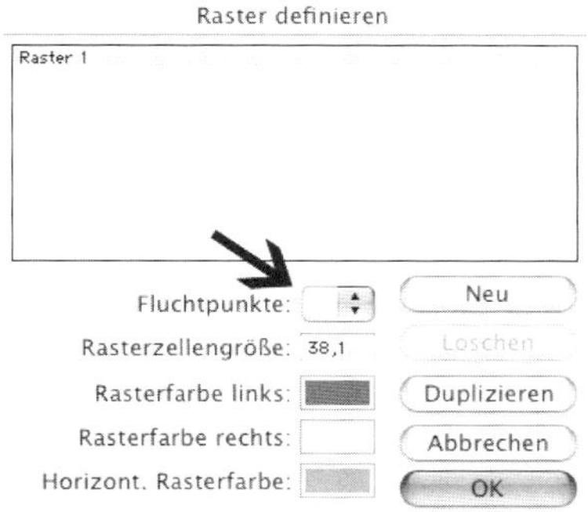

Abbildung 5.21: Sie können bis zu drei Fluchtpunkte einstellen und somit auch eine Neigung des Objektes im Raum darstellen.

Für die Rasterzellengröße empfehlen wir eher, noch größere Werte zu verwenden. Damit wird der Abstand der Rasterlinien beeinflusst und die Darstellung etwas übersichtlicher.

Damit Sie verschiedene perspektivische Verzerrungen einrichten können, wird es manchmal wichtig, dass Sie mit einem Klick auf den Button NEU ein weiteres Raster erstellen. Dann wird das gerade in der Liste aktivierte Raster angezeigt. Sie können danach im Menü ANSICHT|PERSPEKTIVRASTER diese neuen Raster aktivieren.

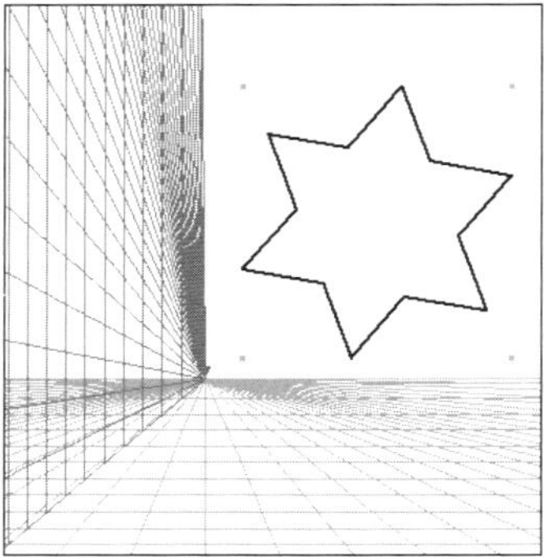

Abbildung 5.22:
In diesem Beispiel ist das Element, das auf das Perspektivraster gezogen und damit verzerrt werden soll, ein Stern.

Wenn der Stern auf das Raster gezogen werden soll, verwenden Sie dazu das Perspektiv-Werkzeug. Es ist im Bedienfeld WERKZEUGE zu finden.

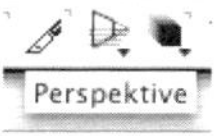

Abbildung 5.23:
Das Perspektiv-Werkzeug wird auch zum Verändern der Horizont-Linie oder zum Verschieben der Fluchtpunkte verwendet.

Um nun tatsächlich den Stern auf das Perspektivraster zu ziehen, wird er mit dem Perspektiv-Werkzeug verschoben und während des Ziehens mit der Maus eine der Cursor-Tasten gedrückt. Folgende Tasten werden für die Platzierung eines Elements auf dem Perspektivraster mit zwei oder drei Fluchtpunkten verwendet:

- [←] Platzierung auf der linken Rasterfläche
- [→] Platzierung auf der rechten Rasterfläche
- [↓] Platzierung auf der Bodenrasterfläche mit Ausrichtung am linken Fluchtpunkt
- [↑] Platzierung auf der Bodenrasterfläche mit Ausrichtung am rechten Fluchtpunkt

Bei Rastern mit nur einem Fluchtpunkt ist es etwas einfacher:

[←] oder [→] Platzierung auf der Seitenfläche des Rasters

[↑] oder [↓] Platzierung auf der Bodenfläche des Rasters

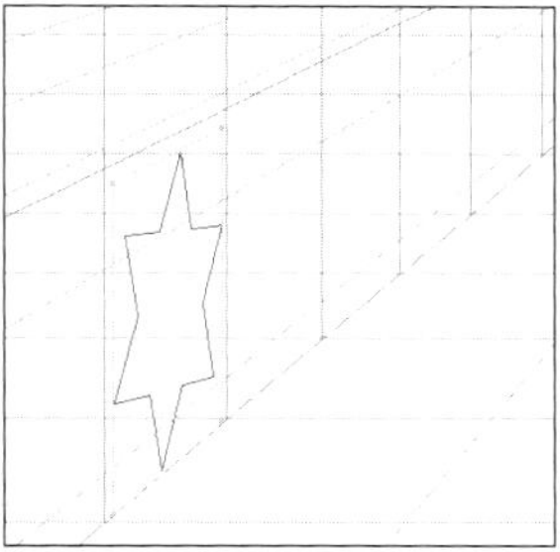

Abbildung 5.24:
So sieht der fertige Stern aus, wenn er auf dem Raster auf der Seitenfläche platziert wurde.

5.12 Xtra-Werkzeug: 3D-Rotation

Mit diesem Werkzeug lässt sich ein Element drehen und dabei dreidimensional verzerren. So können Sie ebenfalls ein Element perspektivisch verzerren. Dabei geht man mit dem Werkzeug eher intuitiv vor. Es kann nicht so leicht vorausgeplant werden, wie das Element am Ende aussehen wird. Das Werkzeug ist doppelt im Programm zu finden und auch im Bedienfeld WERKZEUGE unter dem Perspektiv-Werkzeug eingeordnet.

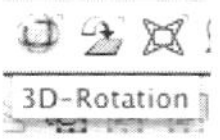

Abbildung 5.25:
Das Xtra-Werkzeug lässt sich schon einfach in seiner Grundeinstellung verwenden.

Sie können einen Doppelklick auf dem Werkzeug vornehmen, um ein Dialogfenster zu öffnen. In diesem Dialogfenster wird dann eingestellt, wie stark die perspektivische Verzerrung sein soll. Der Modus LEICHT ist meist schon völlig ausreichend.

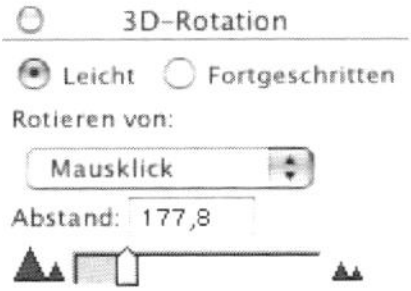

Abbildung 5.26: Mit dem Schieberegler stellen Sie die Stärke der perspektivischen Veränderung ein. Je größer der Wert, desto weniger wird die Größe einer Seite perspektivisch verändert.

Die Rotation lässt sich von verschiedenen Bezugspunkten aus berechnen, die Sie in dem kleinen Pulldown-Menü einstellen. Sie können den Punkt verwenden, den Sie mit der Maus gerade anklicken, den Mittelpunkt des Objektes, das Gravitätszentrum (meist auch der Mittelpunkt des Elements) und den Punkt links unten am Element (Original).

Abbildung 5.27:
Text muss vor dem Verzerren mit dem 3D-Rotationswerkzeug in Pfade gewandelt werden.

Bei der fortgeschrittenen Einstellung haben Sie noch die Möglichkeit, zu bestimmen, von welchem Punkt die Projektion erfolgen soll.

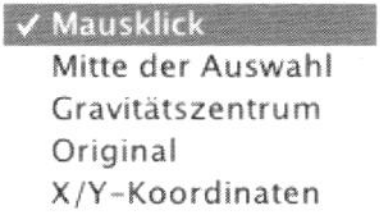

Abbildung 5.28:
Sie können die Koordinaten für den Bezugspunkt noch selbst definieren, wenn Sie die X/Y-Koordinaten einrichten.

Damit Sie aber auch das Gravitätszentrum festlegen können, müssen Sie den Modus FORTGESCHRITTEN aktivieren.

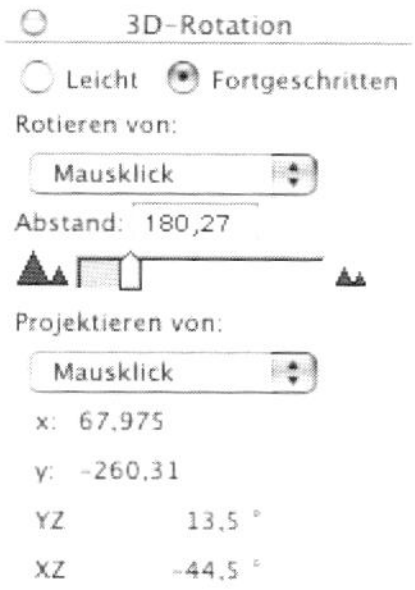

Abbildung 5.29:
Der Modus FORTGESCHRITTEN für die 3D-Rotation

Wenn Sie das Werkzeug im Modus FORTGESCHRITTEN verwenden, ist im unteren Bereich des Dialogfensters sichtbar, in welchem Winkel Ihr Objekt gedreht wird.

5.13 Mischungen

Mit Mischungen werden Formen, Füllfarben und Linienstärken und Linienfarben von zwei Elementen ineinander übergehend berechnet. Das bedeutet, dass Sie die Funktion meist kreativ verwenden werden.

Am einfachsten lässt sich die Funktion am Beispiel erläutern. Zeichnen Sie ein Quadrat und einen Kreis. Beide Elemente bekommen eine dicke farbige Linie in unterschiedlichen Farben und eine farbige Füllung. Wie das geht, erfahren Sie in den Kapiteln 8 und 9.

Aktivieren Sie beide Elemente und wählen Sie aus dem Menü MODIFIZIEREN|ZUSAMMENFASSEN|MISCHUNG. Die Mischung wird vom zuerst gezeichneten Objekt zum zweiten Objekt erstellt. Dabei werden entsprechend der Dokumentauflösung die Zwischenschritte berechnet. Bei einer hohen Auflösung werden viele Stufen erstellt. Die Dokumentauflösung wählen Sie im Bedienfeld DOKUMENT.

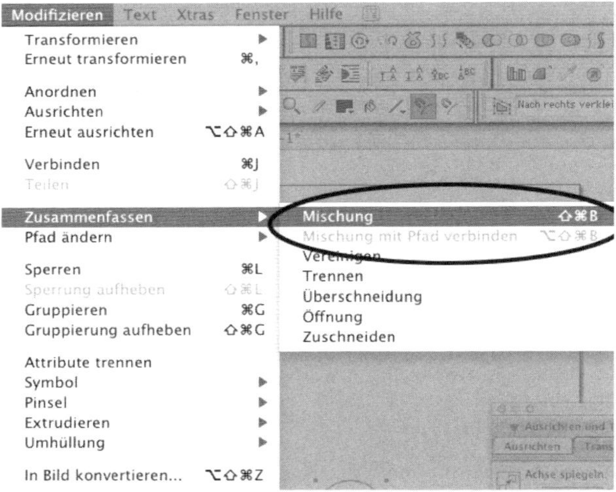

Abbildung 5.30: Im Menü MODIFIZIEREN *befindet sich der Menüpunkt* MISCHUNG *und die Tastenkombination.*

Wenn Sie möchten, können Sie auch mehr als zwei Objekte für eine Mischung verwenden. Dazu müssen diese Elemente nur zusammen aktiviert werden.

Als Zusatzfunktion lässt sich die Mischung auf einen Pfad setzen. Sie können einfach mit dem Stiftwerkzeug, das Sie im Kapitel 6 genauer beschrieben finden, einen Pfad beispielsweise als Kurve zeichnen und dann mit der Mischung zusammen aktivieren. Dann wählen Sie aus dem Menü MODIFIZIEREN|ZUSAMMENFASSEN|MISCHUNG MIT PFAD VERBINDEN.

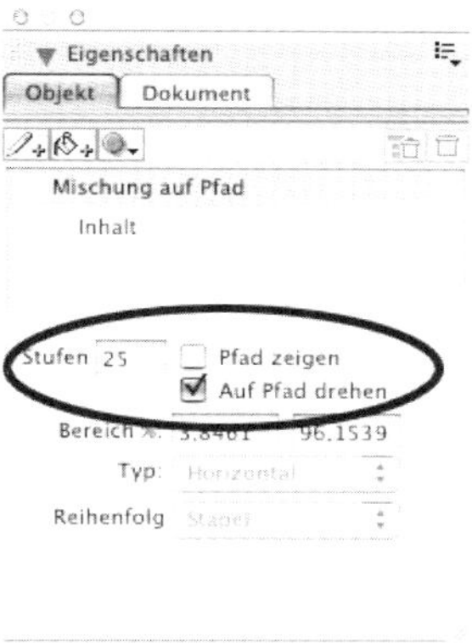

Abbildung 5.31: Im Bedienfeld Objekt *lässt sich die Anzahl der Stufen (Mischungselemente) verändern und aktivieren, ob der Pfad, auf dem eine Mischung verläuft, gezeigt werden soll.*

Der Bereich zeigt die prozentuale Abweichung vom ersten Element zum zweiten. Damit wird ebenso die Farbveränderung der Füllungs- und Linienfarben in Prozentwerten dargestellt. Bei neun Zwischenstufen werden genau zehn Prozent Abweichung zum nächsten Objekt in der Mischung berechnet. Die Elemente einer Mischung lassen sich immer noch einzeln mit dem Teilauswahl-Werkzeug aktivieren. Sie können die Mischung wieder löschen, indem Sie die Gruppierung aufheben. Dadurch wird die Mischung wieder zerlegt und das Startobjekt, das Endobjekt und die automatisch erzeugten Elemente der Mischung lassen sich auswählen. Jetzt löschen Sie einfach die Zwischenelemente, die noch gruppiert sind. Danach bleiben nur noch die ursprünglich erstellten Ausgangsobjekte übrig.

Wenn Sie wissen möchten, welche Farbe ein Element mitten in der Mischung durch die Funktion als Füllfarbe erhalten hat, können Sie mit dem Werkzeug PIPETTE auf die Füllfarbe klicken und das Farbkästchen in die Farbpalette ziehen. Danach haben Sie die Möglichkeit, die Farbe für andere Grafikelemente zu verwenden.

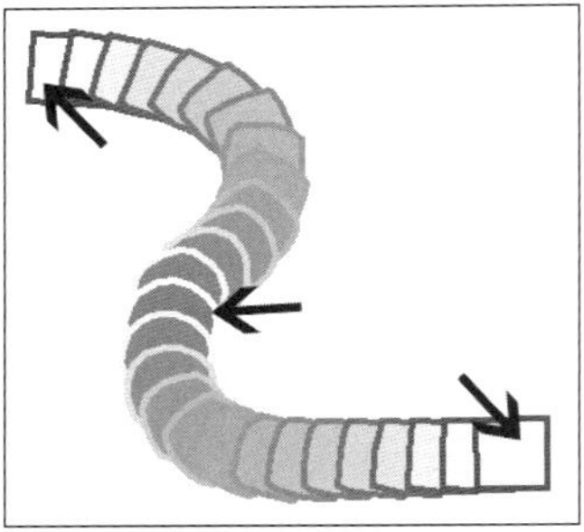

Abbildung 5.32: Bei dieser Mischung wurden zwei Quadrate und ein Kreis verwendet. Danach wurde die Mischung mit einem Pfad verbunden und die Anzahl der Stufen verringert.

Sie können auch gruppierte Objekte mit gruppierten Objekten mischen oder zusammengesetzte Pfade verwenden. Dabei wird im Bedienfeld OBJEKT auswählbar, ob die Mischung normal, horizontal oder vertikal berechnet werden soll. Vielleicht haben Sie ja Lust, mit diesen Optionen zu experimentieren.

Abbildung 5.33:
Die Reihenfolge der Elemente der Gruppe für die Berechnung der Mischung lässt sich verändern. Normalerweise ist die Funktion STAPEL *aktiv.*

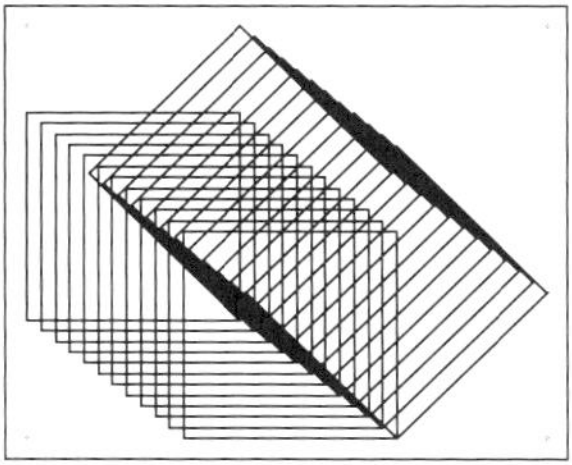

Abbildung 5.34:
Dies ist eine Mischung aus zwei Gruppen, bestehend aus zwei Quadraten.

5.13.1 Mischungswerkzeug

Mit dem Button des Werkzeuges MISCHUNG lässt sich ebenfalls eine Mischung erstellen. Sie finden den Button im Bedienfeld WERKZEUGE.

Abbildung 5.35: Um mit dieser Funktion eine Mischung erstellen zu können, müssen Sie mindestens zwei Elemente aktivieren und auf den Button des Werkzeuges klicken.

Es gibt aber auch eine zweite Möglichkeit, mit dem Mischungswerkzeug zu arbeiten. Sie klicken mit dem Werkzeug auf ein Objekt und ziehen mit der Maus zu einem anderen Objekt. Dann wird die mögliche Mischung auch als Vorschau gezeigt.

Beim Erstellen von Mischungen lassen sich erstaunliche Effekte erzielen, wenn zusätzlich zu den Elementen auch ein Bezugspunkt in den Elementen aktiviert wurde. Dazu muss oft die Gruppierung eines Elements aufgehoben werden.

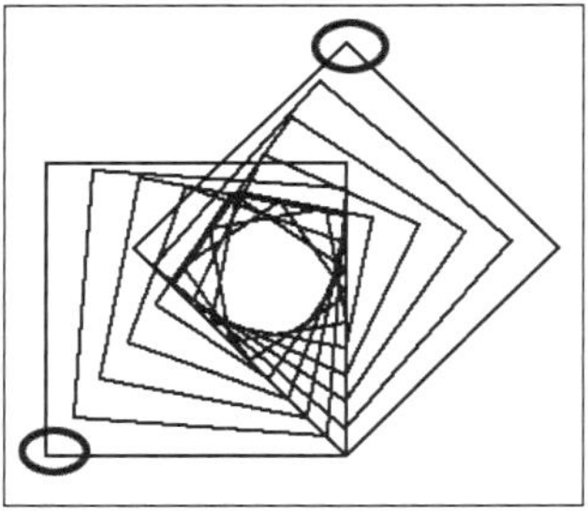

Abbildung 5.36: Eine Mischung aus zwei ungefüllten Quadraten, wobei der eine Bezugspunkt links unten lag und der andere Bezugspunkt oben an der Spitze des gedrehten Quadrates

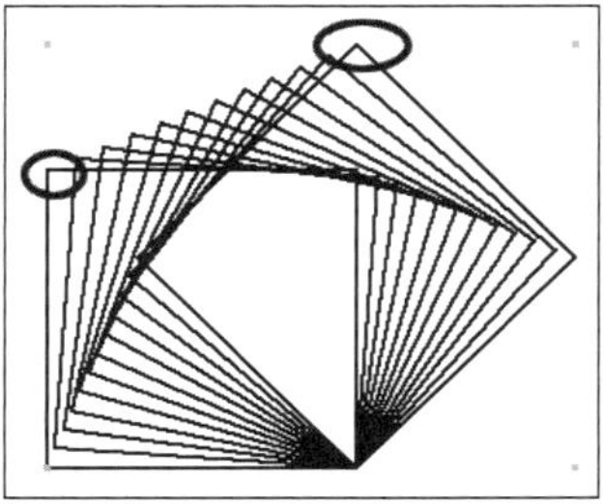

Abbildung 5.37: Bei dieser Mischung der Quadrate wurde einer der Bezugspunkte verändert, hier durch Kreise gekennzeichnet.

Pfade erstellen und bearbeiten

Nachdem Sie nun schon viele Grundelemente und deren Modifikationsmöglichkeiten kennen gelernt haben, möchte ich Ihnen die Werkzeuge und Funktionen zum freien Zeichnen genau erläutern.

6.1 Pfade zeichnen

FreeHand MX ist ein klassisches Grafikprogramm, das mit Bézierkurven arbeitet und Pfade verwendet. Dabei wird ein Pfad immer als ein Element zwischen zwei oder mehr Punkten definiert. Es kann sein, dass zwischen zwei Punkten eine gerade Linie verläuft oder aber eine Kurve. Die Kurve wird durch zusätzliche Griffe an einem der Punkte definiert. Dabei können auch beide Punkte, die ein Pfadsegment bestimmen, Griffe haben. Jeder Punkt auf einem Pfad kann mit einem oder zwei Griffen versehen werden.

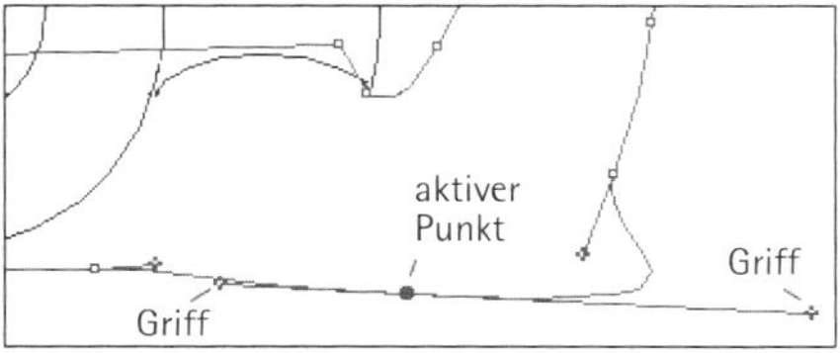

Abbildung 6.1: Hier sehen Sie einen Pfad, bei dem an einem aktiven Punkt beide Griffe die Kurve und somit den Pfadverlauf beeinflussen.

Grundsätzlich unterscheidet FreeHand zwischen drei verschiedenen Punkttypen, die beim Zeichnen verwendet werden können: Kurvenpunkte, Eckpunkte und Anschlusspunkte. Diese Punkttypen können Sie im Bedienfeld OBJEKT sehen, wenn Sie einen Punkt aktivieren und auch verändern.

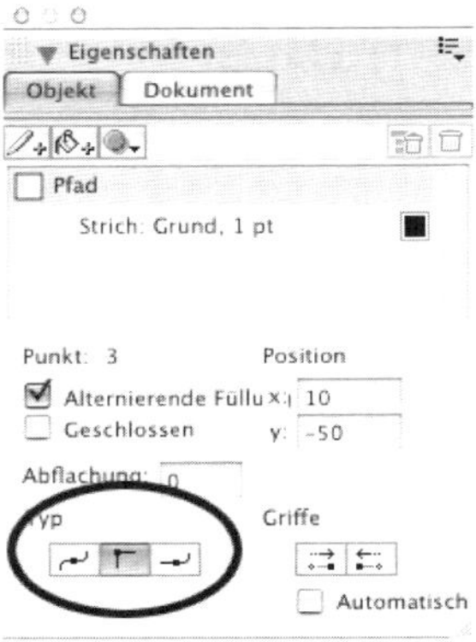

Abbildung 6.2:
Im Bedienfeld OBJEKT *sehen Sie auch, wie viele Punkte Ihr Pfad gerade hat und die Koordinaten des gerade aktivierten Punktes.*

Ein Anschlusspunkt reagiert beim Ziehen der Griffe zunächst so, dass der Griff nur in der Verlängerung der zuvor gestalteten Geraden gezogen werden kann. Bei einem Eckpunkt lassen sich die Griffe völlig unabhängig voneinander ziehen und bei einem Kurvenpunkt drehen sich immer beide gegenüberliegende Griffe zusammen.

6.2 Stiftwerkzeug

Zum Zeichnen von Pfaden haben Sie zunächst das Stiftwerkzeug, mit dem Sie Punkte auf die Seite oder die Montagefläche klicken können und den Pfad erst einmal erstellen.

Abbildung 6.3:
Das Stiftwerkzeug wird im Bedienfeld WERKZEUGE *durch eine Zeichenfeder dargestellt.*

Dabei ist es wichtig, ob Sie nur klicken oder klicken, die Maustaste gedrückt halten und mit der Maus ziehen. Beim einfachen Klicken erstellen Sie immer Eckpunkte und die Verbindung zwischen Eckpunkten ist eine Gerade. Normalerweise werden Sie eine Vorschau für die gerade Linie sehen, die Sie durch das Setzen des nächsten Punktes zeichnen. Dabei handelt es sich um die Voreinstellung für das Werkzeug. Doppelklicken Sie auf dem Werkzeug, damit das Dialogfenster geöffnet wird, in dem Sie diese Vorschau abschalten können.

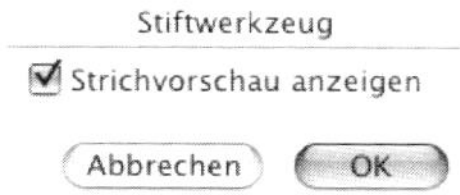

Abbildung 6.4: Meist irritiert die Strichvorschau, wenn Sie einen offenen Pfad zeichnen möchten und den letzten Punkt gesetzt haben, denn die Strichvorschau ist weiterhin aktiv.

Um einen Kurvenpunkt zu erzeugen, der mit Griffen den Verlauf des Pfades kurvig definieren kann, müssen Sie klicken und mit der Maus ziehen. Dabei wird zunächst die Position des Punktes mit dem Klick bestimmt und dann sofort einer der Griffe gezogen und platziert. Wenn Sie mit dem Stiftwerkzeug einen Anschlusspunkt erstellen möchten, müssen Sie die [Ctrl]-Taste festhalten und klicken.

Falls Sie nachträglich Griffe erstellen und damit eine Kurve gestalten möchten, können Sie bei gedrückt gehaltener [Alt]-Taste auf den Punkt klicken und mit der Maus einen der Griffe aus dem Punkt herausziehen. Um dann den zweiten Griff aus dem Punkt zu ziehen, wiederholen Sie die Aktion.

Griffe wieder verschwinden zu lassen, ist einfach. Sie brauchen nur im Bedienfeld OBJEKT auf die beiden Buttons klicken, die die Griffe auf den Punkt ziehen.

Wenn Sie die Option AUTOMATISCH aktivieren, werden die Griffe so platziert, dass die Kurve zum vorherigen und nächsten Punkt automatisch berechnet wird. Dabei berücksichtigt FreeHand MX den Punkttyp. Zwischen zwei Eckpunkten wird eine Gerade erstellt, wenn die Option AUTOMATISCH aktiviert wird, aber wenn Sie einen Kurvenpunkt aktiviert haben, werden mit der Option AUTOMATISCH die Griffe aus dem Punkt herausgezogen, wenn vorher keine Griffe vorhanden waren.

Abbildung 6.5:
Leider lässt sich manchmal nicht sofort erkennen, welcher Button zu welchem der Griffe eines Punktes gehört.

Verwenden Sie die Option AUTOMATISCH auch, um Griffe, die zu einem Kurvenpunkt gehören, symmetrisch auszurichten. Beide Griffe werden den gleichen Abstand zum Punkt haben, wenn Sie die Option aktivieren, wenn es sich um eine symmetrische Zeichnung handelt.

Um die Position von Punkten zu korrigieren, können Sie die Maus verwenden, aber auch im Bedienfeld OBJEKT die Koordinaten korrigieren.

6.3 Bézier-Werkzeug

Mit dem Bézier-Werkzeug lassen sich ebenfalls gerade oder kurvige Pfade erstellen. Es ist hinter dem Stiftwerkzeug zu finden und wird sichtbar, wenn Sie die Maustaste auf dem Werkzeug einen Moment gedrückt halten. Das Werkzeug hat allerdings eine etwas andere Arbeitsweise als das Stiftwerkzeug.

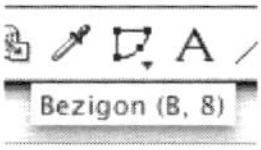

Abbildung 6.6:
Das Bézier-Werkzeug zeigt noch die QuickInfo-Einblendung seines alten Namens. Es hieß früher Bezigonfunktion.

Mit einfachen Klicks mit der Maus erstellen Sie Eckpunkte. Das ist dann die Möglichkeit, mit dem Bézier-Werkzeug gerade Linien zu erstellen. Wenn Sie die Maustaste gedrückt halten, lässt sich der Punkt noch verschieben. Dadurch können Sie sehen, wie der Pfad verändert wird, und somit lässt sich die Gestaltung des Pfades vielleicht noch besser steuern als mit dem Stiftwerkzeug.

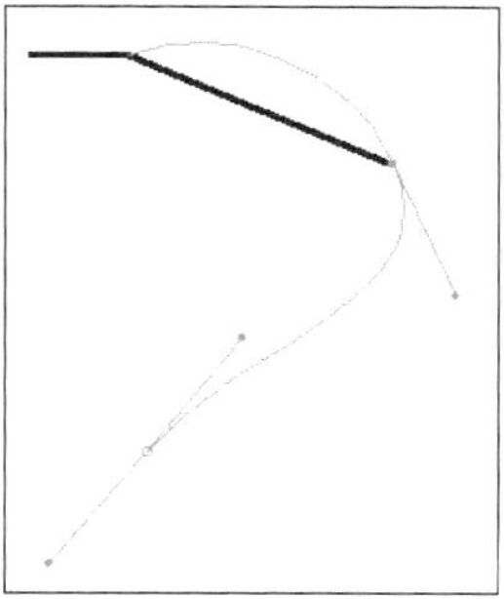

Abbildung 6.7:
Sie sehen eine Vorschau des Pfades, den Sie mit dem Bézier-Werkzeug erstellen.

Bei gedrückt gehaltener `Alt`-Taste werden Kurvenpunkte erstellt und, wenn Sie die `Ctrl`-Taste (Macintosh) bzw. `Strg`-Taste (Windows) festhalten und mit dem Bézier-Werkzeug klicken, erstellen Sie einen Anschlusspunkt.

Anschlusspunkte werden meist an der Übergangsstelle von einer Geraden zu einer Kurve eingefügt. Sobald Sie mit Kurvenpunkten und Anschlusspunkten arbeiten und mit dem Bézier-Werkzeug zeichnen, werden Sie merken, dass sich nicht nur die Punkte verschieben lassen, sondern auch die Griffe verändert werden. Das bedeutet, dass die Kurve nicht nur zum Punkt direkt vor dem gezogenen Punkt verändert wird , sondern auch noch zum Punkt davor. Es ist, als ob Sie die Kurve durch den Punkt ziehen, wenn Sie die Maustaste nach dem Klicken festhalten und noch verschieben, bevor der Punkt endgültig platziert wird.

6.4 Bleistift-Werkzeug verwenden

Dieses Werkzeug ist für freies Zeichnen gut geeignet, wobei es besser ist, wenn Sie mit einem Grafiktableau und einem Stift statt mit einer Maus arbeiten.

Abbildung 6.8:
Mit diesem Werkzeug lässt sich gut freihändig zeichnen.

Das Ergebnis beim Zeichnen mit dem Bleistift ist von der Einstellung des Werkzeugs abhängig. Doppelklicken Sie also auf dem Werkzeug, damit Sie die Einstellung prüfen und ggf. umstellen können.

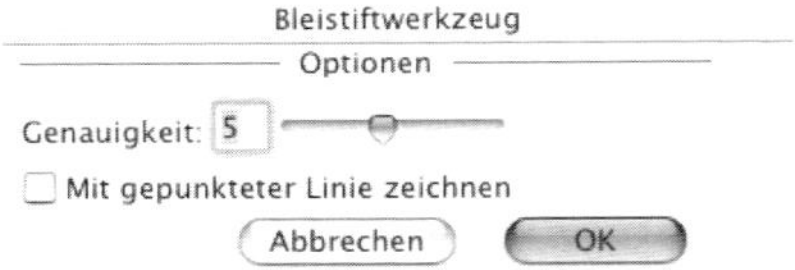

Abbildung 6.9: Normalerweise wird das Werkzeug so eingestellt sein, Sie können aber die Genauigkeit erhöhen oder verringern.

Die Option für die Genauigkeit ist wichtig, um zu bestimmen, wie viele Punkte beim Zeichnen von Kurven gesetzt werden sollen und wie stark die Kurve geglättet wird. Je höher der Wert eingestellt ist, desto mehr Punkte werden erzeugt und desto genauer wird die Bewegung des Werkzeugs (ob mit Maus oder Grafiktableaustift) nachvollzogen. Sie sollten einen Mittelwert finden. Wenn die Linie zu stark von FreeHand geglättet wird, kann es auch zeitaufwändig werden, dies wieder zu korrigieren. Statt mit einer durchgezogenen Linie können Sie auch mit einer gepunkteten Linie die bisher gezeichneten Pfadelemente darstellen lassen. Manchmal hilft das, bestehende von gerade noch in Arbeit befindlichen Linien zu unterscheiden.

6.4.1 Variabler Strich-Stiftwerkzeug

Sobald Sie das Werkzeug unter dem Bleistift-Werkzeug ausgewählt haben, verändert sich auch das Symbol des Werkzeug-Buttons in der Symbolleiste.

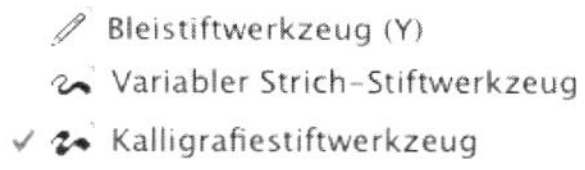

Abbildung 6.10: Das Werkzeugmenü im Bedienfeld WERKZEUGE zur Auswahl eines der drei Stiftwerkzeuge.

Variable Striche sind eigentlich keine Striche, sondern Flächen. Das liegt daran, dass FreeHand MX mit dieser Funktion geschlossene Pfade erstellt. Es wird sozusagen die Konturlinie der variablen Striche erstellt. Wozu das Ganze? Natürlich für realistische Zeichnungen, bei denen ein Pinselstrich simuliert werden soll. Allerdings brauchen Sie für einen sinnvollen Einsatz dieser Funktion tatsächlich ein Grafiktableau mit einem drucksensitiven Stift.

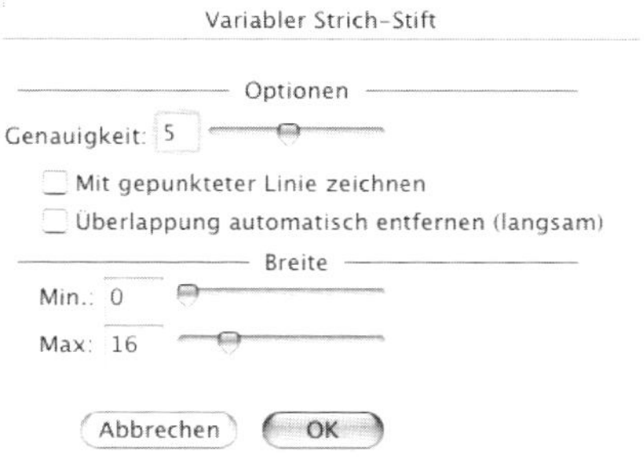

Abbildung 6.11: Bei einem variablen Strich können Sie die Mindestbreite und die Maximalbreite der Linie einstellen.

Wenn Sie ohne Grafiktableau arbeiten, können Sie die Linienbreite trotzdem variieren, indem Sie beim Zeichnen, solange die Maustaste gedrückt bleibt, die [→]-Taste drücken. Dabei lässt sich die Linienbreite stärker verändern, indem Sie die Taste mehrfach drücken und weiterzeichnen. Mit jedem Tastendruck wird die Linie um 1/8 der Einstellung verändert. Mit der [←]-Taste kann die Linienstärke während des Zeichnens verringert werden.

6.4.2 Kalligrafiestiftwerkzeug

Die dritte Funktion beim Bleistift-Werkzeug ist die des Kalligrafiestiftes. Wenn Sie durch einen Doppelklick auf dem Werkzeug-Button das Dialogfenster geöffnet haben, können Sie das Werkzeug einstellen.

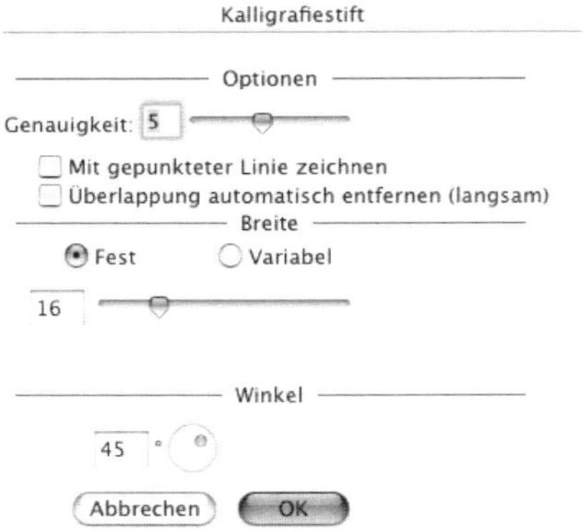

Abbildung 6.12: Sie können eine feste oder eine variable Breite für den Kalligrafiestift wählen. Die variable Breite verändert die Linienstärke in den angegebenen Grenzwerten.

Der Kalligrafiestift erzeugt ebenfalls beim Zeichnen geschlossene Pfade. Die tatsächliche Linienbreite wird durch die Mausbewegung bestimmt, deren Winkel mit dem eingestellten Winkel des Stiftwerkzeuges verglichen und dann für die Linienstärke berechnet wird.

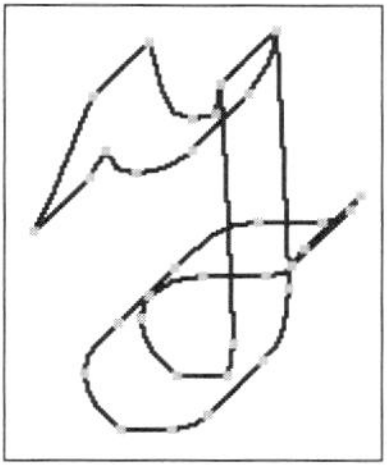

Abbildung 6.13:
Bei einem Winkel von 45 Grad werden Linien, die parallel zu diesem Winkel gezogen werden, dünner als andere Linien.

In der Abbildung 6.13 sehen Sie, dass sich bei einer Figur, die mit dem Kalligrafiestift gezeichnet wurde, Innenflächen bilden können. Sobald Sie Linien zeichnen, die sich überlappen, können dadurch unerwünschte Flächen entstehen. Damit diese Flächen sofort entfernt werden, wählen Sie im Dialogfenster des Werkzeugs die Option ÜBERLAPPUNG AUTOMATISCH ENTFERNEN.

Abbildung 6.14:
In dieser Figur, die mit dem Kalligrafiestift gezeichnet wurde, wurden die Innenflächen der Überlappung automatisch entfernt.

Falls Sie vergessen haben, dass Sie eigentlich die Überlappung entfernen wollten, haben Sie die Möglichkeit, im Menü MODIFIZIEREN|PFAD ÄNDERN|ÜBERLAPPUNG ENTFERNEN aufzurufen. So können Sie nachträglich das gleiche Ergebnis erzielen.

6.5 Pfade bearbeiten

Nun, da Sie wissen, wie Sie Pfade erstellen können, müssen Sie auch die Werkzeuge und Funktionen für Korrekturen kennen lernen. Die einfachste Möglichkeit, einen Pfad zu korrigieren, ist, die Punkte oder Griffe mit der Maus zu verschieben und zu verändern.

Die Kurven werden auch verändert, wenn Sie einen Punkttyp ändern und die automatische Platzierung der Griffe und somit eine automatische Kurvenberechnung aktiviert haben.

Bei jedem aktiven Punkt können Sie bei gedrückt gehaltener Alt-Taste einen der Griffe aus dem Punkt herausziehen und so die Kurve verändern. Um an den zweiten Griff zu kommen und diesen ebenfalls neu zu platzieren, ziehen Sie noch einmal bei gedrückt gehaltener Alt-Taste aus dem Punkt den Griff heraus.

Um nur einen Punkt und die beiden Griffe eines Punktes zu verändern, gibt es eine Option, die mit dem freien Transformieren zusammenhängt. Sie können einen Punkt aktivieren und dann aus dem Menü ANSICHT|TRANSFORMATIONSGRIFFE auswählen. Dann wird für den einzelnen Punkt und seine Griffe die Option FREI TRANSFORMIEREN aufgerufen, so dass Sie den Rahmen mit den Aktivierungspunkten sehen können und den Punkt und die Griffe nun drehen, skalieren oder neigen können.

6.5.1 Punkte hinzufügen und löschen

Um in eine bestehende Kurve eines Pfades Punkte hinzuzufügen, aktivieren Sie das Stiftwerkzeug und klicken damit auf den zuvor aktivierten Pfad. Am Mauszeiger wird an der Feder ein kleines Pluszeichen dargestellt, wenn Sie einen Punkt in einen Pfad einfügen können. Bei zusammengesetzten Pfaden muss mit der Teilauswahl der Pfadteil ausgewählt werden, in den ein Punkt eingefügt werden soll. Natürlich können Sie auch Kurvenpunkte in einen Pfad einfügen, wenn Sie die Maustaste nach dem Setzen des Punktes gedrückt halten und die Griffe ziehen und so die Kurve verändern.

Bei einem offenen Pfad funktioniert das Hinzufügen von Punkten am Pfad-Ende so, dass Sie mit dem Stiftwerkzeug auf den Endpunkt klicken und dann weiterzeichnen. Der Mauszeiger verdeutlicht den Anschluss mit einem kleinen Häkchen am Stiftwerkzeug. Auf gleiche Weise lässt sich auch am Anfang eines Pfades etwas hinzufügen.

Um einen Punkt zu löschen, müssen Sie nur den Punkt aktivieren und die Löschtaste drücken. Manchmal müssen Sie das Teilauswahl-Werkzeug verwenden, damit Sie einen Punkt aktivieren können, z.B. wenn mehrere Pfade gruppiert wurden und Sie in einem Teil der Gruppe auf einem der Pfade einen Punkt löschen möchten. Oder Sie führen das Stiftwerkzeug genau über einen Punkt, bis ein kleines Minuszeichen neben der Feder erscheint, und klicken dann.

6.5.2 Radiergummiwerkzeug

Mit diesem Werkzeug lassen sich Punkte in Pfaden löschen, indem Sie mit dem Werkzeug ziehen und über den Pfad radieren.

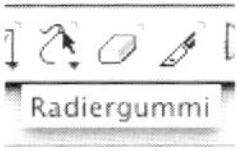

Abbildung 6.15: Doppelklicken Sie auf dem Button im Bedienfeld WERKZEUGE, um die Einstellungen für das Radiergummiwerkzeug machen zu können.

Das Werkzeug hat eine minimale und eine maximale Breite, die Sie einstellen können. Geben Sie Werte ein oder verändern Sie die Werte mit den Schiebereglern.

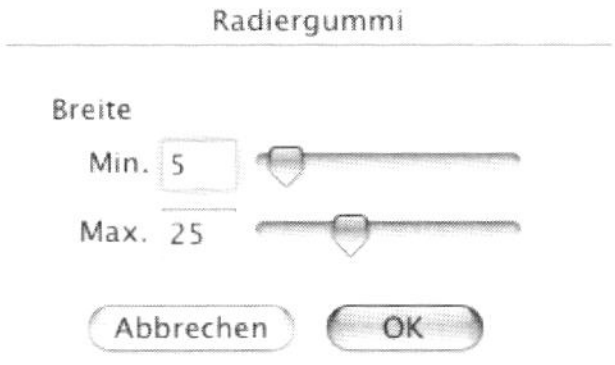

Abbildung 6.16: Dialogfeld für die Einstellungen des Radiergummis

Wenn Sie mit dem Werkzeug Punkte in Pfaden löschen möchten, müssen Sie vorher den jeweiligen Pfad aktivieren. Dann ziehen Sie mit gedrückter Maustaste mit dem Radiergummi über den Bereich, in dem Sie Punkte löschen wollen. Dabei werden die Pfadsegmente auch zerschnitten. Standardmäßig wird die minimale Breite verwendet, aber mit einem drucksensitiven Stift und einem Grafiktableau lässt sich die Breite innerhalb der beiden Grenzwerte variieren. Falls Sie mit der Maus arbeiten, wird die Breite für den Radiergummi mit den Pfeiltasten (← und →) verringert oder vergrößert.

6.6 Freiform-Werkzeug

Das Freiform-Werkzeug dient zum Verformen und Verändern von Pfaden.

Abbildung 6.17: Das Freiform-Werkzeug liegt neben dem Radiergummiwerkzeug. Mit einem Doppelklick auf dem Werkzeug öffnen Sie das Dialogfenster.

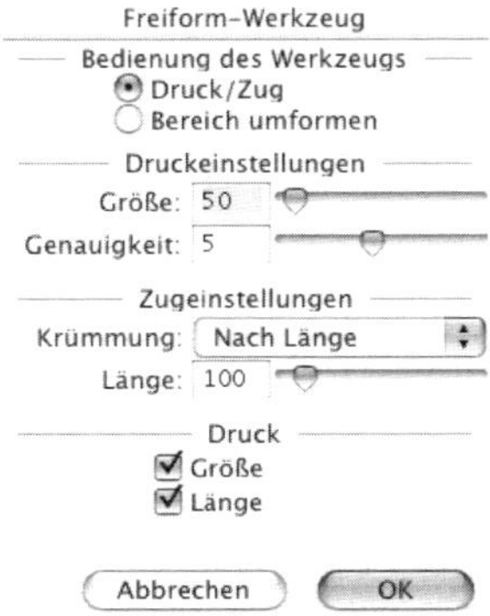

Abbildung 6.18:
Für die Bedienung des Freiform-Werkzeuges gibt es zwei Grundeinstellungen: DRUCK/ZUG und BEREICH UMFORMEN.

Die Druckeinstellungen für die Größe und Genauigkeit grenzen den Wirkbereich des Werkzeugs ein und steuern die Anzahl der Punkte, die hinzugefügt werden müssen. Bei einem niedrigen Wert für die Genauigkeit werden weniger Punkte gesetzt.

Zur Bearbeitung eines Pfades mit dem Freiform-Werkzeug muss der Pfad nicht aktiviert werden. Bedenken Sie bitte auch, dass immer Kurven entstehen, wenn Sie mit diesem Werkzeug eine Zeichnung verändern.

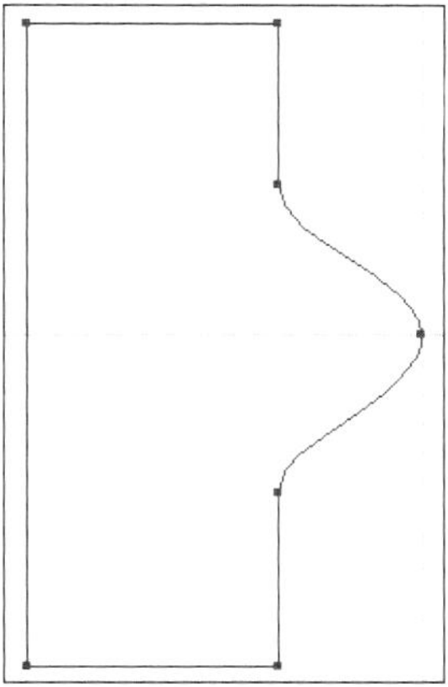

Abbildung 6.19:
In diesem Beispiel wurde ein Rechteck mit dem Freiform-Werkzeug bearbeitet. Sie können sehen, dass Punkte eingefügt wurden und eine Kurve entstanden ist.

Die Zugeinstellungen verändern den Wirkungsbereich. Die Länge entspricht in unserem Beispiel in der Abbildung 6.19 dem Bereich zwischen den beiden Punkten, die rechts in die Gerade eingefügt wurden, zwischen denen dann der Bogen nach rechts herausgezogen wurde. Statt eine Länge einzugeben und die Kurve dazwischen zu ziehen, können Sie auch die Option ZWISCHEN PUNKTEN auswählen. Dann wird genau zwischen den Punkten des Pfadsegments die Kurve gezogen.

Falls Sie ein Grafiktableau einsetzen, wird der drucksensitive Stift auf die beiden Optionen GRÖSSE und LÄNGE der Einstellung DRUCK reagieren.

Sie können die [⇧]-Taste festhalten, um die Bewegung der Kurve bei der Verwendung des Freiform-Werkzeugs einzuschränken. Ansonsten kann es passieren, dass Sie die Kurve asymmetrisch verändern. Mit der [Alt]-Taste können Sie vor dem Verwenden des Werkzeugs zur gerade nicht eingestellten Option wechseln (DRUCK/ZUG zu UMFORMEN oder umgekehrt). Wird nachträglich während des Ziehens die [Alt]-Taste gedrückt, dann wird der Pfad geklont. Mit der [→]-Taste können Sie während des Ziehens mit der Maus den Wirkungsbereich des Werkzeugs vergrößern und mit der [←]-Taste wird der Wirkungsbereich wieder verkleinert.

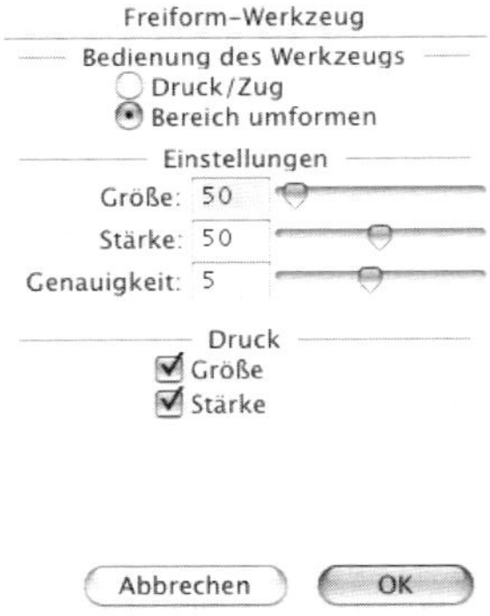

Abbildung 6.20:
Die Einstellungen für das Freiform-Werkzeug werden für die Funktion BEREICH UMFORMEN etwas anders vorgenommen.

Die Größe des Wirkungsbereiches kann zwischen 1 und 1000 Pixel eingestellt werden. Die Stärke wird in Prozent eingestellt und die Genauigkeit sorgt wieder für das Hinzufügen von Punkten. Bei einem hohen Wert für die Genauigkeit werden viele Punkte hinzugefügt.

Die Einstellungen für den Druck haben nur eine Wirkung, wenn Sie ein Grafiktableau mit einem drucksensitiven Stift verwenden.

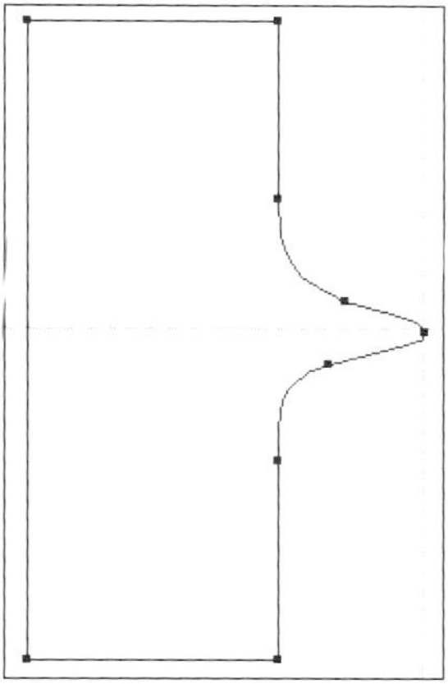

Abbildung 6.21:
Die Kurve, die durch das Umformen mit dem Freiform-Werkzeug entsteht, wird schmaler, je weiter Sie sich vom ursprünglichen Pfad entfernen.

Sobald Sie das Werkzeug umgestellt haben und die Option BEREICH UMFORMEN für das Freiform-Werkzeug verwenden, wird auch wieder das Symbol des Werkzeug-Buttons in der Symbolleiste verändert.

Abbildung 6.22:
Am Symbol des Werkzeugs können Sie erkennen, ob es mit der Einstellung BEREICH UMFORMEN oder DRUCK/ZUG arbeitet.

Auch für die Einstellung BEREICH UMFORMEN lässt sich der Wirkungsbereich des Werkzeugs durch die Tastenfunktion verändern. So können Sie das doch recht intuitive Werkzeug gut steuern.

6.7 Messer-Werkzeug

Zum Bearbeiten von Pfaden gehört auch, dass Sie Pfade zerteilen. Mit dem Radiergummiwerkzeug geht das zwar auch, aber mit dem Messer haben Sie vielleicht manchmal Vorteile.

Abbildung 6.23:
Machen Sie ein Doppelklick auf dem Messer-Werkzeug, um das Dialogfenster für das Werkzeug zu öffnen.

Die wichtigste Entscheidung, die Sie bei der Verwendung des Messer-Werkzeuges treffen müssen, ist, ob das Werkzeug FREIHAND oder GERADE verwendet werden soll. Mit der Einstellung FREIHAND wird das Werkzeug alle kleinen Kurven, die Sie mit der Maus machen, auch beim Zerschneiden des Elements mit berücksichtigen. Wenn Sie aber die Einstellung GERADE für das Werkzeug verwenden, wird eine gerade Linie für den Schnitt verwendet. Diese kann auch diagonal gezogen werden.

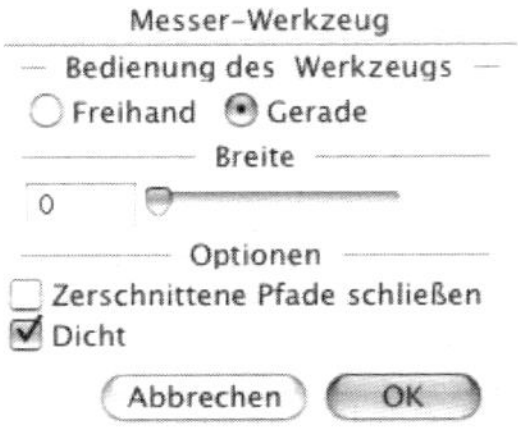

Abbildung 6.24:
Verwenden Sie das Messer-Werkzeug mit der Option DICHT, damit die Mausbewegung ganz genau berücksichtigt wird.

Spannend ist für die Gestaltung manchmal der Effekt, der durch die Einstellung einer Messerbreite in Kombination mit der Option ZERSCHNITTENE PFADE SCHLIESSEN entsteht.

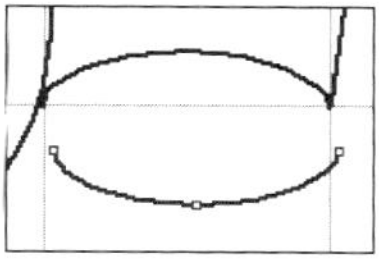

Abbildung 6.25: Dieser Kreis wurde mit dem Messer mit einer Breite von 5 mm zerschnitten und die Pfade wurden automatisch wieder geschlossen. So entstehen zwei Kreissegmente.

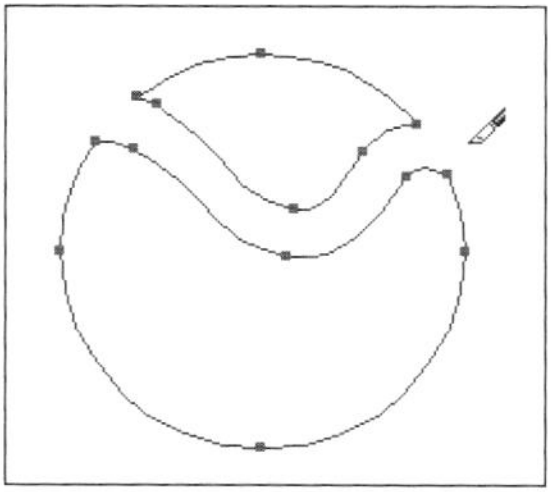

Abbildung 6.26: So sieht der gleiche Kreis mit der Freihand-Einstellung für das Messer-Werkzeug nach dem Zerschneiden aus.

Es gibt allerdings noch eine andere Arbeitsweise, die Sie mit dem Messer-Werkzeug verwenden können. Sie brauchen eigentlich mit dem Messer nur auf einen Punkt zu klicken, um den Pfad an dieser Stelle zu teilen. Es funktioniert aber auch, wenn Sie mit dem Messer auf einem Pfadsegment klicken. Die Punkte, die dann durch das Teilen des Pfades eingefügt werden, entstehen so automatisch.

Zum Teilen eines Pfades an mehreren Stellen verwenden Sie einen Menübefehl oder eine Tastenkombination. Zuerst müssen Sie alle Punkte aktivieren, an denen ein Pfad zerteilt werden soll. Dann wählen Sie aus dem Menü MODIFIZIEREN|TEILEN.

Pfadfunktionen

Zu den Pfadfunktionen zählen auch viele Xtra-Funktionen. Aber wie in vielen Programmen, so ist auch in FreeHand MX meist ein Menübefehl zusätzlich vorhanden, mit dem das gleiche Ergebnis erzielt werden kann. Deswegen werden in diesem Kapitel auch beide Möglichkeiten erklärt. Als dritte Variante sind Tastaturkurzbefehle verwendbar, so dass Sie aussuchen können, mit welcher Funktion Sie Ihren Pfad bearbeiten möchten.

Eine der Grundtechniken mit FreeHand MX ist es, wenn Sie einfache Grundelemente zeichnen und diese dann zu einem Element zusammenfügen und miteinander kombinieren.

7.1 Pfade kombinieren

Damit Sie sehen, was hier gemeint ist, möchte ich Ihnen ein Beispiel zeigen.

Abbildung 7.1:
Dieses Symbol besteht offensichtlich aus einem Kreis, der durchbrochen werden muss, und aus zwei Bögen.

Sie können einfach Elemente mit einer weißen Füllung über Elemente mit einer schwarzen Füllung legen und so Flächen abdecken oder durchbrechen. Sie können aber auch Linien darüber legen, die entweder schwarz oder weiß gefärbt sind. In diesem Fall wird die Konstruktion des Zeichens deutlich, wenn Sie die Grobansicht betrachten.

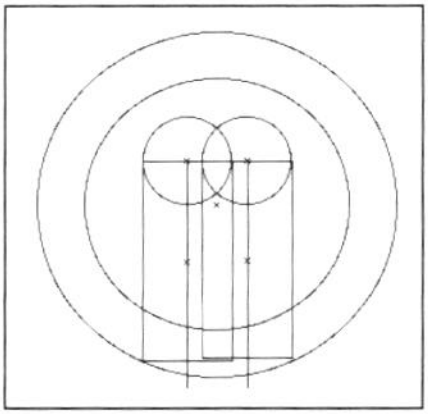

Abbildung 7.2:
Die Konstruktion besteht aus zwei Kreisen ineinander. Darüber liegen zwei kleine schwarze Kreise, zwei schwarze Rechtecke und zwei weiße Linien mit rundem Linienende haben.

Sie können das Zeichen natürlich auch anders konstruieren. Mit dem Stiftwerkzeug lassen sich die Punkte genau an den benötigten Stellen setzen und durch die Griffe die Kurven erzeugen, aber das wäre sicherlich viel schwieriger. Eine Hilfe wären dann die Hilfslinien, um die Punkte genau ausgerichtet zu setzen, damit die Positionen stimmen. Bei den Zeichnungen, die aus vielen miteinander kombinierten Elementen bestehen, benötigen Sie häufig die Funktion AUSRICHTEN, die im Bedienfeld AUSRICHTEN eingerichtet werden kann.

7.1.1 Zusammengesetzte Pfade

Eine besondere Art, wie Sie Pfade miteinander kombinieren können, ist, wenn Sie zusammengesetzte Pfade erstellen. Diese Pfade bestehen aus mindestens einer Außen- und einer Innenkontur. Dabei wird die äußere Kontur gefüllt, während die innere Kontur durchsichtig ist. Auf diese Weise sind Buchstaben mit Innenflächen definiert. Allerdings sehen Sie die Konturen erst, wenn Sie die Buchstaben in Pfade umgewandelt haben.

Um einen zusammengesetzten Pfad zu erstellen, erstellen Sie zwei ineinander liegende Pfade und wählen aus dem Menü MODIFIZIEREN|VERBINDEN.

Die alternierende Füllung bei einem zusammengesetzten Pfad hat den Effekt, dass zwei Pfade ebenfalls transparente Flächen im überlappenden Bereich erzeugen, auch wenn es keine richtigen Innen- und Außenkonturen gibt. Diese Möglichkeit können Sie für spezielle Effekte nutzen.

Abbildung 7.3: Im Bedienfeld OBJEKT *sehen Sie deutlich, wenn Sie einen zusammengesetzten Pfad aktiviert haben.*

Abbildung 7.4: Das linke Objekt ist ein normaler zusammengesetzter Pfad, das rechte stellt die überlappende Fläche nur bei eingeschalteter alternierender Füllung transparent dar.

Zusammengesetzte Pfade lassen sich wieder teilen, wenn Sie aus dem Menü MODIFIZIEREN|TEILEN aufrufen.

7.2 Xtra-Funktion: Öffnung

Komplizierte Formen erstellen Sie besser mit diesen Xtra-Funktionen oder mit dem Menübefehl, der die gleiche Wirkung hat. Sie haben die Möglichkeit, aus einer Form, die Sie gezeichnet haben, andere Elemente quasi herauszuschneiden. Die Xtra-Funktion, die Sie dafür verwenden können, heißt ÖFFNUNG.

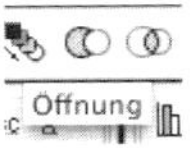

Abbildung 7.5:
In der Symbolleiste XTRA-FUNKTIONEN finden Sie einen Button für die Funktion ÖFFNUNG.

Bei der Verwendung dieser Funktion lassen sich immer nur zwei gezeichnete Formen miteinander verrechnen. Im nächsten Beispiel wurde die Funktion dreimal mit jeweils einem kleinen Kreis und dem Rechteck ausgeführt.

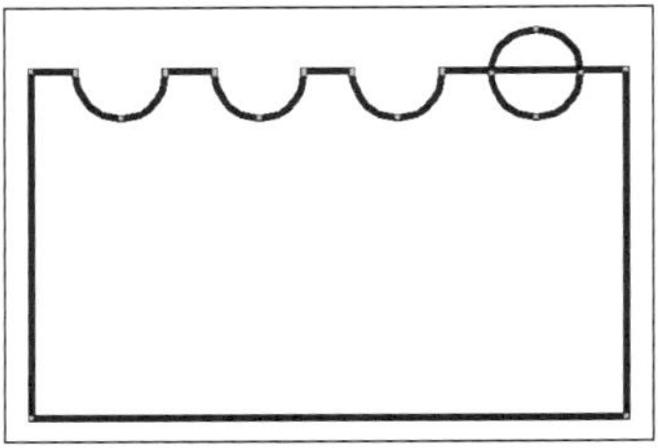

Abbildung 7.6:
In diesem Beispiel ist der letzte Kreis noch nicht mit der Funktion ÖFFNUNG verwendet worden.

Durch die Funktion ÖFFNUNG wird der überlappende Bereich eines Objektes vom anderen abgezogen und sozusagen ausgestanzt. Dabei werden neue Punkte in die Pfadkontur eingefügt. Das ist oft einfacher, als den Pfad direkt in dieser Form zu zeichnen.

Wird durch die Funktion ein Element komplett durchgeschnitten, entsteht automatisch ein zusammengesetzter Pfad. Das passiert immer dann, wenn ein gezeichneter Pfad einen anderen nicht nur zum Teil überlagert, sondern komplett darüber platziert wurde.

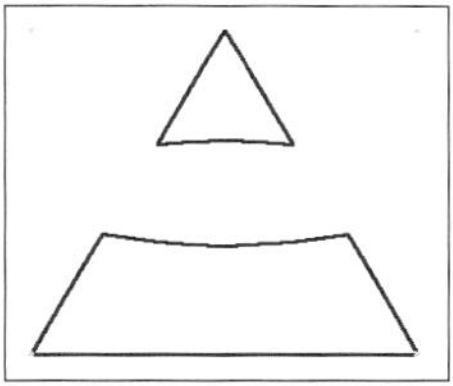

*Abbildung 7.7:
In diesem Beispiel wurde über einem Dreieck (Polygon mit drei Seiten) eine Ellipse gezeichnet und dann die Funktion Öffnung verwendet.*

Es gibt alternativ auch einen Menübefehl für diese Funktion. Sie finden den Befehl im Menü Modifizieren. In der Windows-Version heißt der Menübefehl Stanzloch.

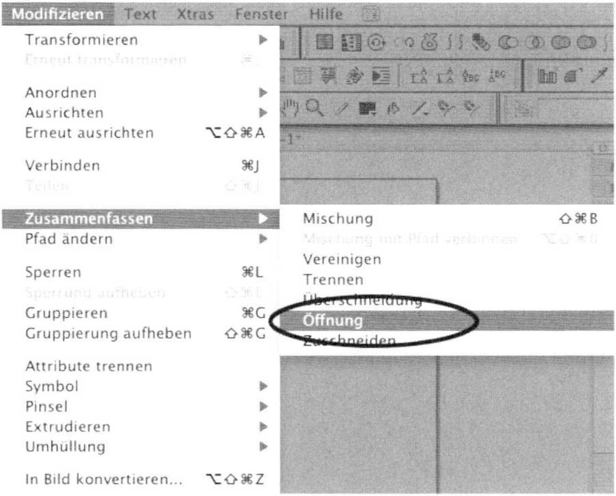

Abbildung 7.8: Der Befehl Öffnung ist im Untermenü Zusammenfassen zu finden.

Da es in FreeHand MX auch noch ein weiteres Menü gibt, in dem die Xtra-Funktionen und Xtra-Werkzeuge aufgeführt werden, habe ich eine kleine Zusammenstellung für Sie gemacht, die die Funktionen und Werkzeuge aus diesem Kapitel zeigt.

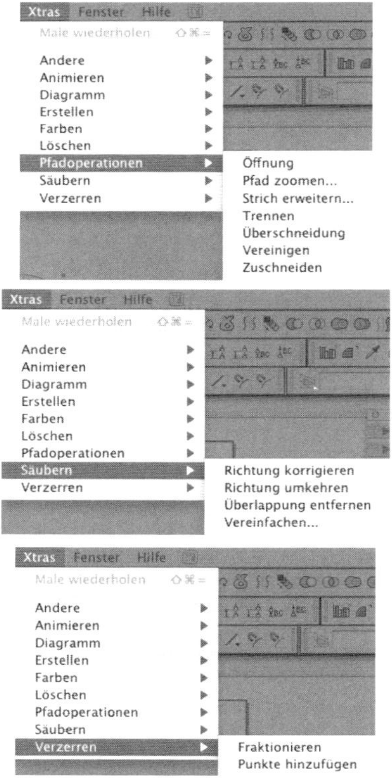

Abbildung 7.9:
Das Menü ist dreimal mit jeweils einem anderen Untermenü aufgeklappt, damit Sie die Funktionen sehen können.

7.3 Xtra-Funktion: Trennen

Mit der Xtra-Funktion TRENNEN wird ein Pfad in die Einzelflächen zerlegt. In dem Beispiel werden zwei Flächen übereinander erstellt. Das Polygon liegt über einem Rechteck. Dadurch entstand eine Überschneidung der Flächen.

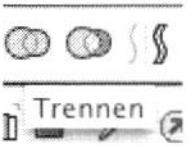

Abbildung 7.10:
Der Button der Funktion TRENNEN mit QuickInfo-Einblendung

Wenn Sie die Funktion in der Symbolleiste der Xtra-Funktionen anklicken und beide Elemente aktiv waren, werden drei separate Flächen erstellt.

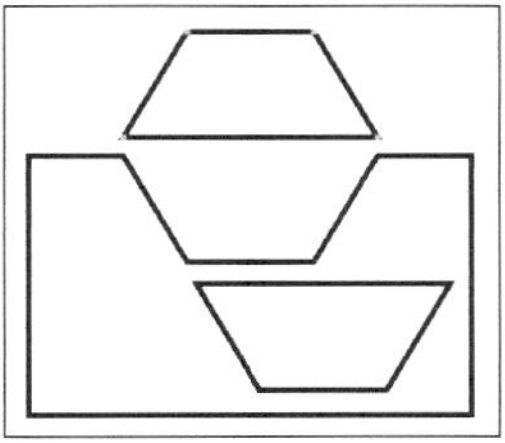

Abbildung 7.11:
Die drei Flächen wurden mit der Maus verschoben, so dass sichtbar wurde, was die Funktion bewirkt.

Manchmal brauchen Sie nur eine der getrennten Flächen, manchmal vielleicht zwei oder alle entstandenen Flächen. Auf jeden Fall entstehen die Flächen auf einfache Art und Weise und Sie brauchen eigentlich nur die gewünschten Pfade übereinander zu legen und mit der Funktion TRENNEN zu bearbeiten.

Die Pfade müssen immer geschlossen sein, damit die Funktion funktioniert.

Im Menü MODIFIZIEREN finden Sie den Befehl ZUSAMMENFASSEN|TRENNEN, den Sie auch für solche Trennungen bei überlappenden Pfaden verwenden können.

Die Funktion TRENNEN wird häufig als Ersatz für das Messer-Werkzeug verwendet.

7.4 Xtra-Funktion: Vereinigen

Mit der Funktion VEREINIGEN wird aus zwei Pfaden, die einander etwas überlappen, ein einziger Pfad erstellt. Es wird sozusagen die Kontur beider Pfade verschmolzen. Dafür finden Sie wieder in der Symbolleiste der Xtra-Funktionen einen Button.

Abbildung 7.12: Der Button VEREINIGEN verdeutlicht schon ungefähr, was die Funktion bewirkt. Es wird aus den Elementen eine Einheit erstellt.

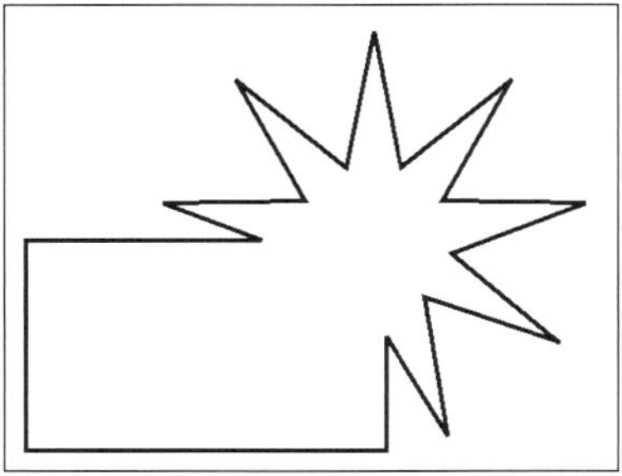

Abbildung 7.13: In diesem Beispiel wurde ein Stern über einem Rechteck gezeichnet. Durch die Funktion VEREINIGEN ist eine neue Form entstanden.

Für die Funktion VEREINIGEN können Sie auch mehr als zwei Elemente verwenden.

Wenn Sie lieber den Menübefehl verwenden möchten, wählen Sie aus dem Menü MODIFIZIEREN die Option ZUSAMMENFASSEN|VEREINIGEN. Das ist dann die gleiche Funktion wie in den Xtra-Funktionen. Das Ergebnis ist wieder ein Pfad, der aus den aktiven Elementen verschmolzen wurde und somit die gemeinsame Kontur hat.

7.5 Xtra-Funktion: Überschneidung

Sollten Sie nur das Element benötigen, das die Überlappung zweier Pfade bildet, dann brauchen Sie nicht die Funktion TRENNEN zu verwenden, sondern es würde reichen, wenn Sie die Funktion ÜBERSCHNEIDUNG verwenden. Der Button für die Funktion ist in der Symbolleiste der Xtra-Funktion zu finden.

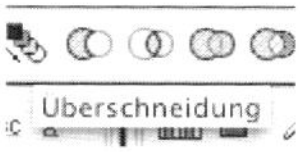

Abbildung 7.14:
Mit diesem Funktions-Button lösen Sie die Funktion ÜBERSCHNEIDUNG aus.

Die Fläche, die nach der Verwendung der Funktion stehen bleibt, wird in der Mathematik als Schnittmenge bezeichnet.

Wenn Sie beispielsweise ein Kreissegment erzeugen möchten, das genau einem 60-Grad-Winkel entspricht, legen Sie ein Dreieck (Polygon mit drei Seiten) über den Kreis mit einer Spitze auf der Mitte des Kreises. Dann verwenden Sie die Funktion ÜBERSCHNEIDUNG (siehe Abbildung 7.15 und 7.16).

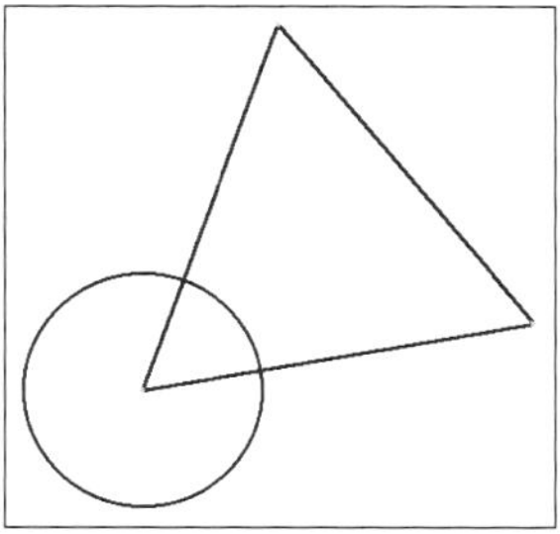

Abbildung 7.15:
Vorbereitungen für ein Kreissegment

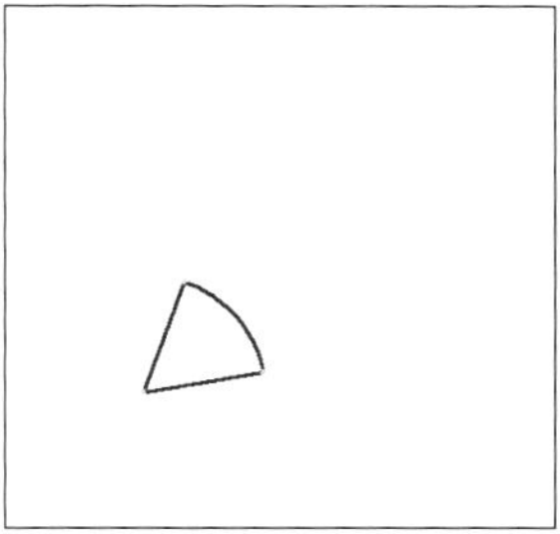

Abbildung 7.16:
Das Ergebnis der Funktion

Der Menübefehl MODIFIZIEREN|ZUSAMMENFASSEN|ÜBERSCHNEIDUNG würde wieder das gleiche Ergebnis erzielen wie die XtraFunktion ÜBERSCHNEIDUNG.

7.6 Xtra-Funktion: Zuschneiden

Mit dieser Funktion lassen sich verschiedene Elemente bearbeiten, so dass die Außenkante einer bestimmten Form entspricht.

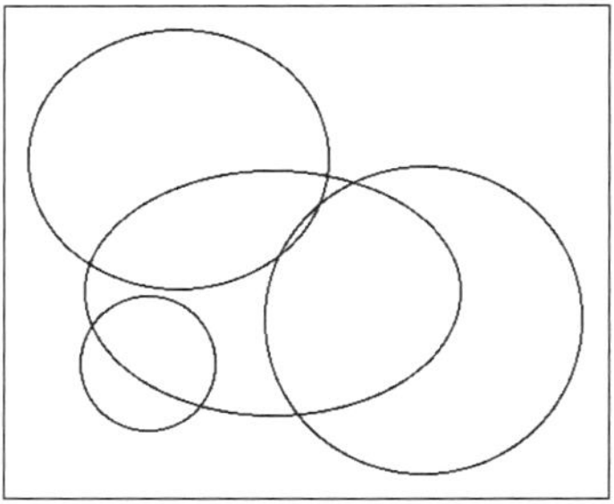

Abbildung 7.17:
Drei Kreise, die durch den vierten zugeschnitten werden sollen.

Aktivieren Sie die Elemente, die mit der Funktion verändert und bearbeitet werden sollen, und klicken Sie auf den Button ZUSCHNEIDEN in der Symbolleiste XTRA-FUNKTIONEN.

Abbildung 7.18:
Der Button zeigt deutlich, was die Funktion bewirkt.

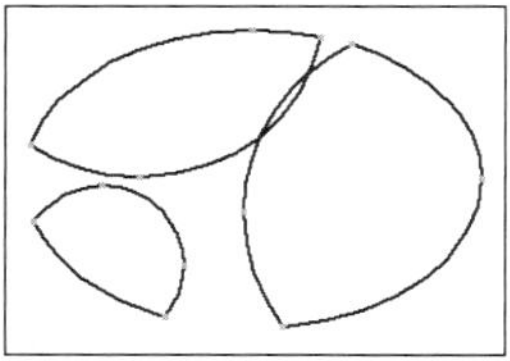

Abbildung 7.19:
Nach dem Zuschneiden werden die Ellipsen in einfache ungruppierte Pfade gewandelt und es werden zusätzliche Punkte eingefügt.

Natürlich gibt es auch für diese Funktion einen Menübefehl im Menü MODIFIZIEREN|ZUSAMMENFASSEN. Der Menübefehl heißt ZUSCHNEIDEN.

7.7 Xtra-Funktion: Strich erweitern

Die nächste Xtra-Funktion wird für eine Bearbeitung von Pfaden verwendet, die häufig vorkommt. Sie brauchen oft parallel verlaufende Linien oder Linien in einem definierten Abstand. Dafür greifen Sie am besten zu einem Trick. Erstellen Sie zunächst den Pfad. Eine einfache Linie ist völlig ausreichend und die Linienstärke muss nicht genau eingestellt werden.

Abbildung 7.20: Wir verwenden und aktivieren die Pfade der Abbildung 7.19 und klicken auf den Button der Funktion STRICH ERWEITERN in der Symbolleiste XTRA-FUNKTIONEN.

Die Funktion wird nicht sofort ausgeführt. Sie sehen ein Dialogfenster, in dem Sie die Linienstärke bestimmen können, die die Pfade bekommen sollen. Dabei wird aber nicht die Linienstärke verändert, sondern Sie erstellen zusammengesetzte Pfade, bei denen die Außen- und Innenkontur genau den gewünschten Abstand erhalten.

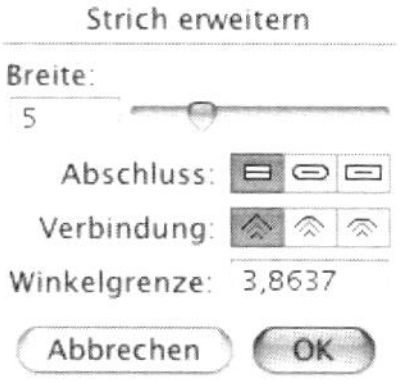

Abbildung 7.21: Die Breite für die Funktion wird mit einem Schieberegler eingestellt oder direkt eingegeben.

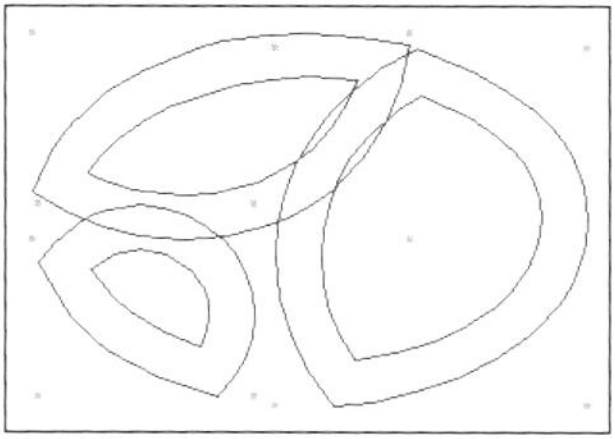

Abbildung 7.22: In der Grobansicht wird deutlich, was durch die Funktion erstellt wurde. Drei zusammengesetzte Pfade sind entstanden.

Es wäre sehr viel schwieriger, die Konturen der Formen selbst nachzuzeichnen. Achten Sie aber bei der Verwendung der Funktion darauf, dass Sie die Winkelgrenze für die korrekte Berechnung von Spitzen so einstellen, dass die Spitzen auch tatsächlich berechnet werden. Diese Problematik wurde bereits in Kapitel 3 vorgestellt, als ich die Einstellungen von Sternformen erläuterte. Der Wert muss einfach erhöht werden, wenn die Spitzen nicht korrekt dargestellt werden. Dabei müssen Sie schätzen, welcher Wert ausreichend ist. Allerdings lässt sich das nicht nachträglich korrigieren. Falls Sie sich verschätzt haben, müssen Sie die Aktion rückgängig machen und die Funktion mit veränderten Werten erneut ausführen.

Wichtig ist auch eine der Grundeinstellungen. Sie sehen in unserem Beispiel, dass die Originalpfade nach dem Ausführen der Funktion verschwunden sind. Diese Grundeinstellung finden Sie im Menü FREEHAND|EINSTELLUNGEN|OBJEKT. In der Windows-Version finden Sie die Einstellungen im Menü BEARBEITEN. Die Grundeinstellung PFADOPERATIONEN HEBEN ORIGINALPFADE AUF muss aktiv sein, damit der Ursprungspfad nicht stehen bleibt. Wenn Sie das allerdings möchten, um den Originalpfad noch einmal für eine andere Funktion verwenden zu können, müssen Sie die Grundeinstellung ändern, bevor Sie die Funktion ausführen.

Es gibt zusätzlich zu dieser Xtra-Funktion auch einen Menübefehl. Sie können das gleiche Dialogfeld für die Funktion STRICH ERWEITERN öffnen, indem Sie im Menü MODIFIZIEREN die Option PFAD ÄNDERN|STRICH ERWEITERN aufrufen.

Wenn Sie nicht sicher sind, ob der Pfad tatsächlich die Breite haben soll, die Sie gerade einstellen möchten, dann ist der Effekt im Bedienfeld OBJEKT besser einsetzbar, denn er lässt sich leichter korrigieren. Der Effekt ist in dem Menü unter dem Button EFFEKTE im Bedienfeld OBJEKT zu finden und heißt PFAD ERWEITERN. Genauere Beschreibungen zu den Effekten finden Sie in Kapitel 15.

7.8 Xtra-Funktion: Überlappung entfernen

Bereits im letzten Kapitel bei der Verwendung des Bleistift-Werkzeuges mit einer variablen Strichbreite oder als Kalligrafiestift sind Überlappungen bei Pfaden entstanden, die aus einer einzigen Kontur bestehen. Durch die Funktion

STRICH ERWEITERN kann das gleiche Problem erwachsen und eine unerwünschte Fläche entstehen. Das macht normalerweise nichts, aber wenn Sie beispielsweise eine Konturlinie um die entstandene Fläche legen, die eine andere Farbe hat, kann es sein, dass Sie Linien erzeugen, die Sie nicht sehen möchten.

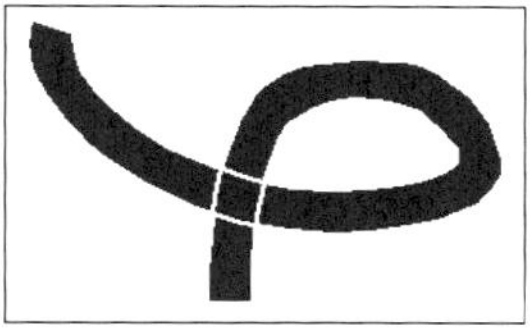

Abbildung 7.23: Ein Pfad mit der Funktion STRICH ERWEITERN in eine Fläche mit schwarzer Füllung und weißer Konturlinie umgewandelt. Die weiß eingefärbten Linien kreuzen sich.

Um die Überlappungen zu entfernen, klicken Sie auf den Button der Funktion ÜBERLAPPUNG ENTFERNEN.

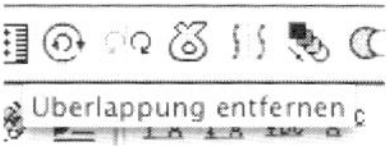

Abbildung 7.24: Mit dieser Funktion werden die unerwünschten Linien des Beispiels entfernt.

Abbildung 7.25: Nach dem Anwenden der Funktion ÜBERLAPPUNG ENTFERNEN wird ein zusammengesetzter Pfad erstellt, denn die Figur hat jetzt eine Innen- und eine Außenkontur.

7.9 Xtra-Funktion: Pfad zoomen

Diese Funktion zählt eher zu den Kreativ-Funktionen. Sie können mit dieser Funktion konzentrische Kreise erstellen. Das sind Kreise, die ineinander liegen und einen gleichmäßigen Abstand zueinander haben. Die Funktion lässt sich aber auch auf andere Objekte anwenden. Erstellen Sie beispielsweise einen Stern und klicken Sie auf den Werkzeug-Button.

Abbildung 7.26:
Sie finden den Button für die Xtra-Funktion in der Symbolleiste XTRA-FUNKTIONEN.

Denken Sie daran, dass der Originalstern verschwindet, wenn Sie die Funktion verwenden, denn die Grundeinstellung wird möglicherweise den Originalpfad verwenden und somit ändern. Deswegen lohnt es sich oft, das Objekt vorher zu klonen. Wählen Sie dazu aus dem Menü BEARBEITEN|KLONEN.

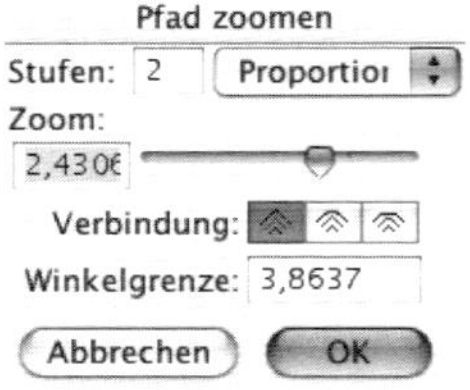

Abbildung 7.27:
Nach dem Anklicken der Funktion öffnet sich ein Dialogfeld.

Zuerst bestimmen Sie die Anzahl der Stufen, die erstellt werden sollen. Das ist gleichbedeutend mit der Anzahl der erstellten Elemente. Daneben sehen Sie ein Pulldown-Menü. Dort gibt es drei Möglichkeiten für die Funktion, die die Berechnung der Objektabstände beeinflusst. Mit PROPORTIONAL werden die Punkte alle gleichmäßig verschoben und zwar in dem Abstand, den Sie bei der Einstellung ZOOM vorgeben. Da Sie auch Spitzen in Ihrem Objekt haben können, müssen Sie die Verbindung und die Winkelgrenze eventuell anpassen.

Abbildung 7.28:
Dieser Stern wurde mit der Funktion PFAD ZOOMEN *mit drei Stufen erstellt.*

Sollten Sie die Abstände nach innen enger machen wollen, dann müssen Sie die Option WEITER für die Stufen einstellen.

Abbildung 7.29:
Wenn Sie die Option WEITER *verwenden, wird nur beim ersten Schritt der Abstand eingehalten und dann immer halbiert.*

Möchten Sie die Abstände aber lieber nach außen enger machen, wählen Sie die Option NÄHER für die Stufen.

Abbildung 7.30:
Mit der Option NÄHER *wird der Abstand bei dem inneren Objekt eingehalten und dann zum äußeren Objekt halbiert.*

Die Funktion kann auch mit einem negativen Abstand verwendet werden, so dass die Elemente nach außen aufgebaut werden. Geben Sie ein Minuszeichen vor dem Abstandswert ein.

Die Funktion lässt sich nur für geschlossene Pfade verwenden. Wenn Sie die Anzahl der Stufen zu hoch einstellen, wird die Funktion Pfade erstellen, die nicht mehr dem Ursprungspfad entsprechen, sondern einfach in die Form hineingerechnet werden. Die Form kann dann nach Möglichkeit gefüllt werden und dabei können schöne Muster entstehen.

Nach der Anwendung dieser Xtra-Funktion sind die entstandenen Pfade gruppiert, aber Sie können die Gruppierung aufheben oder mit dem Teilauswahl-Werkzeug einzelne Punkte oder Pfade aktivieren.

7.10 Xtra-Funktion: Fraktionieren

Für das FRAKTIONIEREN gilt Ähnliches wie für PFAD ZOOMEN. Sie werden es als Kreativ-Werkzeug verwenden, um zu einem Pfad Punkte hinzuzurechnen. Das Werkzeug ist in der Symbolleiste XTRA-FUNKTIONEN zu finden und hat keine Einstellungsmöglichkeiten.

Abbildung 7.31:
Das Symbol des Werkzeuges zeigt in etwa, wie die Ergebnisse der Funktion aussehen können.

Wenn Sie beispielsweise einen Kreis erstellt haben und die Funktion anklicken, werden Punkte zu dem Pfad hinzugefügt und verschoben. Dabei werden auch die eventuell vorhandenen Griffe entfernt. Der Kreis wird zum Quadrat.

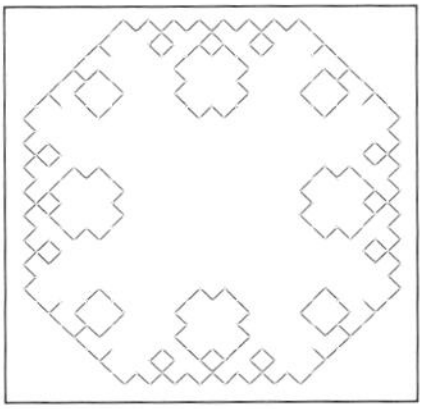

Abbildung 7.32:
Solche Muster erstellen Sie, indem Sie öfter hintereinander die Funktion FRAKTIONIEREN auf ein Element anwenden.

7.11 Xtra-Werkzeug: Biegen bzw. Krümmungswerkzeug

Mit der Funktion BIEGEN werden die Punkte eines Pfades, die keine Griffe haben, auch mit Griffen versehen, so dass Kurven zwischen den Punkten entstehen. Punkte werden ebenfalls verschoben. Dabei können Sie eine Einstellung für das Werkzeug vornehmen, bevor Sie es verwenden. Doppelklicken Sie auf dem Werkzeug-Button, um das Dialogfeld zu öffnen.

Abbildung 7.33: Der Button für das Xtra-Werkzeug BIEGEN in der Symbolleiste XTRA-WERKZEUGE. Als Krümmungswerkzeug ist es im Bedienfeld WERKZEUGE unter dem Freiform-Werkzeug zu finden.

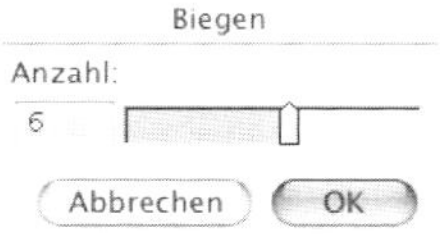

Abbildung 7.34: Für das BIEGEN kann eine Anzahl eingestellt werden. Je höher der Wert eingestellt wird, umso stärker werden die Kurven beim Ziehen mit der Maus verändert.

Der Punkt, den Sie mit der Maus anklicken, um das Werkzeug zu verwenden, ist der Bezugspunkt für die Veränderung der Griffe, die nun zu den Punkten hinzugefügt und/oder verschoben werden. Die Punkte selbst werden auch verschoben.

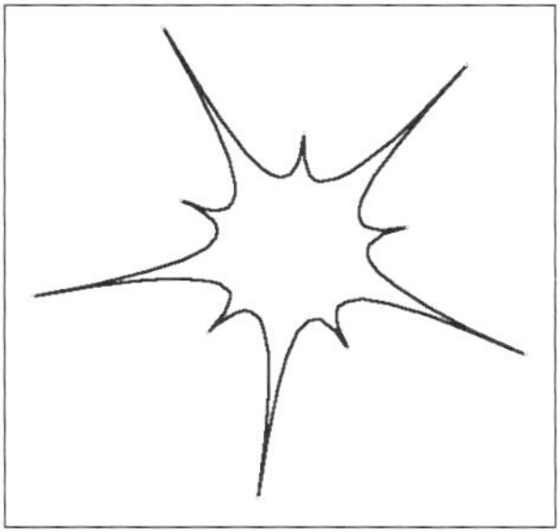

Abbildung 7.35: In diesem Beispiel wurde aus der Mitte des Kreises heraus mit dem Werkzeug BIEGEN die Sternform eines normalen Sterns verändert.

Das Werkzeug verändert die Form eines Elements unterschiedlich, indem die Griffe und Punkte nach außen oder nach innen gezogen werden. Dabei wird die Bewegung berücksichtigt, die Sie mit der Maus ausführen.

Abbildung 7.36:
Hier wurde mit dem Werkzeug BIEGEN nicht die Mitte des Sterns angeklickt und nach außen gezogen, so dass die Griffe nach außen und die Punkte nach innen wandern.

Statt das Werkzeug bzw. die Funktion zu verwenden, sollten Sie kurz überlegen, ob es nicht sinnvoller ist, den Effekt KRÜMMUNG aus dem Bedienfeld OBJEKT zu verwenden. Dieser Effekt bietet später einfache Korrekturmöglichkeiten. Sie finden genauere Informationen in Kapitel 15.

7.12 Xtra-Funktion: Punkte hinzufügen

Häufig kann es vorkommen, dass Sie einen Pfad erstellt haben und nun für die Bearbeitung zu wenige Punkte in diesem Pfad sind, so dass Sie nicht die gewünschte Form erstellen können. Sie haben zwar die Möglichkeit, mit dem Stift-Werkzeug neue Punkte in den Pfad zu klicken und so den Pfad um zusätzliche Punkte zu ergänzen, aber dabei lässt sich die genaue Mitte zwischen zwei vorhandenen Punkten schlecht ermitteln, besonders, wenn es sich um eine Rundung handelt.

Nehmen Sie als Beispiel eine Ellipse. Die Ellipse besteht aus vier Punkten, wenn Sie die Gruppierung aufgehoben haben. Mit der Xtra-Funktion PUNKTE HINZUFÜGEN werden daraus acht Punkte. In jedes Pfadsegment wird ein Punkt in der Mitte des Segments eingefügt.

Bei offenen Pfaden rundet FreeHand bei der Verwendung dieser Funktion ab und es ist ein Punkt weniger als die doppelte Anzahl in dem Pfad vorhanden.

Sie finden den Button für die Xtra-Funktion PUNKTE HINZUFÜGEN in der Symbolleiste XTRA-FUNKTIONEN.

Abbildung 7.37:
Klicken Sie auf diesen Button, um die Punktanzahl eines Pfades zu verdoppeln.

Sie können die gleiche Funktion auch im Menü XTRAS|VERZERREN finden.

7.13 Xtra-Funktion: Vereinfachen

Mit der Xtra-Funktion VEREINFACHEN lassen sich Pfade, die zu viele Punkte haben, um sinnvoll bearbeitet werden zu können, verändern, und es werden Punkte aus den Pfaden gelöscht. Dabei geht FreeHand so vor, dass die Kurve nach Möglichkeit nicht verändert wird. Es müssen also Griffe verändert werden, denn sonst könnte die Form des Pfades nicht aufrechtgehalten werden.

Abbildung 7.38:
Beim Vereinfachen von Pfaden werden die Pfade mit weniger Punkten berechnet.

Wenn Sie beispielsweise eine Ellipse verwenden und die Gruppierung aufheben, ist die Ellipse ein Pfad, der aus vier Punkten besteht. Die Form lässt sich aber auch mit zwei Punkten erzeugen, bei denen die Griffe anders platziert werden.

Da es zu Abweichungen von der ursprünglichen Pfadform kommen kann, erscheint ein Dialogfeld, in dem Sie einen Grenzwert eingeben können.

Stellen Sie den Wert für Anzahl auf größer als »1« ein, um den Pfad stark zu vereinfachen.

Die Funktion ist zusätzlich als Menübefehl im Menü MODIFIZIEREN|PFAD ÄNDERN vorhanden.

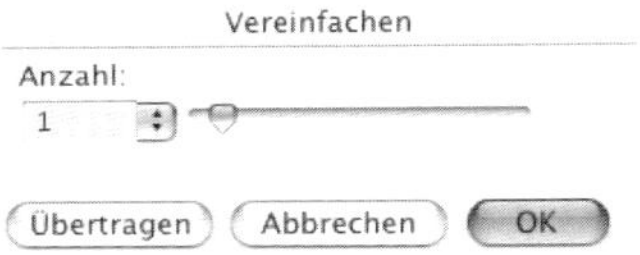

Abbildung 7.39: Mit ANZAHL ist die Punktanzahl gemeint, die reduziert werden soll. Mit dem Button ÜBERTRAGEN lässt sich ein Test vornehmen, bevor Sie mit OK bestätigen.

7.14 Xtra-Werkzeug: Vergröbern

Das Xtra-Werkzeug VERGRÖBERN macht aus einer glatten geraden Form ein Element mit einer ungleichmäßigen Kontur. Es ist ein kreatives Werkzeug, bei dem die Einstellungen und die Stärke, mit der Sie das Werkzeug mit der Maus ziehen, das Ergebnis beeinflussen. Auch dieses Werkzeug ist doppelt verfügbar und im Bedienfeld WERKZEUGE mit dem Freiform-Werkzeug zusammengruppiert. Dort heißt es Aufrauenwerkzeug.

Abbildung 7.40:
Mit diesem Xtra-Werkzeug lassen sich glatt gestaltete Pfade aufrauen.

Es gibt ein Dialogfeld, das mit einem Doppelklick auf dem Werkzeug-Button aufgerufen werden kann und in dem die Einstellung für das Werkzeug vorgenommen wird.

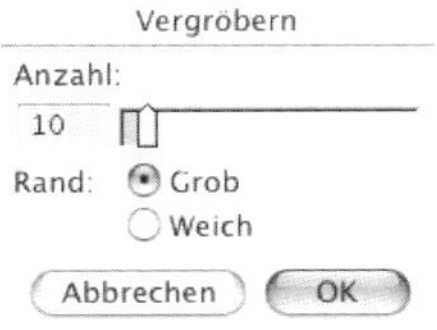

Abbildung 7.41:
Je höher die Anzahl ist, desto mehr Punkte werden in die Pfadsegmente eingefügt.

In unserem Beispiel wurde ein Stern mit dem Werkzeug mit der Einstellung verändert, die Sie in der Abbildung 7.41 sehen können.

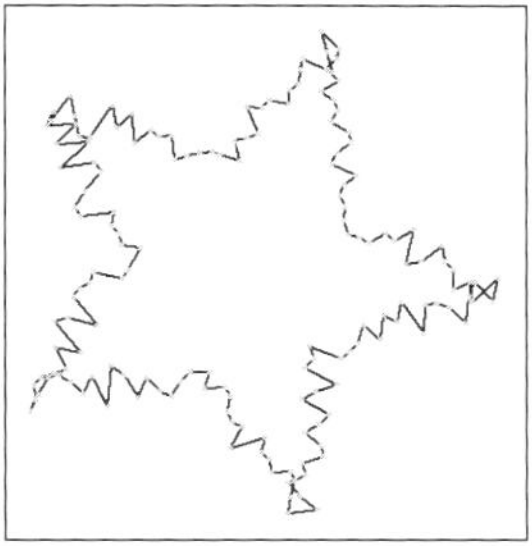

Abbildung 7.42:
Hier wurde mit dem Werkzeug nur wenig mit der Maus gezogen. Sie können beim Ziehen eine Vorschau sehen und so gut bestimmen, wann der Effekt stark genug ist.

7.15 Pfade als Masken

In diesem Kapitel haben wir Ihnen bereits die Xtra-Funktion ZUSCHNITT erklärt. Diese verändert die Pfade. Statt die Pfade zu ändern, gibt es aber auch die Möglichkeit, einen Pfad als Maske für andere Pfade zu verwenden.

Sie zeichnen die Figur, die teilweise wieder ausgeblendet werden soll, erst ganz und kümmern sich nicht um überflüssige Linien oder Ecken und Kanten. Erst danach erstellen Sie das Element, das als Maske verwendet werden soll. In dieser Reihenfolge ist es einfacher, die Maskenform so über dem Rest der Zeichnung zu platzieren, dass in dem Pfad nur die Elemente sichtbar werden, die später auch sichtbar bleiben sollen. Die Maskenform kann mit einer schwarzen Umrandungslinie, aber ohne Füllung erstellt werden. In jedem Fall muss die Maskenform ein geschlossener Pfad sein.

Bei unserem Beispiel wurde ein Kreis erstellt. Dann habe ich ihn geklont und mit dem Bedienfeld TRANSFORMIEREN auf fünf Prozent seiner Größe verkleinert, ohne die Linienstärke zu verändern. Die anderen Kreise entstanden dadurch, dass ich eine Mischung erstellt habe und zehn Stufen für die Mischung im Bedienfeld OBJEKT eingestellt habe. Darüber wurde ein Quadrat erstellt und mit dem Bedienfeld AUSRICHTEN zentriert auf der Mischung ausgerichtet. Der letzte

Schritt der Vorbereitung war dann die Drehung des Quadrates um 45 Grad um seinen Mittelpunkt.

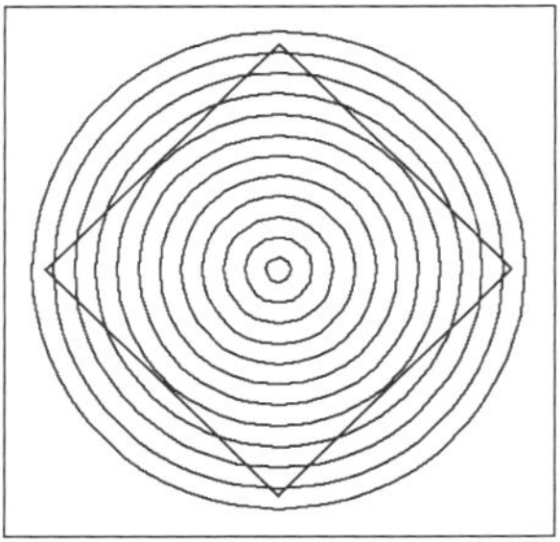

Abbildung 7.43:
So könnte die Vorbereitung für die quadratische Maske über den Kreisen aussehen.

Wenn Sie Elemente gezeichnet haben und die Maske erstellen möchten, aktivieren Sie alles außer der Maskenform und wählen aus dem Menü BEARBEITEN| AUSSCHNEIDEN. Die Elemente verschwinden von der Seite und landen in der Zwischenablage des Computers.

Anschließend aktivieren Sie den Maskenpfad und wählen aus dem Menü BEARBEITEN die Option INNEN EINSETZEN (Macintosh) bzw. INNEN EINFÜGEN (Windows).

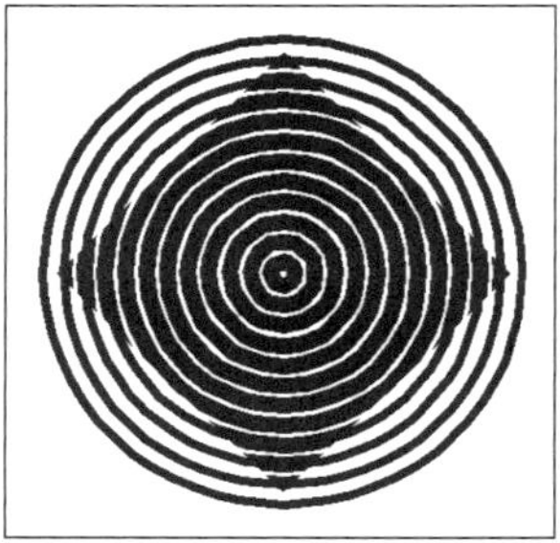

Abbildung 7.44:
Einige Kreise sind durch das Quadrat maskiert und einige Kreise liegen einfach dahinter.

In Beispiel von Abbildung 7.44 wurde vor dem Ausschneiden der Kreise die Linienstärke verändert, so dass die Linien viel fetter waren. Dann wurde in das gedrehte Quadrat diese Mischung mit fetten Linien innen eingefügt. Damit eine optische Täuschung möglich wurde, habe ich die Linien noch einmal eingefügt und zwar mit dem Menübefehl BEARBEITEN|IM HINTERGRUND EINSETZEN. Diese Kreise wurden dann mit einer dünneren Linienstärke eingestellt. Am Ende habe ich noch die Linie des Quadrates entfernt, indem ich im Bedienfeld OBJEKT die Konturlinie gelöscht habe. Dazu aktivieren Sie die Konturlinie und klicken auf die Mülltonne.

Um den Inhalt eines Pfades wieder herauszunehmen, aktivieren Sie den Masken-Pfad und wählen aus dem Menü BEARBEITEN die Option INHALT AUSSCHNEIDEN. Dann liegt der Inhalt wieder über dem Pfad, in den er vorher eingefügt war.

7.15.1 Pfad ohne Bildinhalt verschieben oder modifizieren

Im Bedienfeld TRANSFORMIEREN haben Sie die Möglichkeit, die Option INHALT zu deaktivieren. Damit ist der Grafik- oder Bildinhalt eines anderen Pfades gemeint.

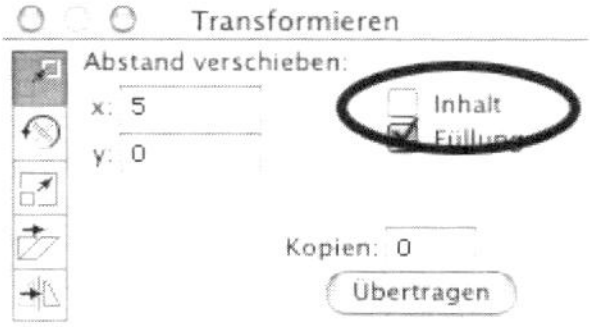

Abbildung 7.45: Beim Verschieben eines Elements können Sie im Bedienfeld TRANSFORMIEREN die Option INHALT abschalten und den Verschiebewert eingeben.

Ist diese Option abgeschaltet, dann bleibt sie auch für andere Grafiken abgeschaltet, in die etwas innen eingefügt wurde. Danach ist es sogar möglich, Elemente mit der Maus zu verschieben, und der Inhalt verschiebt sich nicht.

Aber nicht nur für die Verschiebe-Funktion im Bedienfeld TRANSFORMIEREN lässt sich der Inhalt deaktivieren. Auch die anderen Modifikationsmöglichkeiten lassen sich so einstellen, dass der Inhalt eines Pfades nicht verändert wird. Danach kann dann auch das jeweilige Werkzeug aus der Symbolleiste verwendet werden.

7.15.2 Inhalt einer Maske bearbeiten

Wenn Sie nur den Inhalt eines Pfades bearbeiten möchten, der als Maske verwendet wird, müssen Sie den Inhalt aktivieren. Wenn Sie das Auswahl-Werkzeug verwenden möchten, klicken Sie bei gedrückt gehaltener `Alt`-Taste auf den Inhalt. Im Bedienfeld OBJEKT sehen Sie meist, ob Sie nun ein Bild oder einen Pfad aktiviert haben. Je nachdem, was im Maskenpfad innen eingefügt war, Bild oder Grafikelemente, kann es passieren, dass Sie nicht den kompletten Inhalt auf diese Weise aktivieren konnten. Denn eine Grafik kann aus vielen Einzelteilen bestehen.

Mit dem Teilauswahl-Werkzeug funktioniert das Auswählen des Inhalts auch, ohne dass Sie eine Taste festhalten. Sofern der eingefügte Inhalt eine Gruppe ist, können Sie mit dem Auswahl-Werkzeug auf den Mittelpunkt des Inhalts doppelklicken und so den gesamten Inhalt auswählen.

Wenn Sie den Inhalt ausgewählt haben, können Sie alle üblichen Bearbeitungen und Modifikationen ausführen.

Linien definieren

Bisher haben wir uns um die Formen von Pfaden gekümmert. Jetzt soll in diesem Kapitel erklärt werden, wie die Linien gestaltet werden können. Sie können die Linienstärke, ein Linienmuster und einige andere Linienattribute definieren.

8.1 Linienstärke

Um die Linienstärke in FreeHand MX für einen Pfad oder eine Grundform festzulegen, aktivieren Sie das Element und rufen das Bedienfeld OBJEKT auf. In diesem Dialogfenster lässt sich eine Linie hinzufügen und die Linienstärke festlegen. Falls keine Linie vorhanden ist, klicken Sie auf den Button mit dem Stift und dem Pluszeichen, um eine Konturlinie zu dem Element hinzuzufügen. Im Menü des Bedienfeldes gibt es aber auch einen entsprechenden Menübefehl STRICH HINZUFÜGEN.

Abbildung 8.1:
Die Linienstärke wird normalerweise in Punkt definiert. Wenn Sie die Einheiten für Ihre Datei auf Millimeter umstellen, wird die Linienstärke auch auf Millimeter umgerechnet.

Die Linienstärke lässt sich aber nur festlegen, wenn Sie eine Linie generell zulassen. Im Bedienfeld OBJEKT lassen sich verschiedene Linienarten auswählen oder die Konturlinie löschen.

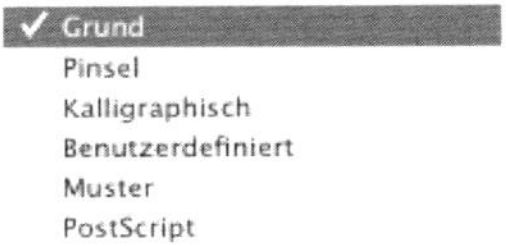

Abbildung 8.2:
Normale einfache Linien werden mit der Option GRUND erzeugt.

Bei einer Grundversion einer Linie können Sie die Linienstärke im Pulldown-Menü einstellen.

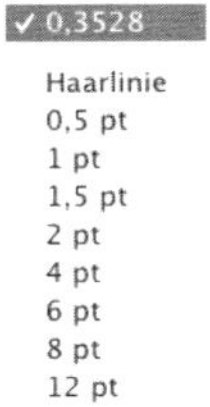

Abbildung 8.3:
Die Standardlinienstärken in Punktwerten

Die vorgegebenen Linienstärken können durch eigene Werte ergänzt werden. Dazu wählen Sie im Menü FREEHAND|EINSTELLUNGEN|OBJEKT und geben bei den Standard-Linienstärken einen zusätzlichen Wert in Punkt ein. Dabei werden zwischen den Werten einfache Wortzwischenräume und für Nachkommastellen Punkte eingetragen. Danach muss das Programm neu gestartet werden. In der Windows-Version finden Sie die Einstellungen im Menü BEARBEITEN.

Nachdem Sie die Linienstärke definiert haben, können Sie die Farbe der Linie im Bedienfeld OBJEKT einstellen. Im Pulldown-Menü des Bedienfeldfensters werden alle Farben aus dem Bedienfeld FARBFELDER aufgeführt. Es gibt aber noch weitere Möglichkeiten, die Linienfarbe zu bestimmen, die im nächsten Kapitel noch genauer beschrieben werden.

Haarlinien sind so dünn, dass sie nicht im Offsetdruck oder Tiefdruck verwendet werden können. Sie können diese Linienstärke für Layouts nicht verwenden, die dann später gedruckt werden sollen. Linien, die mit einer Stärke von null Millimetern definiert wurden, werden als Haarlinie wiedergegeben. Auf diese Weise erstellen Sie Linien, die Sie gar nicht wollten.

Die Linienstärke wird jeweils zentriert auf dem Pfad berechnet. Das heißt, dass ein Quadrat mit einer dicken Linie ein größeres Außenmaß erhält.

Für die Linie lässt sich die Option ÜBERDRUCKEN im Bedienfeld OBJEKT aktivieren. Das bedeutet, dass die Linie mit ihrer Stärke und der gewählten Farbe über darunter liegende Objekte überdrucken soll. Sie wird über die anderen Elemente gedruckt, so dass sich Mischfarben ergeben.

Abbildung 8.4:
Beispieleinstellungen für das Überdrucken

In dem Beispiel in Abbildung 8.4 wurde eine schwarze Linie auf Überdrucken gestellt. Dadurch gibt es keine Passerprobleme beim Offset- oder Tiefdruck. Und die Abschlussform für das Linienende verlängert die Linie um die halbe Linienstärke auf jeder Seite.

Für offene Pfade lässt sich der Linienabschluss mit drei kleinen Buttons auswählen. Es kann ein normaler gerader Abschluss aktiviert werden oder Sie klicken auf den Button mit den abgerundeten Abschlusssymbolen oder verlängern die Linie um die halbe Linienstärke. Die dritte Variante erleichtert Ihnen die richtige Einstellung von Linienanschlüssen, wenn Sie einzelne offene Pfade aneinander zeichnen möchten, denn auch auf diese Weise werden die Linienenden um die halbe Linienstärke verlängert.

Bei Pfaden, die Spitzen enthalten wie z.B. Sternformen können Sie die Verbindungen dieser geraden Liniensegmente bestimmen. Sie können Spitzen einstellen, abgerundete Ecken oder abgeflachte Ecken erstellen. Diese Optionen wurden in Kapitel 3 bei der Beschreibung von Sternen bereits erklärt. Die Spitzen werden aber nur dann richtig berechnet, wenn die Winkelgrenze hoch genug eingestellt wurde. Falls Sie eine abgeflachte Ecke sehen und eigentlich richtig eingestellt hatten, dass die Spitze berechnet werden soll, dann erhöhen Sie den Wert für die Winkelgrenze, bis die Darstellung der Spitzen funktioniert.

8.1.1 Linienmuster

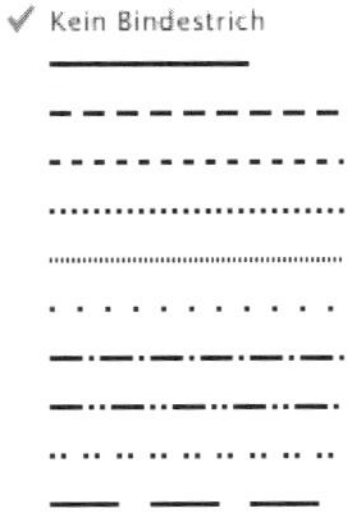

Abbildung 8.5:
Die Linienmuster, die als gestrichelte Linien verwendet werden können

Um Linienmuster zu erstellen, können Sie bei der Grundversion von Linien gestrichelte Linien erstellen. Einige Linienmuster sind dort bereits vorbereitet und lassen sich in einem einfachen Pulldown-Menü auswählen. Die erste Linienart ist eine gestrichelte Linie, obwohl dies im Pulldown-Menü nicht so aussieht. Sie besteht aus einem relativ langen Linienelement und deswegen wird nur ein Linienelement dargestellt.

Die gestrichelten Linien können mit runden Linienabschlüssen variiert werden.

Falls Sie eigene Muster für gestrichelte Linien erstellen möchten, halten Sie die [Alt]-Taste fest und wählen eines der Muster aus dem Pulldown-Menü aus. Dadurch wird das Dialogfenster für den BINDESTRICHEDITOR geöffnet.

Im BINDESTRICHEDITOR werden die Werte der ausgewählten Linienart dargestellt, aber diese lassen sich überschreiben. Sie haben die Möglichkeit, vier Linienlängen (Ein-Werte) und vier Linienzwischenräume (Aus-Werte) einzugeben.

Abbildung 8.6:
Der BINDESTRICHEDITOR

Diese neu erstellten Linienmuster für gestrichelte Linien werden in der Datei gespeichert, in der Sie das Linienmuster im BINDESTRICHEDITOR erstellt haben. Wenn Sie eine Datei mit diesen Linienmustern als Standard-Vorlage speichern, sind die Linien in allen neu erstellten Dokumenten wählbar.

8.2 Pfeilspitzen

Für offene Pfade lassen sich auch Pfeilspitzen am Anfang oder am Ende der Linie einstellen. Es sind auch Linien mit Pfeilspitzen an beiden Enden möglich.

Die Größe der Pfeilspitzen ist abhängig von der Linienstärke. Außerdem müssen Sie bei der Verwendung von Pfeilspitzen berücksichtigen, dass die Linienlänge sich dadurch ändert. Die Pfeilspitzen werden außen an der Linie angesetzt, also hinzugefügt.

Abbildung 8.7:
Die Pfeilspitzen können separat für den Anfang eines Pfades und für das Ende eines Pfades eingerichtet werden.

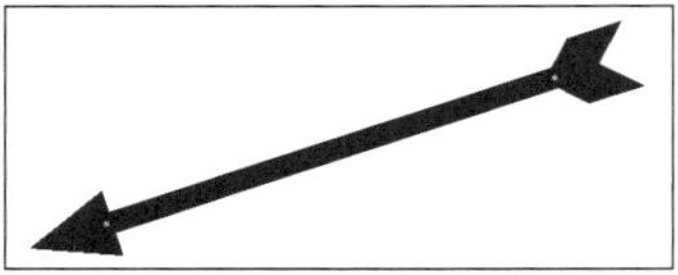

Abbildung 8.8:
Sie sehen deutlich, dass der Anfangs- und der Endpunkt der Linie vor den Pfeilspitzenelementen liegt.

Um die Länge einer Linie mit Pfeilspitzen genau einzustellen, sollten Sie testen, wie lang die Linie ohne und mit den Pfeilspitzen ist. Dazu gruppieren Sie die Linie. Lesen Sie beide Werte nacheinander im Bedienfeld OBJEKT ab und vergleichen Sie diese miteinander. So können Sie herausfinden, um wie viel Sie die Linie kürzen müssen, damit mit den Pfeilspitzen die gewünschte Linienlänge erreicht wird. Wenn Sie die gruppierte Linie mit den Pfeilspitzen einfach verändern, werden auch die Pfeilspitzen verzerrt, deswegen müssen Sie die Linie ohne Pfeilspitzen verändern und erst am Ende die Pfeilspitzen hinzufügen.

Um eigene Pfeilspitzen zu erstellen, halten Sie die [Alt]-Taste fest und wählen eine der Pfeilspitzen aus, oder Sie wählen in dem Pulldown-Menü die Option NEU aus.

Abbildung 8.9:
Die vorgefertigten Pfeilspitzenmuster in FreeHand MX

Im Dialogfeld des Pfeilspitzeneditors gibt es einige Werkzeuge, mit denen eine selbst gezeichnete Pfeilspitze bearbeitet werden kann. Damit Sie die Pfeilspitze genau zeichnen können, haben Sie die Möglichkeit, das Raster einzublenden, an dem die Punkte dann ausgerichtet werden können.

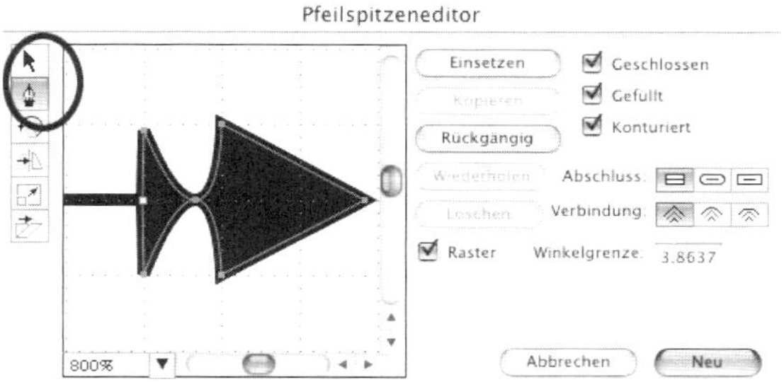

Abbildung 8.10: Mit dem Stiftwerkzeug wird die neue Pfeilspitze gezeichnet und mit dem Auswahl-Werkzeug bearbeitet.

Eine Pfeilspitze kann gefüllt oder konturiert sein. Oder Sie schalten beide Optionen ein, damit die gefüllte Fläche auch eine Konturlinie bekommt.

Ebenso wie die selbst erstellten Linienmuster für gestrichelte Linien werden die selbst erstellten Pfeilspitzen in der Datei gespeichert.

Um die Gestaltung der Pfeilspitzen zu erleichtern, gibt es die Möglichkeit, eine solche Pfeilspitze zu kopieren und dann als normales Element auf der Seite einzufügen. Dann ist es manchmal einfacher, die Kurven und Punkte genau auszurichten. Anschließend kopieren Sie die Form wieder und setzen sie im Pfeilspitzeneditor ein.

8.3 Linienstile

8.3.1 Gemusterte Linien

Für Linien, die mit einem Muster gefüllt sind, stellen Sie im Bedienfeld OBJEKT im Pulldown-Menü die Option MUSTER ein.

Abbildung 8.11: Diese Muster sind nur bei fetteren Linien sinnvoll.

Sie werden mit einem Warnhinweis auf Probleme bei der Ausgabe solcher Musterlinien hingewiesen.

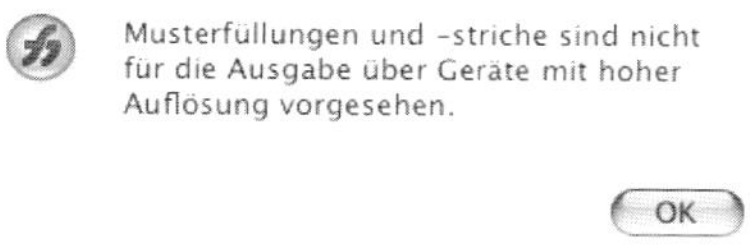

Abbildung 8.12: Diese Muster lassen sich bei hohen Auflösungen nicht korrekt wiedergeben, weil sie aus Pixelmustern bestehen.

Die Muster lassen sich in einer Leiste mit einem Schieberegler auswählen. Sie sehen eine Vorschau des jeweils ausgewählten Musters und ein Musterelement, aus dem das Muster zusammengesetzt wird. Diese Musterelemente werden aneinander gefügt und daraus entsteht dann die Musterfüllung.

Die Muster der Linien lassen sich mit dem Button UMKEHREN negativ einstellen. Wenn Sie eigene Muster erstellen möchten, verändern Sie ein Musterelement durch Anklicken der Pixelelemente. Jedes weiße Element wird durch einen Klick mit der Maus in ein schwarzes Element gewandelt und ein schwarzes Element wird durch einen Klick in ein weißes Element gewandelt. Sie können die Elemente auch mehrfach anklicken, falls Sie die Farbe korrigieren möchten.

Die Farbe, die später für die gemusterte Linie verwendet werden soll, wählen Sie über der Mustervorschau. Dort gibt es ein Farbkästchen, auf das Sie mit der Maus eine Farbe ziehen können, und die Liste der Farben aus dem Bedienfeld FARBFELDER.

8.3.2 Benutzerdefinierte Linien

Das Besondere dieser Linienmuster ist, dass sie nicht auf dem Bildschirm sichtbar sind und angepasst werden können. Damit ist gemeint, dass die Linienmuster variiert werden können, indem die Farbe, die Elementlänge und die Elementbreite eingestellt werden kann und oft auch der Zwischenraum der Elemente.

Abbildung 8.13: Benutzerdefinierte Linien haben eine kleine Vorschau.

Wählen Sie im Pulldown-Menü die Option BENUTZERDEFINIERT für Linienmuster. Dadurch erscheint ein weiteres Pulldown-Menü, in dem Sie das Muster für die Linie auswählen können.

Da diese Linienmuster nicht auf dem Bildschirm sichtbar sind, sehen Sie ein vergrößertes Beispiel des Musters im Bedienfeld OBJEKT. Für die Elemente lässt sich noch die Breite, die Länge und ein Abstand einstellen. Natürlich gibt es auch die Möglichkeit, die Farbe mit dem Pulldown-Menü aus der Liste der Farben des Bedienfeldes FARBFELDER auszuwählen.

Im Anhang finden Sie eine Übersicht der Linienmuster, die in der Kategorie BENUTZERDEFINIERT ausgewählt werden können.

Achten Sie darauf, dass Sie die angepassten Linien nicht als dünne Linien verwenden, denn es kann sonst zu Ausgabeproblemen kommen. Es können PostScript-Fehler auftreten, denn die dort definierten Linien könnten aus mehreren Linien bestehen (z.B. zwei Wellen) und diese dürfen nicht zu dünn werden.

8.3.3 PostScript-Linien

Diese Linien werden häufig gar nicht verwendet, da Sie als Anwender/in wissen müssen, wie man mit PostScript-Befehlen ein Linienmuster definiert. Das ist nicht so einfach, denn die Befehle werden von einigen Druckern oder Ausgabegeräten nicht korrekt interpretiert. Außerdem reicht es schon, wenn Sie einen kleinen Schreibfehler machen, und schon funktioniert Ihr Linienmuster nicht mehr.

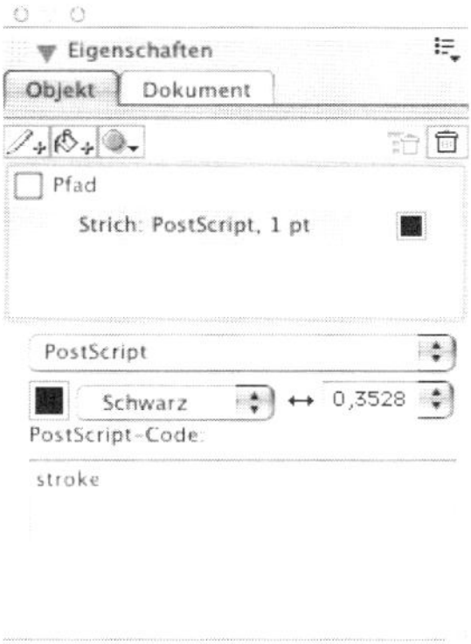

Abbildung 8.14: Dieser PostScript-Code entspricht einer einfachen normalen Linie.

Wenn Sie weitere Beispiele für die Definition von Linien mit PostScript ausprobieren möchten, dann geben Sie die folgenden Listings für vier verschiedene Pfade ein.

Linienmuster 1

```
1 setlinecap 1 setlinejoin [currentlinewidth dup] 0 setdash gsave
S grestore currentlinewidth 3 div setlinewidth 1 setgray stroke
```

Das daraus entstehende Linienmuster sieht so aus:

Abbildung 8.15: Dieses Muster zeigt ein Linie aus Kettenelementen.

Linienmuster 2

```
gsave S grestore [currentlinewidth dup 5 mul] 0 setdash
currentlinewidth 10 mul setlinewidth S
```

Das daraus entstehende Linienmuster sieht so aus:

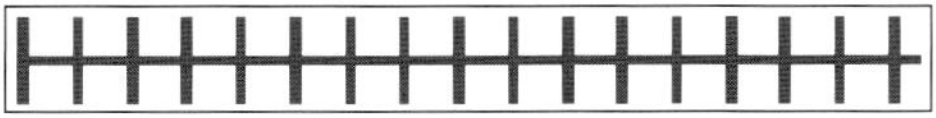

Abbildung 8.16: Dieses Muster zeigt ein Gitter für Bahngleise.

Linienmuster 3

```
1 srand flattenpath {newpath moveto} {2 copy 2 {3 dup 2 mul
rand exch mod sub add exch} repeat lineto S moveto} {}
{closepath} pathforall
```

Das daraus entstehende Linienmuster sieht so aus:

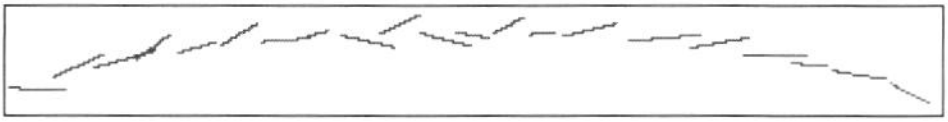

Abbildung 8.17: Dieses Muster ist bei gebogenen Pfaden einsetzbar und erstellt eine gestrichelte Linie mit kleinen unterschiedlich gedrehten Linienelementen.

Linienmuster 4

```
1 1 J j /it 9 def /cw {currentlinewidth} def /ra {rand 2e9 div
cw mul} def /li {cw 1 it div mul} def cw li neg cw li it 1 sub
mul sub{[5{ra ra cw 3 mul mul}repeat]0 d S w}for
```

Das daraus entstehende Linienmuster sieht so aus:

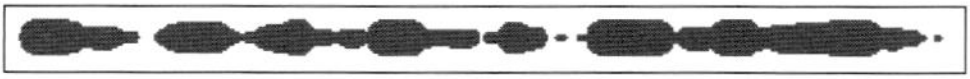

Abbildung 8.18: Dieses Muster erzeugt Linien wie Tintenkleckse und sieht auch bei kurvigen Pfaden gut aus.

8.3.4 Kalligrafische Linien

Für gezeichnete Linien lässt sich ein Kalligrafie-Effekt mit einer Linienform einstellen. Sie zeichnen beispielsweise mit dem Stift, dem Bézier-Werkzeug oder mit dem Bleistift eine kurvige Linie. Dann wählen Sie im Bedienfeld OBJEKT die Option KALLIGRAPHISCH. In der Windows-Version wurde die Schreibweise der neuen deutschen Rechtschreibung gewählt und die Option wird also KALLIGRAFISCH genannt.

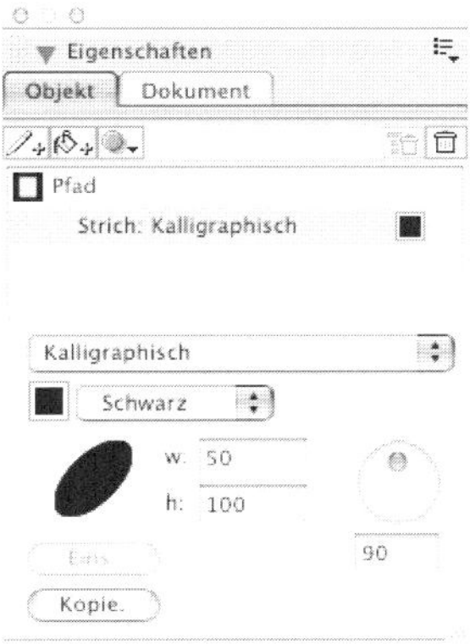

Abbildung 8.19:
Die kalligrafische Linie lässt sich im Bedienfeld OBJEKT noch einstellen.

Sie können eine Farbe einstellen, die Breite und Höhe der kalligrafischen Objekte verändern und den Winkel einstellen. Die Linie wird aus vielen Elementen zusammengesetzt, die in der Vorschau zu sehen sind. Da es sich meist um eine elliptische Form handelt, gibt es sogar die Möglichkeit, eine gezeichnete Ellipse zu kopieren und dann in diesem Bedienfeld-Dialogfenster einzusetzen.

8.3.5 Pinselformen

Pinselformelemente werden in FreeHand MX mit der Bibliothek verwaltet und mit dem Menü am Bedienfeld OBJEKT importiert. Diese Art der Linienmuster besteht aus gezeichneten FreeHand-Elementen, die dann entweder mehrfach wiederholt werden und so dem Pfad ein Muster geben oder auf der Länge des Pfades verzerrt werden, um einen Pinselstrich wie mit einem richtigen Pinselquast mit einer breiten fransigen Malfläche zu simulieren.

Normalerweise werden Sie im Bedienfeld OBJEKT in dem Pulldown-Menü die Option PINSEL auswählen und können dann die Standard-Pinselformen verwenden.

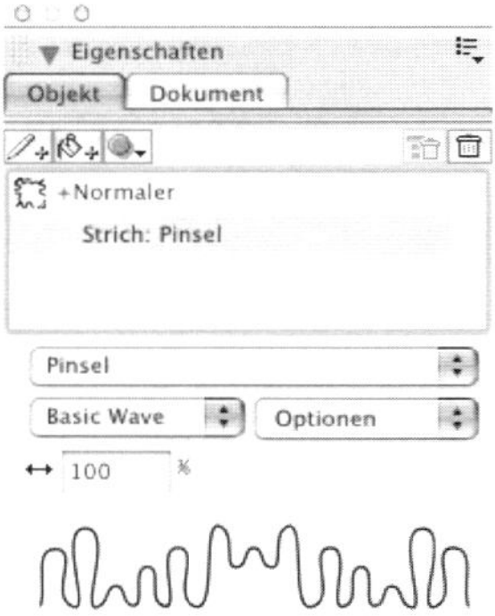

Abbildung 8.20:
Bedienfeld OBJEKT, Option PINSEL

Sobald Sie die Option PINSEL ausgewählt haben, wird die Linienart BASIC WAVE verwendet. Jetzt können Sie mit dem Prozentwert die Größe der Elemente und deren Länge verändern. Dadurch ändert sich auch die Linienstärke.

In dem Menü des Bedienfeldes OBJEKT haben Sie einige Funktionen, mit denen Sie die Pinselart verändern können oder neue Pinsel importieren können.

Die Pinselformen, die Sie importieren können, liegen in einem Unterordner bzw. Unterverzeichnis der für FreeHand MX installierten Dateien. Wählen Sie aus dem Verzeichnis PINSEL die Datei aus, die die gewünschte Pinselform enthält. Falls Sie nicht sicher sind, in welcher Datei welche Pinselform enthalten ist, probieren Sie es einfach aus, denn es können auch Bibliothek-Elemente von normalen FreeHand-Dateien für solche Importe verwendet werden.

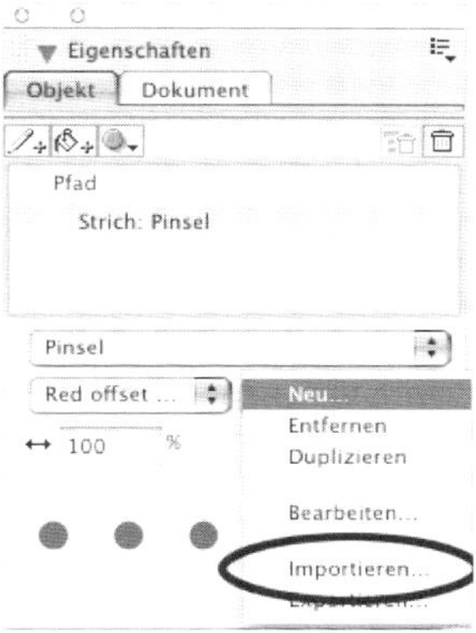

Abbildung 8.21:
Falls Sie einen fertigen Pinsel importieren möchten, wählen Sie die Option IMPORTIEREN *im Bedienfeld-Menü.*

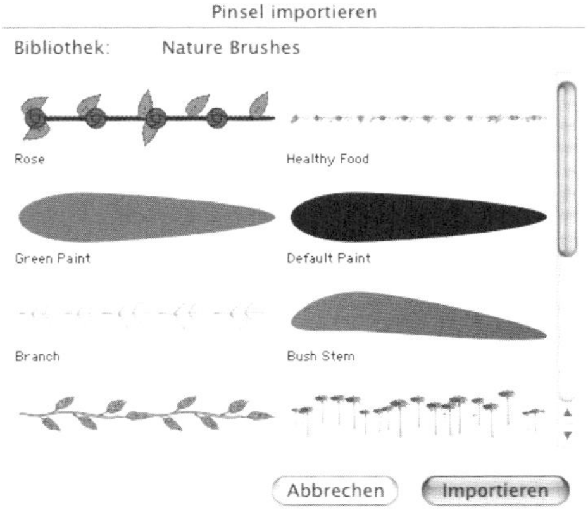

Abbildung 8.22: Dialogfeld PINSEL IMPORTIEREN

Klicken Sie auf die Pinselform, die Sie importieren möchten und dann auf den Button IMPORTIEREN. Danach haben Sie die neue Pinselform sofort in Ihrer Datei zur Verfügung und sie lässt sich in dem Pulldown-Menü im Bedienfeld OBJEKT auswählen.

Nach dem Import einer neuen Pinselform werden im Fenster der Bibliothek die so importierten Elemente, die für den Pinsel verwendet werden, sichtbar. Rufen Sie aus dem Menü FENSTER das Bedienfeld BIBLIOTHEK auf und sehen Sie sich die dort einfügten Symbole an.

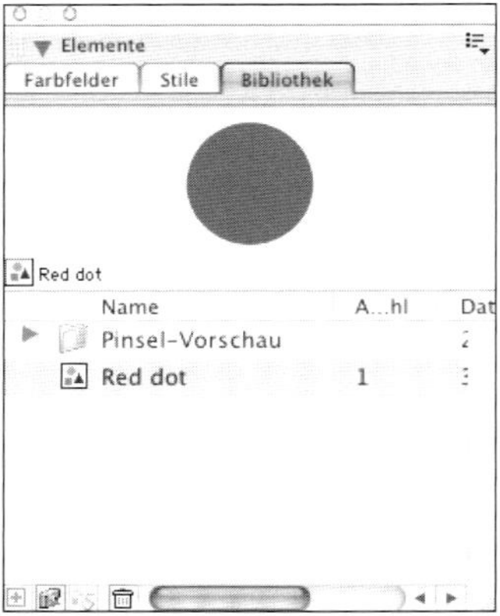

Abbildung 8.23:
Für die Pinselform aus roten Punkten wird ein Symbol importiert, das für die Pinselform verwendet wird. Sie können für eigene Pinselformen eigene Symbole verwenden.

Symbole sind quasi die Grundelemente der Pinselformen. Es kann eine einfache Grundform sein, die Sie in FreeHand gezeichnet haben, aber auch wenn Sie Elemente miteinander gruppiert haben oder aufwändigere Zeichnungen erstellt haben, können Sie daraus ein Symbol anfertigen. Es gibt einen Menübefehl, mit dem Sie ein gezeichnetes Element in einen Pinsel wandeln können. Wählen Sie aus dem Menü MODIFIZIEREN|PINSEL|PINSEL ERSTELLEN, nachdem Sie Ihr gezeichnetes Element aktiviert haben, z.B. eine einfache Sternform.

Sobald Sie auf diese Weise einen Pinsel erstellen möchten, werden Sie aufgefordert, die aktiven Elemente in ein Symbol zu konvertieren oder aus einer

Kopie ein Symbol zu erstellen. Meist ist es besser, eine Kopie zu machen, sonst würde auch Ihre Zeichnung bei einer Änderung des Symbols verändert. So behalten Sie das Original als Sicherheit.

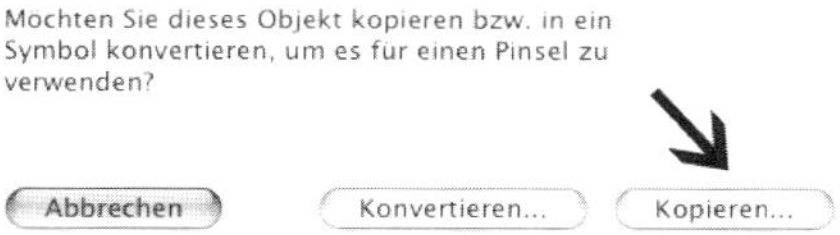

Abbildung 8.24: Warnhinweis beim Erstellen von Symbolen

Sobald Sie das Element auf diese Weise in ein Symbol verwandelt haben, erscheint das Dialogfenster für die Bearbeitung der Pinselformen.

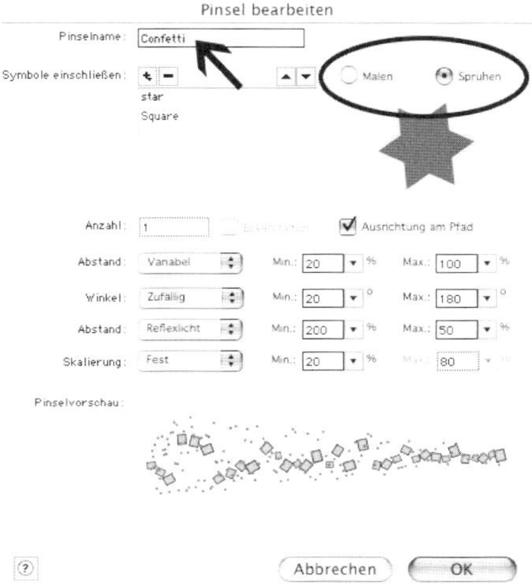

Abbildung 8.25: In diesem Dialogfenster können Sie der neuen Pinselform einen Namen geben und die beiden Grundarten SPRÜHEN *oder* MALEN *auswählen.*

Das Dialogfenster bietet die Möglichkeit, mehrere Symbole für die Pinselform miteinander zu kombinieren. Die verschiedenen Einstellungsmöglichkeiten für den Abstand, Winkel, Abstand (Streuungsbreite) und die Skalierung werden in der Vorschau dargestellt.

Das Dialogfenster erscheint auch, wenn Sie im Menü des Bedienfeldfensters OBJEKT einen neuen Pinsel erstellen möchten oder dort eine Pinselform bearbeiten.

Abbildung 8.26: Varianten der Platzierung: Entweder werden die Sternchen wiederholt und gestreut oder ein Element wird auf die ganze Pfadlänge skaliert.

Sie können die einzelnen Elemente einer Pinselform noch verändern, wenn Sie im Fenster der Bibliothek das Symbol auswählen und im Menü des Bibliothekfensters die Option BEARBEITEN aufrufen. Das Symbol wird in einem separaten FreeHand-Fenster geöffnet und kann nun verändert werden. Nach dem Schließen dieses Fensters wird das Symbol automatisch aktualisiert und auch alle Elemente, die die Pinselform verwendet haben, die mit dem Symbol in Verbindung steht.

Sie können die Verbindung zu einem Symbol wieder aufheben, um beispielsweise einzelne Elemente der Pinselform zu verändern. Wählen Sie aus dem Menü MODIFIZIEREN|PINSEL|PINSEL FREIGEBEN. Dann sind zwar noch alle Elemente der Pinselform gruppiert, aber mit dem Teilauswahl-Werkzeug ist es möglich, einen Teil einer Gruppe auszuwählen.

8.4 Linienkombinationen

Für viele Zeichnungen (beispielsweise Straßenkarten) ist es wichtig, dass Linien übereinander gelegt werden können. Damit erreichen Sie die richtige Musterung für die Pfade, aus denen die Straßen erstellt werden.

Richten Sie einfach eine fettere Linie ein und fügen Sie eine zweite Kontur hinzu. Diese Kontur wird dann dünner und in einer anderen Farbe definiert. Für manche Pfade kommt sogar noch eine dritte Linie hinzu. Diese wird gestrichelt und noch dünner als die zweite Linie eingerichtet.

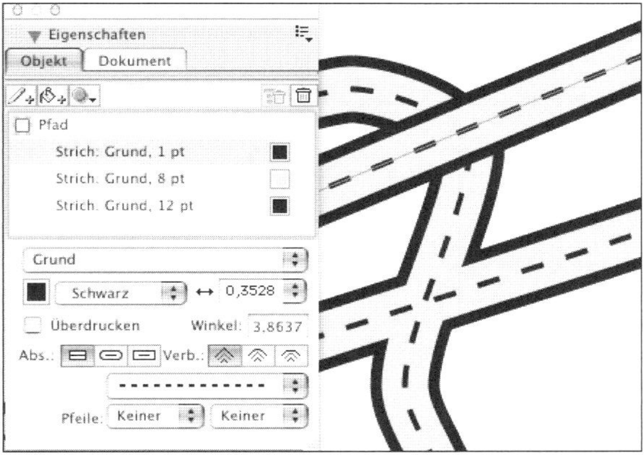

Abbildung 8.27: In diesem Beispiel wurden drei Konturlinien für einen Pfad definiert. Sie können die Strichdefinitionen im Bedienfeld Objekt *anklicken und verändern.*

Bei der Abbildung 8.27 sehen Sie ganz deutlich, dass Pfade, die separat voneinander gezeichnet wurden, eine andere Kreuzung hervorrufen, als wenn die gerade gezeichnete Linie sich selbst kreuzt und eine Schleife bildet. Im ersten Fall wird bei Straßenkarten eine Brücke vermutet und im zweiten Fall eine normale Straßenkreuzung.

Um weitere Gestaltungsmöglichkeiten zu nutzen, können Sie für die einzelnen Konturen einer solchen Linienkombination noch Effekte hinzufügen.

8.5 Xtra-Funktion: Richtung korrigieren

Insgesamt gibt es drei Möglichkeiten, die Richtung eines Pfades zu korrigieren. Aber erst einmal soll Ihnen klar werden, wozu Sie die Funktion brauchen. Ein Pfad hat immer einen Anfang und ein Ende. Das ist auch bei geschlossenen Pfaden so, denn Sie fangen an einem Punkt an und schließen den Pfad dann wieder.

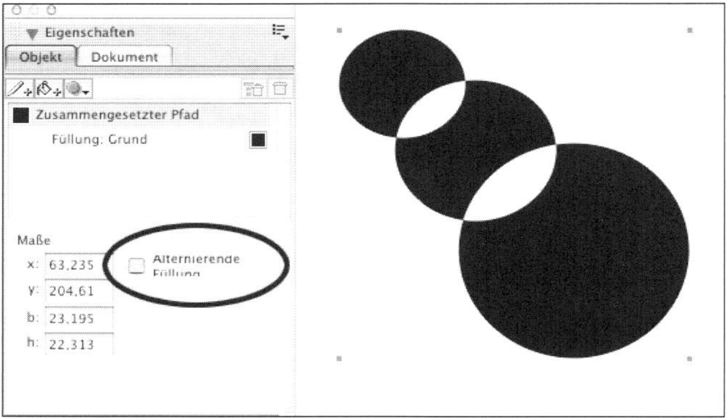

Abbildung 8.28: Bei diesem zusammengesetzten Pfad wurde die Funktion RICHTUNG KORRIGIEREN *angewandt, damit die überlappenden Bereiche durchsichtig werden.*

Die Richtung von Pfaden ist für die Berechnung der Füllung wichtig, wenn Sie die alternierende Füllung bei zusammengesetzten Pfaden abschalten. Normalerweise werden die überlappenden Bereiche gefüllt, wenn Sie die alternierende Füllung im Bedienfeld OBJEKT für einen zusammengesetzten Pfad abschalten.

Sie können die Funktion aufrufen, indem Sie auf den Button in der Symbolleiste XTRA-FUNKTIONEN klicken.

Abbildung 8.29:
Der Button RICHTUNG KORRIGIEREN zeigt zwei gebogene Pfeile.

Im Menü MODIFIZIEREN gibt es die Option PFAD ÄNDERN|RICHTUNG KORRIGIEREN. Zusätzlich lässt sich die Funktion im Menü XTRAS aufrufen und zwar bei SÄUBERN|RICHTUNG KORRIGIEREN. Das sind die beiden Menübefehle, die zusätzlich zu dem Button in der Symbolleiste verwendet werden können.

8.6 Xtra-Funktion: Richtung umkehren

Mit der Funktion RICHTUNG UMKEHREN ändern Sie die Richtung eines Pfades. Genau wie beim Korrigieren der Richtung werden der Pfadanfang und das Pfadende umgekehrt. Diese Funktion bewirkt das Gleiche wie RICHTUNG KORRIGIEREN, wenn Sie für einen zusammengesetzten Pfad die alternierende Füllung deaktiviert haben. Aber es gibt noch weitere Anwendungsmöglichkeiten.

Abbildung 8.30:
Der Button für die Funktion RICHTUNG UMKEHREN in der Symbolleiste XTRA-FUNKTIONEN

Ein Beispiel zeigt die Anwendung dieser Funktion bei einer Spirale, an die ein Text angefügt werden soll. Normalerweise beginnt die Spirale innen und wird nach außen gezogen. Das heißt, dass auch der Text innen beginnt und nach außen geschrieben wird, wenn Sie den Text an den Spiralpfad anfügen. Dazu verwenden Sie beispielsweise den Menübefehl TEXT|AN PFAD ANFÜGEN, sobald beide Elemente, Text und Spirale, aktiv sind.

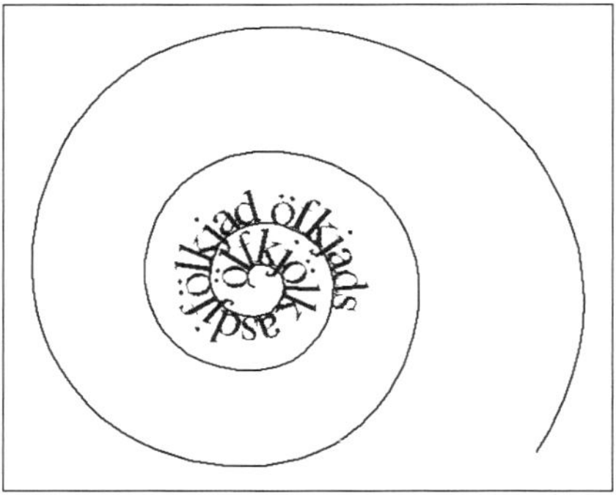

Abbildung 8.31:
So sieht es aus, wenn ein Text an einen Spiralpfad angefügt wurde. Sie können auf der Spirale weiter schreiben.

Wenn Sie möchten, dass der Text von außen nach innen auf der Spirale verläuft, müssen Sie die Spirale mit der Funktion RICHTUNG UMKEHREN bearbeiten. Der Anfangspunkt und der Endpunkt der Spirale werden auf diese Weise getauscht.

Abbildung 8.32:
Der Text verläuft nun auf der Spirale in umgekehrter Richtung.

Farbfüllungen und Farben speichern

In diesem Kapitel folgt die Auflistung aller Möglichkeiten, die es bei der Einrichtung von Füllungen für Farben gibt. Es gibt grundsätzlich gefüllte und ungefüllte Elemente in FreeHand MX. Wenn Sie an den Grundeinstellungen nichts geändert haben, sind alle Elemente, die Sie zeichnen, erst einmal nicht gefüllt und nur die geschlossenen Pfade können eine Füllung erhalten. Das lässt sich aber in den Grundeinstellungen ändern. Wählen Sie aus dem Menü FREEHAND die Option EINSTELLUNGEN|OBJEKT. Dort können Sie die Option FÜLLUNGEN FÜR NEUE GEÖFFNETE PFADE EINBLENDEN aktivieren. Unter Windows befindet sich der Menüpunkt für die Einstellungen im Menü BEARBEITEN.

9.1 Flächen

Um eine Flächenfüllung für ein Element zu aktivieren, gibt es verschiedene Möglichkeiten.

Zunächst können Sie das Bedienfeld OBJEKT verwenden. Dort lässt sich eine einfache Farbfüllung hinzufügen, indem Sie auf den Button mit dem Farbeimer und dem Pluszeichen klicken. Stellen Sie die Option GRUND in dem Pulldown-Menü ein. Damit wird eine einfache schwarze Füllung eingestellt. Weitere Möglichkeiten, eine Grundfüllung zu erstellen, ergeben sich aus der Definition von Farben.

Eine Grundfüllung ist eine einfache Farbfüllung. Aber direkt im Bedienfeld OBJEKT kann diese Farbe für die spätere Ausgabe im Offsetdruck auf ÜBERDRUCKEN gestellt werden. Das bedeutet, dass die Farbfläche komplett über alle darunter liegenden Farbflächen gedruckt wird. So kann es zu Farbmischungen kommen.

Flächen lassen sich aber auch mit Farbverläufen, Mustern und anderen Füllungen versehen. So können Sie die Elemente gestalten und Farbeffekte für Ihre Zeichnungen verwenden. Dazu gibt es noch ein paar Xtra-Funktionen und Xtra-Werkzeuge, die bei der Gestaltung mit Farben und Füllungen eine Rolle spielen.

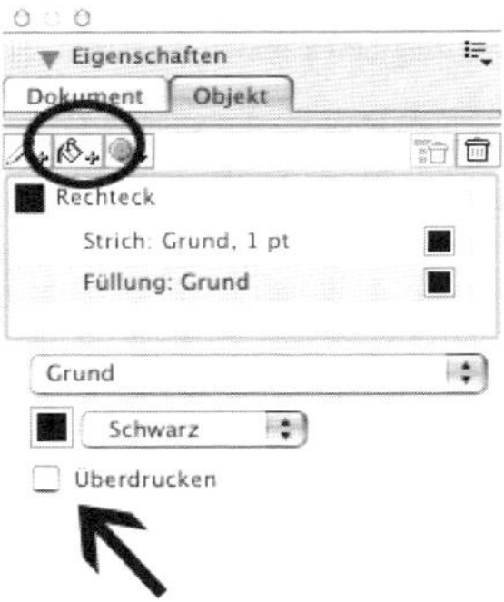

Abbildung 9.1:
Beispiel für Grundfüllung

9.2 Farben

Damit Sie mit Farben in FreeHand MX arbeiten können, müssen Sie wissen, wie Sie Farben einrichten und welche Unterschiede es bei der Farbdefinition gibt.

Zunächst ist es wichtig zu entscheiden, wofür die Datei später verwendet werden soll. Wenn Sie eine Datei für die Verwendung als Webseite erstellen, müssen Sie nicht unbedingt darauf achten, wie Sie die Farben erstellen, denn alle Farben können dargestellt werden, werden aber manchmal verändert dargestellt, wenn ein anderes Betriebssystem oder ein anderer Browser zur Anzeige der Webseite benutzt wird.

Bei den Druckfarben sieht es schon anders aus. Sie müssen das Grundfarbsystem für den Druck berücksichtigen. In Deutschland und Europa wird meist mit dem CMYK-System gedruckt und die Farben werden aus Cyan, Magenta, Gelb (Y=Yellow) und Schwarz (K=Kontrast) gemischt. Weiterhin gibt es Sonderfarben von verschiedenen Herstellern, die ebenfalls verwendet werden können und sogar zusätzlich zu den Grundfarben gedruckt werden, wenn der Kunde dies wünscht. Aber oft wird die Sonderfarbe umgerechnet und gemischt, damit Kosten gespart werden können und so nur mit den vier Grundfarben gedruckt werden muss.

9.2.1 Der Farbmischer

Eine Farbe lässt sich aus einer Farbbibliothek auswählen und so in die Datei importieren, oder Sie mischen die Farbe selbst aus den verschiedenen Grundfarben. Rufen Sie dazu das Bedienfeld FARBMISCHER aus dem Menü FENSTER auf. Oder klicken Sie auf den Button in der Symbolleiste STANDARD, der das Bedienfeld auf den Bildschirm holt.

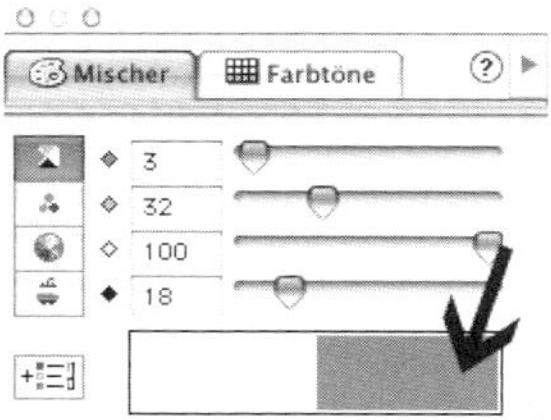

Abbildung 9.2:
Mit diesem Button lässt sich das Bedienfeld FARBMISCHER aufrufen.

Grundsätzlich lässt sich im Bedienfeld FARBMISCHER die Wahl treffen, mit welchen Grundfarben Sie die Farbe mischen möchten.

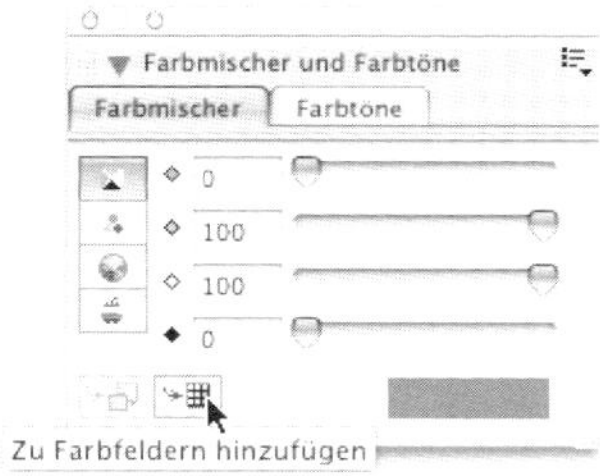

Abbildung 9.3:
Hier werden die Grundfarben für den Druck verwendet. Links in der Leiste lässt sich auswählen, dass die Farbe mit den Grundfarben (RGB) gemischt werden soll.

Unter Windows wird eine Farbpalette mit den Grundfarben des Windows-Betriebssystems anstelle der Systemfarben des Macintosh im Bedienfeld FARBMISCHER eingeblendet, wenn Sie auf den vierten Button von oben (der Farbsysteme) klicken. Windows-Systemfarben sind RGB-Farben, während die Systemfarben beim Macintosh-Betriebssystem nach verschiedenen Systemen definiert werden können.

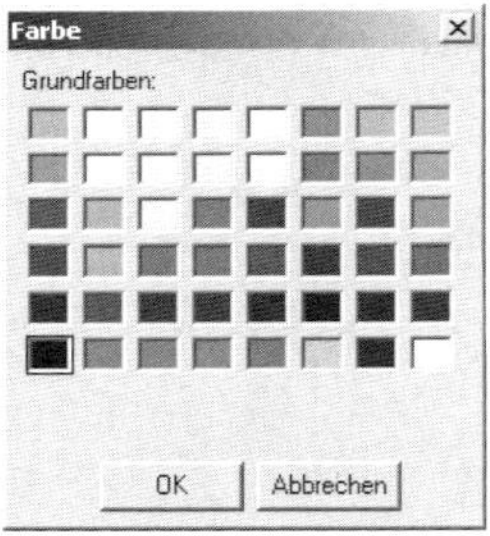

Abbildung 9.4: Die Grundfarben des Windows-Betriebssystems werden als Farbkästchen in einer Palette dargestellt. Aktivieren Sie mit der Maus ein Farbkästchen und klicken Sie auf OK.

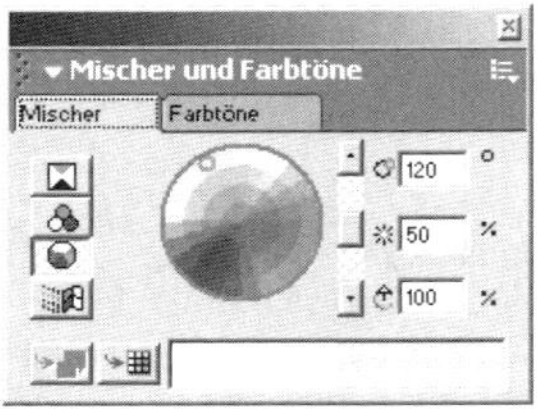

Abbildung 9.5: Auch bei der Windows-Version von FreeHand MX lässt sich ein Farbton im Farbkreis mit einem Winkel, der Helligkeit und der Sättigung einstellen.

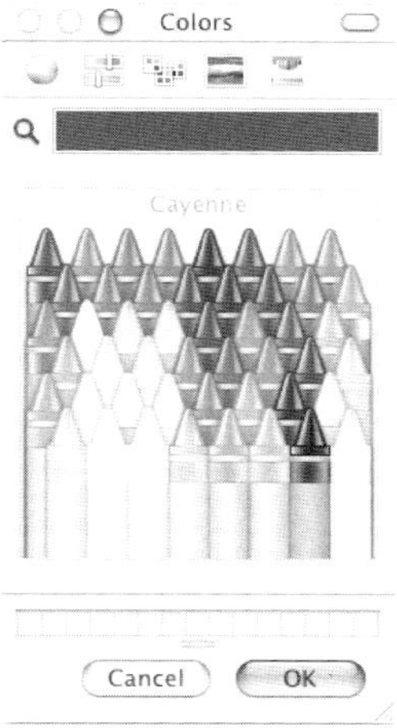

Abbildung 9.6:
Die Systemfarben des Macintosh-Betriebssystems lassen sich nach verschiedenen Farbmodellen auswählen.

9.2.2 Farbfelder

Nachdem Sie den eigentlichen Farbton im Bedienfeld FARBMISCHER ausgesucht haben, sollten Sie die Farbe in das Bedienfeld FARBFELDER ziehen oder über den zweiten Button links unten zu diesem Bedienfeld hinzufügen. FreeHand will dann noch wissen, ob Sie die Farbe wirklich zu den Farbfeldern hinzufügen möchten und wie die Farbe heißen soll. Sie haben die Möglichkeit, zu bestimmen, ob es sich um eine CMYK-Mischfarbe (Prozess) oder eine Sonderfarbe (Vollton) handeln soll.

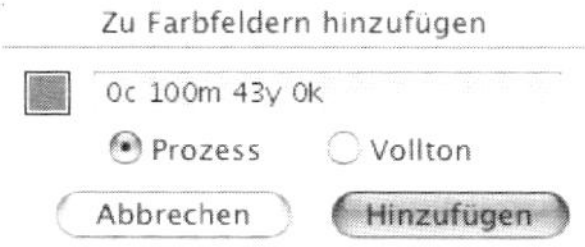

Abbildung 9.7:
Der vorgeschlagene Farbname enthält die Mischwerte der Farbe. So kann die Farbe eindeutig erkannt werden.

Das Bedienfeld FARBFELDER ist für die Sicherung der erstellten Farben wichtig. Rufen Sie das Bedienfeld über einen Button in der Symbolleiste STANDARD auf.

Abbildung 9.8:
Dieser Button wird angeklickt, damit das Bedienfeld aufgerufen werden kann.

Im Bedienfeld FARBFELDER werden die drei Grundfarben Weiß, Schwarz und Passfarbe immer angezeigt. Alle neu hinzugekommenen Farben werden mit einem Farbkästchen dargestellt.

Das Bedienfeld FARBFELDER hat ein eigenes Menü und eine gemischte Farbe kann zu dieser Palette auch hinzugefügt werden, indem Sie das Farbkästchen der Farbe aus dem Vorschaufeld im Bedienfeld FARBMISCHER in die Palette ziehen oder auf den senkrechten Pfeil rechts oben im Bedienfeld ziehen.

Abbildung 9.9:
Bedienfeld FARBFELDER

Die Farbe PASSFARBE ist für Passkreuze sinnvoll, da diese Farbe auf allen Farbformen ausgegeben wird, wenn Sie die Datei farbsepariert drucken bzw. belichten.

Im Bedienfeld FARBFELDER sehen Sie den Namen einer Farbe und können eine Farbe umbenennen, indem Sie einen Doppelklick auf diesem Farbnamen ausführen. Achten Sie darauf, dass kein Grafikelement aktiv ist, denn sonst wäre auch gleichzeitig die Farbfüllung dieses Elements auf die gerade umbenannte Farbe geändert. Kursive Farbnamen zeigen an, dass die Farbe eine Prozessfarbe

(CMYK-Mischfarbe) ist. Ist dagegen der Farbname gerade geschrieben, dann ist die Farbe eine Volltonfarbe (Sonderfarbe). Auch wenn neben der Farbe ein Symbol mit einem roten, grünen und blauen Punkt sichtbar ist, kann eine Farbe eine Prozessfarbe sein, deren Farbton aber im Bedienfeld FARBMISCHER in RGB-Werten gewählt wurde.

Prozessfarben und Volltonfarben

Falls Sie eine Farbe definiert haben und nun nachträglich aus einer Volltonfarbe eine Prozessfarbe machen möchten, dann wählen Sie im Bedienfeld FARBFELDER die Farbe aus und rufen dann aus dem Menü der Palette die Option PROZESSFARBE ERZEUGEN auf.

Eine Farbe, die fälschlicherweise als Prozessfarbe definiert wurde, kann nachträglich in eine Volltonfarbe gewandelt werden. Dazu wählen Sie die Farbe aus und dann im Menü des Bedienfeldes FARBFELDER die Option VOLLTONFARBE ERZEUGEN. Sie können sehen, ob es funktioniert hat, indem Sie auf den Namen achten und beobachten, ob der Name der Farbe kursiv (Prozessfarbe) oder gerade (Volltonfarbe) geschrieben ist.

9.2.3 Farbtöne definieren

Von einer Farbe, die Sie verwenden möchten und die bereits definiert ist, lassen sich einfach Farbtöne erstellen. Das sind Varianten, die als Rastertonwerte verwendet werden. Im Bedienfeld FARBMISCHER gibt es eine zweite Kategorie und in dieser werden die Farbtöne eingerichtet.

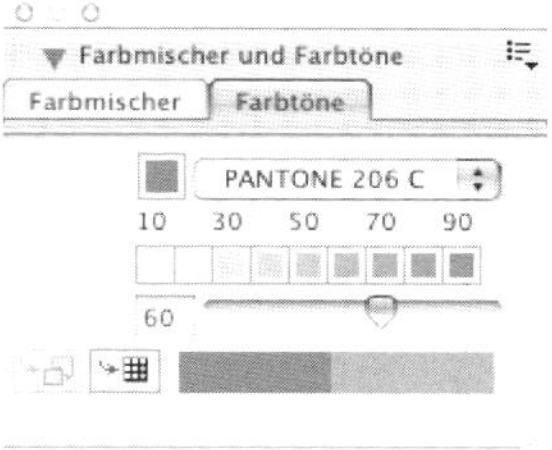

Abbildung 9.10:
Bereits definierte Farben werden in dem Pulldown-Menü neben dem Farbkästchen ausgewählt, um dann für diese Farben Farbtöne zu definieren.

Farbtöne in 10%-Abstufungen werden in der Leiste mit den Farbkästchen dargestellt. Sollten Sie allerdings einen Zwischenwert verwenden, dann geben Sie diesen direkt in dem Wertefeld ein oder schieben den Schieberegler an die gewünschte Stelle, bis der Wert erreicht ist. Farbtöne können wieder dem Bedienfeld FARBFELDER hinzugefügt werden, damit Sie diese Farbkästchen noch häufiger verwenden können.

9.3 Farben aus den Farbbibliotheken

Farben, die gern in der Praxis verwendet werden und die Sie nicht selbst definieren müssen, finden Sie in den Farbbibliotheken. Dort sind beliebte Farbsammlungen wie z.B. die Pantone-Farbbibliothek abgelegt. Die Farbbibliothek wird im Menü des Bedienfeldes FARBFELDER aufgerufen und Sie können dann einzelne Farben oder bei gedrückt gehaltener [⇧]-Taste mehrere Farben importieren. In der Windows-Version halten Sie die [Strg]-Taste fest.

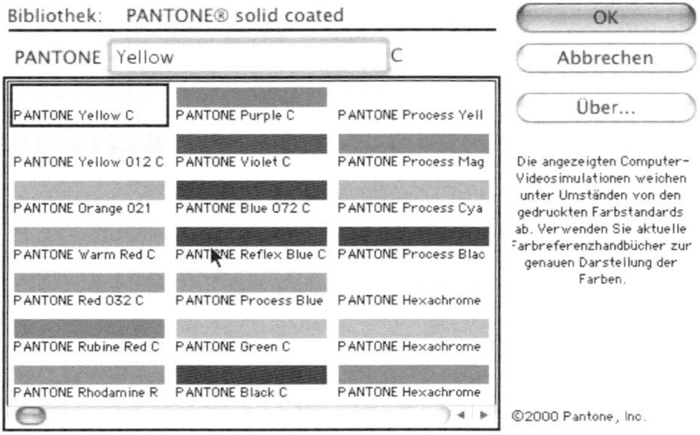

Abbildung 9.11: Wählen Sie die Farben aus, die Sie importieren möchten, und klicken Sie auf den OK-Button. Die Farben werden so dem Bedienfeld FARBFELDER hinzugefügt.

Es gibt auch eine Farbbibliothek, in der Webfarben enthalten sind. Diese Farben eigenen sich besonders für die Gestaltung von Internetseiten, da die Farben sowohl auf dem Macintosh als auch auf Windows-PCs gleich dargestellt werden.

Die Farben, die Sie selbst im Bedienfeld FARBFELDER eingerichtet haben, können als Farbbibliothek exportiert werden. Das ist z.B. dann sinnvoll, wenn Sie die Farben für Kollegen bereitstellen möchten. Dazu verwenden Sie den Befehl im Menü des Bedienfeldes FARBFELDER.

9.4 Farben anwenden

Farben können auf verschiedene Arten auf ein Element angewendet werden. Nachdem Sie nun einige Farben definiert haben, erstellen Sie eine Farbfüllung für ein aktives Objekt einfach im Bedienfeld OBJEKT aus dem Menü der Palette über die Option FÜLLUNG HINZUFÜGEN oder klicken auf den entsprechenden Button im Bedienfeld.

Stattdessen lässt sich aber auch ein Farbkästchen aus dem Bedienfeld FARBMISCHER in ein Grafikelement ziehen. Oder Sie ziehen ein Farbkästchen aus dem Bedienfeld FARBFELDER in ein Grafik-Objekt. Dafür müssen Sie das Element, das verändert werden soll, nicht einmal aktivieren.

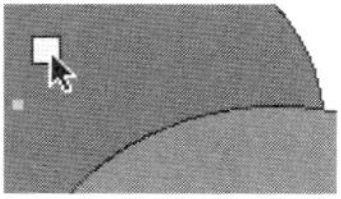

Abbildung 9.12: Lassen Sie das Farbkästchen in einen geschlossenen Pfad fallen, wird die Füllungsfarbe geändert oder auch eine neue Füllung erstellt, wenn das Element nicht gefüllt war.

Weiterhin haben Sie die Möglichkeit, ein Farbkästchen aus einem der beiden Bedienfelder in das Bedienfeld OBJEKT auf das dort dargestellte Farbkästchen der Füllung zu ziehen. Das funktioniert allerdings nur für ein aktives Element. Um im Bedienfeld FARBFELDER die Farbe eines Elements zu ändern, muss es ebenfalls aktiv sein. Dann reicht es, auf den Farbnamen einer Farbe zu klicken, und schon ist die Farbe geändert. Außerdem lässt sich ein Farbkästchen im Bedienfeld FARBFELDER in das Kästchen für die Definition der Füllung ziehen.

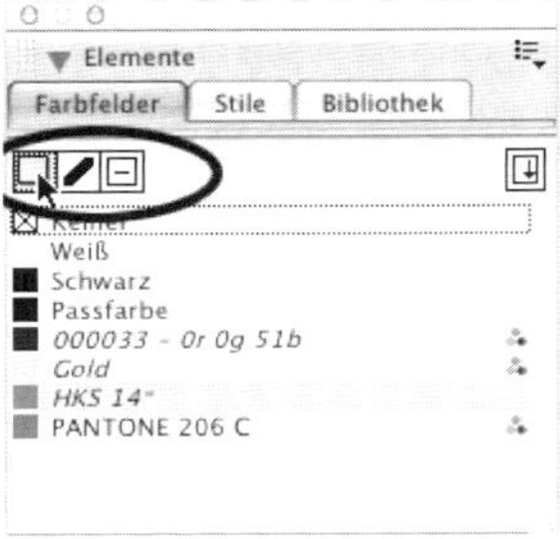

Abbildung 9.13:
Das linke obere Kästchen im Bedienfeld FARBFELDER definiert die Füllung eines Elements. Dort sehen Sie, welche Füllung ein aktives Element hat.

Das zweite Kästchen zeigt die Linienfarbe eines Elements. Das bedeutet, dass Sie auch dorthin ein Farbkästchen ziehen können. Falls Sie ein Farbkästchen auf die Kontur eines Pfades ziehen, wird diese ebenso umgefärbt, wie es bei den Füllungen der Fall ist. Das kann ein Fehler sein und versehentlich passieren. Deswegen sollten Sie in solch einem Fall, in dem Sie tatsächlich Probleme mit dem Ziehen der Farbkästchen haben, lieber das Bedienfeld OBJEKT oder das Bedienfeld FARBFELDER verwenden. Beim Einfärben von Linien klappt es mit dem Ziehen der Farbkästchen auch oft nicht, dann gilt der gleiche Rat. Verwenden Sie besser das Bedienfeld OBJEKT oder das Bedienfeld FARBFELDER ZUM ÄNDERN DER KONTURFARBE EINES ELEMENTS.

Nicht benötigte Farben löschen

Oft probieren Sie Farben aus und versuchen neue Farbdefinitionen bei den gezeichneten Objekten. Aber leider kommt es vor, dass Sie auf diese Weise Farben im Bedienfeld FARBFELDER sammeln, die Sie am Ende gar nicht mehr brauchen. Deswegen gibt es einen Befehl, der sofort alle nicht benötigten Farben im Bedienfeld FARBFELDER löscht. Wählen Sie im Menü XTRAS|LÖSCHEN|NICHT VERWENDETE DEFINIERTE FARBEN. Wenn Sie Ihre Grafik fertig erstellt haben, ist es ein sinnvoller Arbeitsschritt, um die Datei aufzuräumen.

9.5 Xtra-Menü: Farbveränderungen

Um eine Farbe im Bedienfeld FARBFELDER von ihrer Definition her zu verändern, brauchen Sie nur das Farbkästchen in das Bedienfeld FARBMISCHER zu ziehen. Dadurch werden dort die Farbe und die Definition der Farbe angezeigt. Verändern Sie jetzt die Farbdefinition und ziehen Sie ein Farbkästchen dieser neuen Farbe auf das Farbkästchen im Bedienfeld FARBFELDER, das verändert werden sollte. Auf diese Weise werden auch alle Elemente verändert, die mit dieser Farbe versehen wurden.

Farben können abgedunkelt, aufgehellt und in ihrer Sättigung verändert werden. Beim Abdunkeln und Aufhellen verwendet FreeHand MX einen Standardwert. Meist werden die vorhandenen Farbanteile um 10 % erhöht bzw. 10 % verringert. Bei der Sättigung gibt es zwei Menübefehle, FARBEN SÄTTIGEN und FARBSÄTTIGUNG HERABSETZEN. Damit werden die Farben entweder brillanter, so dass die Hauptfarbanteile verstärkt werden und Farbanteile, die sowieso nur in einem geringen Prozentsatz beigemischt wurden, noch verringert werden. Oder zu den Hauptfarbanteilen werden noch weitere Farbanteile hinzugemischt, die die Farbe unsauberer und grauer wirken lassen.

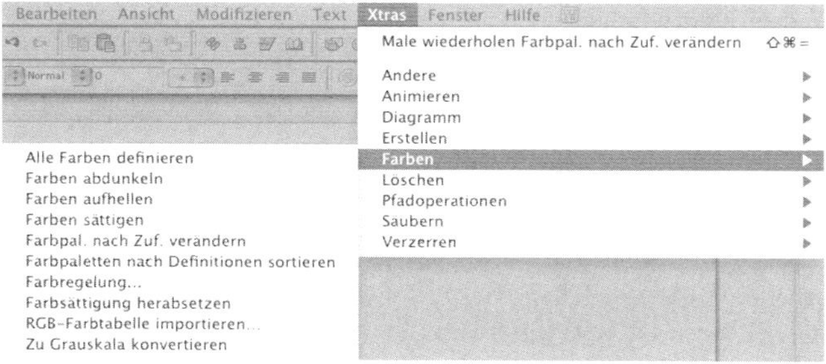

Abbildung 9.14: Für die Veränderung der Farben mit diesen Xtra-Befehlen müssen Sie die Objekte aktivieren, die verändert werden sollen.

Falls Sie die Farbpalette nach Zufall verändern möchten und FreeHand Vorschläge zu Farbharmonien machen darf, dann werden Sie die Warnung erhalten, dass die Original-Pantone- oder HKS-Farben dadurch geändert werden können. Klicken Sie auf ABBRECHEN, damit dies nicht geschieht.

Abbildung 9.15: Klicken Sie immer auf den Button ABBRECHEN, um die Standard-Farbbibliotheken unverändert zu lassen.

Der Xtra-Befehl kann aber ganz nützlich zum Ausprobieren von Farben sein. Wählen Sie aus dem Menü XTRA|FARBEN|FARBPAL. NACH ZUF. VERÄNDERN.

Der Befehl FARBPALETTEN NACH DEFINITION SORTIEREN erklärt sich von selbst. Die CMYK-Farben werden zuerst aufgelistet und zwar nach ihren Farbanteilen in Schwarz, Cyan, Magenta und Gelb von dunkel nach hell sortiert und dann die Farben aus den Farbbibliotheken, sortiert nach den Bibliotheken, aus denen sie stammen, und der Sortierung in der Bibliothek.

Alle Farben definieren

Da Sie mit Farben experimentieren können und Farben im Bedienfeld FARBMISCHER erstellen und in Elemente ziehen können, ohne die Farbe im Bedienfeld FARBFELDER einzusetzen, kann es nützlich sein, wenn Sie den Befehl ALLE FARBEN DEFINIEREN aus dem Menü XTRAS|FARBEN aufrufen. Aber Achtung, mit diesem Befehl werden auch die Farben, die beim Erstellen von Mischungen in den Einzelelementen der Mischung entstehen, in das Bedienfeld FARBFELDER eingefügt.

Besonders praktisch wird der Befehl FARBREGELUNG für bereits erstellte Grafikelemente, die mit Prozessfarben gestaltet wurden, wenn Sie eine Datei für den Druck vorbereiten müssen und Farbverschiebungen ausgleichen möchten oder einfach nur noch alle Farben etwas nachkorrigieren müssen.

Meist werden Sie die Prozessfarben der ausgewählten Elemente verändern und mit den Schiebereglern Farbanteile verstärken oder verringern. Dabei können Sie mit der aktivierten Vorschau sofort sehen, wie sich die Korrektur auswirkt. Bildschirmfarben müssen aber vorher unbedingt so eingestellt werden, dass sie den Druckfarben entsprechen. Sie müssen also vorher das Farbmanagement für die Datei einrichten.

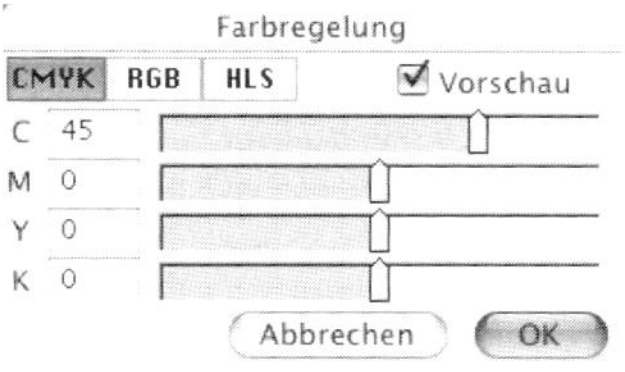

Abbildung 9.16:
Dialogfeld FARBREGELUNG

Nun sind noch zwei der Xtra-Menü-Farbbefehle zu erklären. Sie müssen manchmal eine Datei komplett als Graustufen-Datei gestalten, damit bei der separierten Ausgabe die Grafik nur im Schwarz-Auszug ausgegeben wird. Dazu können die Farbfelder der Grauskala verwenden, die sich über den Befehl RGB-FARBTABELLE IMPORTIEREN in das Bedienfeld FARBFELDER laden lässt. Oder, falls die Anforderung erst nachträglich entsteht, Sie verwenden den Befehl ZU GRAUSKALA KONVERTIEREN, um alle aktivierten Grafikteile zu verändern, so dass nur noch Farbfüllungen mit Grauwerten verwendet werden.

9.6 Xtra-Werkzeug: Pipette

Die Pipette ist ein praktisches Werkzeug, um Farben aus Bildern oder aus Mischungen aufzunehmen, um das Farbkästchen dann in das Bedienfeld FARBMISCHER oder in das Bedienfeld FARBFELDER einzusetzen.

Abbildung 9.17:
Die Pipette ist eines der Xtra-Werkzeuge und auch dort in der Symbolleiste zu finden.

Lassen Sie das mit der Pipette aufgenommene Farbkästchen in das Bedienfeld FARBMISCHER in den Beispielbereich fallen, um die Definition der Farbe zu sehen. Wenn Sie das Farbkästchen in das Bedienfeld FARBFELDER fallen lassen, wird die Farbe wieder für die weitere Verwendung in der Datei dort abgelegt. Dieses Werkzeug ist sehr praktisch und könnte eigentlich als Tipp erwähnt werden.

9.7 Linsenfüllung für Farbveränderungen

Mit der Füllungsart LINSE haben Sie die Möglichkeit, die Farben von darunter liegenden Elementen zu verändern. Diese Füllung wird im Bedienfeld OBJEKT eingestellt, sobald Sie eine Füllung für ein Grafikelement hinzugefügt haben. Diese Art der Füllung wurde in Kapitel 5 bereits für eine andere Funktion beschrieben. Das ist auch interessant, weil die Linsenfüllung als zweite Füllung für einen Pfad definiert werden kann. So wird nicht immer ein zweites Objekt mit dieser Füllungsart benötigt.

Stellen Sie für einen Pfad, der über anderen Elementen liegt, die Füllungsart LINSE im Bedienfeld OBJEKT ein.

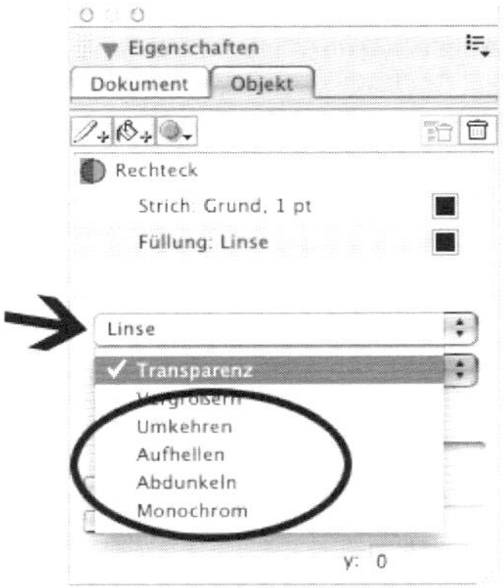

Abbildung 9.18:
Die Linsenfüllung mit der Funktion TRANSPARENZ

Jetzt gibt es verschiedene Funktionsweisen in einem Pulldown-Menü auszuwählen. Für die Farbveränderung ist die Funktionsweise UMKEHREN, AUFHELLEN, ABDUNKELN oder MONOCHROM möglich

Mit der Einstellung UMKEHREN für die Linsenfüllung erreichen Sie, dass die Farben negativ berechnet werden. Dabei werden Sonderfarben wie RGB-Farben berücksichtigt.

Mit der Einstellung AUFHELLEN werden die Farben der darunter liegenden Elemente oder Füllungen prozentual aufgehellt. Den gewünschten Prozentwert können Sie selbst wählen.

Die Einstellung ABDUNKELN wirkt sich ähnlich aus, nur dass die Farben entsprechend abgedunkelt werden können. Es ist oft sinnvoll, wenn Sie die Option NUR OBJEKTE aktivieren. So werden zwar die Objekte abgedunkelt, aber der Seitenhintergrund nicht verändert.

Mit der Einstellung MONOCHROM als Linsenfüllung für einen darüber liegenden Pfad lässt sich ein Bild oder eine Grafik wie ein Graustufenbild oder ein eingefärbtes Graustufenbild darstellen. Alle Farben werden in Farbtöne der Farbe umgewandelt, die für diese Art der Linsenfüllung eingestellt wurde.

9.8 Farbmanagementeinstellungen

Eigentlich gehören diese Hinweise zu den Grundeinstellungen, aber Sie werden merken, dass es oft gar nicht nötig ist, die Einstellungen zu verändern. Aber für viele Anwender, die nicht nur kleine Grafikelemente in FreeHand MX gestalten, die später in einem Layoutprogramm wie ein Bild verwendet werden, sondern ganze Layouts als FreeHand-Datei erstellen, ist es wichtig. Sie müssen wissen, wie man die Darstellung der Farben an das spätere Druckverfahren anpasst.

Wenn Sie für Webseiten Grafiken gestalten möchten, müssen Sie die Darstellung nicht verändern, sondern nur Ihren Bildschirm kalibrieren und die Webfarben verwenden. Wenn Sie aber für den Druck Grafiken gestalten, reicht es nicht aus, dass der Bildschirm kalibriert wurde. Sie müssen die Farbverwaltung für die Darstellung der Farben auch in FreeHand MX richtig einstellen. Wählen Sie aus dem Menü FREEHAND|EINSTELLUNGEN bzw. bei Windows aus dem Menü BEARBEITEN|EINSTELLUNGEN.

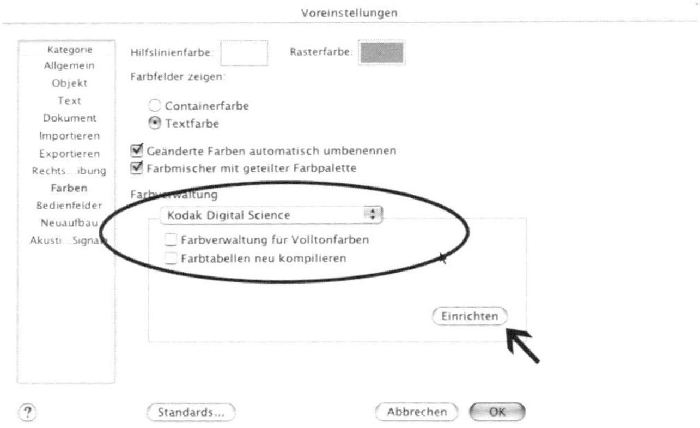

Abbildung 9.19: Wählen Sie in den Grundeinstellungen die Kategorie FARBEN, *um die Farbverwaltung einzurichten.*

Zunächst können Sie verschiedene Typen auswählen, nach denen die Farbdarstellung berechnet und entsprechend korrigiert werden soll. Sie sollten sich für eine Variante entscheiden, bei der die Berechnung der Farbdarstellung mit ICC-Profilen vorgenommen wird.

Deaktivieren Sie bei Bedarf die Option FARBVERWALTUNG FÜR VOLLTONFARBEN, denn manchmal werden die Sonderfarben stark verändert dargestellt.

Wenn Sie die Option FARBTABELLEN NEU KOMPILIEREN aktivieren, lässt sich der Typ von APPLE COLORSYNC zu KODAK DIGITAL SCIENCE wechseln, wobei die ICC-Profile neu berechnet werden. Das kann unerwünscht sein.

Mit der ersten Variante mit BILDSCHIRMFARBEN ANPASSEN erreichen Sie eine Korrektur der Farbdarstellung visuell. Das heißt, Sie selbst sehen sich die veränderten Farbfelder an und vergleichen diese mit gedruckten Farbfeldern.

Abbildung 9.20:
Varianten für die Einstellung der Farbverwaltung

Klicken Sie auf den Button KALIBRIEREN, damit Sie die Farbanpassung vornehmen können.

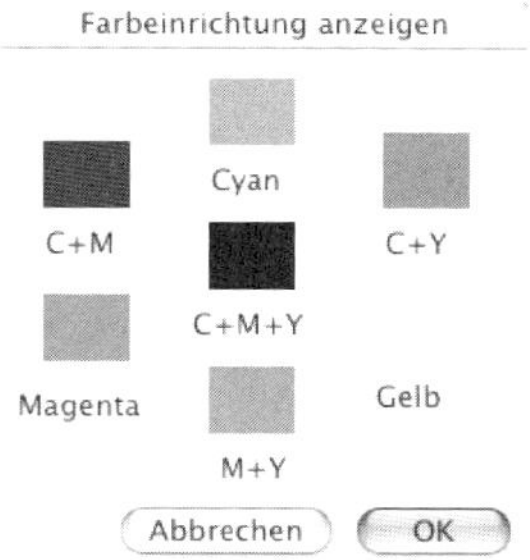

Abbildung 9.21:
Für die rein visuelle Farbeinrichtung mit der Option BILDSCHIRMFARBEN ANPASSEN haben Sie die Grundfarben Cyan, Magenta, Gelb und vier Mischfarben zur Verfügung.

Zum Verändern der Farben klicken Sie auf eines der Farbfelder und richten die Farbe im Farbwähler des jeweiligen Systems (Windows- oder Macintosh-Betriebssystem) neu ein.

Für die Anpassung der Farben mit ICC-Profilen sollten Sie die Einstellung KODAK DIGITAL SCIENCE verwenden. Alternativ bietet die Macintosh-Version auch die Kalibrierung mit APPLE COLORSYNC an. Beide Systeme setzen voraus, dass Sie ICC-Profile haben, die auf Ihren Arbeitsablauf abgestimmt sind. ICC-Profile sind Farbprofile, die Geräte oder Verfahren beschreiben und somit Farbkorrekturen für die Darstellung ermöglichen, indem die Beschreibung dafür berücksichtigt und die Darstellung entsprechend berechnet wird.

Gern würde ich jetzt eine Empfehlung geben, wie Sie die Profile einstellen sollten, aber leider ist das bei den meisten Grafikern sehr unterschiedlich und kann nicht verallgemeinert werden. Deswegen ist es nur möglich, eine allgemeine Erklärung der Einstellungen zu geben.

Abbildung 9.22: Sowohl bei dem Kodak- als auch bei dem Apple-System wird eine Einrichtung der Farbverwaltung in einem Zusatzmenü vorgenommen.

Wählen Sie eine Darstellung, die der Monitor simulieren soll. Meist wird der Probedrucker für die Monitorsimulation eingestellt, denn ein Farbdrucker-Profil des Druckers, der für die Präsentation verwendet wird, kann so zur Berechnung der Farbdarstellung verwendet werden.

Anschließend wählen Sie ein Profil für den Farbauszugsdrucker aus. Wenn Sie nicht über das Profil der später verwendeten Druckmaschine verfügen, sollten Sie ein allgemeines CMYK-Profil einstellen.

Der Monitor kann auch dieses Profil simulieren, indem Sie einstellen MONITOR SIMULIERT > FARBAUSZUGSDRUCKER.

Sobald Sie einen Probedruck auf einem speziellen Drucker ausgeben, der Farbauszüge simuliert, sollten Sie die Option PROBEDRUCK SIMULIERT FARBAUSZÜGE aktivieren. Das ist manchmal der klassische Andruck mit einer Andruckmaschine, die wie eine normale Druckmaschine die vier Grund-Farben (CMYK) übereinander druckt. Nun sollten Sie das ICC-Profil für diesen Drucker auswählen.

Um die Anzeige und auch die Ausgabe von RGB-Bildern auf Farbdruckern zu verbessern, sollten Sie ein ICC-Profil für die Bildquelle auswählen. Das kann ein Scanner, eine digitale Kamera oder eine Kodak-Photo-CD sein.

Beim Ausdruck einer Datei lassen sich die Profile für die Ausgabe wählen und nach dem Import von Bildern lassen sich für RGB-Bilder Profile zuweisen.

9.9 Farbverläufe

Farbverläufe sind eine interessante Variante für Farbfüllungen von Elementen in FreeHand MX. Klicken Sie im Bedienfeld OBJEKT auf den Button FÜLLUNG HINZUFÜGEN, damit eine Grundfüllung erstellt wird. Danach sehen Sie im Bedienfeld die Einstellung dieser Grundfüllung und können in dem Pulldown-Menü die Füllungsart auf FARBVERLAUF ändern. Nun sehen Sie die Einstellungsmöglichkeiten für Farbverläufe in FreeHand MX.

Es gibt mehrere Verlaufsarten, die in einem Pulldown-Menü ausgewählt werden können. Außerdem lässt sich der Verlauf wiederholen oder spiegeln. In diesem Beispiel wurden mehrere Farben in den Verlauf gezogen.

Ein Verlauf kann komplett andere Elemente überdrucken. Dazu müssten Sie nur die Option ÜBERDRUCKEN im Bedienfeld OBJEKT aktivieren.

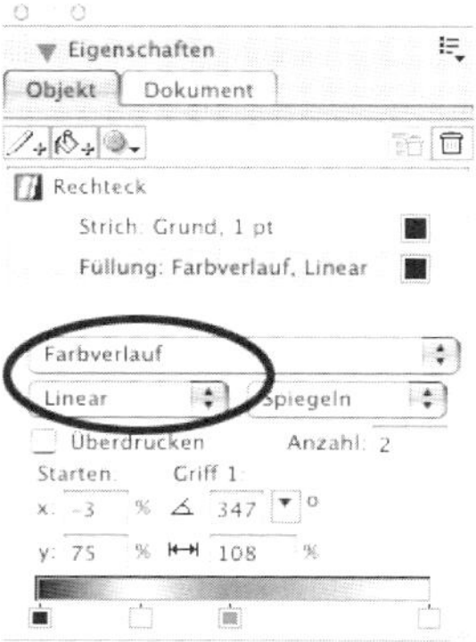

*Abbildung 9.23:
Dialogfeld, um Verlaufsarten einzustellen*

9.9.1 Verläufe über mehrere Farben

Sie können Farbkästchen aus dem Bedienfeld FARBFELDER in den Verlauf im Bedienfeld OBJEKT ziehen und so weitere Farben zum Verlauf hinzufügen. Die Farbkästchen lassen sich dann im Bedienfeld OBJEKT verschieben und so können die Verläufe verändert werden. Wenn Sie ein Farbkästchen nach oben aus der Leiste herausziehen, wird die Farbe aus dem Verlauf entfernt.

9.9.2 Lineare Verläufe

Für einen linearen Verlauf lässt sich der Winkel einstellen, indem Sie den Drehknopf verwenden, der erscheint, wenn Sie auf den Pfeil an der Winkelangabe klicken oder direkt einen Winkel eingeben. Die dritte Möglichkeit besteht darin, dass Sie mit der Maus an dem Griff anfassen, der im Verlauf direkt dargestellt wird, und die gestrichelte Linie so mit der Maus drehen. In unserer Abbildung sind mehrere Farben in den Verlauf eingefügt worden. Dazu ziehen Sie mit der Maus ein Farbkästchen auf den Verlauf im Bedienfeld OBJEKT. Es lässt sich sogar die Anfangs- oder Endfarbe eines Verlaufs, der bereits als Füllung für einen gezeichneten Pfad verwendet wird, ändern, indem Sie ein Farbkästchen auf den Verlaufsbereich ziehen und fallen lassen.

Die gestrichelte Linie im Verlauf ist auch zur Veränderung des Startpunktes oder der Verlaufsbreite verwendbar. Mit der Maus kann der Startpunkt verschoben werden und der zweite Griffpunkt an dieser Linie ist für eine Änderung der Verlaufsbreite verschiebbar. Natürlich lässt sich eine eventuell ungenaue Einstellung korrigieren, indem Sie die Werte im Bedienfeld OBJEKT ändern. Für manche Verlaufsarten ist die Höhe dieser Bezugslinie für den Verlauf wichtig und es werden zusätzliche Griffe für andere Verlaufstypen sichtbar.

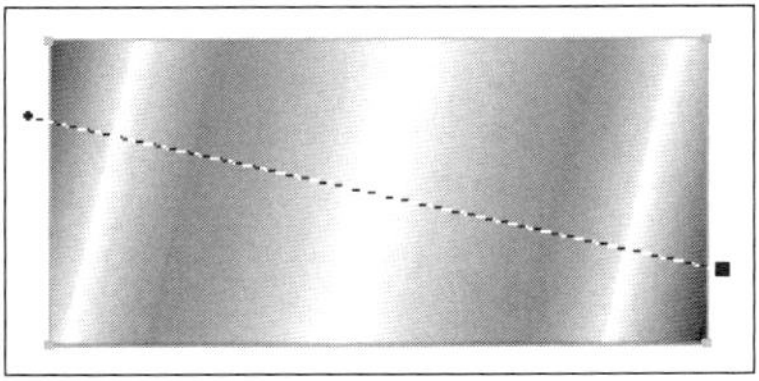

Abbildung 9.24: In diesem Beispiel wurde der lineare Verlauf über mehrere Farben erstellt und gespiegelt und auch etwas gedreht.

9.9.3 Radiale Verläufe

Radiale Verläufe sind kreisförmige Verläufe, deren Mittelpunkt mit den Griffen der Verläufe verschoben werden kann. Der eine Griff der gestrichelten Linie ist für die Höhe und der andere Griff ist für die Breite des Verlaufs verantwortlich. Nur wenn der Verlauf mit der Option AUTO-GRÖSSE eingerichtet wurde, ist er auf Anhieb rund, sonst wird er entsprechend des zu füllenden Pfades elliptisch erstellt. Dann ist der Verlauf mit der Option NORMAL verwendet worden.

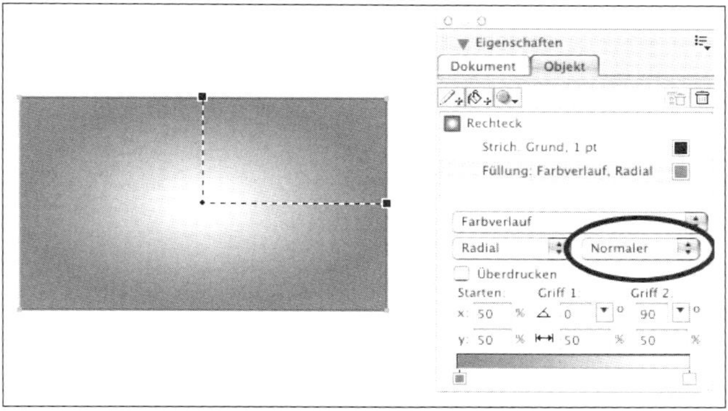

Abbildung 9.25: Ein radialer Verlauf in einem Rechteck wird elliptisch und kann noch beliebig durch die Griffe verändert werden. Der Mittelpunkt kann ebenfalls verschoben werden.

9.9.4 Konturverlauf

Der Konturverlauf richtet sich nicht nur nach den Proportionen des Pfades, für den er verwendet wird, sondern auch nach der Pfadform. Dabei unterscheidet sich die Berechnung des Verlaufs mit der Option NORMAL von der Berechnung mit der eingestellten Option AUTO-GRÖSSE.

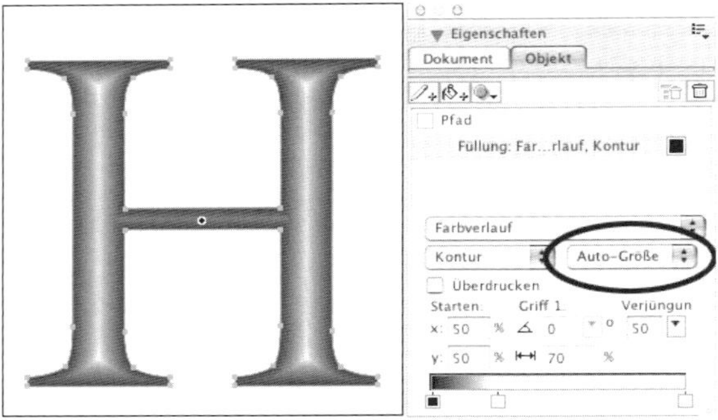

Abbildung 9.26: Bei diesem Buchstaben wurde die Wirkung des Konturverlaufs verstärkt, indem ein zusätzliches weißes Farbfeld in den Verlauf eingefügt und nach links verschoben wurde.

9.9.5 Logarithmische Verläufe

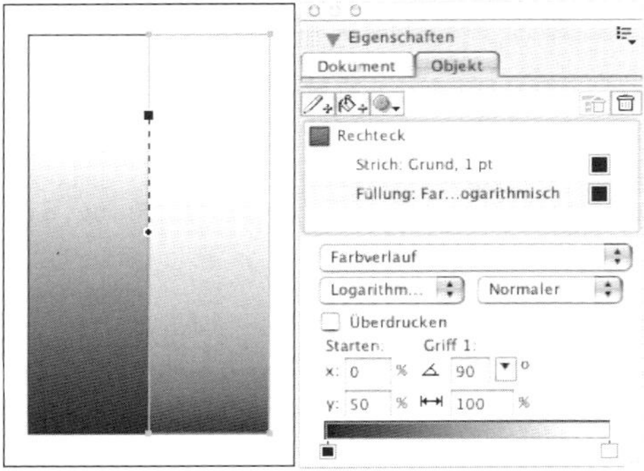

Abbildung 9.27: Bei diesen beiden Rechtecken wurde das linke mit einem linearen Verlauf gefüllt und das rechte mit einem gedrehten logarithmischen Verlauf.

Logarithmische Verläufe zeichnen sich dadurch aus, dass der Verlauf nicht gleichmäßig von einer Farbe in die nächste übergeht, sondern einen Verlauf bildet, bei dem der dunklere Bereich kleiner ist und der hellere Bereich größer. Dies dient meist der Vermeidung einer Streifenbildung und kann als gestalterisches Mittel eingesetzt werden.

9.9.6 Rechteckige Verläufe

Für rechteckige Verläufe gilt das Gleiche wie für radiale Verläufe. Sie werden nur dann automatisch quadratisch erstellt, wenn Sie die Option AUTO-GRÖSSE aktivieren. Die eigentliche Gestaltungsmöglichkeit ergibt sich aber aus der Möglichkeit, die Griffe zu verschieben und den Verlauf mit der Spiegelfunktion zu gestalten. Unter Windows heißt der Befehl nicht SPIEGELN, sondern REFLEKTIEREN.

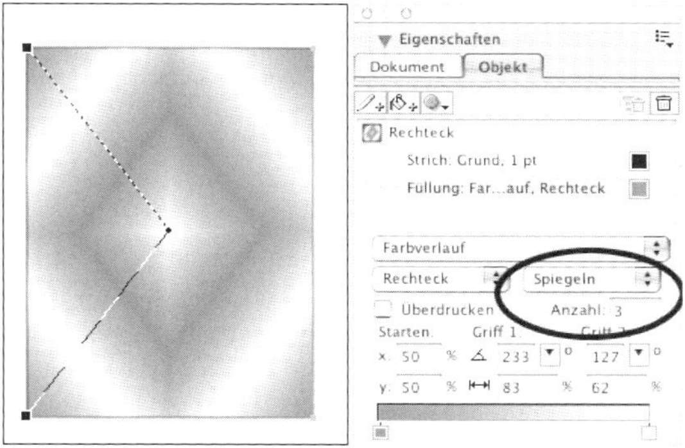

Abbildung 9.28: In diesem Beispiel wurden die beiden Griffe verschoben und die Option SPIEGELN mit einer Anzahl von 3 eingestellt.

9.9.7 Kegel-Verläufe

Für die Kegel-Verläufe lassen sich ebenfalls einige Optionen einstellen und der Verlauf lässt sich mit den Griffen verschieben. Die Verwendung kann für Hintergründe ebenso interessant sein wie für Sternformen.

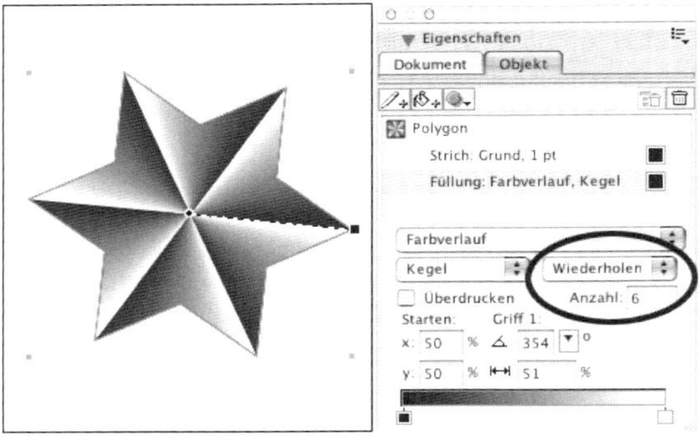

Abbildung 9.29: Hier ist ein Verlauf für den Stern eingestellt worden, der mit einer 6fachen Wiederholung dafür sorgt, dass genau die Spitzen den Anfang eines neuen Verlaufs bilden.

9.10 Füllmuster

9.10.1 Musterfüllungen

Für Musterfüllungen gilt die gleiche Einschränkung wie für gemusterte Linien. Die Muster können auf hoch auflösenden Belichtern nicht gut ausgegeben werden.

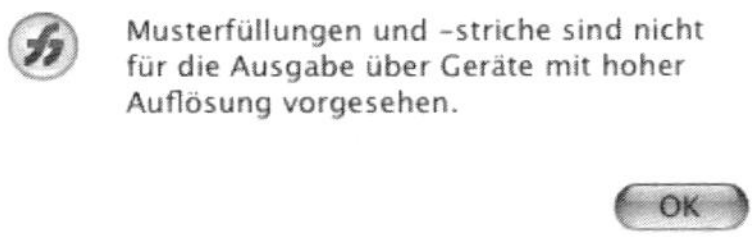

Abbildung 9.30: Sobald Sie für eine Füllung im Bedienfeld Objekt *die Option* Muster *einstellen, erscheint diese Warnung.*

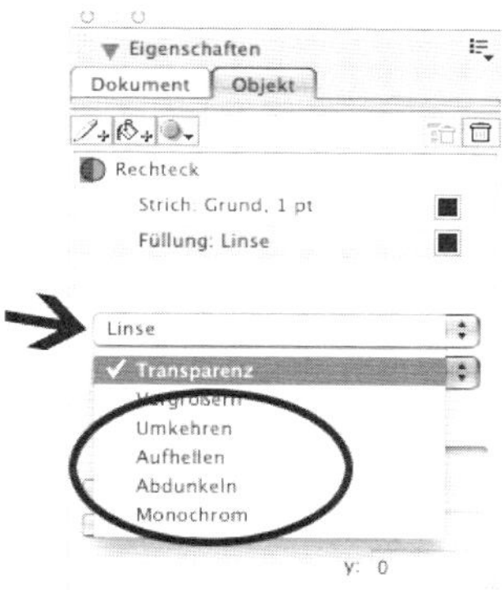

Abbildung 9.31:
Die Musterfüllungen lassen sich in der Form farblich verändern, so dass die zunächst schwarzen Pixel eine andere Farbe erhalten können.

Die Musterfüllungen sind Pixelmuster, die noch bearbeitet und negativ eingestellt werden können.

Im Anhang finden Sie eine Übersicht der Musterfüllungen.

9.10.2 Benutzerdefinierte Füllungen

Für benutzerdefinierte Füllungen von Pfaden stellen Sie im Bedienfeld OBJEKT für eine Füllung die entsprechende Option ein. Allerdings ist der Begriff »benutzerdefiniert« etwas irreführend, denn die Füllungen sind Vorgabefüllungen, die nur mit einigen Optionen variiert werden können. Im Anhang finden Sie eine Übersicht der benutzerdefinierten Füllungen.

Die benutzerdefinierten Füllungen sind PostScript-Füllungen, die nicht auf dem Bildschirm dargestellt werden können. Um Probleme zu vermeiden und feststellen zu können, ob die Füllung richtig ist, sollten Sie einen Probeausdruck von der Grafik mit der benutzerdefinierten Füllung machen.

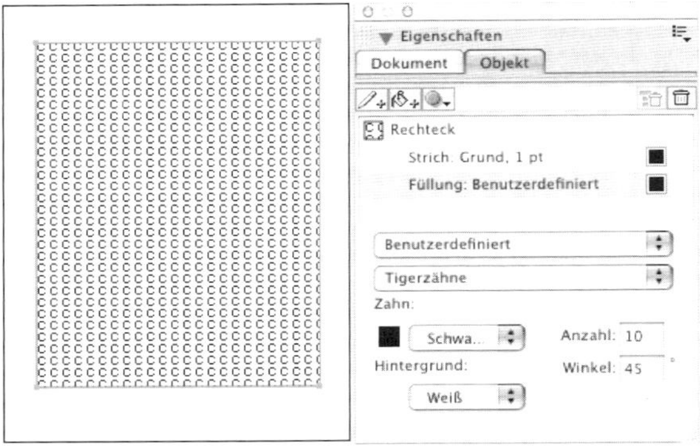

Abbildung 9.32: Bei dieser benutzerdefinierten Füllung lassen sich die Farben für das Muster, die Anzahl der Streifen und der Winkel der Streifen festlegen.

9.10.3 Texturfüllungen

Bei den Texturfüllungen für Pfade ist die Füllung nicht auf dem Bildschirm sichtbar. Ebenso wie bei den benutzerdefinierten Füllungen sind diese Füllungen PostScript-Muster und deswegen nur in einer Vorschau im Bedienfeld OBJEKT sichtbar. Meist werden die Texturfüllungen für die Kartografie verwendet.

Abbildung 9.33: Bei den Texturen kann die Farbe für die Schwarzanteile der Textur verändert werden und eine andere Farbe zugewiesen werden.

Im Anhang finden Sie in der Übersicht der PostScript-Muster auch die Texturfüllungen.

9.10.4 PostScript-Füllungen

Ähnlich wie bei den PostScript-Linien werden für PostScript-Füllungen Kenntnisse der Seitenbeschreibungssprache benötigt, um Füllmuster generieren zu können. Sie müssen die Befehle kennen, mit denen Sie eine solche Füllung erstellen.

9.10.5 Kachelmuster

Eine ganz interessante Möglichkeit, Füllmuster zu erstellen, haben Sie, indem Sie einen Teil des Musters zeichnen und mit den einfachen Formen und Pfaden in FreeHand MX erstellen. Sie können alles Mögliche zeichnen und auch Verläufe und Mischungen verwenden. Das Musterelement muss nicht rechteckig sein und kann auch einen transparenten Hintergrund haben. Aktivieren Sie das so gezeichnete Grundelement für Ihr Muster und wählen Sie aus dem Menü BEARBEITEN|AUSSCHNEIDEN. Auf diese Weise haben Sie es in die Zwischenablage kopiert. Es wird auf der Seite erst einmal nicht mehr benötigt.

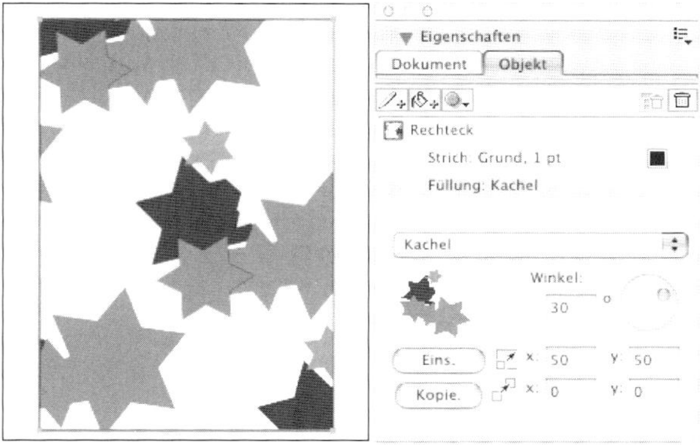

Abbildung 9.34: Die Kachelfüllung kann nur im Bedienfeld OBJEKT skaliert, verschoben und gedreht werden. Für die Einzelelemente lassen sich in diesem Bedienfeld keine weiteren Änderungen einstellen.

Wählen Sie im Bedienfeld OBJEKT die Grundfüllung aus oder erstellen Sie eine Füllung für ein Element, das nun mit diesem Muster gefüllt werden soll. Jetzt rufen Sie aus dem Pulldown-Menü für die Füllung die Option KACHEL auf. Bei dieser Füllung wird durch einen Klick auf den Button EINSETZEN (EINS.) der Inhalt der Zwischenablage für die Musterfüllung verwendet.

Mit dem Bedienfeld TRANSFORMIEREN lässt sich eine Kachelfüllung verändern, indem Sie die Option FÜLLUNG aktivieren und dann z.B. eine Neigung für ein Element einstellen. Auf diese Weise wird allerdings auch der Pfad geneigt. Also müssen Sie die Option wieder deaktivieren und dann die Aktion für das Objekt rückgängig machen. Das ist insofern ganz einfach, als dass Sie vor den verwendeten Neigungswert ein Minuszeichen setzen und nochmals auf den Button NEIGEN klicken.

Falls Sie nachträglich die Musterfüllung ändern möchten, aktivieren Sie das Element mit der Musterfüllung und im Bedienfeld OBJEKT die Füllung. Dann sehen Sie die Kachelfüllung mit den getroffenen Einstellungen. Klicken Sie auf den Button KOPIE, um die Kachelfüllung wieder in die Zwischenablage zu kopieren. Danach können Sie das Element, aus dem sich die Musterfüllung zusammensetzt, über den Menübefehl BEARBEITEN|EINFÜGEN wieder auf der Dokumentseite einfügen. Nun lässt sich dieses Grafikelement ganz normal bearbeiten und danach wieder als Kachelfüllung verwenden.

9.11 Mehrfachfüllungen

Manchmal reicht eine Farb- oder Musterfüllung für Ihr Design nicht aus. Sie haben die Möglichkeit, im Menü des Bedienfeldes OBJEKT oder über den Button weitere Füllungen zu einem bereits gefüllten Pfad hinzuzufügen. Dabei ist leider manchmal nicht das Ergebnis am Bildschirm sichtbar.

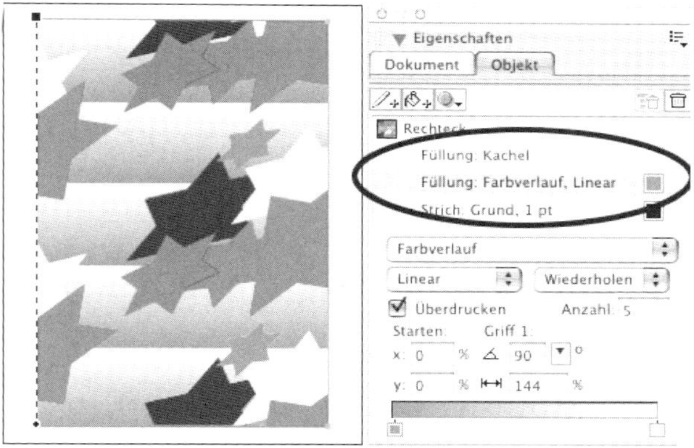

Abbildung 9.35: Die Reihenfolge der Füllungen lässt sich einfach durch Ziehen mit der Maus im Bedienfeld Objekt *verändern.*

9.12 Transparenz einstellen

Da sich gezeichnete Grafikelemente auch teilweise überlagern, ist es manchmal ganz wichtig, einige Elemente transparent auf andere Elemente zu legen. Dazu lässt sich die Linsenfüllung verwenden oder ein Effekt zu einer Grundfüllung hinzufügen. Da durch die Verwendung von Transparenzen auch die Farben verändert werden, soll dieser Effekt hier erklärt werden. Andere Effekte verändern die Form von Pfaden oder die Pfadkonturen.

9.12.1 Linsenfüllung

Die Füllungsart Linse, die Sie auch im Bedienfeld Objekt für einen Pfad verwenden können, bietet eine Möglichkeit, eine Farbe transparent über andere Elemente zu legen. Dabei wird eine Farbe für die Füllung und der Prozentwert für die Opazität eingestellt.

Abbildung 9.36: Mit der Option NUR OBJEKTE lässt sich die Transparenz-Funktion der Linsenfüllung auf die Elemente beschränken und der Hintergrundfarbton wird nicht verändert.

9.12.2 Transparenzeffekt

Eine weitere Möglichkeit, transparente Flächen über andere Flächen zu legen und so die Farbveränderung von FreeHand MX berechnen zu lassen, ist der Effekt, der für die Füllung zusätzlich eingestellt werden kann. Dieser Effekt muss der Füllung hinzugefügt werden und kann dann noch verändert werden. Erstellen Sie einen Pfad oder ein Grundelement und richten Sie eine Grundfüllung in einer beliebigen Farbe ein.

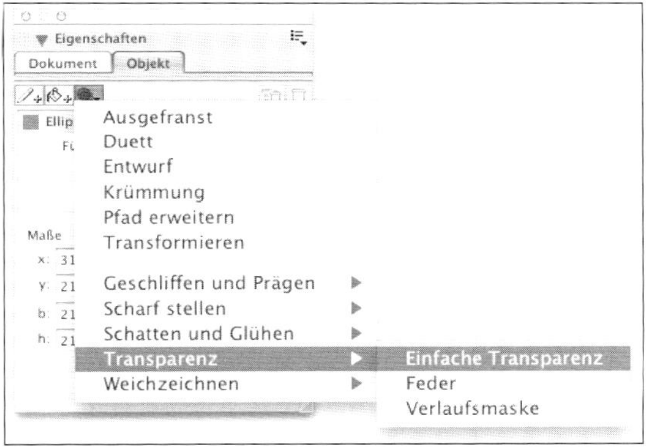

Abbildung 9.37: Im Bedienfeld OBJEKT *gibt es ein Auswahlmenü für Effekte und die Option* TRANSPARENZ|EINFACHE TRANSPARENZ.

Für die Transparenzeffekte lassen sich drei Varianten wählen. Sie haben die Möglichkeit, eine einfache Transparenz einzustellen, die einfach die Füllung des aktiven Elements verändert. Mit der Einstellung FEDER wird eine weiche Kante nach innen eingestellt und so die Transparenz erzeugt. Mit einer Verlaufsmaske lassen sich die Farben teilweise transparent gestalten.

In dem Beispiel in Abbildung 9.38 wurden verschiedene Farbkreise mit Transparenzeffekten über den mittleren Farbkreis gelegt. Kreis 1 zeigt eine lineare Verlaufsmaske, Kreis 2 einen Kreis mit der Transparenzeinstellung FEDER, Kreis 3 einen Kreis mit einer einfachen Transparenz und Kreis 4 einen Kreis mit einer Verlaufsmaske mit einem rechteckigen Verlauf mit Wiederholung.

Lesen Sie bitte auch Abschnitt 15.9, damit Sie die richtige Einstellung für den Effekt für die Rasterauflösung finden. Dieser Effekt erstellt nämlich Pixelinformationen, für die Sie noch eine Auflösung festlegen müssen.

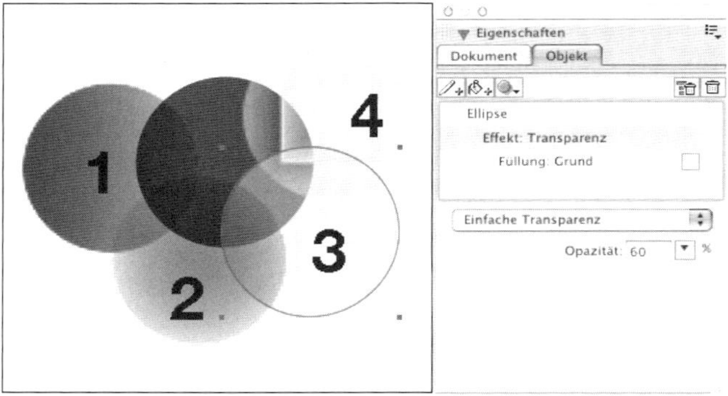

Abbildung 9.38: Kreise mit Transparenz-Effekten

9.13 Xtra-Funktion: Überfüllung

Sobald verschiedene Farbflächen aneinander stoßen, die später bei der separierten Ausgabe für den Druck auf verschiedenen Druckformen abgebildet werden sollen, müssen Sie darauf achten, dass Sie eine Überfüllung erzeugen. Diese Überfüllung wird im Druckdialogfeld eingestellt und dann automatisch berechnet. Aber bei einem Export der Daten in eine EPS-Datei ist es für die meisten Layoutprogramme nicht möglich, die Überfüllung für die Elemente im EPS zu berechnen. Damit aber die Grafikelemente im EPS trotzdem korrekt ausgegeben werden können, lässt sich mit der Xtra-Funktion ÜBERFÜLLUNG eine Überfüllung für die Elemente berechnen, die in ein EPS eingebunden werden kann.

Abbildung 9.39: Sie können die Xtra-Funktion ÜBERFÜLLUNG über den Button in der Symbolleiste XTRA-FUNKTIONEN aufrufen oder über das Menü XTRAS|ERSTELLEN|ÜBERFÜLLUNG.

Um eine Überfüllung berechnen zu können, müssen Sie zwei Elemente aktivieren und dann die Xtra-Funktion ÜBERFÜLLUNG aufrufen.

Dort richten Sie die Überfüllungsbreite ein. Dieser Wert wird in Millimeter bestimmt, wenn die Maßeinheit für das Dokument auf Millimeter eingestellt wurde, und kann maximal die Breite von 1 Punkt erreichen.

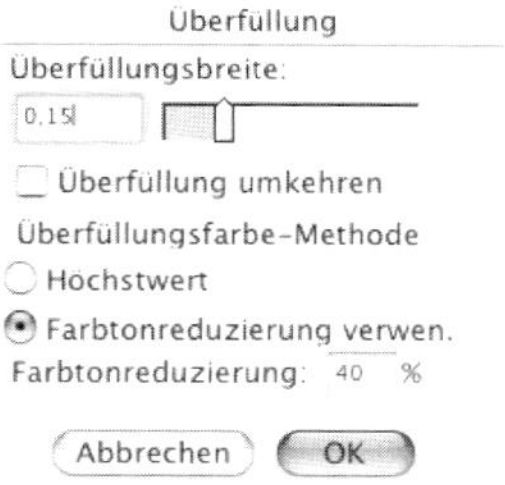

Abbildung 9.40:
Dialogfeld *ÜBERFÜLLUNG*

Im Dialogfenster für die Überfüllung kann auch eine Unterfüllung eingestellt werden, indem Sie die Option ÜBERFÜLLUNG UMKEHREN aktivieren. Normalerweise wird die hellere Farbe erweitert, aber manchmal soll die Überfüllung auch genau entgegengesetzt eingerichtet werden.

Die Funktion erstellt eine neue Fläche, die als Überfüllung eingerichtet ist. Dabei wird mit der Option HÖCHSTWERT die gleiche Farbe verwendet wie für das zu überfüllende Element und diese Farbe auf ÜBERDRUCKEN gestellt. Mit der Option FARBTONREDUZIERUNG VERWENDEN wird eine Mischfarbe für die Überfüllungsfläche verwendet und die Füllung ebenfalls wieder auf ÜBERDRUCKEN gestellt. Dabei können Sie Prozentwerte für die Mischfarbe selbst wählen und z.B. eine Farbtonreduzierung von 40 Prozent eingestellt lassen.

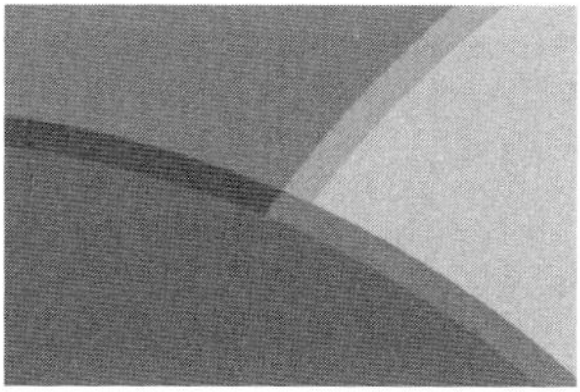

Abbildung 9.41:
Bei mehreren Überfüllungsflächen, die sich überlagern, müssen Sie auf die Reihenfolge achten und eventuell einige Elemente wieder in den Vordergrund stellen.

9.14 Stile verwenden

Für Füllungen und Linien lassen sich in FreeHand MX so genannte Stile verwenden. Diese sind teilweise bereits im Bedienfeld STILE vorbereitet. Aber Sie haben natürlich auch die Möglichkeit, eigene Stile zu erstellen und die Stile zu bearbeiten. Mit den Stilen lässt sich vieles vereinfachen und die Gestaltung von Grafikelementen beschleunigen.

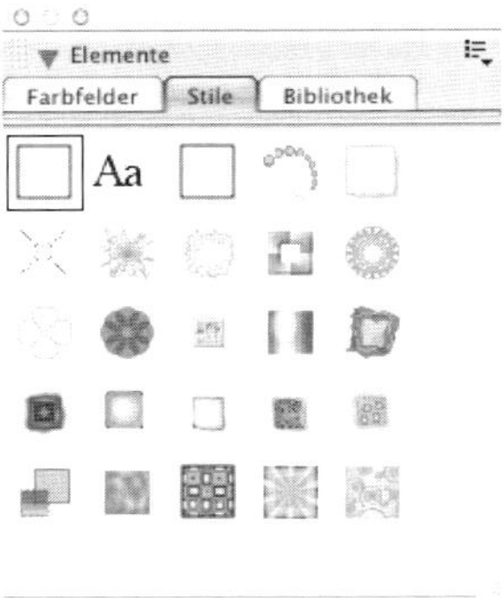

Abbildung 9.42:
Im Bedienfeld STILE ist der Grundstil für neue Elemente sichtbar, die mit einer schwarzen Linie, aber ohne Füllung erstellt werden.

Ein Stil besteht aus der Definition verschiedener Füllungen und Strich-Einstellungen. In dem Stil sind auch die Farben, die Linienstärken, die Effekte und die Füllungstypen festgelegt. Ein Pfad kann so mit einem Stil gestaltet werden. Wenn Sie einen Stil verwenden möchten, erstellen Sie einen Pfad und klicken im Bedienfeld STILE auf die Vorschau des Stils.

Sobald Sie einen Stil auf einen Pfad angewendet haben, wird im Bedienfeld OBJEKT sichtbar, wie dieser Stil definiert ist. Dort sind die verschiedenen Farben, Füllungen und Effekte sichtbar und können individuell verändert werden.

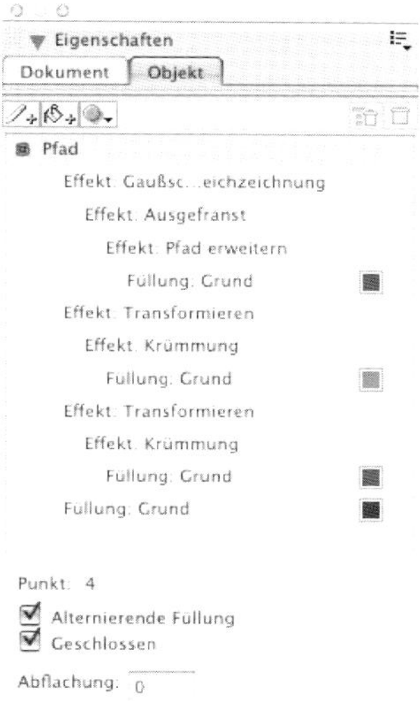

Abbildung 9.43:
Das Bedienfeld OBJEKT für einen Pfad, bei dem ein Stil angewendet wurde

Um einen eigenen Stil zu erstellen, richten Sie die erstellten Füllungen und Linien ein, die Sie vermutlich mehrfach benötigen, und wählen dann im Menü des Bedienfeldes STILE die Option NEU aus.

Im Menü des Bedienfeldes STILE lässt sich ein bereits im Bedienfeld enthaltener Stil neu definieren. Sie ändern im Bedienfeld OBJEKT die entsprechenden Parameter und wählen die Option NEU DEFINIEREN.

Sobald Sie einen Stil neu definieren, werden Sie sicherheitshalber noch nach dem Stil gefragt, der auf diese Weise verändert wird.

Weitere Stile lassen sich importieren und im Menü des Bedienfeldes STILE können Sie direkt das Importdialogfeld für Stile aufrufen, die von FreeHand MX schon mitgeliefert wurden. Dabei ist speziell für die Webgestaltung eine Stil-Bibliothek mit Buttondesigns verfügbar.

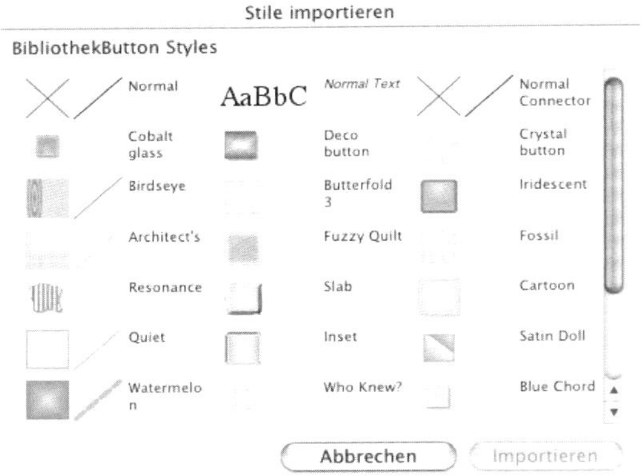

Abbildung 9.44: Aktivieren Sie die Stile, die Sie importieren möchten, und klicken Sie auf den Button IMPORTIEREN.

Manchmal möchten Sie vielleicht nur einen Teil einer Stildefinition verwenden, ohne den Stil neu zu definieren oder einen eigenen Stil zu erstellen. Sie wählen dazu den Stil im Bedienfeld STILE und aus dem Menü des Bedienfeldes die Option STILVERHALTEN aus.

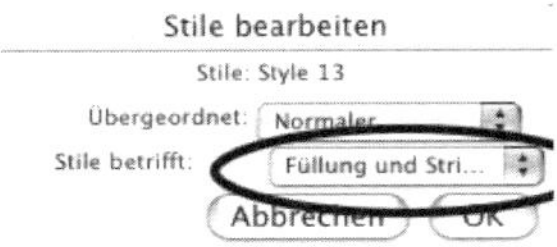

Abbildung 9.45: Hier bestimmen Sie, ob der Stil die Füllungen oder die Striche betrifft.

10 Textgestaltung

Texte in FreeHand MX zu gestalten, setzt natürlich voraus, dass Sie Texte erstellt haben. Also müssen Sie zuerst mit dem Text-Werkzeug auf die Seite klicken oder einen Rahmen ziehen. So entsteht ein Textblock, in den Sie den Text eingeben können. Das Text-Werkzeug finden Sie im Bedienfeld WERKZEUGE.

Abbildung 10.1:
Das Text-Werkzeug hat ein großes A als Symbol.

Sobald Sie mit dem Text-Werkzeug geklickt oder den Textblock aufgezogen haben, können Sie den Text eingeben. Normalerweise wird der Textblock automatisch erweitert und erst wenn Sie ein Absatzende oder ein Zeilenende (⇧+↵) eingeben, entsteht eine zweite Zeile. Nun passt manchmal der Text nicht in den Textblock. Das wird durch einen fetten blauen Punkt rechts unten am Textblock angezeigt.

Abbildung 10.2:
Oben am Textrand wird eine Leiste zum Einrichten der Einzüge und Tabulatoren angezeigt, wenn der Textblock mit dem Text-Werkzeug aktiviert wurde.

Mit dem Auswahl-Werkzeug lässt sich der Text verschieben oder der Textblock vergrößern und verkleinern. Dabei wechselt FreeHand MX automatisch vom Text-Werkzeug auf das Auswahl-Werkzeug, wenn Sie mit der Maus auf den Rand des Textblocks gehen. Achten Sie darauf, dass Sie immer nur die Eckpunkte für die Größenänderung des Textblocks verwenden, denn sonst werden die Buchstabenabstände (linker und rechter Aktivierungspunkt) oder die Zeilenabstände (oberer und unterer Aktivierungspunkt) geändert. Die Größe des Textblocks lässt sich aber auch im Bedienfeld OBJEKT verändern. Rufen Sie aus dem Menü FENSTER das Bedienfeld OBJEKT auf und aktivieren Sie dort die Zeile TEXT, mit der die Objektart dargestellt wird. Dann finden Sie die Eingabefelder für die Koordinaten für die linke obere Ecke des Textblocks und für die Breite und Höhe. Wenn Sie Koordinaten für die obere Kante verändern, werden Sie merken, dass der Nullpunkt der Seite unten links liegt. Der Textblock verschiebt sich nach unten, wenn der Wert niedriger eingegeben wird.

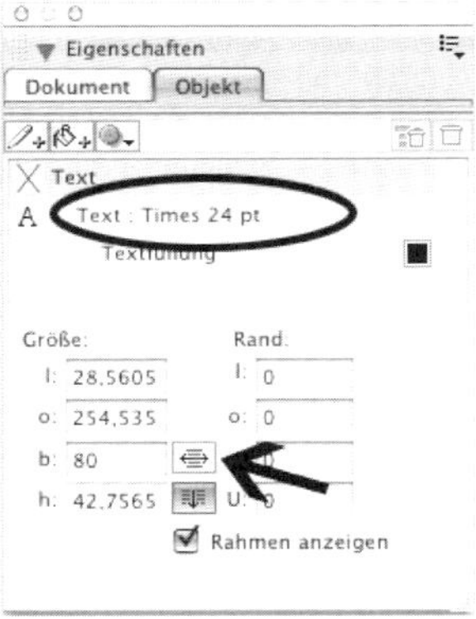

Abbildung 10.3:
Im Bedienfeld OBJEKT sehen Sie die Standardschriftart und -schriftgröße und auch die Textfüllung.

Um die Breite und Höhe des Textblocks automatisch berechnen zu lassen, klicken Sie auf die beiden Buttons neben der Breiten- und Höhenangabe. Wenn Sie bereits Text eingegeben haben und auf die Breitenangabe klicken, wird der gesamte Text eines Absatzes in einer Zeile dargestellt. Falls ein Textblock in der Höhe nicht passt und nicht der ganze Text dargestellt wird, ist es eine gute Idee, den Textblock in der Höhe automatisch zu erweitern. Ist ein Textblock zu groß und nach unten oder rechts noch zu viel Platz, lässt sich die Höhe und die Breite mit einem Doppelklick in das Kästchen rechts unten am Textblock optimal anpassen.

Mit Hilfe der Ränder lässt sich der Abstand des Textes zum Textblockrand verändern. Geben Sie die gewünschte Millimeterzahl ein. Nur wenn Sie die Option RAHMEN ANZEIGEN aktiviert haben, wird auch die Füllung und die Umrandungslinie des Textblocks dargestellt. Eine Linie und eine Füllung werden zu einem Textblock hinzugefügt, wenn im Bedienfeld OBJEKT das Objekt aktiviert wurde.

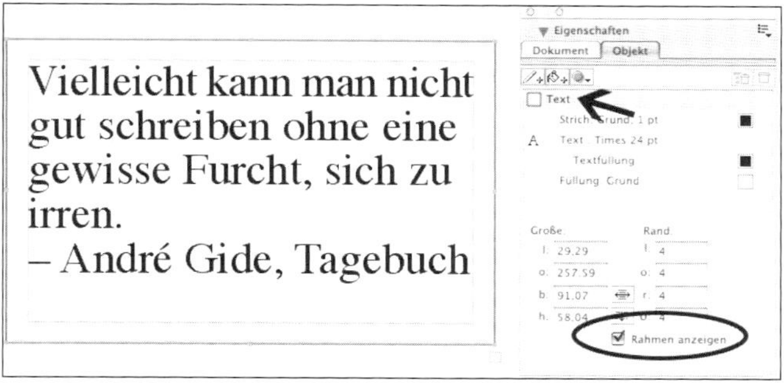

Abbildung 10.4: Hier ist ein einfacher schwarzer Rahmen um den Textblock eingerichtet worden und die Ränder wurden auf allen Seiten um vier Millimeter nach innen versetzt.

Anführungszeichen, die Sie beim Eingeben von Texten mit der Tastenkombination ⇧+2 eingeben, werden normalerweise automatisch entsprechend der Grundeinstellung formatiert. Wählen Sie im Menü FREEHAND die Option EINSTELLUNGEN. Bei Windows befinden sich die Einstellungen im Menü BEARBEITEN. In der Kategorie TEXT wählen Sie die deutschen Anführungszeichen in dem Pulldown-Menü aus und aktivieren Sie die Option GESCHWUNGENE ANFÜHRUNGSZEICHEN.

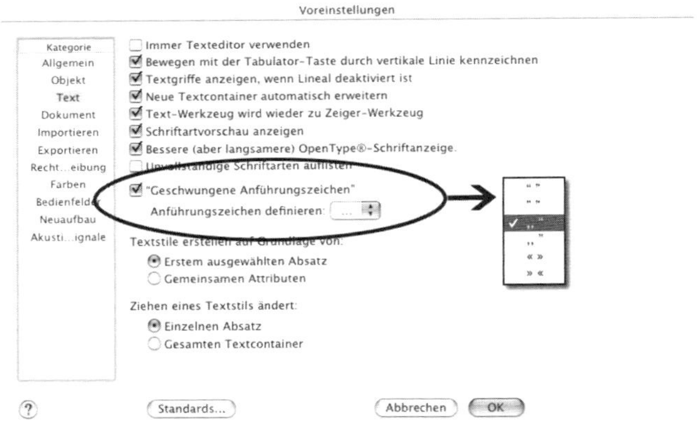

Abbildung 10.5: Die Voreinstellungen für die Anführungszeichen für den deutschen Text sind die dritte Einstellung von oben in der Auswahl.

10.1 Schriftart und Schriftgröße

Nun möchten Sie wahrscheinlich die Schriftart und Schriftgröße verändern. Aus dem Menü FENSTER können Sie die Symbolleiste TEXT aufrufen. Diese Symbolleiste zeigt alle wichtigen Funktionen für die Textgestaltung. Als Erstes kann die Schriftart und die Schriftgröße verändert werden. Dann muss aber manchmal die Größe des Textblocks wieder angepasst werden. Sie können auch für einzelne markierte Textstellen, die mit dem Text-Werkzeug mit der Maus ausgewählt wurden, die Schriftart ändern.

Abbildung 10.6: Bei der Wahl der Schriftschnitte müssen die Schriftschnitte installiert sein. Schriftschnitte, die nicht verfügbar sind, funktionieren nicht.

Statt die Symbolleiste zu verwenden, haben Sie auch die Möglichkeit, im Bedienfeld OBJEKT die Schriftart und Schriftgröße zu ändern. Aktivieren Sie die Standardeinstellung der Schrift im Bedienfeld OBJEKT und im Bedienfeld wird sichtbar, was Sie einstellen können.

Die Schriftformatierung im Bedienfeld OBJEKT ist in verschiedene Bereiche unterteilt. Die Buttons links im Bedienfeld sind zur Auswahl dieser Bereiche aktivierbar. Der oberste Button mit der Bezeichnung ABC ist für die grundsätzlichen Textformatierungen auszuwählen.

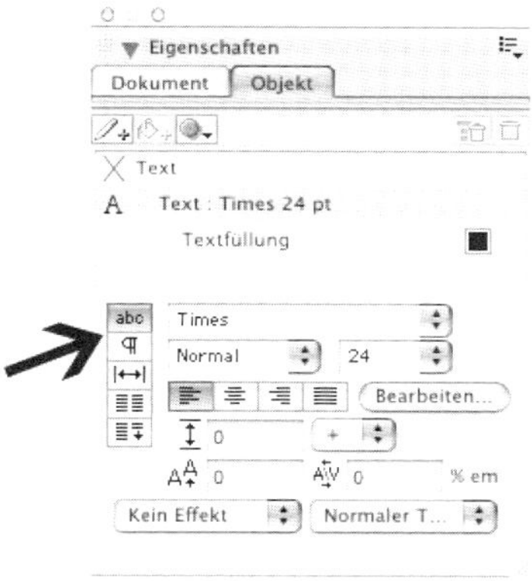

Abbildung 10.7: Schriftformatierung im Bedienfeld OBJEKT

Die dritte Möglichkeit der Textformatierung finden Sie im Menü TEXT. Dort lässt sich auch die Schriftart wählen. FreeHand MX zeigt sogar, immer wenn es möglich ist, eine Vorschau der Schrift, damit Sie besser entscheiden können, welche Schrift Sie verwenden möchten.

Abbildung 10.8:
Im Menü TEXT sehen Sie als ersten Menüpunkt SCHRIFTART und darunter die Schriftgröße und den Schriftstil.

Verwenden Sie bei der Windows-Version die Kontextmenüs. Gerade bei der Formatierung von Texten lassen sich auf diese Weise viele Einstellungen schneller erreichen. Klicken Sie mit der rechten Maustaste auf einen Textblock, um das Kontextmenü zu öffnen.

10.2 Textausrichtung

Der Text kann im Textblock ausgerichtet werden. Dazu verwenden Sie beispielsweise die Buttons in der Symbolleiste TEXT oder im Bedienfeld OBJEKT oder die Befehle im Menü TEXT|AUSRICHTEN.

Für die Textausrichtung im Textblock müssen Sie aber eventuell auch für den linksbündigen Flattersatz noch zusätzliche Einstellungen vornehmen, damit der Flatterbereich nicht so unausgeglichen ist. Dazu klicken Sie auf den Button BEARBEITEN im Bedienfeld OBJEKT neben den Buttons zur Textausrichtung.

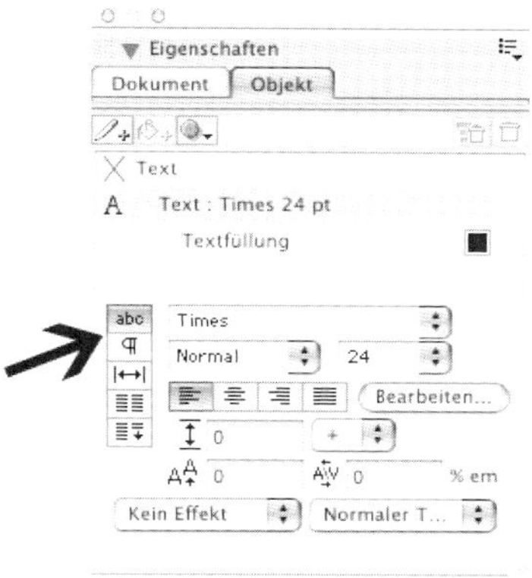

Abbildung 10.9:
Sie können den Text linksbündig, zentriert, und im Blocksatz ausrichten.

Wenn Sie eine Flatterrandbreite von beispielsweise 75 % einstellen, werden Zeilen, die diesen Wert nicht einhalten, weil zu wenig Text in diesen Zeilen steht, bis auf diesen Wert ausgedehnt und der Text meist auch gesperrt.

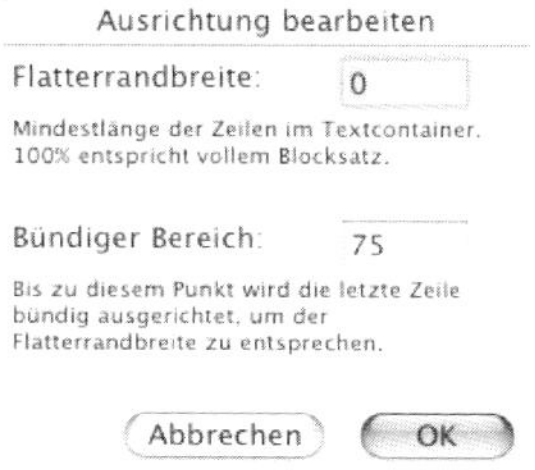

Abbildung 10.10:
Dialogfeld AUSRICHTUNG BEARBEITEN

Die Einstellung für den bündigen Bereich ist wichtiger, wenn Sie den Text im Blocksatz ausrichten möchten. Diese Einstellung sorgt dafür, dass die Zeilen, die fast ganz gefüllt sind, auch auf die volle Breite des Textblocks eingestellt werden. Diese Option benutzt man, um einen Blocksatz gleichmäßiger zu gestalten.

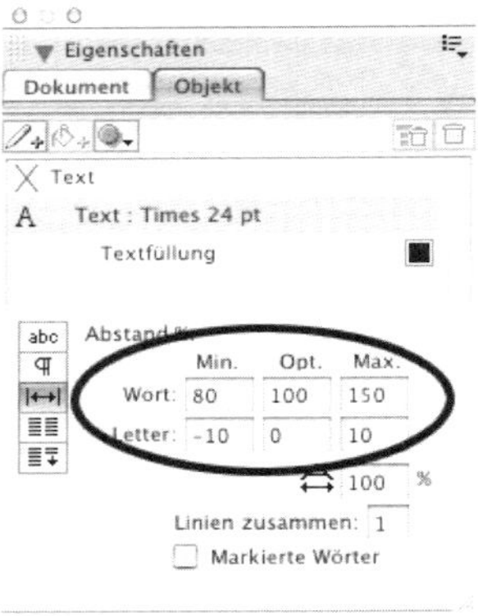

Abbildung 10.11:
In dieser Darstellung ist eine Unterschneidung und eine Sperrung des Textes noch zugelassen, Sie sollten die Werte auf Null ändern.

Da Sie nun schon bei der Ausrichtung im Bedienfeld OBJEKT sind und vielleicht einen Text im Blocksatz ausgerichtet haben, klicken Sie danach auf den Button mit dem Doppelpfeil. Jetzt legen Sie die Abstände fest, die für die Berechnung des Blocksatzes verwendet werden sollen. Dabei werden die optimalen Wortzwischenräume und die Minimal- und Maximalwerte eingegeben. Darunter sehen Sie die Werte für die Veränderung der Buchstabenabstände (Letter), die meist alle auf null gesetzt werden, damit keine Veränderungen vorgenommen und keine Sperrungen oder Unterschneidungen im Blocksatz entstehen.

10.2.1 Zeilenabstände und Absatzabstände

Der Zeilenabstand wird entweder in der Symbolleiste TEXT, im Menü TEXT oder im Bedienfeld OBJEKT eingestellt. Normalerweise ist der Zeilenabstand automatisch genau auf die Schriftgröße eingestellt. Allerdings zeigt der Wert im Bedienfeld die Angabe Null und daneben ein kleines Pluszeichen. Damit ist gemeint, dass der Zeilenabstand nicht vergrößert oder verkleinert wurde. In dem Pulldown-Menü lässt sich die Angabe verändern, so dass danach Prozentwerte passend zur Schriftgröße gewählt werden können.

Die dritte Möglichkeit ist durch das Gleichheitszeichen gekennzeichnet. Mit dieser Einstellung werden die Zeilenabstände in genauen Punktwerten definiert. Falls Sie Millimeter eingeben möchten, geben Sie hinter der Zahl MM ein. Dann wird der Wert in Punkt umgerechnet.

Abbildung 10.12:
Drei Definitionsmöglichkeiten für Zeilenabstände

Normalerweise müssen Sie den Zeilenabstand nicht verändern, Sie können es aber aus gestalterischen Gründen tun. Wenn Sie im Menü TEXT die Option ZEILENABSTAND|AUTOMATISCH aufrufen, erreichen Sie, dass der Zeilenabstand in 120 % der Schriftgröße eingestellt wird. Um ein kleines Menü aufzurufen, wählen Sie aus dem Menü TEXT|ZEILENABSTAND|ANDERE.

Abbildung 10.13: Wenn Sie den Zeilenabstand in Punktwerten erhöhen möchten, geben Sie hier ein, um wie viel Punkte der Zeilenabstand für den markierten Textblock größer werden soll.

Für eine zwar ungenaue, aber schnelle kreative Veränderung der Zeilenabstände lassen sich die beiden Griffe oben und unten in der Mitte des Textblocks mit der Maus ziehen. Meist wird der Zeilenabstand vergrößert, aber er lässt sich auch auf diese Weise verkleinern. Sie sehen den Wert, den Sie mit dieser Aktion erreicht haben, im Bedienfeld OBJEKT.

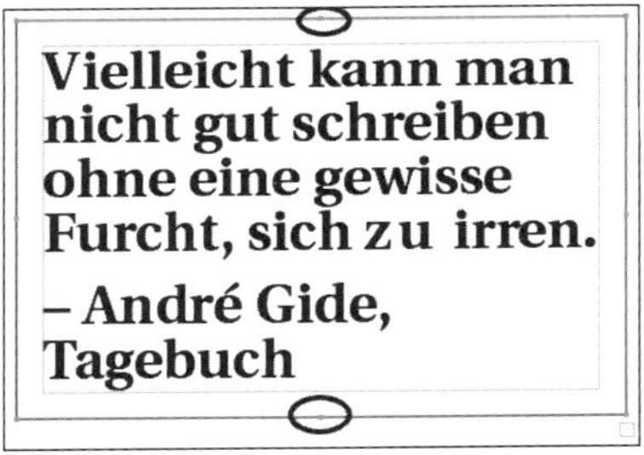

Abbildung 10.14: Diese beiden Griffe am Textblock sind für die Veränderung des Zeilenabstandes verfügbar.

Um nur die Absatzabstände für mehrere Absätze in einem Textblock zu verändern, verwenden Sie ebenfalls das Bedienfeld OBJEKT. Aktivieren Sie den Button unter dem ABC-Button, damit Sie die Absatzeinstellung verändern können.

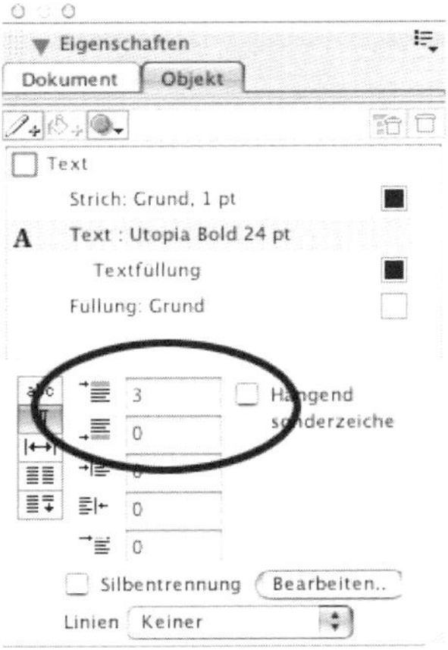

Abbildung 10.15: Bedienfeld OBJEKT

Der erste Wert, der in diesem Bedienfeld eingegeben werden kann, ist der Wert für den Abstand über dem Absatz. Damit werden alle Absatzabstände für einen aktiven Textblock verändert, wenn dieser mit dem Auswahl-Werkzeug aktiviert wurde. Der zweite Wert ist für Abstandsveränderungen unter den Absätzen einstellbar.

10.2.2 Grundlinienverschiebung

Die Grundlinienverschiebung ist ebenfalls eine Verschiebung der Textzeilen in der Höhe. Meist werden aber nur einzelne Zeichen mit dieser Option verschoben. Sie finden die Option wieder im Bedienfeld OBJEKT.

Die Grundlinienverschiebung ist nicht mehr sinnvoll, wenn Sie den Text zu stark verschieben, denn dann ist es problematisch, den Text zu aktivieren. Der Text muss nämlich an der Stelle aktiviert werden, an der er stehen würde, wenn keine Grundlinienverschiebung aktiviert wäre.

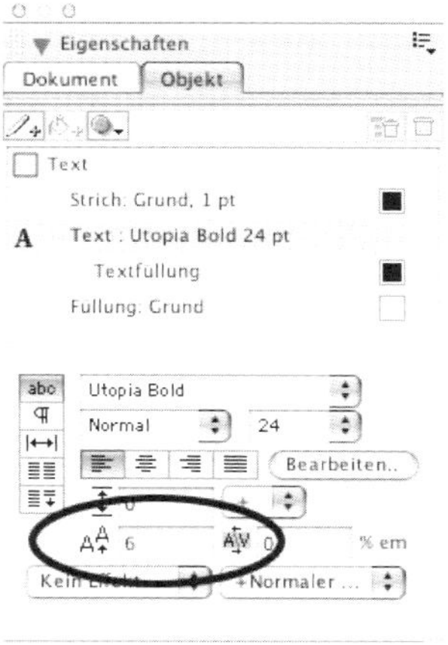

Abbildung 10.16: Grundlinienverschiebung

Sie können den Zeilenabstand und die Grundlinienverschiebung auch über Buttons in der Symbolleiste TEXT verändern. Der Zeilenabstand wird mit jedem Klick auf einen der Buttons um zwei Punkt vergrößert oder verkleinert. Die Grundlinienverschiebung wird mit jedem Klick auf einen der Buttons um einen Punkt vergrößert bzw. verkleinert.

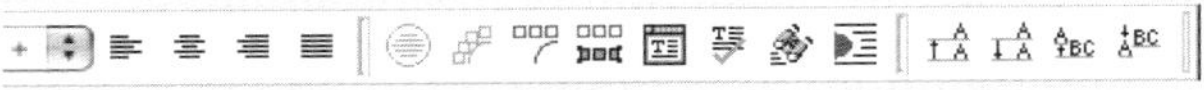

Abbildung 10.17: Von links: Zeilenabstand vergrößern, Zeilenabstand verringern, Grundlinienverschiebung vergrößern, Grundlinienverschiebung verringern

10.2.3 Sperrung und Unterschneidung

Mit dem Begriff SPERRUNG ist gemeint, dass die Buchstabenabstände eines Textes erweitert werden. Diese Funktion wird über das Bedienfeld OBJEKT gesteuert. Aktivieren Sie den Textblock oder einen Teil des Textes, also die Textteile, die gesperrt werden sollen, und geben Sie einen Wert für die Sperrung ein. Die Berechnung erfolgt passend zur Schriftgröße. Sie geben Prozentwerte der Schriftgröße ein.

Wenn in einer Schrift Veränderungen für Buchstabenabstände für bestimmte Buchstabenpaare definiert wurden, dann sehen Sie beim Scrollen durch den Text diese Werte im Bedienfeld OBJEKT. Diese Werte lassen sich verändern und durch einen eigenen Wert ersetzen. Dazu klicken Sie zwischen zwei Buchstaben. Bei einer generellen Sperrung des ganzen Textblocks werden die Werte beibehalten und mit dem gewünschten Wert erweitert.

Beim Unterschneiden werden die Buchstabenabstände verringert. Sie müssen also ein Minuszeichen vor dem Wert eingeben, wenn Sie das Gegenteil der Sperrung erreichen möchten. Der Wert wird an der gleichen Stelle im Bedienfeld OBJEKT eingegeben.

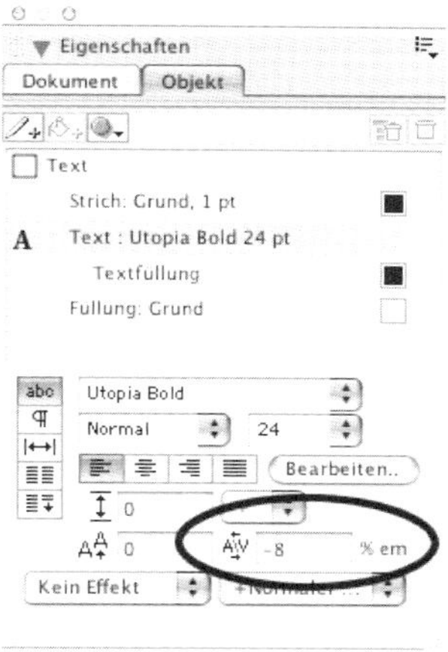

Abbildung 10.18: Veränderungen für Buchstabenabstände

Aber auch mit der Maus lassen sich die Buchstabenabstände eines Textblocks verändern. Sie können die Punkte links und rechts in der Mitte eines Textblocks mit der Maus ziehen. Damit werden die Werte, die in der Schrift bereits enthalten sind, entsprechend erweitert. Die Ausgleichswerte gehen nicht verloren, sondern sie werden erweitert oder verringert.

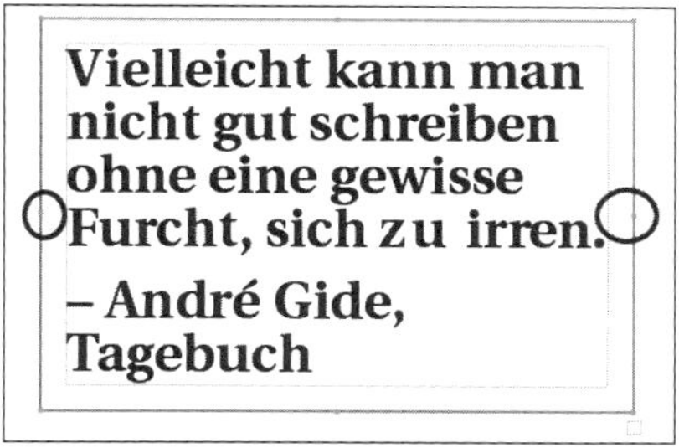

Abbildung 10.19: Mit diesen beiden Griffen am Textblock lässt sich der Text sperren.

10.3 Schrifteffekte

In FreeHand MX lassen sich einige Schrifteffekte für den eingegebenen Text auswählen und anwenden. Diese finden Sie im Bedienfeld OBJEKT und im Menü TEXT|EFFEKT.

Im Bedienfeld OBJEKT werden die Effekte zunächst mit der Standardeinstellung aufgerufen und danach bearbeitet. Im Menü TEXT wird beim Aufrufen eines Effekts gleich das Dialogfeld zur Einstellung geöffnet.

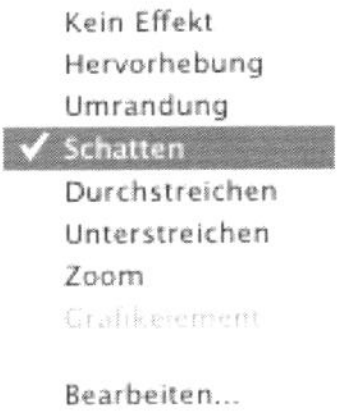

Abbildung 10.20: Texteffekte im Bedienfeld OBJEKT

10.3.1 Hervorhebung

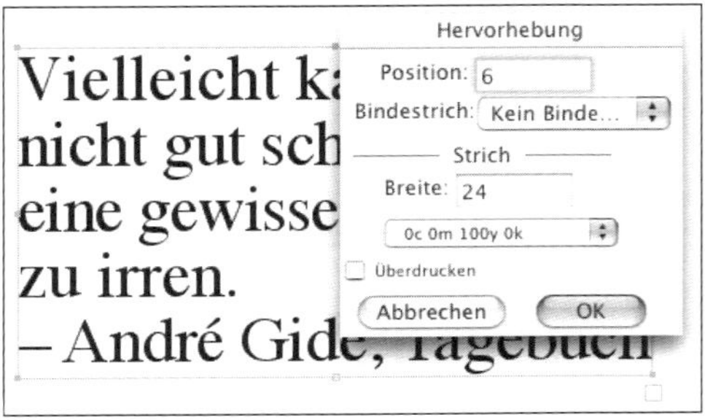

Abbildung 10.21: Im Dialogfeld für den Schrifteffekt HERVORHEBUNG kann eine andere Farbe für den Effekt ausgesucht werden.

Die Hervorhebung ist wie eine Textmarkerfunktion zu verstehen. Sie hinterlegen einen Text oder Textteil mit einer Farbe.

Die Position bestimmt die Verschiebung der Linie im Verhältnis zur Grundlinie des Textes. Je höher der Wert eingestellt wird, desto höher wird die Hervorhebung mit den Linien geschoben. Sie haben sogar die Möglichkeit, gestrichelte Linien zu verwenden. Die Strichbreite ist zunächst automatisch auf die Schriftgröße angepasst, kann aber verändert werden.

10.3.2 Umrandung

Mit diesem Texteffekt werden eine oder mehrere Umrandungen um den Text gelegt, indem ein Hintergrund und eine Umrandungslinie um den Text gezogen werden. Dabei wird die Farbe der Striche auch für den Text verwendet.

Abbildung 10.22: Bei dem Effekt kann es zu Darstellungsfehlern auf dem Bildschirm kommen.

10.3.3 Schatten

Für den Texteffekt SCHATTEN können Sie einstellen, um wie viel Prozent der Schriftgröße der Schatten nach rechts und unten verschoben werden soll. Dabei wirken sich Werte mit einem Minuszeichen so aus, dass der Schatten nach links und oben versetzt wird.

Danach bestimmen Sie die Farbe des Schattens und den Rastertonwert in Prozent mit Hilfe des kleinen Schiebereglers oder eines Wertes, den Sie eingeben.

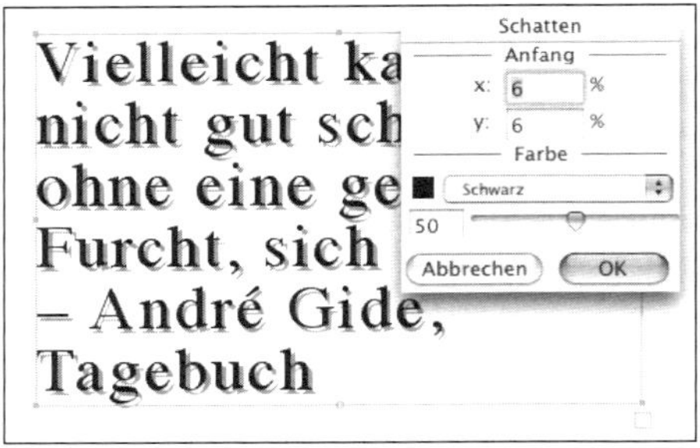

Abbildung 10.23: Der Texteffekt SCHATTEN ist ebenso scharfkantig in der Darstellung wie der Text selbst.

10.3.4 Durchstreichen und Unterstreichen

Die Linienart, Linienfarbe, Linienstärke und auch der Versatz der Linie im Verhältnis zur Schrift kann eingestellt werden. Achten Sie auch unbedingt darauf, ob Sie die Linie für die Texteffekte auf ÜBERDRUCKEN stellen möchten. Das kann bei farbigen Texten und farbigen Linien später Mischfarben an den Stellen erzeugen, an denen Textteile und Linien sich überschneiden.

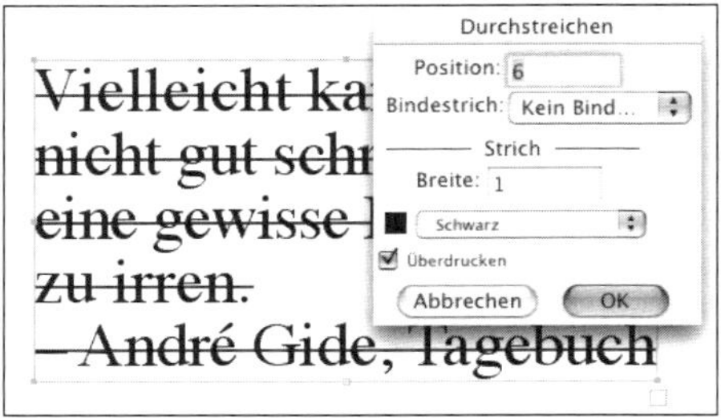

Abbildung 10.24: Dieser Effekt wird für Texte verwendet, die trotz einer Streichung lesbar bleiben sollen.

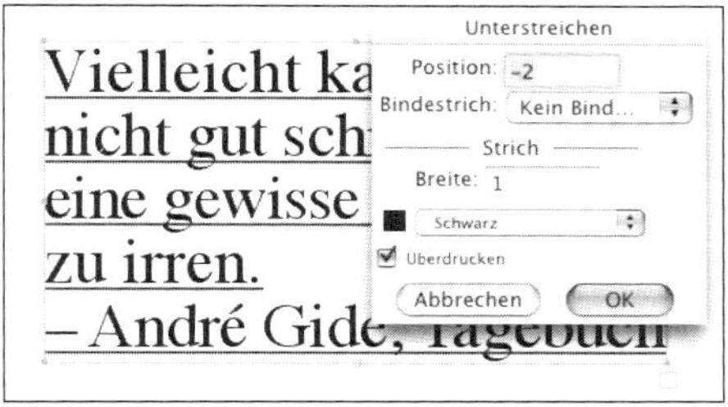

Abbildung 10.25: Beachten Sie die Unterlängen der Buchstaben. Es ist meist sinnvoll, den Abstand der Unterstreichung und den Zeilenabstand zu erhöhen.

10.3.5 Zoom

Dieser Effekt ist variabel, indem die Schriftgröße, auf die gezoomt werden soll, verändert werden kann. Wenn Sie z.B. 50 % einstellen, wird von hinten von einer kleineren Schrift auf die aktuelle Schriftgröße gezoomt. Falls Sie genau umgekehrt von einer größeren Schrift auf die aktuelle Schriftgröße zoomen möchten, dann geben Sie einen höheren Wert als 100 % (z.B. 150 %) ein.

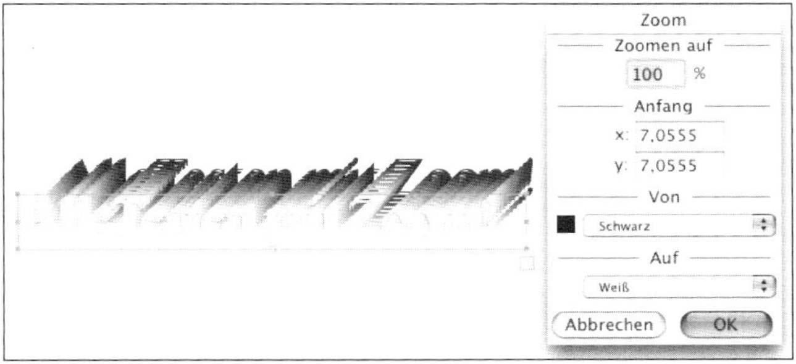

Abbildung 10.26: Der Zoom-Effekt sollte nicht auf ganze Textblöcke angewendet werden. Er eignet sich nur für Einzelzeilen wie Headlines.

10.3.6 Schrift verzerren

Zum Verzerren der Schrift gibt es mehrere Möglichkeiten. Im Bedienfeld OBJEKT kann die Schriftbreite verändert werden. Damit wird die Schrift tatsächlich mit Prozentwerten verändert.

Abbildung 10.27: Vermeiden Sie Schriftverzerrungen und bewegen Sie sich nur zwischen den Werten 80 % und 120 %.

Viel einfacher ist es allerdings, wenn Sie den Text mit den Transformationswerkzeugen freihändig verzerren. Der Text kann so skaliert, gedreht, geneigt und gespiegelt werden. Bei diesen Verzerrungen werden die Veränderungen für die Schriftgröße und die Veränderung der Schriftbreite im Bedienfeld OBJEKT dargestellt. So können Sie nachvollziehen, was das Ergebnis ihrer Veränderung ist. Alternativ lassen sich die Transformationen auch im Bedienfeld TRANSFORMATION einstellen. Dort lassen sich wieder genaue Werte für die Veränderungen eingeben.

Da es vorkommen kann, dass Texte verzerrt und verändert wurden und nun als Schmuckelemente eingesetzt werden, ist manchmal nicht mehr nachvollziehbar, wie genau die Werte waren, mit denen der Text verzerrt wurde. Falls es aber nötig ist, den Text wieder in seiner geraden Form auf dem Bildschirm zu haben, lassen sich die Drehung, Neigung und Spiegelung von Textblöcken mit dem Befehl UMWANDLUNGEN ENTFERNEN aus dem Menü TEXT entfernen. Der Textblock wird wieder gerade auf der Seite dargestellt. Dabei verschiebt er sich allerdings zu seiner ursprünglichen Position und die Transformation SKALIEREN wird nicht wieder entfernt. Der Text bleibt verzerrt, wenn er verzerrt wurde.

10.3.7 Arbeit mit dem Texteditor

Bei Texten, die mit vielen Effekten versehen wurden, kann es vorkommen, dass Sie lieber mit dem Texteditor arbeiten möchten. Im Texteditor können Sie den Text dann besser lesen. Aktivieren Sie den Textblock und rufen Sie aus dem Menü TEXT die Option EDITOR auf. In der Symbolleiste TEXT gibt es auch einen Button, mit dem Sie den Texteditor aufrufen können.

Im Texteditor können unsichtbare Sonderzeichen wie z.B. Absatzmarken angezeigt werden. Falls der Text im Textblock sehr groß ist, lässt sich die Darstellung im Texteditor auf eine 12-Punkt-Schriftgröße einstellen.

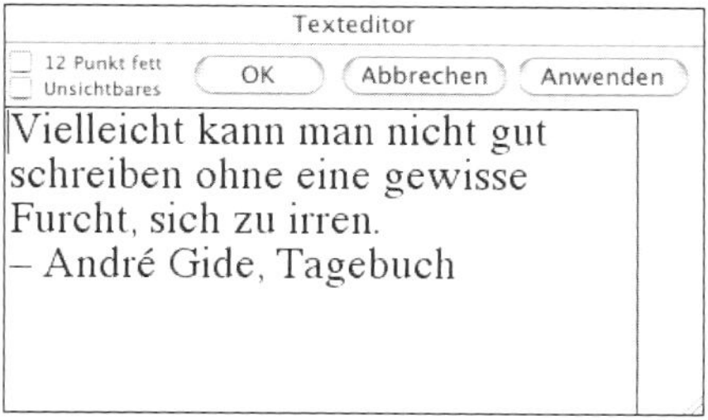

Abbildung 10.28: Texteditor

Im Texteditor wird Text geschrieben oder bearbeitet. Solange Sie in diesem Fenster arbeiten, wird die Dokumentseite nicht geändert. Erst wenn Sie auf den Button ANWENDEN klicken, sehen Sie die Änderungen auch in der Seite.

10.4 Absatzlinien

Auch in FreeHand MX lassen sich Linien an Textabsätze in einem Textblock anfügen. Diese Absatzlinien werden aber nur dann dargestellt, wenn im Bedienfeld OBJEKT eine Linienstärke definiert ist. Sie müssen eine Konturlinie für den Textblock einrichten und dann die Option RAHMEN ANZEIGEN deaktivieren, damit die Liniendefinition für die Absatzlinien verwendet werden kann.

Eingestellt und eingerichtet werden die Absatzlinien im Bedienfeld OBJEKT, indem Sie die Absatzeinrichtung aufrufen.

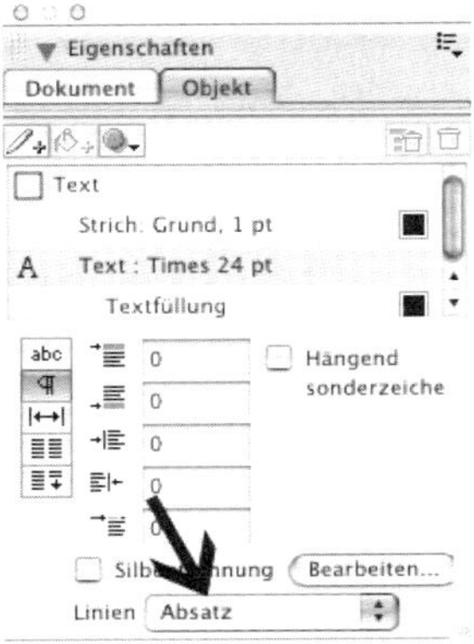

Abbildung 10.29: Ganz unten im Bedienfeld lassen sich die Absatzlinien einschalten. Alternativ zu linksbündigen Absatzlinien lassen sich auch zentrierte Linien unter Absätzen erstellen.

Die Linienlänge der Absatzlinien lässt sich anpassen und bearbeiten. Dabei geht man immer von der Breite des Textblocks oder des geschriebenen Textes der letzten Zeile im Absatz aus. In dem Pulldown-Menü der Absatzlinien finden Sie die Option BEARBEITEN.

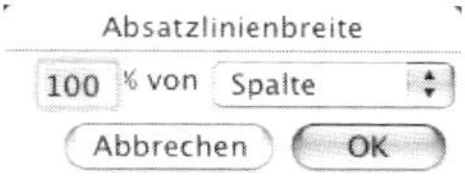

Abbildung 10.30: Auf diese Weise lassen sich Linien erstellen, die in ihrer Breite variabel sind, denn sobald die Breite des Textblocks verändert wird, ändern sich auch die Linien.

10.5 Spalten und Zeilen

Für die Einrichtung von Textblöcken mit mehreren Spalten gibt es Einstellungsmöglichkeiten im Bedienfeld OBJEKT. Es ist oft üblich, in Textblöcken mehrere Spalten anzulegen, damit die Zeilen nicht zu breit werden, denn das wäre leseunfreundlich. Da nun in FreeHand MX ein Textblock auch in Zeilen unterteilt werden kann, lassen sich sogar Tabellen mit dieser Funktionalität erstellen. Ein gutes Beispiel sind Kalendarien, bei denen der Textfluss eine Rolle spielt. Sie können die Wochentage untereinander oder nebeneinander eingeben.

Wählen Sie im Bedienfeld OBJEKT die Spalteneinrichtung für den Textblock aus. Sie sehen die Felder für die Spaltenanzahl, den Spaltenabstand und die Höhe der Spalten, die durch die Zeilenzahl und die Höhe des Textblocks berechnet wird. Bei den Spalten lassen sich auch Linien über die volle Textblockhöhe als Spaltenlinien in dem Pulldown-Menü auswählen. Allerdings sehen Sie die Linie nur, wenn Sie im Bedienfeld OBJEKT zusätzlich als Strich definiert wird. Unter den Spalteneinstellungen sind die Zeileneinstellungen in gleicher Form angeordnet. Auch für die Zeilen gilt, dass die Breite automatisch berechnet wird und dafür die Textblockbreite und die Spaltenzahl und Spaltenabstände verwendet werden. Stellen Sie für ein Liniengitter in Ihrem Textblock auch die Zeilenlinien auf die volle Breite ein. Auch der Textfluss lässt sich durch das so entstandene Gitter von Zellen bestimmen. Dieser Textfluss kann nachträglich geändert werden. Sobald der Text nicht mehr in eine der Zellen passt, wird er in die nächste Zelle im Textblock geschrieben. Achten Sie also bei einer solchen Gestaltung genau auf die Schriftgröße und die Zeilenabstände. Falls die Schrift oder die Zeilenabstände zu groß sind, passt der Text möglicherweise nicht mehr in eine der Zellen. Sie sehen das an dem fetten Punkt unten rechts am Textblock.

Abbildung 10.31: In diesem Beispiel wurde der Zahlenteil des Kalenderblattes mit Spalten und Zeilen eingerichtet.

10.6 Einzüge einstellen

Für die Textgestaltung werden häufig auch Einzüge verwendet. Mit Einzügen verändern Sie den Abstand des Textes zur Kante des Textblocks. Die Einzüge lassen sich auf verschiedene Arten einstellen.

Im Bedienfeld OBJEKT finden Sie die Einzüge für Textblöcke im Bereich der Absatzeinstellungen. Es gibt drei Felder für Werteingaben. Sie können den linken Einzug, den rechten Einzug und den Einzug für die erste Zeile eines Absatzes eingeben.

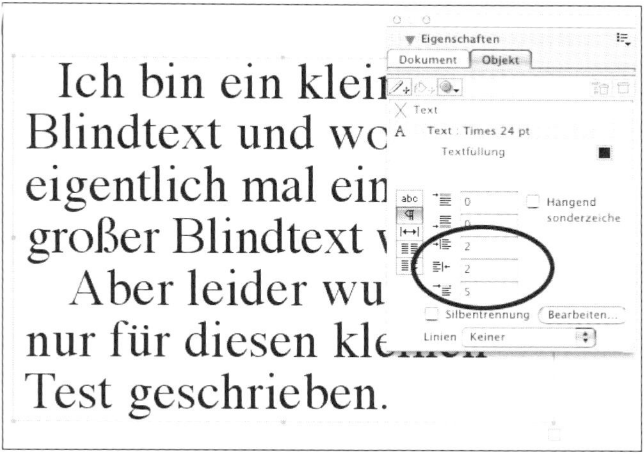

Abbildung 10.32: In diesem Beispiel ist der linke und der rechte Einzug auf 2 mm und der Einzug für die erste Zeile in Absätzen auf 5 mm eingestellt worden.

Sobald Sie einen Text mit dem Text-Werkzeug bearbeiten, erscheint ein Textlineal über dem Textblock.

Doppelklicken Sie mit dem Auswahl-Werkzeug auf einem Textblock, um zum Text-Werkzeug zu wechseln. Der Cursor wird an der Stelle im Text platziert, an der Sie den Doppelklick vorgenommen haben.

In dem Textlineal lassen sich die Einzüge einstellen, da es dort kleine dreieckige schwarze Symbole gibt, die Sie mit der Maus verschieben können.

Das klingt ganz einfach, ist es auch. Aber es ist ungenauer und eventuell müssen Sie die Werte im Bedienfeld OBJEKT korrigieren. Angenehm ist allerdings, dass eine senkrechte blaue Linie sichtbar ist, wenn Sie mit der Maus eines der

Einzugsymbole verschieben und die Maustaste noch gedrückt halten. So lässt sich kontrollieren, wie weit der Einzug eingestellt werden wird. Das linke dreieckige Einzugsymbol ist geteilt, wodurch die Trennung des linken Einzugs vom Einzug für die erste Zeile des Absatzes erreicht wurde. Es lassen sich auch auf diese Weise die unterschiedlichen Einstellungen für den linken Einzug und den Einzug der ersten Zeile des Absatzes erzeugen.

Abbildung 10.33: Die anderen Dreiecke im Textlineal zwischen den Einzugmarken stellen die Standard-Tabulator-Positionen dar. Sie verschwinden, wenn Sie eigene Tabulatoren definieren.

10.7 Tabulatoren einrichten

Zum Einrichten von Tabulatoren wird das Textlineal verwendet. Wenn Sie das Textlineal eines Textblockes nicht sehen können, obwohl Sie das Text-Werkzeug verwenden und den Cursor im Textblock platziert haben, ist das Textlineal möglicherweise ausgeblendet. Sie können es mit dem Befehl TEXTLINEALE aus dem Menü ANSICHT einblenden.

FreeHand MX kennt verschiedene Tabulatorarten. Der erste Pfeil im Textlineal steht für linksbündige Tabulatoren, dann folgt ein Pfeil für rechtsbündige Tabulatoren, ein Pfeil für zentriert ausgerichtete Tabulatoren, der Pfeil mit dem Komma für Dezimaltabulatoren und ein Doppelpfeil für den Umbruchtabulator.

Unabhängig von der Textausrichtung im Textblock wird die Textausrichtung in einer Tabelle durch die Tabulatorart gesteuert.

Damit Sie die Tabulatoren ganz genau platzieren können, sollten Sie Hilfslinien mit genauen Werten erstellen und dann die als Hilfslinie dargestellten blauen Linien beim Ziehen eines Tabulator-Pfeils möglichst genau auf die Hilfslinie ziehen.

Sie ziehen einen Tabulatorpfeil aus dem Textlineal in den Bereich über der Millimetereinteilung und lassen ihn dort los. So haben Sie einen Tabulator definiert.

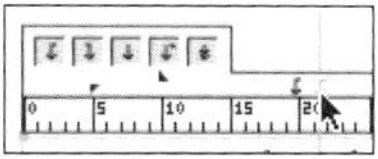

Abbildung 10.34: Ein Tabulator kann verschoben werden, wenn Sie den kleinen Pfeil im Textlineal mit der Maus anfassen und verschieben.

Zum Löschen eines Tabulators ziehen Sie den Tabulatorpfeil aus dem Textlineal nach oben raus.

In der Infoleiste, sofern sie am unteren Bildschirmrand platziert wurde, sehen Sie die Tabulatorposition auch mit den genauen Werten, während Sie die Tabulatorpfeile mit der Maus verschieben.

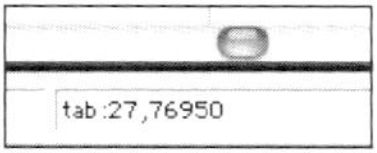

Abbildung 10.35: Da es nicht möglich ist, in FreeHand MX die Tabulatoren mit genauen Werten einzugeben, werden immer fünf Stellen hinter dem Komma berechnet.

Ein besonderer Tabulator ist der Umbruchtabulator. Es gibt ihn nur in FreeHand MX. Er ist immer dann besonders sinnvoll einsetzbar, wenn Sie einen Bereich in einer Tabelle definieren möchten, in dem ein kleiner Fließtext steht. Der Umbruchtabulator wird am Anfang des Bereichs und am Ende des Bereichs eingegeben.

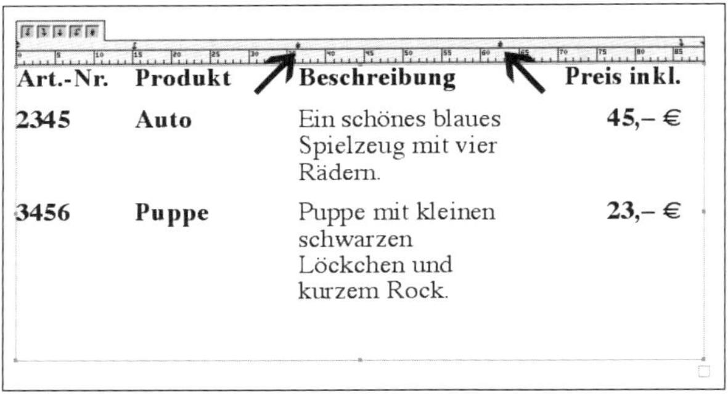

Art.-Nr.	Produkt	Beschreibung	Preis inkl.
2345	Auto	Ein schönes blaues Spielzeug mit vier Rädern.	45,– €
3456	Puppe	Puppe mit kleinen schwarzen Löckchen und kurzem Rock.	23,– €

Abbildung 10.36: In diesem Beispiel wurde der Umbruchtabulator für die Beschreibung in der Tabelle verwendet.

Wenn Sie nach der Festlegung der Tabulatoren den Text eingeben, schreiben Sie Text und drücken dann die [Tab]-Taste, um zur nächsten Tabulatorposition zu gelangen. Dann schreiben Sie weiteren Text. Bei dem Beispiel in Abbildung 10.36 muss bei BESCHREIBUNG, die von den beiden Umbruchtabulatoren eingegrenzt wird, einmal die [Tab]-Taste gedrückt werden, um wieder in die erste Zeile zu kommen, und dann noch einmal, um an die Position des Preises zu kommen. Am Ende der Zeile wird ein Absatzende eingegeben und der Cursor springt wieder an den Anfang, bleibt aber unter dem Bereichstext in der nächsten Zeile.

11 Textbearbeitung und -korrektur

Für die Textkorrektur ist es eigentlich nur nötig, den Cursor im Textblock zu platzieren. Dann können Sie sofort Textänderungen vornehmen. Es kann passieren, dass Sie mit der Maus bei aktivem Text-Werkzeug neben einen Textblock klicken und auch versehentlich die Maus bewegen. Sofort entsteht ein neuer Textblock. Das kann die Arbeit sehr behindern und stören, denn möglicherweise lässt sich der Textblock, den Sie eigentlich gern bearbeiten wollten, nicht mehr so einfach aktivieren. Sie werden dann wahrscheinlich versehentlich immer den leeren, darüber liegenden Textblock erwischen.

Schalten Sie am unteren Bildschirmrand in die Grobansicht um. Nun sehen Sie den leeren Textblock und können ihn aktivieren und einfach löschen.

Es gibt eine Funktion, mit der Sie alle leeren Textblöcke einer Seite löschen können. Wählen Sie am besten am Ende der Bearbeitung aus dem Menü XTRAS die Option LÖSCHEN|TEXTBLÖCKE LEEREN. Bei Windows heißt die Option LEERE TEXTBLÖCKE.

11.1 Text umfließen lassen

Es ist manchmal nötig, über einem Textblock ein Grafikelement zu platzieren oder über einem Text einen anderen Text zu setzen. Das hat meist gestalterische Gründe und ist nur dann sinnvoll einsetzbar, wenn der Text darunter entsprechend verdrängt wird. Der Text soll das Grafikobjekt umfließen. Erstellen Sie einen Text und legen Sie beispielsweise eine Ellipse darüber. Nun aktivieren Sie die Ellipse und wählen aus dem Menü TEXT die Option UM AUSWAHL FLIESSEN LASSEN.

Alternativ können Sie auch in der Symbolleiste TEXT auf den Button der Funktion klicken, der dann das Dialogfeld öffnet.

In dem Dialogfeld lässt sich jetzt das Umfließen aktivieren, indem Sie auf den rechten Button klicken. Anschließend bestimmen Sie die Abstände, die der Text zur Grafik einhalten soll.

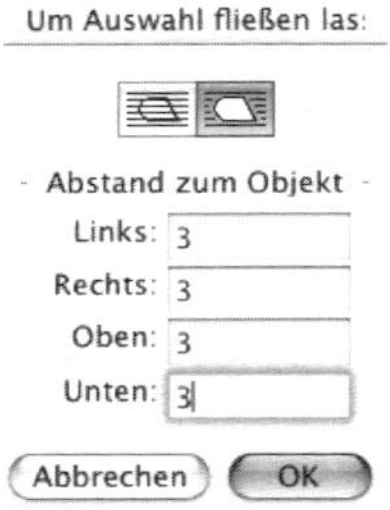

Abbildung 11.1:
Die Maßeinheit für die eingegebenen Abstände ist die Maßeinheit, die Sie für Ihr Dokument am unteren Bildschirmrand festgelegt haben.

In FreeHand MX kann ein Element auch in der Mitte eines Textblocks mit dieser Option bearbeitet werden und der Text läuft dann tatsächlich links und rechts vom Grafikobjekt. Das sollten Sie allerdings vermeiden. Es ist nicht leicht zu lesen und kein guter Stil.

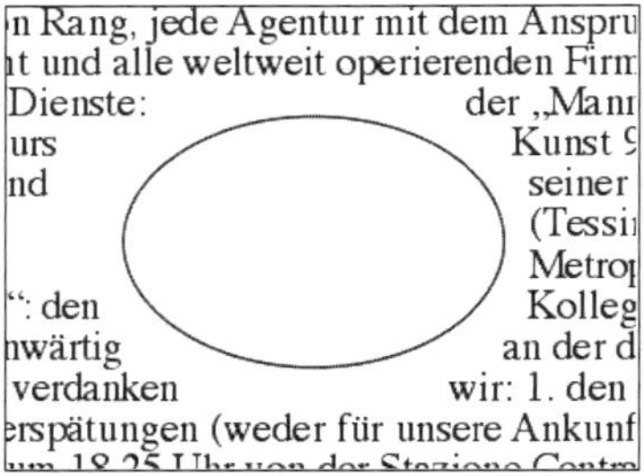

Abbildung 11.2:
In diesem Beispiel wurde eine Ellipse mit 3 mm Abstand für das Umfließen auf einen Textblock gelegt.

11.2 Textblöcke verketten

Sie haben zwar die Möglichkeit, in einem Textblock Spalten anzulegen, aber in manchen Layouts ist es nicht möglich, mit solchen Spalten zu arbeiten, beispielsweise, wenn Texte in unterschiedlich breiten Bereichen laufen sollen. In FreeHand MX lassen sich Textblöcke miteinander verketten. So kann der Text von einem Textblock in den nächsten weiterlaufen. Die Textblöcke können Sie dann unabhängig voneinander in Breite und Position gestalten und bearbeiten.

Erstellen Sie die Textblöcke, die Sie miteinander verketten möchten, in der Grobansicht. Schalten Sie die Grobansicht am unteren Bildschirmrand oder im Menü ANSICHT ein. In der Grobansicht sind auch nicht gefüllte Textblöcke mit einer schwarzen Kontur sichtbar. Die Textblöcke lassen sich miteinander verketten, indem Sie mit der Maus in der Verbindungsbox rechts unten an einem Textblock klicken und mit gedrückt gehaltener Maustaste eine nun dargestellte Linie in den nächsten Textblock ziehen. Wenn Sie anschließend Text schreiben, beginnt dieser immer in dem Textblock, der als Start in dieser Verkettung verwendet wurde.

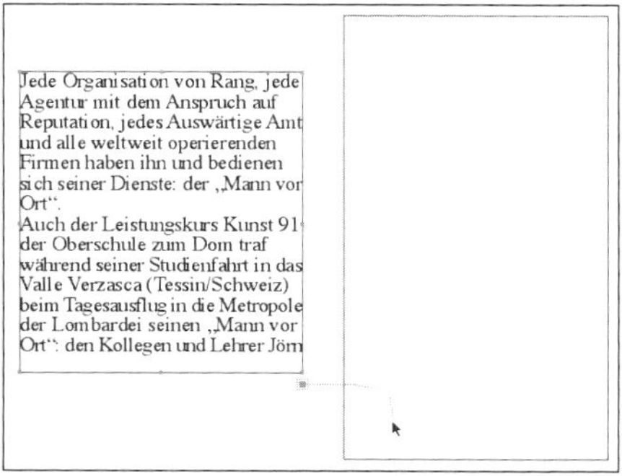

Abbildung 11.3: So wird der Textblock mit einem leeren Textblock verkettet.

Selbst wenn Sie schon Text in einem Textblock haben, der nicht mehr hineinpasst, lässt sich der Textblock mit einem leeren Textblock verketten. Diese

Option wird oft genutzt, um die Menge des Textes zu ermitteln, der nicht mehr in den Textblock passte.

Wenn Sie mit dem Text-Werkzeug in einem der Textblöcke arbeiten, sehen Sie die bestehende Verkettung mit einer kleinen blauen Linie.

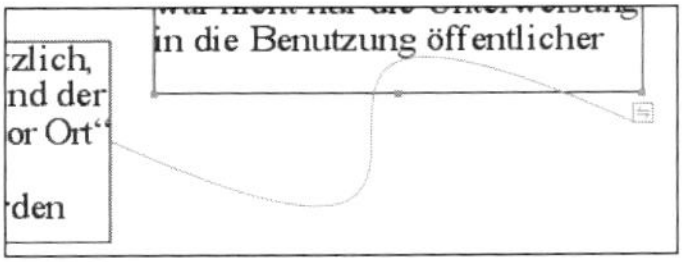

Abbildung 11.4: Diese Verkettungslinie ist auch sichtbar, wenn Sie wieder in der normalen Darstellung in der Vorschau arbeiten. Deaktivieren Sie dazu im Menü ANSICHT *die Grobansicht.*

Um einen Textblock aus der Verkettung herauszulösen, wird er meist einfach gelöscht. Falls der Textblock erhalten bleiben soll, ziehen Sie aus dem vorher verwendeten Textblock aus dem Verbindungskästchen die Verkettung neu und überspringen den Textblock, der nicht mehr in der Verkettung verwendet werden soll.

11.3 Texte importieren

Häufig liefert der Kunde den Text, indem er ihn in einem anderen Programm schreibt und auf Diskette, CD oder per E-Mail schickt. Sie müssen also den Text nicht selbst schreiben. Das ist recht hilfreich und Sie brauchen den Text nur noch in FreeHand MX in das Layout zu importieren.

Wählen Sie aus dem Menü DATEI die Option IMPORTIEREN. Anschließend wählen Sie die Textdatei aus und bestätigen noch einmal. Der importierte Text wird nun auf der Seite platziert, indem Sie mit dem Cursor auf der Seite klicken oder einen Textblock aufziehen. Sofern im Text Formatierungen enthalten sind, die FreeHand MX versteht, bleiben diese erhalten.

FreeHand kann zwar sehr viele Text-Datei-Typen erkennen und importieren, aber leider auch nicht alle. Im Anhang finden Sie eine Übersicht der Textformate, die FreeHand MX importieren kann.

Bei verketteten Textblöcken oder importierten Texten ist es oft sinnvoller, den Texteditor zu verwenden, denn Sie sehen im Texteditor den gesamten Text, der in verschiedenen Textblöcken verläuft, und auch den Text, der nicht in den oder die Textblöcke gepasst hat und mit dem Überlaufpunkt im Verbindungskästchen angezeigt wird. Aktivieren Sie einen Textblock und wählen Sie aus dem Menü TEXT die Option EDITOR.

11.4 Hängende Sonderzeichen bzw. hängende Zeichensetzung

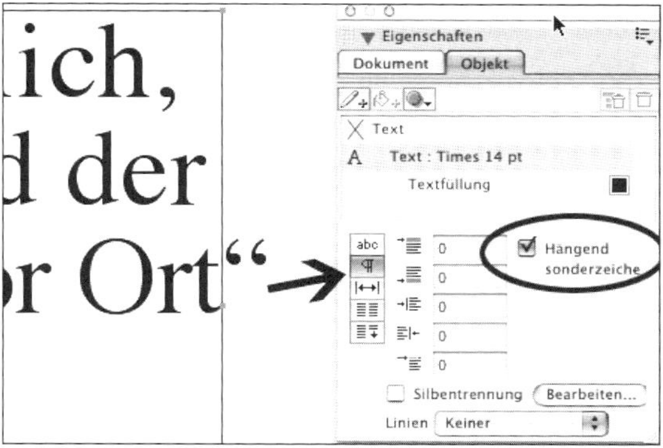

Abbildung 11.5: Die Anführungszeichen werden links und rechts über den Rand des Textblocks gesetzt. Bei Windows heißt die Option HÄNGENDE ZEICHENSETZUNG.

Die Anführungszeichen können links und rechts aus einem Textblock herausstehen, wenn Sie die Option für die hängenden Sonderzeichen im Bedienfeld OBJEKT aktiviert haben.

11.5 Spalten ausgleichen

Bei Textblöcken mit mehreren Spalten, in denen verschiedene Zeilenzahlen stehen, die also unterschiedlich lang sind, bietet FreeHand MX eine Funktion an, die die Spalten automatisch ausgleicht. Dabei werden die Zeilen gleichmäßig verteilt, wobei in der letzten Spalte weniger Zeilen stehen, falls die Zeilenzahl nicht durch die Anzahl der Spalten teilbar ist.

Aktivieren Sie im Bedienfeld OBJEKT die letzte Option für die Texteinstellung und markieren Sie die Einstellung ABGLEICHEN. Nun wird die gesamte Zeilenzahl berechnet und die Zeilen werden in den Spalten verteilt. Falls Sie die Zeilenabstände in den Spalten erweitern möchten, um die Höhe des Textblocks auszufüllen, aktivieren Sie die Option ABSTAND ÄNDERN. Allerdings werden dadurch oft in der letzten Spalte größere Zeilenabstände erzeugt als in den anderen Spalten, denn es kann ja dort weniger Zeilen geben. Mit Hilfe des Schwellwertes bestimmen Sie dann, ob eine Spalte auf diese Weise verändert wird. Ist sie bis zu dem angegebenen Prozentsatz gefüllt oder unter dem Wert, wird der Zeilenabstand nicht verändert. Alle Spalten, die über dem Prozentsatz mit Textzeilen gefüllt sind, werden auf die volle Höhe gebracht und die Zeilenabstände verändert.

Abbildung 11.6: In diesem Beispiel wurde nur ein Spaltenabgleich eingestellt und keine weitere Veränderung oder Anpassung vorgenommen.

Statt den Zeilenabstand zu verändern, lässt sich auch die Schrift vergrößern, so dass der Textblock ganz gefüllt wird. Dabei geben Sie einen Prozentwert für die Mindestschriftgröße ein. Das sind normalerweise 100 %. Dann geben Sie den Maximalwert für die Größenanpassung ein. Der Prozentwert muss geschätzt werden und einfach nur hoch genug sein, damit FreeHand die Anpassung vornehmen kann. Welcher Wert von FreeHand für die Schriftgröße errechnet wird, ist im Bedienfeld OBJEKT bei der Angabe der Schriftgröße sichtbar. Und auch der verwendete Prozentwert wird beim aktuellen Wert dargestellt.

Die erste Zeile im Textblock kann nach unten verschoben werden, damit der Abstand des Textes zum Rahmen, der unten durch einen Spaltenabgleich entsteht, ausgeglichen werden kann. Vielleicht möchten Sie aber auch aus gestalterischen Gründen den Versatz der ersten Zeile nach unten einstellen.

11.6 Rechtschreibprüfung

FreeHand bietet auch eine Rechtschreibprüfung an. Wählen Sie aus dem Menü TEXT die Option RECHTSCHREIBUNG und klicken Sie auf den Button STARTEN. Auch für die Rechtschreibprüfung gibt es in der Menüleiste TEXT einen Button.

Abbildung 11.7: Die Textfunktionsbuttons in der Menüleiste TEXT sind: TEXTEDITOR, RECHTSCHREIBPRÜFUNG, TEXT SUCHEN, UM AUSWAHL FLIESSEN LASSEN.

Richtig geschriebene Wörter, die im Wörterbuch nicht enthalten sind, wie z.B. Eigennamen oder Firmennamen werden wie Fehler in der Rechtschreibprüfung aufgeführt. Sie müssen sich dann entscheiden, ob Sie diesen Begriff ignorieren möchten und die Rechtschreibprüfung weiterlaufen soll oder ob der Begriff immer ignoriert werden soll (Option ALLE IGNORIEREN). Außerdem können Sie den Begriff mit einem Klick auf den Button HINZUFÜGEN zu dem aktuellen Benutzer-Wörterbuch hinzufügen, so dass FreeHand das Wort lernt. Sollte es sich aber tatsächlich um einen Fehler handeln und FreeHand macht einen Vorschlag, der sinnvoll ist, klicken Sie in der Liste auf das Wort, das als Ersatz eingefügt werden soll, und dann auf den Button ÄNDERN. Falls der Fehler öfter vorkommt, können Sie auch gleich alle Fehler ändern lassen.

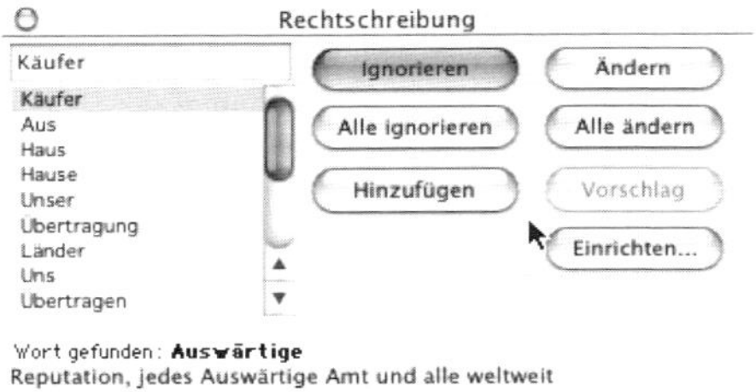

Abbildung 11.8: Die Rechtschreibprüfung bietet aus dem Wörterbuch Begriffe an, die für den falschen Ausdruck als Änderung in den Text eingefügt werden können.

Welches Wörterbuch für den Vergleich mit dem geschriebenen Text verwendet wird, lässt sich mit einem Klick auf den Button EINRICHTEN bestimmen.

FreeHand wechselt automatisch in die Voreinstellungen, die die Einstellung der Sammlung (Grundwörterbuch der jeweils zu verwendenden Sprache) und die Auswahl einer persönlichen Sammlung (eigenes Benutzer-Wörterbuch) zulässt.

Falls Sie versehentlich auf den Button HINZUFÜGEN geklickt haben und einen falsch geschriebenen Begriff zu Ihrem Benutzerwörterbuch hinzugefügt haben, lässt sich das noch korrigieren. Sie klicken in dem Voreinstellungsdialogfenster auf BEARBEITEN und das falsche Wort lässt sich löschen oder korrigieren. Dann wird bei der nächsten Rechtschreibprüfung der Fehler auch wieder gefunden.

11.6.1 Silbentrennung

Normalerweise brauchen Sie die Silbentrennung nur einzuschalten. Aber es gibt noch Einstellungsmöglichkeiten, um die Silbentrennung zu steuern und zu verbessern.

Im Bedienfeld OBJEKT wird die Silbentrennung bei den Textoptionen aktiviert. Klicken Sie auf den Button unter dem ABC-Button. Das sind die Absatzeinstellungen, in denen die Silbentrennung zu finden ist.

Abbildung 11.9:
In den Absatzeinstellungen wird die Silbentrennung für einen Textblock aktiviert.

Um weitere Einstellungen für die Silbentrennung vorzunehmen, klicken Sie auf den Button BEARBEITEN.

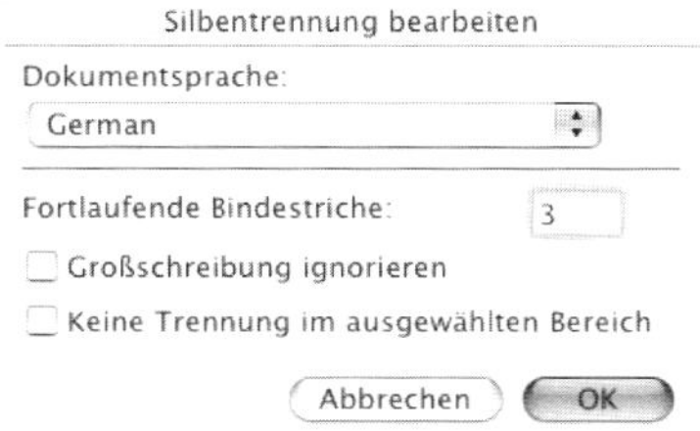

Abbildung 11.10: Da die Silbentrennung für die jeweilige Dokumentsprache Regeln befolgen muss, lässt sich die Sprache wechseln.

Geben Sie die Anzahl der fortlaufenden Bindestriche (Trennstriche) ein. Free-Hand hält sich an diese Anzahl und zählt die Trennungen mit. In der nächsten Zeile unter diesen Trennungen wird keine Trennung mehr erzeugt. Auch wenn es sinnvoll wäre, wird FreeHand keine weitere Trennung mehr vornehmen. Mit der Option GROSSSCHREIBUNG IGNORIEREN wird vermieden, dass Wörter, die mit einem Großbuchstaben beginnen, getrennt werden. Diese Option ist eher für fremdsprachige Layouts sinnvoll, denn dort werden z.B. Firmennamen groß geschrieben und sollen nicht getrennt werden. Falls Sie die Trennungen in einem bestimmten Bereich vermeiden wollen, aktivieren Sie die Option KEINE TRENNUNG IM AUSGEWÄHLTEN BEREICH.

11.7 Suchen/Ersetzen

Für Textkorrekturen, die Sie nicht mit der Rechtschreibprüfung erledigen können, lässt sich die Funktion SUCHEN/ERSETZEN|TEXT hervorragend verwenden. Genauere Hinweise für die Bearbeitung und Korrektur von Texten mit dieser Funktion folgen noch.

11.7.1 Textformate suchen und ersetzen

Wenn Sie einen längeren Text geschrieben haben und später feststellen, dass eine Änderung notwendig wird, die sich durch den gesamten Text zieht, sollten Sie mit der Funktion SUCHEN/ERSETZEN arbeiten. Stellen Sie die Einfügemarke (Cursor) an den Anfang des Textes und wählen Sie aus dem Menü BEARBEITEN|SUCHEN/ERSETZEN|TEXT aus.

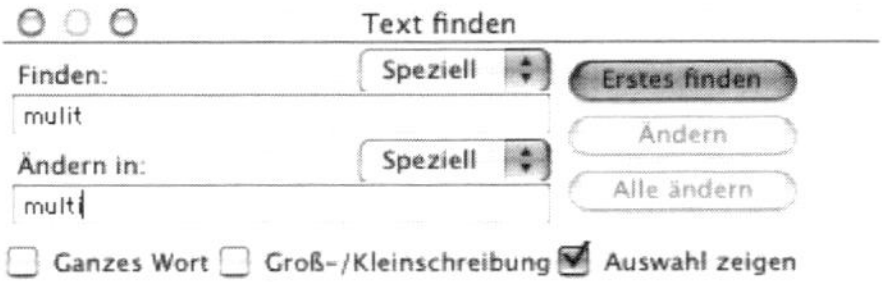

Abbildung 11.11: So korrigiere ich den Fehler, den ich am häufigsten mache.

Sie können auch nach speziellen Zeichen und Sonderzeichen suchen und diese dann ersetzen. Wird beim Ersetzen kein Ersatztext eingegeben, wird der Suchtext entfernt.

Abbildung 11.12:
Im Dialogfenster TEXT FINDEN *wird ein Pulldown-Menü für die speziellen Suchoptionen verwendet.*

Bei diesen speziellen Suchfunktionen lassen sich praktische Verbindungen erstellen, Sie können beispielsweise einen Gedankenstrich und ein beliebiges einzelnes Zeichen und ein Zeilenende suchen lassen und durch einen Doppelpunkt, ein beliebiges Zeichen und einen Tabulator ersetzen lassen.

Wenn nur nach ganzen Wörtern gesucht werden soll, muss die Option aktiviert werden und an den Fundstellen ist immer ein Wortzwischenraum vor dem Wort und hinter dem Wort. Die Groß-/Kleinschreibung ist normalerweise unwichtig, es sei denn, Sie möchten ein fälschlicherweise kleingeschriebenes Wort durch die richtige großgeschriebene Version ersetzen.

11.8 Sonderzeichen einfügen

Für einige Sonderzeichen im Text gibt es Tastenkürzel, für andere Sonderzeichen aber nicht. Deswegen finden Sie im Menü TEXT die Option SONDERZEICHEN.

Das Sonderzeichen SPALTENENDE lässt sich in einem Textblock mit mehreren Spalten verwenden. Ein Zeilenende dient zum Erstellen eines Zeilenumbruchs in einem Absatz. Danach werden die verschiedenen Sonderzeichen für Zwischenräume aufgeführt. Ein Zehntelgeviert-Leerzeichen wird für Unterteilungen in Telefonnummern verwendet. Der Geviertstrich wird in deutschen

Texten als Ersatz für zwei Zahlen verwendet. Der Gedankenstrich lässt sich beim Macintosh auch mit der Tastenkombination ⌥+- in den Text einfügen. Bei Windows-Rechnern funktioniert das leider nicht und Sie müssen die Taste Alt festhalten und dann auf dem Zehnerblock der Tastatur die Zahlen 0150 eingeben. Der WEICHE TRENNSTRICH wird verwendet, wenn Sie die Trennungen, die durch die automatische Silbentrennung erzeugt wurden, nicht so stehen lassen möchten, sondern eine Trennstelle im Wort vorgeben möchten. Die weiche Trennung wird auch verwendet, wenn FreeHand das Wort nicht kennt und deswegen gar nicht oder nicht richtig trennt. Der Vorteil bei der weichen Trennung im Gegensatz zu einem festen Trennstrich liegt darin, dass der Trennstrich automatisch wieder verschwindet, wenn die Trennung nicht mehr nötig ist.

Abbildung 11.13: Für einen Zwischenraum, der in einer Ziffer in einer Tabelle verwendet wird, verwenden Sie das Halbgeviert-Leerzeichen.

11.9 Groß-/Kleinschreibung umwandeln

Eine wichtige Korrektur oder Textbearbeitung kann diese Funktion aus dem Menü TEXT sein. Wenn Sie ein Wort oder eine Textpassage in Großbuchstaben umwandeln möchten, obwohl der Text normal mit Groß- und Kleinbuchstaben geschrieben wurde, denn wählen Sie aus dem Menü TEXT|GROSS-/KLEINSCHREIBUNG|GROSSBUCHSTABEN aus. In demselben Untermenü finden Sie auch die Kapitälchen, wobei es keine echten Kapitälchen sind, es sei denn, Sie verwenden eine OpenType-Schrift, die echte Kapitälchen enthält.

Es ist allerdings auch möglich, dass im Text, den Sie auf diese Weise bearbeiten möchten, ein Begriff enthalten ist, der nicht verändert werden darf, z.B. Firmennamen, die eine besondere Schreibweise haben. Damit diese Ausnahmen richtig berücksichtigt werden, müssen Sie das Dialogfenster für die Einstellungen aufrufen. Wählen Sie aus dem Menü TEXT|GROSS-/KLEINSCHREIBUNG|EINSTELLUNGEN.

Abbildung 11.14:
In diesem Dialogfenster wird die Größe der Kapitälchen mit einem Prozentwert bestimmt. Die Kapitälchen werden immer im Verhältnis zur Schriftgröße berechnet.

In diesem Einstellungsdialogfenster lassen sich die Ausnahmen für die Textumwandlung eingeben. Klicken Sie auf den Button HINZUFÜGEN und geben Sie in der Zeile, die dadurch in der Wortliste erscheint, den Begriff ein, der als Ausnahme behandelt werden soll. Die Wörter lassen sich auch wieder entfernen. Dann bestimmen Sie noch, für welche Veränderungen diese Ausnahmen aktiv sein sollen. Die Option TITEL ändert in jedem Wort den ersten Buchstaben in einen Großbuchstaben. Die Option BUCHSTABE IM SATZ GROSS ändert für alle Wörter den ersten Buchstaben in einen Kleinbuchstaben mit Ausnahme der Wörter nach einem Punkt.

11.10 Text-Stile verwenden

Bei der Arbeit an Layouts ist es oft sinnvoll, wenn Sie sich Text-Stile erstellen. Denn wenn Sie öfter eine Überschrift mit den gleichen Einstellungen der bisher erstellten Überschriften erstellen müssen, richten Sie einmal den Text-Stil ein und rufen ihn dann für weitere Überschriften einfach auf.

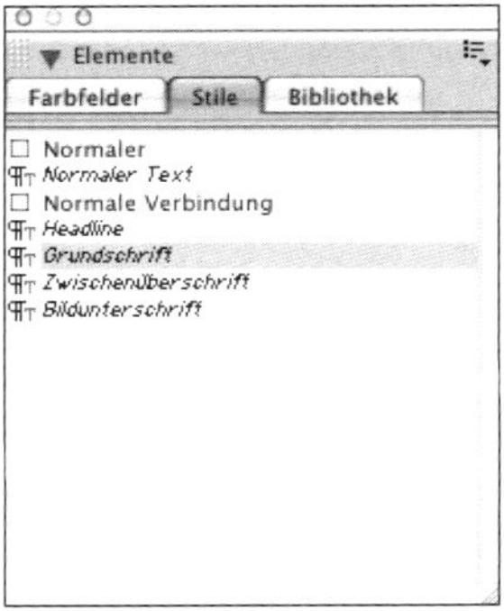

Abbildung 11.15:
Die Text-Stile werden mit einem kleinen Absatzzeichen und einem roten T in der kompakten Listenansicht gekennzeichnet.

Markieren Sie einen Absatz und richten Sie im Bedienfeld OBJEKT diesen Absatz so ein, dass er mit allen Schrifteinstellungen und Absatzeinstellungen Ihrem gewünschten Format für die Überschrift entspricht. Danach rufen Sie das Bedienfeld STILE auf und stellen im Menü des Bedienfeldes ein, dass alle nicht verwendeten Stile entfernt werden. Der Menüpunkt im Bedienfeld STILE heißt BEI NICHTVERWENDUNG ENTFERNEN. Zusätzlich kann es für Text-Stile übersichtlicher sein, wenn Sie die KOMPAKTE LISTENANSICHT für das Bedienfeld STILE im Menü des Bedienfeldes einstellen.

Markieren Sie den Absatz, der das Überschriftformat enthält, und wählen Sie aus dem Menü des Bedienfeldes STILE die Option NEU. Damit wird der neue Stil in das Menü eingefügt und kann verwendet werden. Damit Sie später noch wissen, dass es der Stil der Überschrift ist, sollten Sie einen Doppelklick auf dem Stilnamen ausführen und einen neuen Namen eingeben. Mein Überschrift-Stil heißt meist Headline.

Im Menü des Bedienfeldes STILE finden Sie auch den Menüpunkt DUPLIZIEREN. Danach kann der zweite Stil verändert werden, indem Sie die Einstellungen bei einem Textabsatz im Bedienfeld OBJEKT ändern und danach mit der Option NEU DEFINIEREN aus dem Menü des Bedienfeldes STILE den Stil verändern. Einzelne, nicht mehr benötigte Stile lassen sich mit dem Befehl ENTFERNEN aus dem Menü des Bedienfeldes STILE löschen.

Stile lassen sich auch exportieren und aus einer exportierten Datei wieder importieren. Oder Sie definieren alle Stile nacheinander neu, damit die benötigten Stile im Bedienfeld STILE verfügbar sind.

Ein Stil, der durch Einstellungen im Bedienfeld OBJEKT verändert wurde, hat ein Pluszeichen als Kennzeichen im Bedienfeld STILE.

Falls Sie feststellen, dass ein Stil nicht korrekt eingerichtet wurde, lässt sich der Stil korrigieren. Aktivieren Sie den Stil im Bedienfeld STILE und dann die Option STILVERHALTEN aus dem Menü des Bedienfeldes. Nun wird ein Dialogfeld geöffnet, mit dem sich der Stil korrigieren lässt.

In diesem Dialogfeld haben Sie die Möglichkeit, die Abhängigkeit von Stilen einzurichten. Sie können Stileinstellungen von übergeordneten Stilen übernehmen und dann die Änderungen einrichten. Außerdem lässt sich noch einstellen, dass nach einem Absatzende automatisch ein anderer Stil verwendet werden soll.

Nachdem Sie alle Stile eingerichtet haben, lassen sich Textabsätze aktivieren, und im Bedienfeld STILE klicken Sie dann nur auf den gewünschten Stil, um ihn anzuwenden.

Abbildung 11.16: In diesem Dialogfeld sind nicht alle Einstellungen möglich, die Sie im Bedienfeld OBJEKT für einen Textabsatz verändern können. Die Silbentrennung z.B. fehlt.

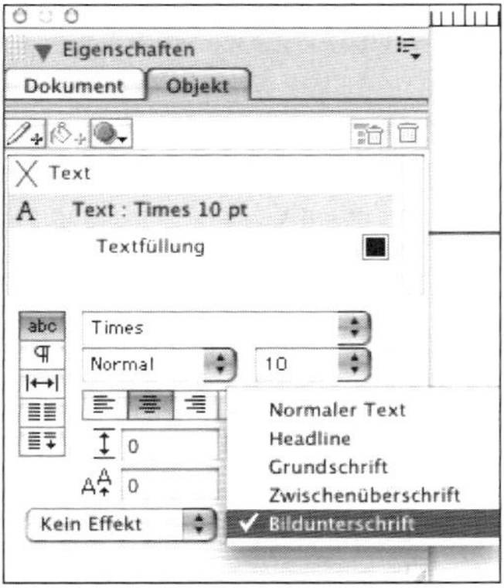

Abbildung 11.17: Im Bedienfeld OBJEKT gibt es ein Pulldown-Menü, in dem Sie die eingerichteten Stile für einen ausgewählten Absatz auswählen und anwenden können.

Grafiktext

Für viele Logos und Grafiken werden nur Einzelzeilen benötigt. Darum heißt die Überschrift dieses Kapitels auch Grafiktext. In Kapitel 10 wurden schon die Texteffekte vorgestellt, die im Bedienfeld OBJEKT zu finden sind. Nun werden einige Funktionen für die grafische Gestaltung von Texten zu den bisherigen Erklärungen hinzugefügt.

12.1 Rundsatz und Wellensatz

Textzeilen lassen sich mit Pfaden verbinden. Bei einem Kreis oder einer elliptischen Form verläuft der Text dann auf diesem Pfad. Das nennt man Rundsatz. Erstellen Sie zuerst die Ellipse bzw. den Kreis mit dem Werkzeug aus dem Bedienfeld WERKZEUGE.

Jetzt erstellen Sie einen Textblock mit der Textzeile, die auf dem Kreis oder der Ellipse verlaufen soll. Aktivieren Sie den Text und den Kreis oder die Ellipse und wählen Sie aus dem Menü TEXT die Option AN PFAD ANFÜGEN.

Abbildung 12.1:
Der Text wird mittig auf den Pfad gesetzt, unabhängig von der Textausrichtung, die er vorher im Textblock hatte.

Falls der Text nicht passt und die Zeile zu lang war, wird im Verknüpfungskästchen wieder der fette Punkt gezeigt.

Im Bedienfeld OBJEKT lassen sich die Schriftart und Schriftgröße ändern. Wenn Sie auf die Bezeichnung des Objektes TEXT AUF PFAD klicken, lassen sich weitere Einstellungen für den Rundsatz vornehmen.

Abbildung 12.2: Soll die Linie des Kreises oder der Ellipse gedruckt werden, aktivieren Sie die Option PFAD EINBLENDEN. Bei Windows heißt die Option PFAD ZEIGEN.

Es gibt verschiedene Formate, bei denen der Rundsatz auf dem Pfad ausgerichtet werden kann. Dabei wird die Drehung und Verzerrung der Buchstaben verändert.

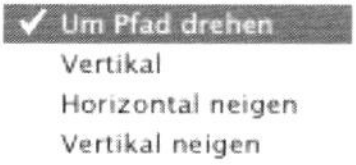

Abbildung 12.3: Sie können zwischen diesen vier Formaten wählen, wenn Sie einen Rundsatz oder Wellensatz gestalten.

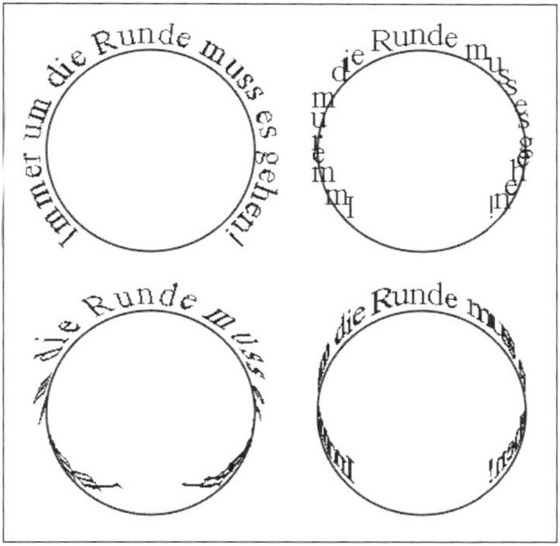

Abbildung 12.4: Dies sind die vier Formate: links oben UM PFAD DREHEN, rechts oben VERTIKAL, links unten HORIZONTAL NEIGEN, rechts unten VERTIKAL NEIGEN.

Die Ausrichtung kann über die Werte verändert werden, aber auch direkt, indem Sie mit der Maus an dem kleinen blauen Dreieck oben in der Mitte des Pfades ziehen.

Da der Text an einem Pfad ausgerichtet wird, lässt sich im Bedienfeld OBJEKT auch einstellen, ob die Grundlinie, die Oberlänge oder die Unterlänge für die Ausrichtung verwendet werden soll. Diese Optionen lassen sich für Text oben und unten einstellen. Aber wie kommt der Text nach unten? Stellen Sie KEINER für die Ausrichtung oben ein. Dann darf oben kein Text sein und die Textzeile wird unten auf der Ellipse bzw. dem Kreis ausgerichtet.

Bei der Ausrichtung an der Oberlänge rutscht der Text in den Kreis und wird dadurch sehr eng. In solch einem Fall sollten Sie den Text sperren, das heißt die Buchstabenabstände erweitern.

Abbildung 12.5: In diesem Beispiel wurde die Textausrichtung oben mit der Unterlänge, der Grundlinie, der Oberlänge und der Option KEINER *eingerichtet.*

Wenn der Text erst einmal unten steht, lässt er sich auch wieder mit der Oberlänge, Grundlinie und Unterlänge am Pfad ausrichten.

Bei den Beispielen in Abbildung 12.6 wurde der Text unten an der Grundlinie und an der Unterlänge ausgerichtet. Bei den beiden unteren Beispielen wurde ein Absatzende im Text eingefügt und so wird ein Teil des Textes oben und ein Teil des Textes unten ausgerichtet. Für das Beispiel rechts unten wurde dann noch die Linie grau gerastert eingestellt.

Achten Sie beim Rundsatz darauf, dass die Buchstaben oft gesperrt werden müssen, da der Text sonst sehr unausgeglichen wirkt. Soll auf einer fetteren grauen Linie ein Text platziert werden, dann muss der Text oben mit einer Grundlinienverschiebung nach oben verschoben und der Text unten ebenfalls mit einer Grundlinienverschiebung nach unten geschoben werden.

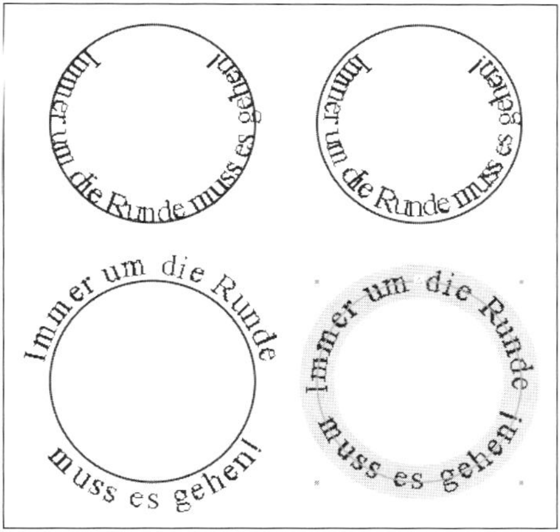

Abbildung 12.6: Rundsatzbeispiele

Abbildung 12.7:
Die Einstellung für die Grundlinienverschiebung. Bei der Vorschau der Objekteinstellungen ist sichtbar, dass der Pfad grau und fett eingerichtet wurde.

Beim Wellensatz funktioniert das Anfügen des Textes an den Pfad wie beim Rundsatz. Sie erstellen also den Pfad und den Text separat und wählen dann aus dem Menü TEXT die Option AN PFAD ANFÜGEN.

Abbildung 12.8: Am Anfang des Pfades ist mit dem kleinen blauen Dreieck der Start des Textes sichtbar. Dieses Dreieck lässt sich auf dem Pfad verschieben.

Um den Text am Endpunkt beginnen zu lassen und unten am Pfad auszurichten, müssen Sie den Pfad umkehren. Aktivieren Sie den Pfad mit dem Teilauswahl-Werkzeug (weißer Pfeil) und dann können Sie den Button in der Symbolleiste XTRA-FUNKTIONEN verwenden oder den Menübefehl MODIFIZIEREN|PFAD ÄNDERN|RICHTUNG UMKEHREN. Der Befehl ist auch im Menü XTRAS im Untermenü SÄUBERN verfügbar.

Abbildung 12.9: Mit einem Klick auf diesen Button vertauschen Sie Pfadanfangspunkt und -endpunkt. Dadurch ändert sich auch die Richtung, in der der Text auf dem Pfad läuft.

Um den Text wieder vom Pfad zu trennen, verwenden Sie den Befehl VOM PFAD LÖSEN aus dem Menü TEXT oder den Button in der Symbolleiste TEXT. Der Text wird dann wieder als Einzelzeile in einem normalen Textblock dargestellt.

Abbildung 12.10: Die Buttons in der Symbolleiste Text*, mit denen Grafiktextfunktionen ausgeführt werden können*

Der erste Button setzt den Text in einen Pfad, der zweite Button setzt den Text auf den Pfad, der dritte Button trennt Text und Pfad wieder voneinander (auch wenn der Text im Pfad verläuft) und der vierte Button wandelt den Text in Pfade um.

12.2 Formsatz

Text kann nicht nur auf einem Pfad, sondern auch in einem Pfad verlaufen. Dabei handelt es sich meist um kleinere Textblöcke, die in der Gestaltung zusätzlich in einer Form dargestellt werden sollen. Die Form kann selbst gezeichnet werden. Erstellen Sie beispielsweise einen Pfad in Form eines Männchens.

Dann wird ein Textblock und der erste Teil der Männchenform, der Kreis für den Kopf aktiviert. Ein Pfad darf nicht aus mehreren Teilen zusammengesetzt sein (Zusammengesetzter Pfad) oder gruppiert sein, damit sich der Text hineinlegen lässt. Der Pfad muss geschlossen sein. Wählen Sie aus dem Menü Text die Option Textfluss im Pfad. Der Text läuft nun innerhalb des Kreises. Da der Text aber nicht hineinpasst, wird im Verknüpfungskästchen ein fetter blauer Punkt gezeigt. Dort klicken Sie hinein und ziehen mit der Maus die Verbindungslinie zu der zweiten Pfadkontur, dem Männchenkörper. Der Text läuft dann in der zweiten Form weiter.

Bei dem Beispiel in Abbildung 12.11 wurde die schwarze Konturlinie zunächst nicht gelöscht. Meist werden solche Figuren ohne Konturlinie mit Text gefüllt.

Ob der Text gut aussieht, hängt von verschiedenen Faktoren ab. Sie dürfen keine große Schrift wählen, wenig oder keine Absätze im Text haben und die Silbentrennung muss eingeschaltet sein, damit lange Wörter getrennt werden können.

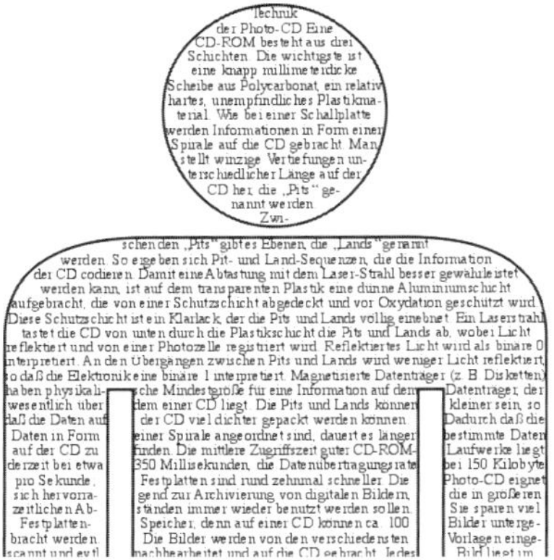

Abbildung 12.11: Dieses Bild wurde unten beschnitten, das Männchen geht noch weiter und der Pfad ist geschlossen.

12.3 Text in Pfade konvertieren

Mit Hilfe dieser Funktion werden viele Headlines gestaltet, denn nach dem Umwandeln von Text in Pfade sind viele Bearbeitungsmöglichkeiten gegeben, die sonst für Texte nicht funktionieren.

Zum Umwandeln eines Textes in Pfade brauchen Sie nur den Text zu aktivieren und aus dem Menü TEXT die Option IN PFADE KONVERTIEREN aufzurufen.

Der Textblock bzw. die Textzeile ist sofort in eine Grafik verwandelt, die aus vielen Pfaden besteht. Nach dem Umwandeln sind alle Texteffekte aus dem Bedienfeld OBJEKT entfernt. Die Effekte können nicht beibehalten werden. Es wird aus der Schrift die Information für die Buchstabenkonturen verwendet und die Buchstaben sind alle gruppiert.

Wenn Sie die Gruppierung aufheben, mit dem Befehl GRUPPIERUNG AUFHEBEN aus dem Menü MODIFIZIEREN, werden die Buchstaben, die nur aus einer einzigen Konturlinie bestehen, wie gezeichnete Pfade mit den Punkten dargestellt. Buchstaben, die eine Innenkontur haben, werden nur mit vier Aktivierungspunkten an den Ecken dargestellt, denn das sind zusammengesetzte Pfade.

Abbildung 12.12: Buchstaben, die in Pfade umgewandelt wurden.

Sie können diese in Pfade gewandelten Buchstaben mit einer Konturlinie versehen, die dann zentriert auf dem Pfad liegt. Das kann Probleme an engen Stellen machen. Sie sehen im Beispiel der Abbildung 12.12, dass die Linien sogar beim a und o zusammenlaufen. Die Punkte lassen sich nun aktivieren und verschieben oder mit den Griffen die Kurven bearbeiten. Falls Sie bei den zusammengesetzten Pfaden auch die Punkte bearbeiten möchten, müssen Sie vorher den zusammengesetzten Pfad auseinander nehmen. Wählen Sie aus dem Menü Modifizieren die Option Teilen. Dann sind beide Konturen mit ihren Punkten sichtbar und bearbeitbar. Stattdessen können Sie aber auch zu dem Werkzeug Teilauswahl (weißer Pfeil) wechseln. Damit lassen sich auch Elemente und Punkte in zusammengesetzten Pfaden aktivieren und bearbeiten.

Falls der Text eine schwarze Füllung hat und Sie dann den Text in Pfade umwandeln und die zusammengesetzten Pfade teilen, ist es manchmal ein Problem, die Punkte der inneren Kontur zu aktivieren. Sie sollten dann die Darstellung umschalten und die Grobansicht verwenden. Wählen Sie am unteren Bildschirmrand diese Darstellung aus dem Pulldown-Menü oder wählen Sie die Grobansicht im Menü Ansicht.

Häufig werden Texte in Pfade gewandelt, um besondere Füllungen für den Text zu verwenden z.B. die Verlaufsfüllungen. Oder Sie möchten ein Werkzeug verwenden, das nur für Pfade verfügbar ist, wie z.B. die 3D-Rotation.

Extrusionen und Umhüllungen

Sobald Sie wissen, wie Sie Elemente zeichnen und Text in Pfade umwandeln können, haben Sie auch die Möglichkeit, diese Elemente grafisch weiter zu gestalten. In FreeHand MX lassen sich Elemente nicht nur dreidimensional verzerren, sondern auch in Körper umwandeln. Meist wird diese Funktion in Programmen Extrudieren genannt. Dabei wird eine dreidimensionale Verzerrung erstellt, bei der auch die Tiefe eines Elements bestimmt wird, die Seiten- und Rückflächen für Körper hinzugefügt werden und mit Hilfe von Lichtquellen für die richtige Wirkung Schattierungen auf die Flächen projiziert werden.

13.1 Extrusionsverzerrung

Am Beispiel eines Textes, der in Pfade gewandelt wurde, lässt sich die Funktion gut erklären. Falls Sie noch nicht wissen, wie Sie einen Text in Pfade wandeln können, lesen Sie bitte in Kapitel 12, wie das geht.

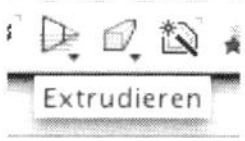

Abbildung 13.1:
Sie finden das Extrudieren-Werkzeug im Bedienfeld WERKZEUGE *neben dem Perspektiv-Werkzeug.*

Aktivieren Sie den Text, der in Pfade gewandelt wurde, und wählen Sie dann das Extrudieren-Werkzeug im Bedienfeld WERKZEUGE aus.

Im Bedienfeld OBJEKT kann das Element, das mit der Funktion EXTRUDIEREN bearbeitet wurde, weiter bearbeitet werden, denn mit der Maus lässt sich der Fluchtpunkt oft nicht so genau einstellen. Die Koordinaten des Fluchtpunktes lassen sich mit Werten definieren. Die Länge bestimmt die Tiefe, mit der die Extrusion erstellt wird. Für die Länge können Sie einen Wert im Bedienfeld OBJEKT eingeben, wobei die Länge auch durch den kleinen blauen Kreis verdeutlicht wird. Das kleine Kreuz am Anfang der gepunkteten Linie zum Fluchtpunkt zeigt die Mitte des Objektes. Wenn Sie den kleinen blauen Kreis auf der Linie des Fluchtpunktes anklicken, verschiebt er sich auf den Fluchtpunkt. Das Objekt wird dann in einer neuen Tiefe berechnet. Die Position des Kreuzes auf der vorderen Ebene lässt sich im Bedienfeld OBJEKT neu bestimmen, indem Sie die x- und y-Koordinaten in den Feldern POSITION bestimmen. Bei einer Änderung dieser Werte verschiebt sich auch das Objekt auf der Seite.

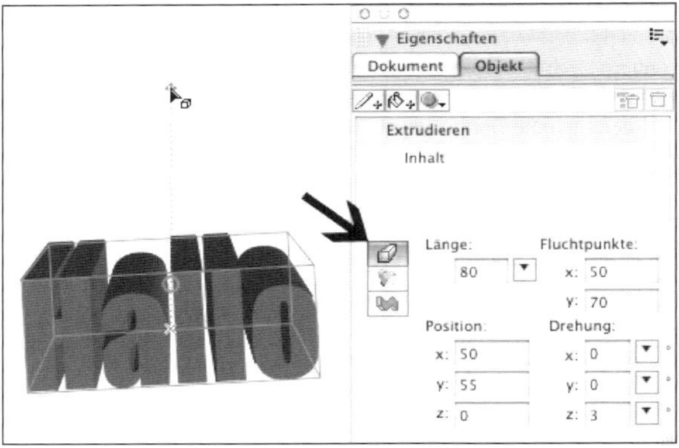

Abbildung 13.2: Mit dem Extrudieren-Werkzeug ziehen Sie den Fluchtpunkt und bestimmen die Richtung, in der der Fluchtpunkt verläuft.

Verändern Sie ein Extrusionsobjekt nicht mit dem Bedienfeld TRANSFORMIEREN oder den Befehlen aus dem Menü MODIFIZIEREN. Damit werden die Bearbeitungsmöglichkeiten im Bedienfeld OBJEKT für die Extrusionsveränderung gesperrt.

Das extrudierte Element lässt sich in drei Richtungen drehen, denn es reagiert auf drei Drehachsen. Die Y-Achse verläuft senkrecht. Die Z-Achse verläuft in der Tiefe des Elements und die X-Achse verläuft waagerecht.

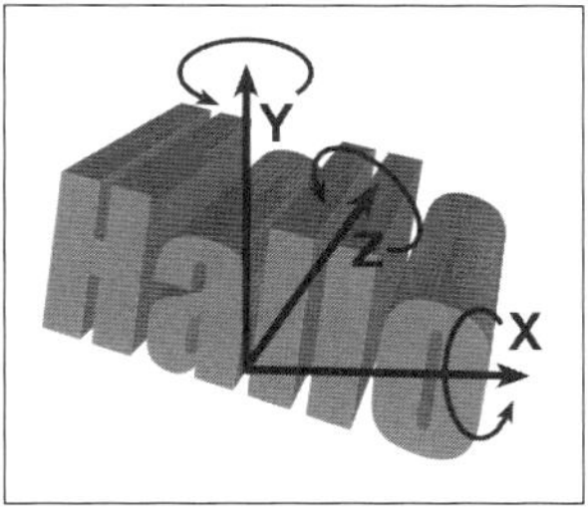

Abbildung 13.3: Schematische Darstellung der Achsen, um die ein extrudiertes Element gedreht werden kann.

Im Bedienfeld OBJEKT lässt sich für die drei Achsen jeweils ein Drehwert eingeben. Dabei sollten Sie bedenken, welche Achse Sie für die Drehung verwenden. Meist ist es einfacher, wenn Sie im Menü MODIFIZIEREN die Option EXTRUDIEREN| PRESSTEIL DREHEN aufrufen und das Element mit der Maus drehen. Bei Windows heißt die Option EXTRUSION DREHEN. Der Mauscursor wird zu einem Drehkreuz und ein Kreis für die Drehung wird dargestellt. Wenn Sie mit der Maus an diesem Kreis ansetzen und ziehen, wird Ihr extrudiertes Element gedreht.

Abbildung 13.4: Beim Drehen des Elements wird ein Gerüst um das Objekt dargestellt.

Mit einem Doppelklick mit dem Extrudieren-Werkzeug auf ein extrudiertes Element lässt sich die Drehung im Raum aktivieren. Danach sehen Sie ebenfalls den Kreis und können mit der Maus am Element ziehen und es so drehen.

In dem Menü MODIFIZIEREN lässt sich das extrudierte Element in eine normale Gruppe umwandeln. Danach sind die Funktionen im Bedienfeld OBJEKT für eine Extrusion nicht mehr verfügbar. Wählen Sie für diese Umwandlung die Option EXTRUDIEREN AUSLÖSEN.

Falls Sie eine Extrusion wieder entfernen und den Text ohne die dreidimensionale Darstellung verwenden möchten, wählen Sie aus dem Menü MODIFIZIEREN den Befehl EXTRUDIEREN|EXTRUDIEREN ENTFERNEN.

Die Option EXTRUDIEREN ZURÜCKSETZEN bewirkt, dass die Veränderungen an dem extrudierten Element wieder auf die Einstellungen zurückgesetzt werden, die es ganz zu Anfang hatte.

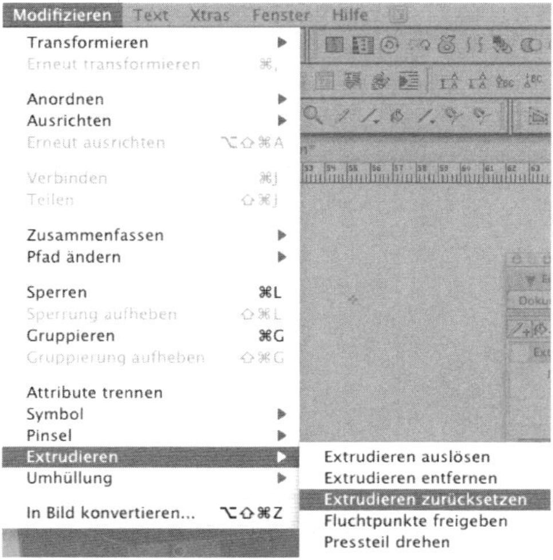

Abbildung 13.5: Dialogfeld MODIFIZIEREN

Wenn Sie mehrere extrudierte Elemente haben und für diese einen gemeinsamen Fluchtpunkt erstellen möchten, aktivieren Sie die Elemente und wählen aus dem Menü MODIFIZIEREN die Option EXTRUDIEREN|FLUCHTPUNKTE FREIGEBEN. Danach lässt sich mit der Maus der neue gemeinsame Fluchtpunkt bestimmen, indem Sie auf der Zeichenfläche klicken.

13.1.1 Oberflächenschattierungen

Im Bedienfeld OBJEKT lassen sich auch Einstellungen für die Schattierung eines extrudierten Objektes vornehmen. Wählen Sie dazu den Button mit der Taschenlampe aus.

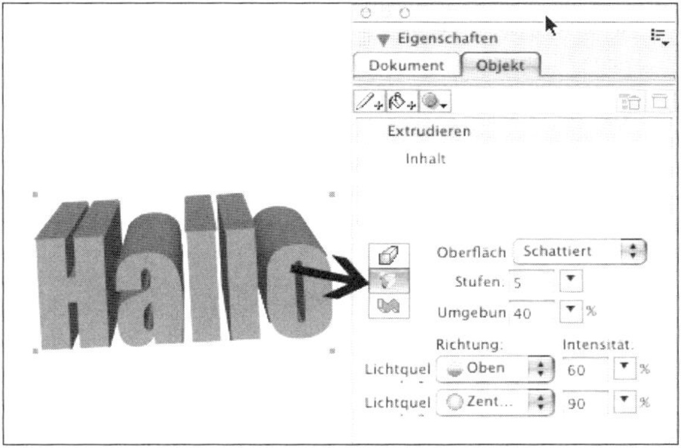

Abbildung 13.6: Bei der Einstellung der Schattierungen für extrudierte Elemente lassen sich die Oberflächeneigenschaften definieren.

Die Oberfläche kann in dem Pulldown-Menü ausgewählt werden. Mit der Einstellung FLACH werden alle Flächen mit der gleichen Farbe gefüllt. Mit der Einstellung SCHATTIERT werden unterschiedliche Farben und Schattierungen verwendet. Durch die Einstellung DRAHTRAHMEN werden keine Füllungen definiert und ein Drahtgerüst wird erstellt. Mit der Einstellung GITTER erzeugen Sie ein

Drahtgerüst mit Polygonen in den Flächen, die allerdings nur Konturlinien haben. Die Einstellung AUSGEBLENDETES GITTER erstellt ebenfalls solche Polygone in den Flächen und diese werden dann auch gefüllt dargestellt.

Die Stufen, die Sie für die Oberfläche einstellen können, bewirken, dass die Zeichnung genauer berechnet und die Schattierung genauer dargestellt wird. Allerdings wird durch einen hohen Wert auch die Darstellung stark verlangsamt.

Ein extrudiertes Objekt hat meist eine Farbe, die mit der Einstellung für die Umgebungsbeleuchtung bzw. Grundhelligkeit verändert werden kann. Wird der Wert verringert, wird die Farbe abgedunkelt, und wenn Sie ihn erhöhen, wird Ihr Element heller dargestellt.

Sie können noch die beiden Lichtquellen verändern. Dabei lässt sich die Helligkeit für die beiden Lichtquellen verändern, so dass wieder die Farbe der Schattierungen verändert wird.

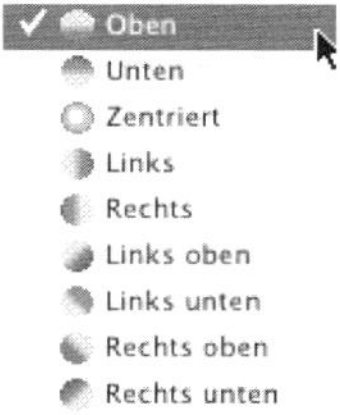

Abbildung 13.7:
Für die Lichtquellen lässt sich in dem Pulldown-Menü wählen, aus welcher Richtung das Licht auf das Extrusions-Element fallen soll.

13.1.2 Extrusionsprofile

Bei einigen extrudierten Elementen gibt es eine zusätzliche Gestaltungsmöglichkeit, indem Sie ein Profil für die Tiefe der Extrusion verwenden und so das Element geschraubt oder verschoben darstellen.

Sie können zwischen zwei Profilarten wählen. Die Variante GESCHLIFFEN dient zum Drehen der extrudierten Form. Stellen Sie den Wert für die Drehung ein. In unserem Beispiel wurde nur ein geringer Wert verwendet. Bei einer Drehung von 180 werden alle Punkte der vorderen Ebene um 180 Grad auf der hinteren Ebene gedreht, die durch die Tiefeneinstellung entstanden ist. Höhere Werte als 90 sehen oft nicht so gut aus. Probieren Sie verschiedene Einstellungen und drehen Sie das Element notfalls noch, damit das gedrehte Profil gut sichtbar wird.

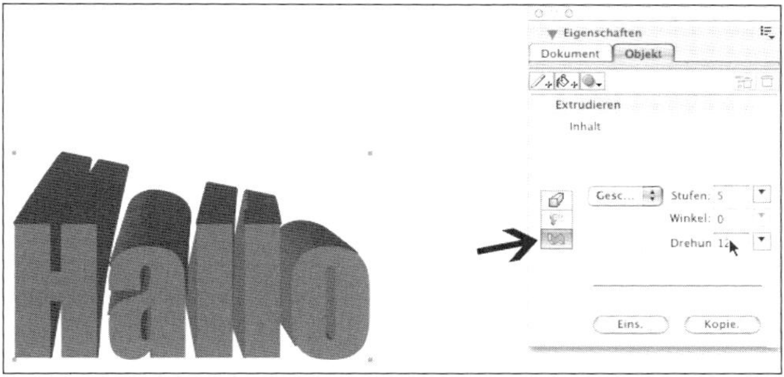

Abbildung 13.8: Hier wurde der Text nur etwas gedreht und die Profilart GESCHLIFFEN *allerdings ohne spezielles Profil verwendet.*

Die Variante STATISCH wird häufig für Profile verwendet, die durch einen kurvigen Pfad gestaltet werden sollen. Dazu müssen Sie einen Pfad erstellen, der dann als Profil verwendet werden soll. Aktivieren Sie den Pfad und kopieren Sie ihn über den Befehl BEARBEITEN|KOPIEREN. Damit ist er in der Zwischenablage gespeichert.

Nun wählen Sie das extrudierte Objekt und das Extrudieren-Werkzeug aus. Im Bedienfeld OBJEKT haben Sie die Möglichkeit, das normalerweise gerade gestaltete Profil durch Ihren Pfad aus der Zwischenablage zu ersetzen. Wählen Sie die Option STATISCH für das Profil aus. Klicken Sie auf den Button EINSETZEN unter der Profildarstellung der waagerechten Linie.

Um wieder ein gerades Profil zu erhalten, machen Sie den Arbeitschritt rückgängig oder rufen Sie die dritte Option für die Profileinstellung auf, KEINER. Die reduziert das Profil wieder auf eine gerade Linie, allerdings auch die Möglichkeiten der Gestaltung. Ansonsten bleibt Ihnen immer noch die Möglichkeit, einen geraden Pfad zu erstellen und wieder in die Profildefinition einzusetzen.

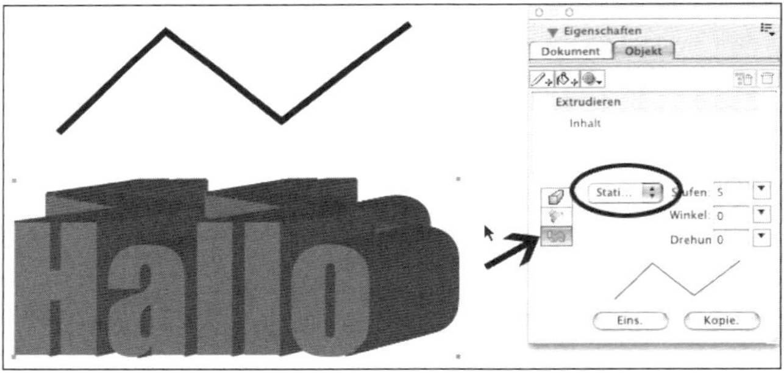

Abbildung 13.9: In diesem Beispiel wurde ein einfacher Zick-Zack-Pfad für das Profil verwendet.

13.2 Umhüllung erstellen

Mit Umhüllungen lassen sich spezielle Verzerrungen für Grafikelemente erstellen. Sie können eine Umhüllung für Texte und gezeichnete Elemente verwenden. In der Symbolleiste UMHÜLLUNG finden Sie die benötigten Werkzeuge. Aber auch im Menü MODIFIZIEREN gibt es einen Menüpunkt UMHÜLLUNG mit einem Untermenü, das Befehle enthält.

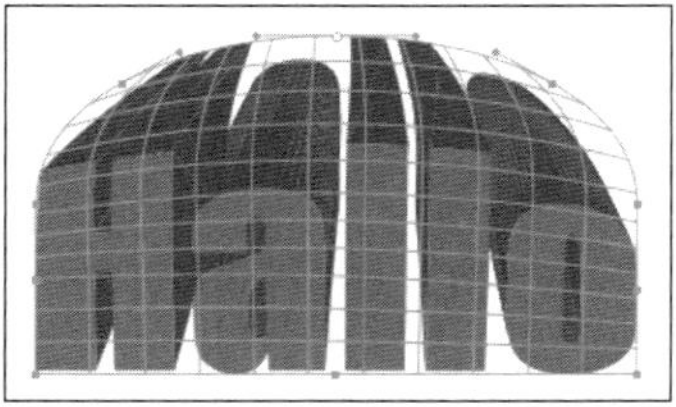

Abbildung 13.10: Extrudierter Text mit einer Umhüllung und sichtbarem Gitter. Hier wurde die Umhüllungsform Bogen verwendet.

Um eine Umhüllung zu erstellen, wählen Sie einen Text oder ein Grafikelement aus und suchen dann im Menü der Symbolleiste UMHÜLLUNG die gewünschte Form der Umhüllung aus. Danach brauchen Sie nur noch auf den Button links daneben zu klicken und die Umhüllung wird erstellt und auf das Element angewendet.

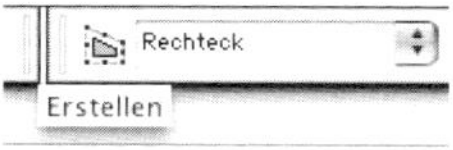

Abbildung 13.11: In dieser Abbildung wurde ein Rechteck als Umhüllung verwendet.

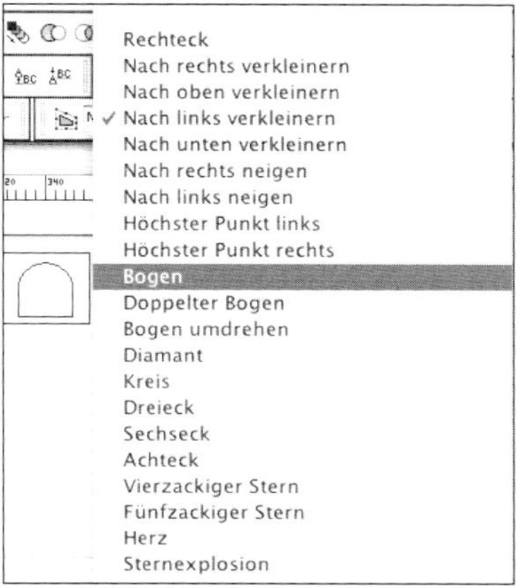

Abbildung 13.12: Wenn Sie eine Umhüllungs-Form auswählen möchten, sehen Sie links daneben eine kleine Vorschau der jeweiligen Form.

Umhüllungen verändern nicht nur die äußere Form des jeweiligen Elements, sondern fügen auch eine Wölbung hinzu. Falls Sie diese Wölbung nicht möchten, müssen Sie die Form RECHTECK verwenden und die Bezugspunkte bearbeiten. In einer Umhüllung finden Sie Punkte mit Griffen und können diese normal bearbeiten und im Bedienfeld OBJEKT sowohl den Punkttyp ändern, als auch die Griffe auf den Punkt ziehen. Diese Pfadbearbeitungen wurden bereits in Kapitel 6 beschrieben.

Statt eine der vorgegebenen Formen für die Umhüllung zu verwenden, haben Sie auch die Möglichkeit, eine selbst erstellte Form auszuwählen und zu benutzen. Eine Form, die oben und unten einen Bogen hat, lässt sich einfach in die Zwischenablage kopieren. Danach klicken Sie auf den Button in der Symbolleiste UMHÜLLUNG, der die Form aus der Zwischenablage auf das ausgewählte Element als Umhüllung anwendet.

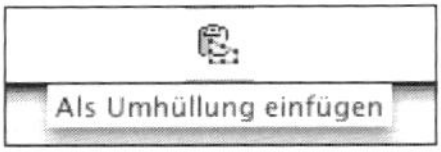

Abbildung 13.13: Mit dieser Funktion lässt sich die Form aus der Zwischenablage für eine Umhüllung verwenden.

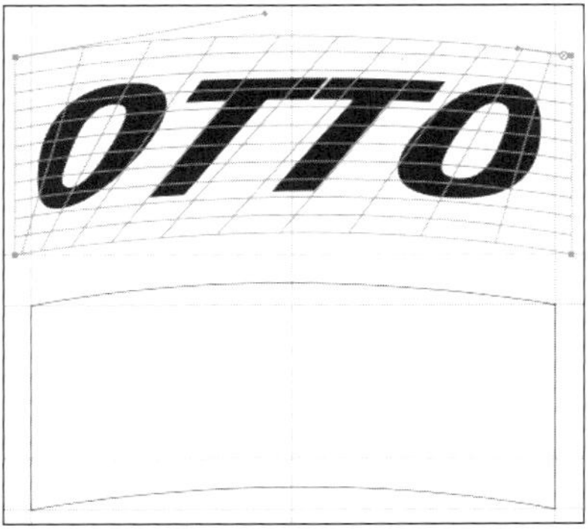

Abbildung 13.14: Hier sehen Sie die Form, die in die Zwischenablage kopiert wurde, und die Auswirkung der Form auf einen Text, wenn sie als Umhüllung verwendet wird.

Aktive Punkte für die Verzerrung werden mit einem kleinen Kreuz durch den Punkt gekennzeichnet. Damit diese Punkte sichtbar werden und auch das Gitter, das die Verzerrung zeigt, klicken Sie in der Symbolleiste UMHÜLLUNG auf den Button ganz rechts.

Abbildung 13.15: Das Raster bzw. Gitter einer Umhüllung sollten Sie einblenden, um die Verzerrung sichtbar zu machen, die möglicherweise verändert werden muss.

13.3 Umhüllung bearbeiten

Grundsätzlich lassen sich Umhüllungen mit dem Auswahl-Werkzeug oder dem Teilauswahl-Werkzeug (weißer Pfeil) bearbeiten. Dabei lassen sich die Punkte verschieben und auch die Griffe an Punkten bearbeiten. Natürlich können Sie dafür auch die Möglichkeiten des Bedienfeldes OBJEKT verwenden.

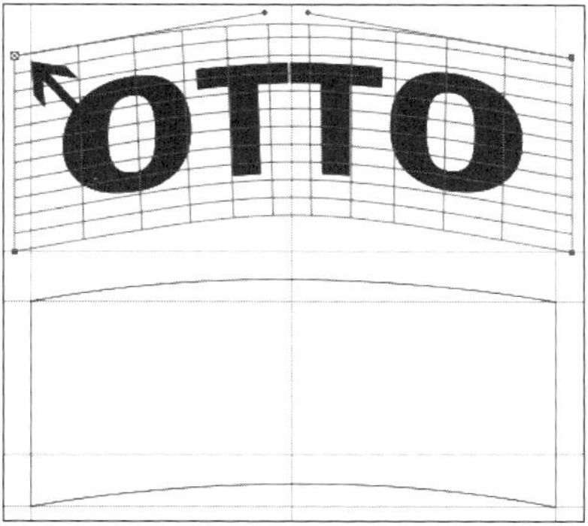

Abbildung 13.16: Eine Umhüllungsform mit bearbeiteten Griffen an den Bezugspunkten.

In dieser Umhüllungsform in Abbildung 13.16 wurden die Bezugspunkte auf die Ecken gezogen und die Griffe so ausgerichtet, dass sie die Umhüllung symmetrisch werden lassen. Dazu wurden ein paar Hilfslinien verwendet.

Damit Sie eine solche selbst bearbeitete oder selbst erstellte Umhüllung nicht neu erfinden müssen, können Sie diese als Voreinstellung speichern. Wählen Sie den Button mit dem Pluszeichen in der Symbolleiste UMHÜLLUNG und geben Sie Ihrer neuen Umhüllung einen Namen.

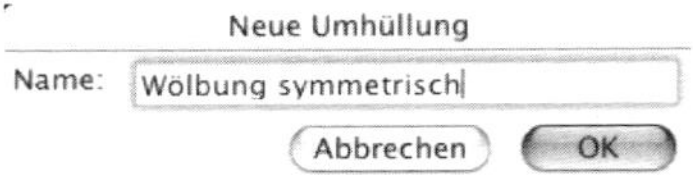

Abbildung 13.17: Wählen Sie einen sinnvollen Namen.

Solche selbst definierten Umhüllungen werden in einer speziellen Voreinstellungsdatei gespeichert.

Natürlich lässt sich eine solche neue Voreinstellung auch wieder löschen. Dazu wählen Sie den Button mit dem Minuszeichen für Ihre benutzerdefinierte Umhüllungsform.

Abbildung 13.18: Für diese Befehle finden Sie auch Menübefehle im Menü MODIFIZIEREN|UMHÜLLUNG.

Solange eine Umhüllung besteht, wird sie auch auf das Objekt angewendet. Allerdings kann es sein, dass Sie das Objekt tatsächlich verändern möchten. Falls Sie einen Text mit einer Umhüllung versehen haben, muss dieser in Pfade gewandelt werden. Klicken Sie in der Symbolleiste UMHÜLLUNG auf den Button FREIGEBEN.

Abbildung 13.19: Der Button FREIGEBEN verändert endgültig die Form des Elements und wendet die Umhüllung an. Damit entsteht eine gruppierte Grafik.

13.4 Umhüllung entfernen

Um eine Umhüllung wieder zu entfernen und den Originalzustand der Grafik herzustellen, brauchen Sie nur auf den Button in der Symbolleiste UMHÜLLUNG zu klicken.

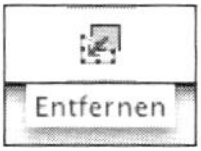

Abbildung 13.20: Wenn Sie mit der Maus etwas über dem Werkzeug verweilen, wird der QuickInfo-Text angezeigt.

Wenn Sie den Pfad der Umhüllung für etwas anderes verwenden möchten, können Sie ihn in die Zwischenablage kopieren. Verwenden Sie dazu den entsprechenden Button aus der Symbolleiste UMHÜLLUNG.

Wenn Sie die Umhüllung als Pfad kopieren wird sie nicht sofort entfernt, aber danach lässt sich der Pfad wieder auf der Seite einfügen und geht nicht verloren, wenn Sie die Umhüllung entfernen.

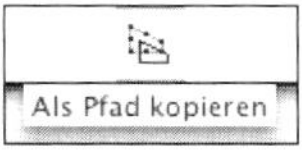

Abbildung 13.21: Werkzeug ALS PFAD KOPIEREN

Die bisher beschriebenen Funktionen und Befehle lassen sich auch im Menü MODIFIZIEREN aufrufen.

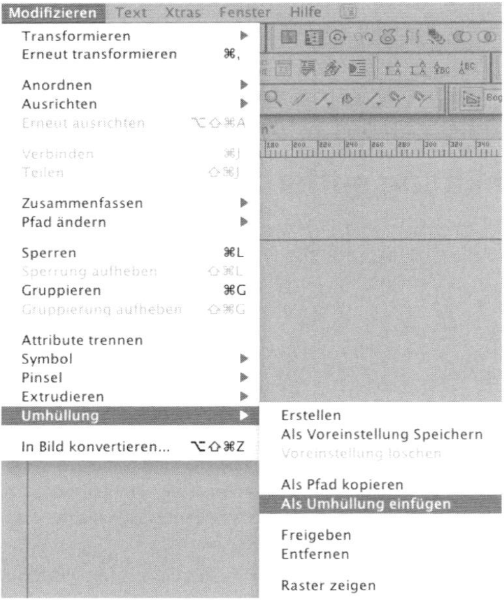

Abbildung 13.22: Falls die Symbolleiste UMHÜLLUNG *nicht auf dem Bildschirm sichtbar ist, lässt sich eine Umhüllung auch durch diese Befehle bearbeiten.*

Sie benötigen die Symbolleiste, damit Sie die Form auswählen können, mit der die Umhüllung erstellt werden soll. Wählen Sie aus dem Menü FENSTER| SYMBOLLEISTEN die Option UMHÜLLUNG. Damit wird die Symbolleiste auf den Bildschirm geholt.

Beide in diesem Kapitel beschriebenen Bearbeitungsfunktionen sind etwas, womit Sie experimentieren können. Probieren Sie einfach aus, was Sie damit gestalten können und wie die Bearbeitung weitere Variationen zulässt.

Bilder in FreeHand-Dateien

Sie möchten ein komplettes Layout in FreeHand gestalten und stellen dabei fest, dass es nun doch nötig ist, ein gescanntes Bild in Ihr Layout einzubinden. Das ist grundsätzlich überhaupt kein Problem und eigentlich auch ganz einfach.

14.1 Bilder importieren

Wählen Sie aus dem Menü DATEI die Option IMPORTIEREN. Mit demselben Befehl lässt sich auch Text importieren, aber in diesem Kapitel geht es um Bilder. Im Dialogfeld wählen Sie aus, welches Bild importiert werden soll.

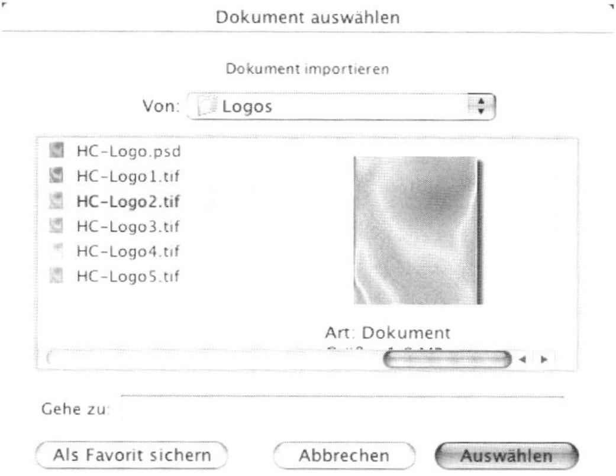

Abbildung 14.1: Es gibt viele Bilddateiformate, die für den Import in einer FreeHand-Datei zugelassen sind. Eine Übersicht finden Sie im Anhang.

Wenn Sie ein Bild ausgewählt haben, erscheint ein schwarzer Winkel als Mauszeiger. Mit diesem Winkel klicken Sie an die Stelle im Dokument, an der die linke obere Ecke des Bildes stehen soll. Danach wird die Vorschau des Bildes sichtbar. Ob diese Vorschau in einer hohen oder niedrigen Auflösung erstellt wird, bestimmen Sie in den Grundeinstellungen in der Kategorie NEUAUFBAU. Die Grundeinstellungen finden Sie im Menü FREEHAND (Macintosh) bzw. im Menü BEARBEITEN (Windows).

Für jedes aktive Bild lässt sich im Bedienfeld OBJEKT feststellen, in welchem Farbmodus es gescannt wurde.

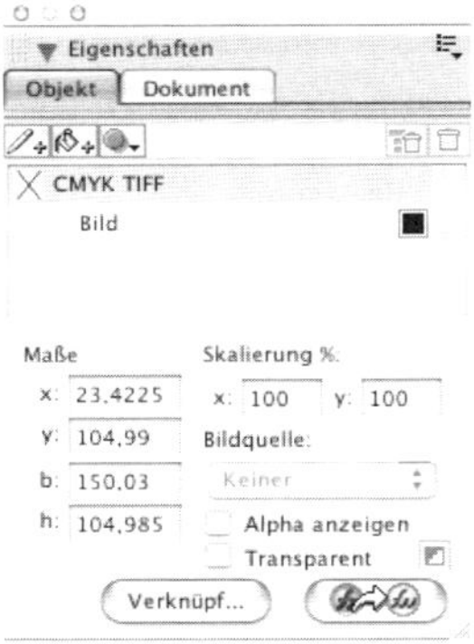

Abbildung 14.2:
In diesem Beispiel ist ein Bild im CMYK-Modus in einer FreeHand-Seite platziert worden.

14.1.1 Bilder in FreeHand verändern

Sie können in FreeHand MX ein Bild genau platzieren, indem Sie im Bedienfeld OBJEKT die Koordinaten ändern. Falls Sie die Breite und die Höhe ändern, wird das Bild skaliert. Das Bild lässt sich auch über die beiden Werte der Skalierung mit Prozentangaben verkleinern oder vergrößern.

Bei der Skalierung eines Bildes durch Ziehen mit der Maus sollten Sie die [⇧]-Taste festhalten, damit das Bild nicht verzerrt wird. Für weitere Veränderungen lässt sich das Bedienfeld TRANSFORMIEREN aufrufen und so eine Spiegelung oder Drehung des Bildes erzeugen.

Bei einer Größenänderung von Bildern in FreeHand verändert sich die Auflösung eines Bildes. Das wirkt sich meist auf die Ausgabequalität aus. Sie dürfen ein Bild nicht vergrößern, wenn Sie das vermeiden möchten. Bei einer starken Verkleinerung wird möglicherweise die Auflösung so stark vergrößert, dass die Ausgabe sehr lange dauert, denn das jeweilige Ausgabegerät (z.B. Drucker) muss die Auflösung wieder umrechnen.

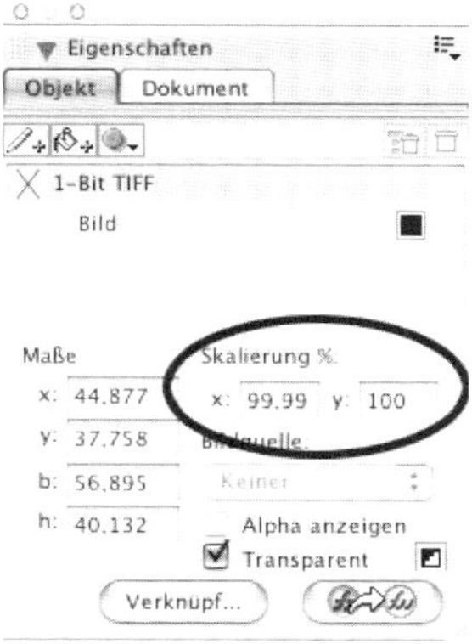

Abbildung 14.3:
Bei einigen Bildern wird durch Rundungsfehler direkt nach der Platzierung nur 99,99 % für eine der Seiten als Skalierung angezeigt.

Bitmap-Bilder mit Transparenz und Farbe einstellen

Ein S/W-Bild, das in FreeHand platziert wird, hat zunächst einen deckend weißen Hintergrund. Sie haben die Möglichkeit, die Farbe eines Bildes zu verändern, indem Sie ein Farbkästchen auf das schwarze Farbkästchen im Bedienfeld OBJEKT ziehen oder direkt auf die Bezeichnung BILD klicken und dann die Füllungsfarbe ändern. Das bedeutet für die Ausgabe, dass alle ursprünglich schwarzen Pixel in dieser Farbe wiedergegeben werden sollen. Diese Art der Farbdefinition funktioniert nur bei S/W-Bildern und Graustufenbildern, die nicht durch den Dateityp geschützt sind. Bei EPS-Dateien geht es beispielsweise nicht, bei Tiff-Dateien funktioniert es hervorragend.

Falls Sie das Bild auf einem Verlauf oder anderen Grafikelementen platzieren möchten, ist es oft sinnvoll und nötig, die weißen Pixel des Bildes durchsichtig, d.h. transparent einzustellen. Diese Option finden Sie im Bedienfeld OBJEKT. Aktivieren Sie dort die Option TRANSPARENT. In der Abbildung 14.3 wurde diese Option eingeschaltet. Die Transparenz lässt sich auch bei Graustufenbildern einschalten, dann wird das Bild aber automatisch in ein S/W-Bild umgewandelt. Die Grauwerte verschwinden, die hellen Pixel werden durchsichtig und die dunklen Pixel werden schwarz. Bei anderen Bildern lässt sich die Option meist nicht aktivieren.

Helligkeit und Kontrast einstellen

Für Graustufen- und S/W-Bilder können Sie das Dialogfeld für die Helligkeits- und Kontrasteinstellung aufrufen. Klicken Sie auf den Button neben der Option TRANSPARENZ. Das Dialogfeld zeigt die aktuelle Einstellung mit einer S/W-Grafik.

In dem Beispiel in Abbildung 14.4 wurde über den zweiten Button oben das Bild negativ eingerichtet.

Abbildung 14.4: Auf der linken Seite lässt sich die Helligkeit erhöhen oder verringern und rechts sind die Einstellungspfeile für den Kontrast.

Wenn Sie die Auswirkung der Einstellung auf das Bild sehen möchten, klicken Sie auf den Button ANWENDEN. Falls Sie die Einstellung rückgängig machen möchten, klicken Sie auf den Button ZURÜCKSETZEN. Die Original-Einstellung des Bildes geht nicht verloren und kann jederzeit wieder hergestellt werden. Das ist wichtig für die Korrektur in einer Datei.

Alpha-Kanäle anzeigen und anwenden

In einigen Bildern sind so genannte Alpha-Kanäle enthalten. Diese dienen dazu, Bildteile zu maskieren. Alpha-Kanäle lassen sich beispielsweise in Photoshop erzeugen und in einem Bild speichern. FreeHand erkennt beim Importieren solcher Bilder, dass ein Alpha-Kanal in der Datei gespeichert wurde, und bietet Ihnen die Möglichkeit an, das Bild mit dieser Maske zu verwenden.

Abbildung 14.5: Aktivieren Sie die Option ALPHA ANZEIGEN im Bedienfeld OBJEKT, damit die Alpha-Kanal-Maske auf das Bild angewendet wird.

Sobald Sie den Alpha-Kanal aktiviert haben, wird ein Teil des Bildes transparent eingestellt. Sie haben dann die Möglichkeit, das Bild mit dieser Maske über andere Elemente zu legen.

EPS-Dateien importieren

Bei EPS-Dateien passiert manchmal etwas Unerwartetes: Wenn Sie selbst eine Grafik in FreeHand gezeichnet haben und diese als EPS exportiert wurde, ist meist die komplette FreeHand-Datei darin eingebunden. In den Voreinstellungen von FreeHand können Sie definieren, was mit solchen »Bildern« passieren soll. Es ist oft sinnvoll, die Datei wieder in eine normale FreeHand-Grafik umzuwandeln und somit wieder voll bearbeitbar zu importieren. Rufen Sie im Menü FREEHAND die Einstellungen auf und wählen Sie die Kategorie IMPORTIEREN aus. In der Windows-Version finden Sie die Einstellung im Menü BEARBEITEN.

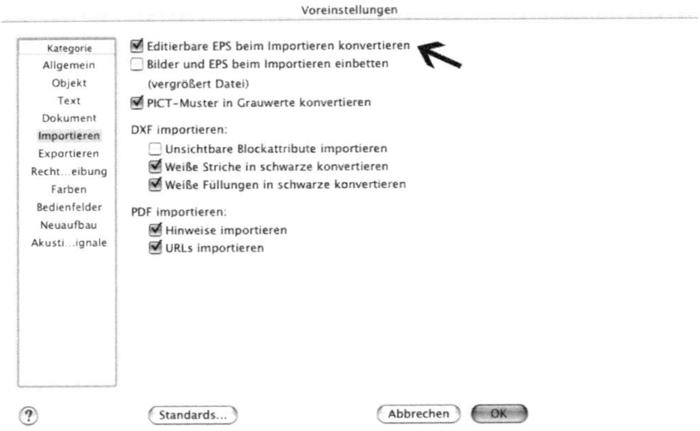

Abbildung 14.6: Hier ist aktiviert, dass editierbare EPS-Dateien beim Importieren konvertiert werden. Aus Elementen, die FreeHand umsetzen kann, werden FreeHand-Elemente.

Andere EPS-Dateien, die aus Layoutprogrammen wie z.B. QuarkXPress oder InDesign erzeugt wurden, lassen sich nicht so einfach umwandeln. Diese Dateien werden einfach nur platziert. Solche EPS-Bilder können nicht umgefärbt oder transparent eingerichtet werden. Im Bedienfeld OBJEKT werden dann keine weiteren Optionen dargestellt.

EPS-Dateien lassen sich meist ohne Qualitätsverluste vergrößern und verkleinern, weil sie aus Pfaden bestehen. Die Konturen werden auch für skalierte EPS-Bilder scharfkantig berechnet und sauber gedruckt.

Abbildung 14.7:
Für ein einfaches importiertes EPS können Sie die Skalierung verändern.

14.1.2 Bildverknüpfungen aktualisieren

Normalerweise ist die Option, die Bilder beim Import in eine FreeHand-Datei automatisch einbettet, abgeschaltet. Die Datei zeigt eine Vorschau des Bildes und wird mit der Information versehen, wo das Bild zu finden ist. Falls sich diese Angabe ändert, weil Sie das Bild umbenannt oder in ein anderes Verzeichnis verschoben haben, wird FreeHand beim Öffnen der Datei fragen, wo das Bild zu finden sei.

Damit Sie die Datei richtig drucken können, muss FreeHand das Bild wieder finden können. Deshalb müssen Sie die Bilder auch immer mitliefern, wenn Sie eine Datei an eine Druckerei übergeben. Genauere Information dazu finden Sie in Kapitel 17.

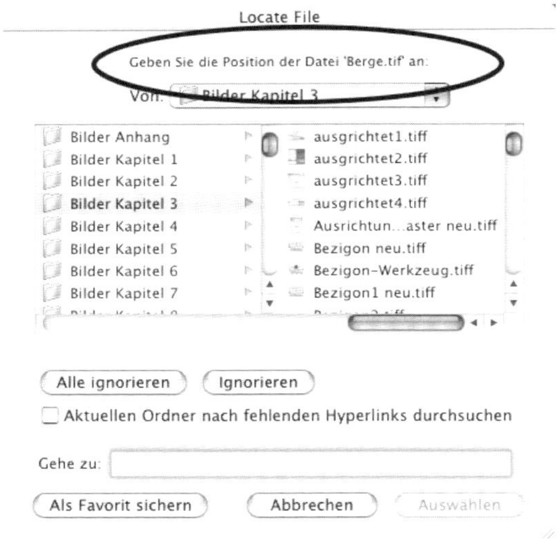

Abbildung 14.8: Der Name des fehlendes Bildes wird oben im Dialogfenster angezeigt, in dem das Bild nun neu ausgewählt werden soll.

Beim Aktualisieren fehlender oder veränderter Bilder haben Sie die Möglichkeit, die Bilder durch andere zu ersetzen. Falls Sie ein falsches Bild in Ihrer Datei platziert haben, lässt sich dies auch dadurch korrigieren, dass Sie es an der aktuellen Position im Layout austauschen. Im Bedienfeld OBJEKT finden Sie den Button VERKNÜPFUNGEN, wenn Sie gerade ein Bild aktiviert hatten. Damit rufen Sie das Dialogfeld auf, in dem die aktuellen Verknüpfungen dargestellt und geändert werden können.

Alternativ wählen Sie aus dem Menü BEARBEITEN den Befehl VERKNÜPFUNGEN.

Die gerade verknüpften Bilder sind mit dem gesamten Pfad am unteren Rand des Dialogfensters dargestellt. Wenn ein Bild nicht auf einer Seite, sondern auf der Montagefläche liegt, wird ein Strich in der Informationsspalte für die Seitenzahlen gezeigt.

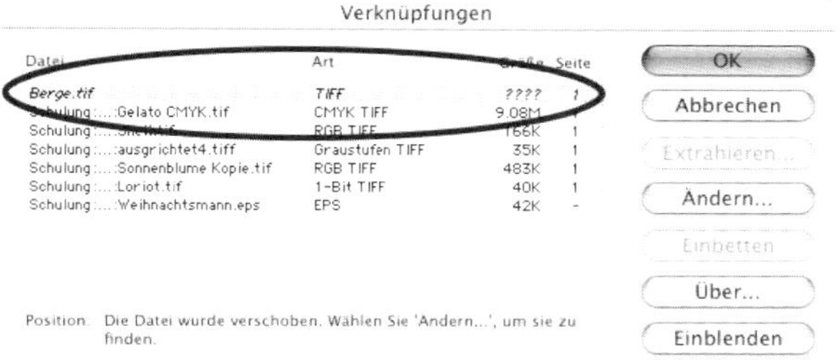

Abbildung 14.9: Aktivieren Sie das Bild, das Sie durch ein anderes Bild ersetzen möchten, und wählen Sie dann den Button ÄNDERN.

Falls ein Bild beim Öffnen der Datei gefehlt hat und Sie es tatsächlich nicht mehr auswählen können, wird in der Liste der Verknüpfungen für die Größe der Datei eine Reihe Fragezeichen gezeigt. Auch die Art des Bildes kann nicht mehr genau bestimmt werden. In der Datei werden Sie nur noch einen Rahmen mit einem Kreuz sehen, denn für die Berechnung der Darstellung des Bildes wird das Bild benötigt.

Bilder einbetten

Sie können jedes Bild in die FreeHand-Datei einbetten, so dass die Bilddatei nicht mehr als separate Datei vorliegen muss. Alle Informationen für die Darstellung und einen späteren Ausdruck werden in die FreeHand-Datei integriert.

Um Bilder aus FreeHand-Dateien bearbeiten zu können, die eingebettet sind, lässt FreeHand auch den umkehrten Weg zu. Das Bild kann in der Liste der Verknüpfungen aktiviert und dann die Option EXTRAHIEREN ausgewählt werden. So speichern Sie die Bildinformation wieder als separate Bilddatei, die dann beispielsweise in Photoshop bearbeitet werden kann.

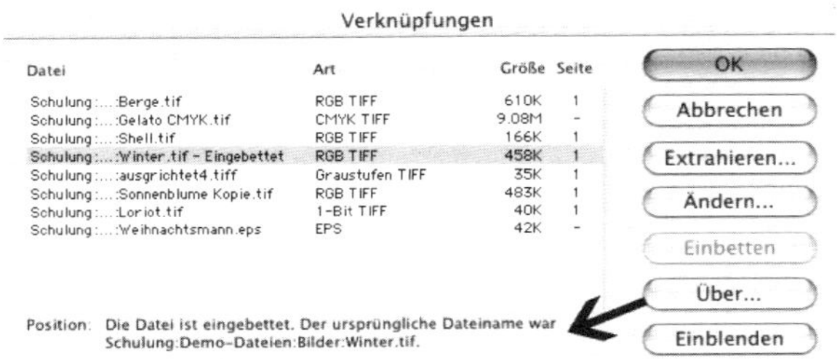

Abbildung 14.10: Ein eingebettetes Bild wird in der Liste der Verknüpfungen als solches gekennzeichnet. FreeHand führt die Ursprungsdatei für das Einbetten auf.

Wenn Sie viele Bilder in die FreeHand-Datei einbetten, wird die FreeHand-Datei sehr groß und möglicherweise bereitet die Arbeit am Dokument dadurch Probleme. Vermeiden Sie diese Option also, wenn Sie befürchten müssen, dass ein Computer, an dem die Datei bearbeitet werden soll, zu wenig Arbeitsspeicher (RAM) hat.

Bilder maskieren

Bilder werden wie andere Grafikelemente auch mit Pfaden maskiert. Erstellen Sie einen Pfad in FreeHand, der als Beschneidungspfad dienen soll, und aktivieren Sie das Bild. Dann wählen Sie aus dem Menü BEARBEITEN den Befehl AUSSCHNEIDEN. Das Bild wird in die Zwischenablage gelegt. Nun aktivieren Sie den Pfad und wählen aus dem Menü BEARBEITEN die Option INHALT EINFÜGEN (Windows) bzw. INNEN EINSETZEN (Macintosh). Weitere Hinweise zu einer solchen Art der Maskierung finden Sie in Kapitel 7, in dem zwar ein Grafikelement durch einen Pfad maskiert wurde, aber die Vorgehensweise ist gleich.

Wenn Sie ein Bild aktivieren möchten, das in einen Pfad eingefügt wurde, halten Sie die `Alt`-Taste gedrückt und klicken auf das Bild.

Ob ein Bild maskiert wurde, sehen Sie im Bedienfeld OBJEKT. Dort wird die Bezeichnung EINFÜGEOBJEKT (Macintosh) bzw. CLIP (Windows) für den Pfad verwendet. Damit wird verdeutlicht, dass der Pfad nur als Maske dient.

Tiff-Bilder oder EPS-Dateien mit einem Beschneidungspfad, der in Photoshop angelegt wurde, werden direkt freigestellt in FreeHand importiert. Der Beschneidungspfad wird angewendet und der Hintergrund transparent.

In Abbildung 14.11 sehen Sie die drei Möglichkeiten für Transparenzen in Bildern in FreeHand. Die Sonnenblume hat einen Beschneidungspfad im Tiff gespeichert. Die Berglandschaft wurde mit einem Alpha-Kanal transparent und die kleine Skizze ist ein S/W-Tiff, das im Bedienfeld OBJEKT transparent gestellt wurde.

Abbildung 14.11: Die drei Möglichkeiten für Transparenzen

14.1.3 Bearbeitung im externen Editor

Viele Bildbearbeitungsmöglichkeiten bietet FreeHand nicht, weswegen es meist sinnvoller ist, das Bild in einem speziell dafür ausgerichteten Bildbearbeitungsprogramm zu bearbeiten. Richten Sie in den Grundeinstellungen ein, welche Programm Sie verwenden möchten, um die Bilder zu verändern.

Wählen Sie in den Einstellungen in der Kategorie OBJEKT, welcher externe Editor verwendet werden soll, wenn Sie ein Bild dieses Typs bearbeiten möchten.

In dem kleinen Klappmenü lässt sich für verschiedene Bildtypen jeweils das passende Programm wählen.

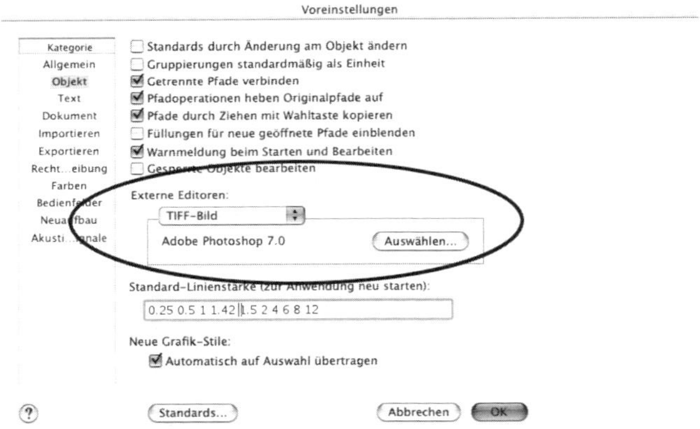

Abbildung 14.12: Einstellungen für externe Editoren

Aktivieren Sie das Bild und wählen Sie aus dem Menü BEARBEITEN den Befehl IM EXTERNEN EDITOR BEARBEITEN. FreeHand fragt vor dem Programmwechsel, ob Sie das wirklich wollen. Bestätigen Sie diese Nachfrage, um das zugewiesene Programm als externen Editor zu starten und das Bild darin zu öffnen.

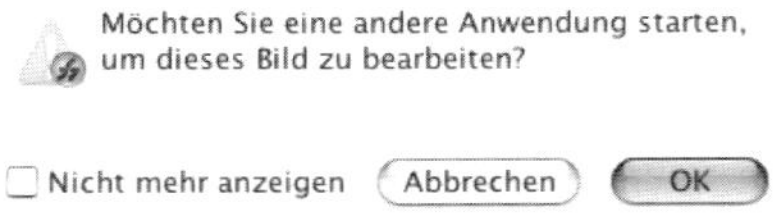

Abbildung 14.13: Falls Sie diese Frage nicht jedes Mal sehen möchten, wenn Sie ein Bild im externen Editor bearbeiten, aktivieren Sie die Option NICHT MEHR ANZEIGEN.

Solange das Bild für die Bearbeitung geöffnet ist und bearbeitet wird, sehen Sie einen Hinweis in dem Programm, das als externer Editor dient (z.B. Photoshop). Da Sie ein Bild bearbeiten, das bereits in einem FreeHand-Layout platziert wurde, wird auch die FreeHand-Datei sofort nach der Speicherung des veränderten Bildes aktualisiert.

Nach der Speicherung des Bildes klicken Sie in dem Dialogfeld auf den Button FERTIG und können das nächste Bild im externen Editor aufrufen.

Abbildung 14.14: Während der Bearbeitung eines Bildes in Photoshop sehen Sie diesen Hinweis.

Bildquellen in Fireworks bearbeiten

Sie können das Bild auch in Fireworks statt in Photoshop bearbeiten. Meist werden beide Programme auf dem gleichen Computer installiert und dann brauchen Sie nur ein Bild zu aktivieren und auf den Button im Bedienfeld OBJEKT zu klicken.

Abbildung 14.15: Durch einen Klick auf diesen Button wird Fireworks gestartet und ein Dialogfeld erscheint.

Jetzt werden Sie dazu aufgefordert, anzugeben, ob eine Fireworks-Quelldatei für das platzierte Bild geöffnet werden soll. Wählen Sie die gewünschte Option aus dem Popupmenü FIREWORKS-QUELLDATEIEN.

Ähnlich wie bei der Arbeit mit Photoshop, wird auch in Fireworks dargestellt, dass Sie es als externen Editor verwenden und auch in diesem Programm müssen Sie das Ende der Bearbeitung mit einem Klick auf den Button FERTIG beenden.

14.2 Nachzeichnen von gescannten Bildern

Viele gescannte Bilder sind so schlecht in ihrer Qualität, dass die automatische Funktion zum Nachzeichnen von Bildern nicht verwendet werden kann. Allerdings gibt es auch manchmal Bilder, die Sie mit dieser Funktion gestalten und verfremden möchten. Dabei kommt es auf die richtige Einstellung an.

Doppelklicken Sie auf dem Werkzeug im Bedienfeld WERKZEUGE.

Abbildung 14.16:
Das Nachzeichnen-Werkzeug hat einen kleinen Zauberstab als Symbol.

Bestimmen Sie das Ziel der Bearbeitung und stellen Sie ein, wie viele Farben in welchem Farbmodus verwendet werden sollen. Die Auflösung bestimmt, mit welcher Genauigkeit das Bild dargestellt werden soll, das nachgezeichnet werden soll. Falls Sie eine zu hohe Auflösung wählen, kann eine Meldung erscheinen, die automatisch eine niedrigere Auflösung vorschlägt, weil es in der hohen Auflösung nicht möglich ist, die Umwandlung korrekt durchzuführen.

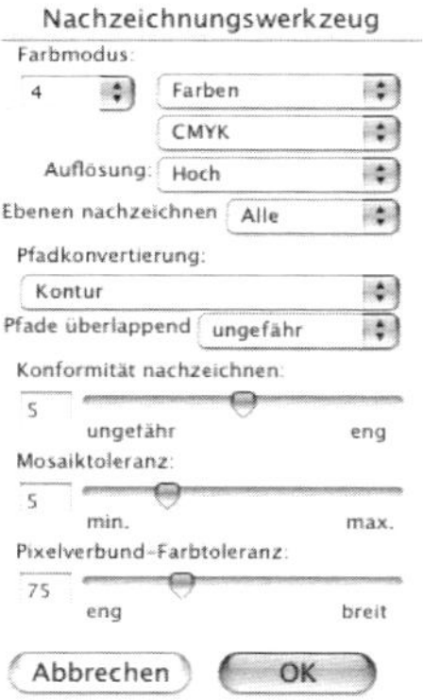

Abbildung 14.17:
Wählen Sie mit den verschiedenen Einstellungen, wie genau die Pfade erzeugt werden sollen.

Stellen Sie ein, ob Konturen erstellt werden sollen, ob sich die Pfade überlappen dürfen und ob das gescannte Bild genau und mit allen kleinen Punkten nachgezeichnet werden soll. Die Einstellungen für die Konformität, die Mosaiktoleranz und die Pixelverbund-Farbtoleranz sind dafür sehr wichtig. Die Konformität sorgt für viele oder wenige Punkte in den Pfaden. Die Mosaiktoleranz verhindert, dass kleine Pünktchen auch mit einer Kontur nachgezeichnet werden. Die Pixelverbund-Farbtoleranz ist wichtig für reine Farbflächen.

Abbildung 14.18: Nachgezeichnet sieht ein schlechter Scan dann in etwa so aus.

Meist wird die automatisch nachgezeichnete Grafik noch bearbeitet. Die Arbeit mit dem Nachzeichnen-Werkzeug ist oft also nur ein erster Schritt bei der Umwandlung eines Bildes in eine Grafik.

14.3 Grafik in Bildinformation konvertieren

Einige Effekte lassen sich nur mit Pixelbildinformationen wiedergeben. Das gilt für weiche Schlagschatten und ähnliche Effekte. Damit solche Grafikteile sich harmonisch in das Gesamtbild einbinden lassen, wird manchmal der Rest der Grafik auch in ein Bild konvertiert. Dabei wird die Grafik durch ein Tiff-Bild ersetzt. Wählen Sie aus dem Menü MODIFIZIEREN die Option IN BILD KONVERTIEREN.

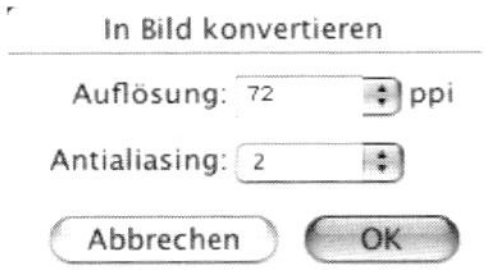

Abbildung 14.19:
Geben Sie eine Auflösung ein, die für den späteren Verwendungszweck passend ist.

Die 72-ppi-Auflösung wird für Webdesign verwendet, die 144-ppi-Auflösung verwenden Sie für Probeausdrucke und die hohe 300-ppi-Auflösung für Druckverfahren. Die Einstellung ANTIALIASING glättet schräge Kanten, die sonst einen zu starken Treppeneffekt erhalten würden.

Effekte und Xtra-Werkzeuge

Über einige Gestaltungsmöglichkeiten haben Sie wahrscheinlich bereits in anderen Kapiteln gelesen, allerdings sind noch weitere Funktionen für die Erzeugung teilweise erstaunlicher Effekte zu beschreiben. Deswegen sind in diesem Kapitel die meisten Beschreibungen von Werkzeugen und Effekten zusammengefasst. Sie sollten viele dieser Funktionen kennen, damit Sie bei der Gestaltung immer die schnellste Möglichkeit des Programms für Ihre Arbeit nutzen können.

15.1 Effekte im Bedienfeld Objekt

Im Bedienfeld OBJEKT können Sie für viele Grafikelemente Effekte erstellen, die erst beim Ausdruck tatsächlich in Pixel- oder Grafikinformationen umgewandelt werden. Das bedeutet, dass an das Element zunächst nur die Effektinformationen angeknüpft werden. So haben Sie die Möglichkeit, den Effekt immer wieder zu bearbeiten und zu korrigieren. Das bietet viel Sicherheit bei der Bearbeitung aufwändiger Grafiken.

Es gibt mehrere Möglichkeiten, einen Effekt einzustellen, und verschiedene Effekte im Bedienfeld OBJEKT, die Sie wählen und miteinander kombinieren können. Sie müssen sich nicht auf einen Effekt beschränken. Genauso wie mehrere Konturen und Füllungen miteinander verknüpft werden können, lassen sich auch verschiedene Effekte miteinander kombinieren.

Ein Effekt kann über den Button EFFEKT HINZUFÜGEN im Bedienfeld OBJEKT ausgewählt werden. Sie können auch im Menü des Bedienfeldes die Option EFFEKT HINZUFÜGEN aufrufen.

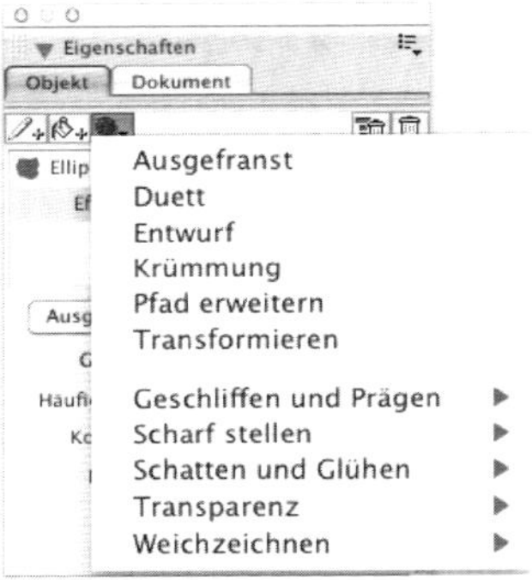

Abbildung 15.1: Im Bedienfeld OBJEKT werden die möglichen Effektarten gezeigt.

Lesen Sie auch Abschnitt 15.9. Dort wird erklärt, wie Sie die richtige Rasterauflösung für die Effekte einstellen, die nur mit Pixelinformationen wiedergegeben werden können. Das sind folgende Effekte: GESCHLIFFEN UND PRÄGEN, SCHARF STELLEN, SCHATTEN UND GLÜHEN, TRANSPARENZ und WEICHZEICHNEN.

15.1.1 Ausgefranst

Der Effekt AUSGEFRANST kann auf verschiedene Weise variiert werden. Erstellen Sie als Beispiel eine Ellipse und wählen Sie mit dem Button im Bedienfeld OBJEKT den Effekt aus.

Mit der Einstellung für Größe und Häufigkeit wird die Veränderung der Ellipsenkontur beeinflusst. Die Standardeinstellung für diesen Effekt ist die Randform GROB. In der Windows-Version heißt diese Randform RAU.

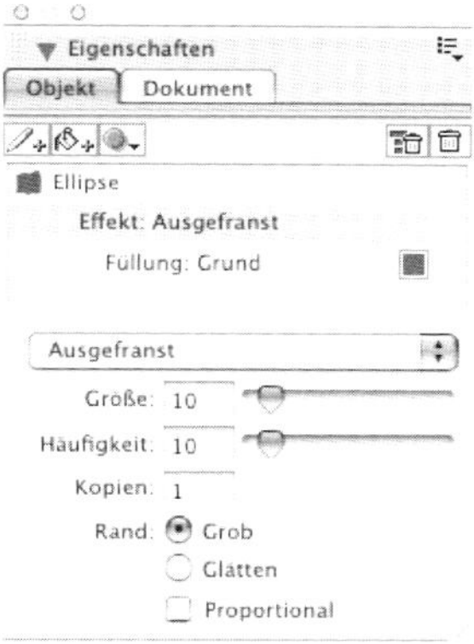

Abbildung 15.2:
Der Effekt und die dazugehörigen Optionen werden im Bedienfeld OBJEKT dargestellt.

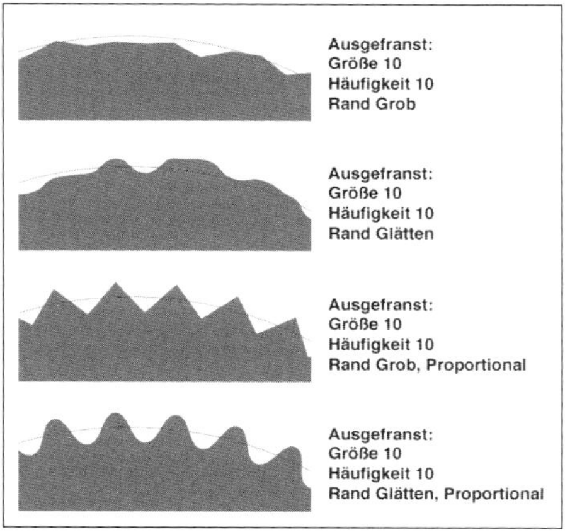

Abbildung 15.3:
Die verschiedenen Einstellungen des Effektes

15.1.2 Duett

Bei diesem Effekt geht es darum, ein Element zu zeichnen und dann diese einzelne Zeichnung zu verwenden, um ein zweites Element zu gestalten.

Abbildung 15.4: Hier wurde eine Zeichnung gruppiert und der Effekt mit dem Stil SPIEGELN verwendet.

Sie müssen die Verschiebung der Kopien und die Anzahl der Kopien bei diesem Effekt bestimmen. Sie sehen direkt in Ihrer Datei, was durch die Einstellungen geschieht, und können so genau bestimmen, welche Einstellungen für Ihre Grafik richtig sind.

Für den Duett-Stil DREHEN habe ich ein Beispiel mit einem einfachen Bogen verwendet, der dann verschoben und gedreht wird. Zusätzlich wurden acht Kopien eingestellt. Das Ergebnis ist eine runde grafische Form, die als Stern oder einfach nur als Schmuckelement verwendet werden kann.

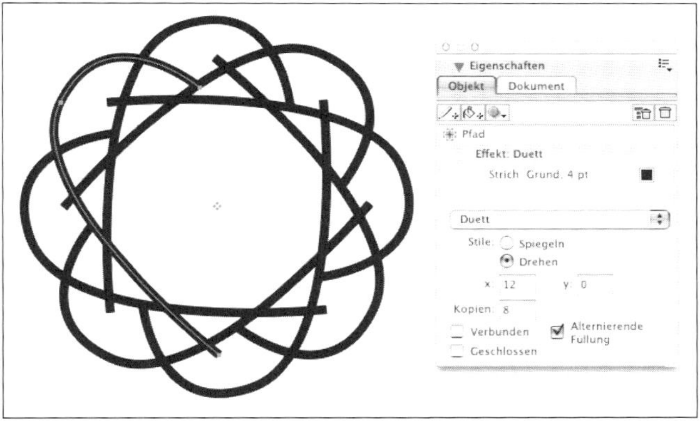

Abbildung 15.5: Anders als beim Spiegeln wird beim Drehen die Anzahl der Kopien oft erhöht.

15.1.3 Entwurf

Dieser Effekt erzeugt mehrfache Linien statt einer glatten Kontur. Damit lässt sich simulieren, dass die Zeichnung etwas ungenau als Entwurf erstellt wurde.

Sie haben die Möglichkeit, mit der Einstellung bei ANZAHL die Abweichung von der Originallinie zu bestimmen. Damit legen Sie fest, wie viele Ungenauigkeiten eingefügt werden sollen. Durch die Anzahl der Kopien werden die simulierten Entwurfslinien bestimmt. Die Option GESCHLOSSEN gibt an, dass die Linienanfänge und -enden verbunden sein sollen. Wenn Sie diese Option deaktivieren, werden kurze offene Linienelemente verwendet. Dabei ist es wichtig, dass Sie nicht zu wenige Punkte in Ihrem Pfad haben, denn die Linien werden an den Positionen der Punkte im Pfad unterbrochen.

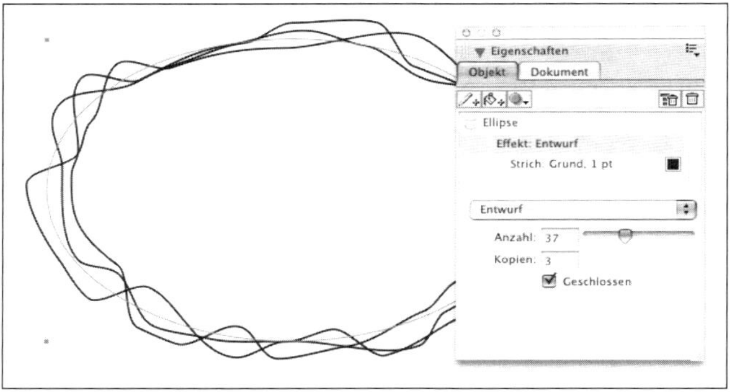

Abbildung 15.6: Die Entwurfslinien wirken meist besser, wenn keine Füllung eingestellt wird.

15.1.4 Krümmung

Um diesen Effekt auf eine Ellipse anzuwenden, wurde eine andere Funktion vorab verwendet. Mit dem Befehl XTRAS|VERZERREN|PUNKTE HINZUFÜGEN wurden ein paar Punkte zu den Ellipsenpunkten hinzugefügt. Danach wurde der Effekt KRÜMMUNG eingestellt und auf diesen Pfad angewendet. Bei jedem Punkt der Ellipse werden Spitzen mit Rundungen innen erstellt. Aus dem elliptischen Pfad wurde ein Stern.

Statt Spitzen nach außen zu erstellen, lassen sich mit dem Effekt KRÜMMUNG auch Spitzen nach innen erstellen. Sie brauchen nur die Größe so zu ändern, dass ein Minuswert angezeigt wird. Ziehen Sie den kleinen Schieberegler nach links.

Die beiden Werte, die Sie für x und y eingeben können, verschieben den Mittelpunkt. Damit wird eine Verkrümmung asymmetrisch berechnet.

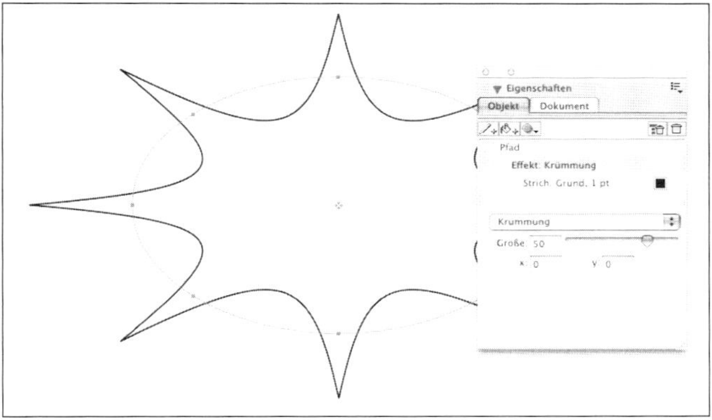

Abbildung 15.7: Mit der Einstellung der Größe lässt sich die Krümmung variieren.

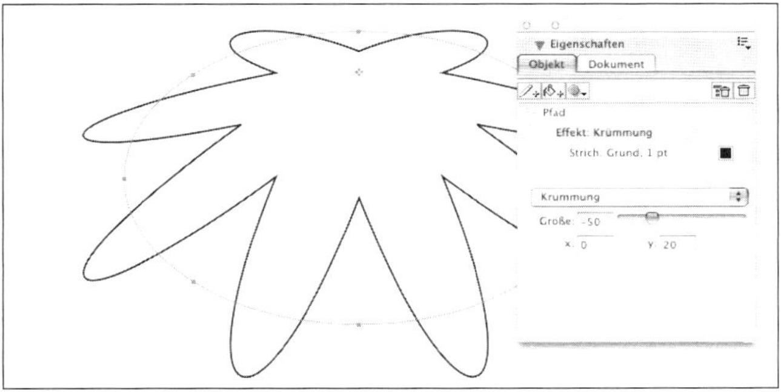

Abbildung 15.8: Hier wurden die Spitzen der Krümmung nach innen gezogen und der Mittelpunkt nach oben verschoben. Es entsteht der Eindruck, als würde man von oben auf die Grafik sehen.

15.1.5 Pfad erweitern

Mit diesem Effekt lassen sich die Linien in Pfade wandeln. Sie kennen diese Funktion schon aus den Xtra-Funktionen. Dort heißt der Befehl STRICH ERWEITERN. Allerdings funktioniert er nicht ganz so wie die Xtra-Funktion. Die Füllungsfarbe wird bei der Xtra-Funktion nicht berücksichtigt. Außerdem arbeitet der Effekt bei der Einstellung der Breite mit der Maßeinheit Punkt, während bei der Xtra-Funktion die Erweiterung in Millimeter eingestellt werden kann.

Der Effekt macht Folgendes: Die Linie wird in eine Fläche gewandelt, die dann die Füllungsfarbe bekommt, die vorher für das Element definiert war, und die Fläche behält die Kontur, die vorher verwendet wurde. Die Breite dieser Fläche lässt sich mit dem kleinen Schieberegler bestimmen. Die Breite wird in Punkt definiert und der Pfad wird mit der Einstellung für die Richtung BEIDES gleichmäßig nach außen und innen erweitert. Die Richtung kann auch in dem Pulldown-Menü so eingestellt werden, dass die Fläche nur nach innen oder nur nach außen erstellt wird.

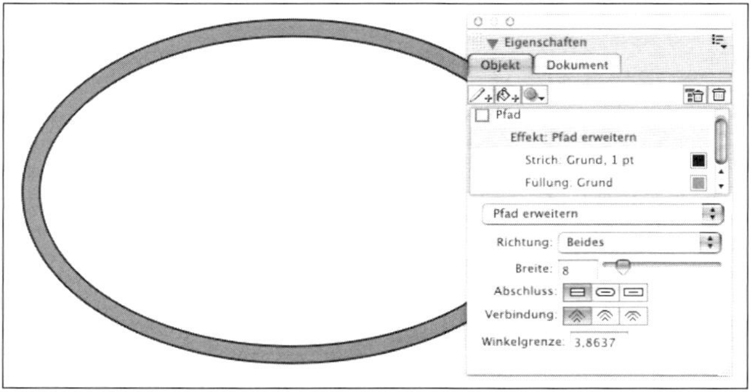

Abbildung 15.9: Der Pfad wird sichtbar, wenn Sie das Element aktivieren, das mit dem Effekt versehen wurde.

15.1.6 Transformieren

Dieser Effekt wurde bereits in Kapitel 5 beschrieben. Die Transformation wird nicht wirklich ausgeführt, sondern für das gezeichnete Element angewendet. Die genaue Funktionsweise wird in Kapitel 5 erklärt.

15.2 Geschliffen und Prägen

Mit diesem Effekt lassen sich die Kanten von Grafikelementen gestalten. Meist werden diese Gestaltungseffekte für Buttons auf Webseiten verwendet. Dabei ist es nicht ganz unwichtig, welche Farbe der Hintergrund hat, denn die dunklen Schatten sind zwar sichtbar, aber die Lichtreflexe werden nur bei einem farbigen Hintergrund sichtbar.

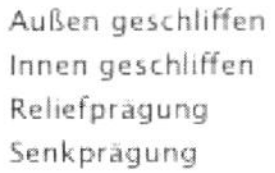

Abbildung 15.10:
Die vier Einstellungsmöglichkeiten für die geschliffenen und geprägten Kantendefinitionen

Für die geschliffene Kante lässt sich im Bedienfeld OBJEKT definieren, wie diese Kante genau dargestellt werden soll. Sie haben die Möglichkeit, die Schliffkantenfarbe zu bestimmen. Daneben finden Sie ein Eingabefeld für die Breite der Schliffkante und daneben ist ein Eingabefeld für den Kontrast. Außerdem lässt sich noch die weiche Kante verändern und der Winkel für die Schattierungen. Weiterhin lassen sich in einem Pulldown-Menü verschiedene Kantenformen auswählen und darunter wieder in einem Pulldown-Menü verschiedene Hervorhebungsarten mit der Bezeichnung SCHALTFLÄCHENVOREINSTELLUNG.

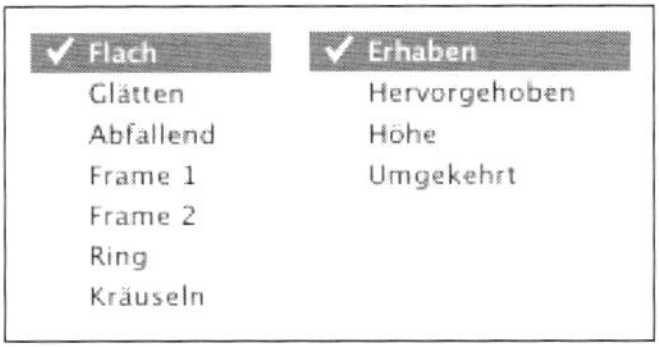

Abbildung 15.11:
Die verschiedenen Kantenformen und Schaltflächenvoreinstellungen

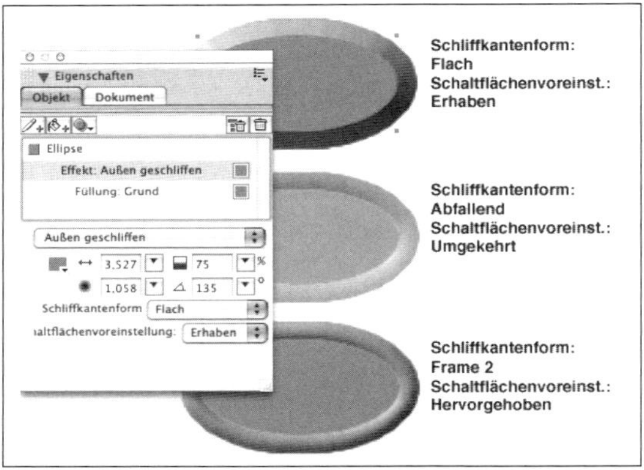

Abbildung 15.12: Für die Variante INNEN GESCHLIFFEN werden die gleichen Schliffkantenformen und Schaltflächenvoreinstellungen verfügbar wie für die Variante AUSSEN GESCHLIFFEN.

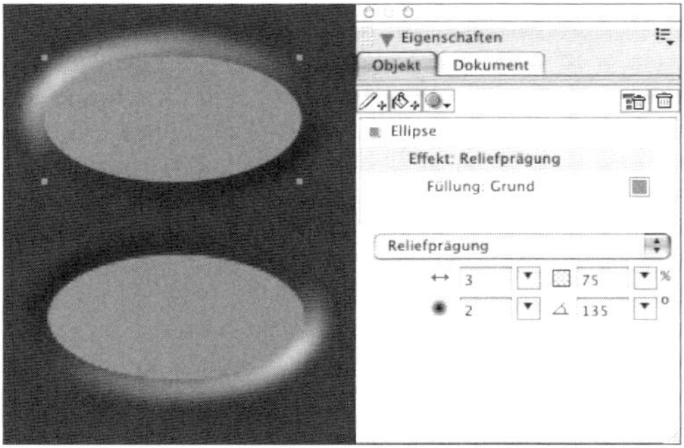

Abbildung 15.13: Die Reliefprägung und die Senkprägung

Für die Präge-Effekte gibt es ebenfalls im Bedienfeld OBJEKT Einstellungen, mit denen diese Effekte verändert werden können.

Sie können die Breite für die Prägekante, darunter die Weichheit, und mit den Prozentwerten rechts oben die Helligkeit und Dunkelheit der Schattierungen und Glanzlichter einstellen. Auch der Winkel für die Schattierungen lässt sich definieren.

15.3 Xtra-Funktion: Prägung

Mit der Xtra-Funktion Prägung lassen sich ähnliche Effekte erzielen, allerdings haben Sie nicht so leicht die Möglichkeit, die Grafikbuttons zu verändern, denn es werden neue Elemente erzeugt. Die Auswirkung der Xtra-Funktion kann später nur noch schwer bearbeitet werden. Wählen Sie einen gefüllten Pfad aus und wählen Sie aus dem Menü XTRAS|ERSTELLEN|PRÄGUNG. Oder klicken Sie auf den Button der Xtra-Funktion in der Symbolleiste XTRA-FUNKTIONEN.

Abbildung 15.14: Sobald Sie auf den Button geklickt haben oder den Menübefehl verwendet haben, wird ein Dialogfenster geöffnet, in dem Sie die Art der Prägung auswählen können.

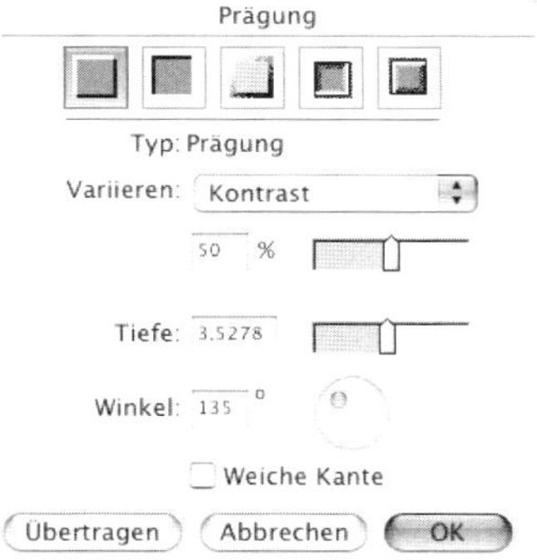

Abbildung 15.15: Die Symbole am oberen Rand des Dialogfensters zeigen die verschiedenen Arten der Prägung

Suchen Sie die Art der Prägung aus und stellen Sie ein, wie die Farbveränderung und die Tiefe sein sollen. Sie haben ebenso die Möglichkeit, den Winkel und eine weiche Kante einzustellen. In der Abbildung 15.16 sind zwei Beispiele für diese Art der Prägung aufgeführt. In der linken Form wurde der vierte Typ ausgewählt. Die rechte Form entspricht dem dritten Typ. Es gibt viele Variationsmöglichkeiten. Sie müssen sich aber immer bewusst sein, dass mit dieser Art der Prägung viele neue Elemente erzeugt werden. Wenn Sie die Ansicht im Menü ANSICHT auf GROBANSICHT einstellen, werden Sie die Konturen der neu entstandenen Elemente sehen.

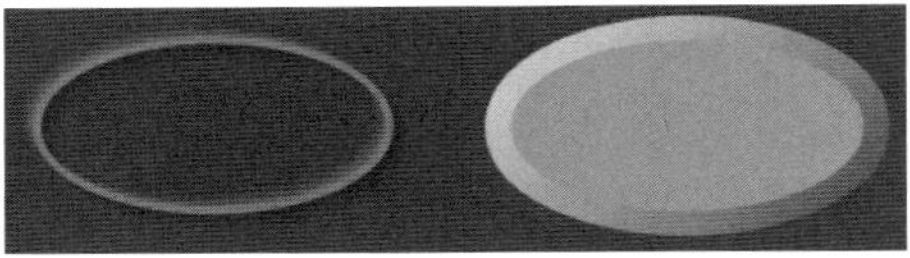

Abbildung 15.16: In diesem Beispiel wirkt die linke Button-Form besser, wenn die Hintergrundfarbe und die Füllfarbe der Ellipse gleich sind.

15.4 Scharf stellen

Dieser Effekt lässt sich auf importierte Bilder anwenden. Nehmen Sie an, dass Sie ein Bild importiert haben, das nicht scharf genug ist und nicht in das Layout passt. Mit diesem Effekt lässt sich das Bild nachschärfen.

Für den Effekt gibt es zwei Funktionsweisen. Er kann mit der Option GRUND verwendet werden, so dass das Bild insgesamt geschärft wird. Sie stellen dann noch einen Wert bei ANZAHL ein. Je höher der Wert, desto stärker die Scharfzeichnung. Beim Schärfen werden helle Pixel heller und dunkle Pixel dunkler.

Die zweite Option MASKE WEICHZEICHNEN entspricht dem »Unscharf maskieren« von Photoshop. Mit einem Schwellenwert wird definiert, wie viel Unterschied die Pixel haben müssen, damit sie verändert werden. Das ist die Maske, durch die der Effekt nicht auf das komplette Bild wirkt. Zusätzlich geben Sie einen Pixelradius vor, der die Pixel-Kanten bestimmt, die geschärft werden sollen. Bei ANZAHL wird ein Prozentwert für das Schärfen und somit die Stärke der Veränderung der Pixel vorgegeben.

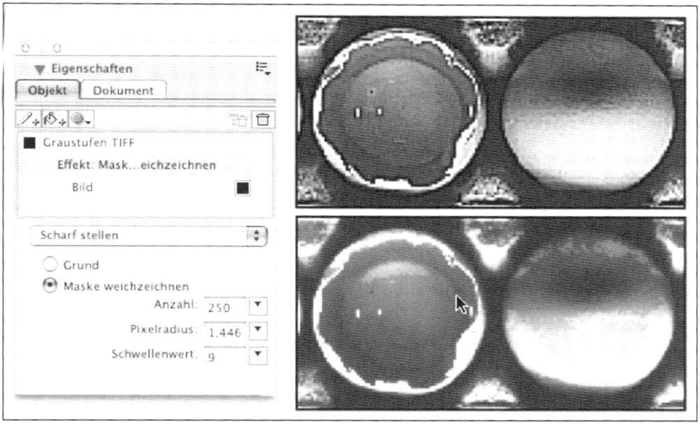

Abbildung 15.17: Hier ist das obere Bild mit der Option GRUND geschärft worden und das untere Bild mit den dargestellten Werten aus dem Bedienfeld OBJEKT.

15.5 Schatten und Glühen

Diese beiden Effekte sind für die Gestaltung von Texten gut geeignet, da die Texte vor der Verwendung des Effektes nicht in Pfade gewandelt werden müssen.

Sie haben die Wahl zwischen vier Effekteinstellungen: GLÜHEN, INNERER SCHATTEN, INNERES GLÜHEN und SCHLAGSCHATTEN für Grafikelemente.

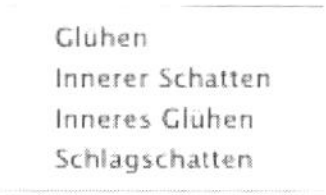

Abbildung 15.18: Die vier Effektarten in dem Untermenü zum Menüpunkt SCHATTEN UND GLÜHEN im Pulldown-Menü der Effekte des Bedienfeldes OBJEKT

Wie bei anderen Effekten lässt sich auch für den Glüh-Effekt oder den Schlagschatten die Farbe einstellen. In der Abbildung 15.19 wurde die Farbe Schwarz beibehalten, aber Sie können die Farbe später noch wechseln und den Effekt korrigieren. Die Breite, die Weichheit, die Deckkraft und der Versatz lässt sich für den Effekt GLÜHEN im Bedienfeld OBJEKT einstellen. Der Versatz wirkt sich so aus, dass die Glühkante etwas Abstand zum Objekt bekommt. Für den Effekt INNERES GLÜHEN lassen sich die gleichen Werte bestimmen, nur dass der Versatz nach innen wirkt. Bei dem Effekt SCHLAGSCHATTEN stellen Sie den Versatz, die Weichheit, die Deckkraft und den Winkel ein. Außerdem lässt sich die Option AUSSPARUNG aktivieren. Damit wird nur der Schatten dargestellt und die Füllung des Elements ausgeblendet.

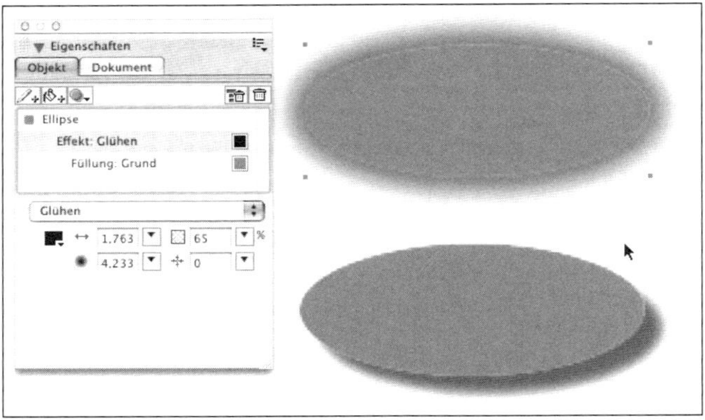

Abbildung 15.19: Hier wurde oben der Effekt GLÜHEN und unten der Effekt SCHLAGSCHATTEN für die Ellipsen eingestellt.

15.6 Xtra-Werkzeug: Schatten

Zum Erstellen von Schatten können Sie auch das Xtra-Werkzeug verwenden. Sie finden einen Button für dieses Werkzeug in der Symbolleiste XTRA-WERKZEUGE. Das Werkzeug gibt es zweimal in FreeHand MX: Es ist noch einmal im Bedienfeld WERKZEUGE mit dem Extrudieren-Werkzeug zusammengruppiert. Klicken Sie und halten Sie die Maustaste auf dem Extrudieren-Werkzeug fest. Dann werden die anderen beiden Werkzeuge sichtbar und auswählbar.

Abbildung 15.20: Machen Sie einen Doppelklick auf dem Werkzeug, damit das Dialogfenster geöffnet wird.

Für die Einstellung der Schatten lassen sich verschiedene Typen auswählen. Sie können Schatten mit einer harten oder einer weichen Kante erstellen. Die Füllung, also die Farbe des Schattens, kann aus dem Farbton des Elements berechnet werden, eine bestimmte Farbe bekommen oder zu einer anderen Farbe verblassen, woraus dann ein Verlauf entsteht. Stellen Sie die beiden Werte für x und y ein, um die Richtung des Schlagschattens zu bestimmen. Andererseits haben Sie auch die Möglichkeit, den Schatten größer als das Ursprungsobjekt einzurichten. Dazu stellen Sie den Wert für die Angabe SKALA größer als 100 % ein. Mit diesem Feld lässt sich der Schatten im Vergleich zum Ursprungselement auch kleiner einstellen. Der dritte Schattentyp wurde mit ZOOM bezeichnet und lässt einen Verlauf für die Füllung und für die Konturlinie zu. Sie haben zwei Farbfelder, mit denen Sie bestimmen, zu welcher Farbe die Füllung verblassen soll und zu welcher Farbe die Linie verblassen soll. Meist ist für beide Farbfelder Weiß eingestellt. Klicken Sie auf eines der Farbfelder, damit Sie aus der Farbpalette eine neue Farbe aussuchen können.

Bevor Sie die Einstellungen mit dem OK-Button bestätigen, können Sie mit dem Button ÜBERTRAGEN eine Vorschau erhalten.

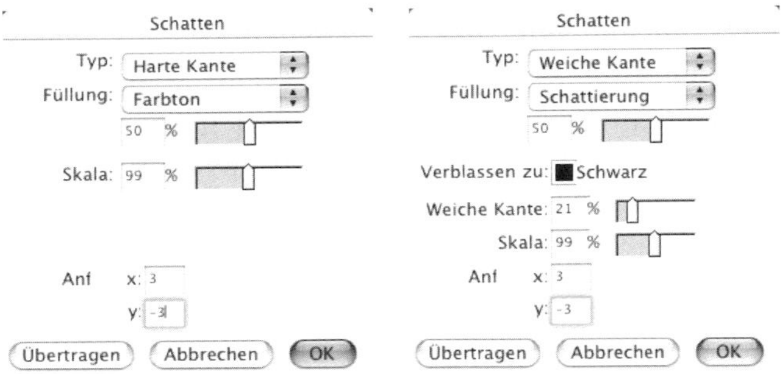

Abbildung 15.21: Zwei mögliche Einstellungen für den Schatten, der mit dem Xtra-Werkzeug SCHATTEN erzeugt werden soll

15.7 Transparenz

Der Effekt TRANSPARENZ wurde bereits in Kapitel 9 beschrieben. Da es bei diesem Effekt um Farbveränderungen geht, habe ich ihn in dem Kapitel erklärt, das sich mit dem Thema Farbe beschäftigt. Aber es lassen sich auch Muster mit Verlaufsmasken für die Transparenz erstellen. Lesen Sie in Kapitel 9 nach, was sich mit diesem Effekt alles erreichen lässt.

15.8 Weichzeichnen

Auch dieser Effekt wird auf Bilder angewendet. Für Bilder, die in einem Layout als Hintergrundmuster verwendet werden sollen, wird häufig absichtlich eine Unschärfe eingestellt. Der Effekt im Bedienfeld OBJEKT heißt WEICHZEICHNEN. Sie können zwischen zwei Typen wählen. Die erste Einstellung im Menü der Effekte ist die GAUSSSCHE WEICHZEICHNUNG. Sie wirkt sehr stark und wird mit einem Radius genauer eingestellt. Der zweite Weichzeichnungstyp wird mit der Option GRUND eingestellt und lässt sich mit einem Radius genauer einrichten. Je höher der Radius, desto weicher das Bild.

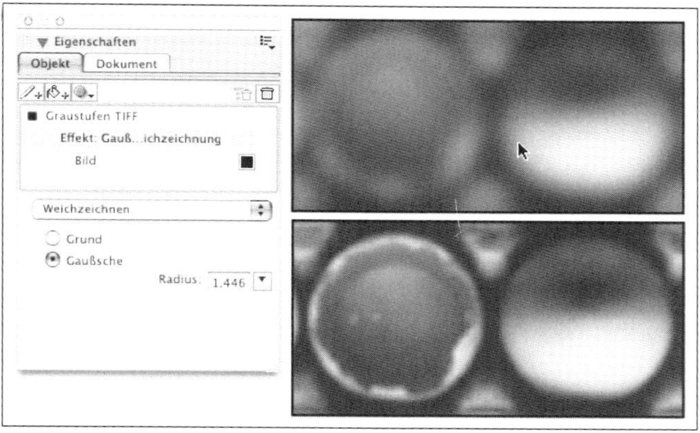

Abbildung 15.22: Das obere Bild wurde mit dem Gaußschen Weichzeichner verändert und das untere Bild mit der Einstellung GRUND weichgezeichnet.

15.9 Rastereffektauflösung einstellen

Für folgende Effekte aus dem Bedienfeld OBJEKT müssen Sie die Auflösung festlegen, damit der Effekt überhaupt dargestellt werden kann: GESCHLIFFEN UND PRÄGEN, SCHARF STELLEN, SCHATTEN UND GLÜHEN, TRANSPARENZ und WEICHZEICHNEN. Grundsätzlich lässt sich das in einem Schritt für alle Elemente mit Effekten tun, wenn Sie im Bedienfeld DOKUMENT die Auflösung für Ihr Dokument so einstellen, wie Sie es für die Ausgabe benötigen. Für Web-Design wird meist eine geringe Auflösung verwendet, für die Ausgabe für den Druck müssen Sie eine hohe Auflösung einstellen. Da die hohe Auflösung das Dokument beim Bildschirmaufbau stark verlangsamt, sollten Sie erst am Schluss die Auflösung ändern.

Statt alle Elemente einzustellen, haben Sie auch die Möglichkeit, ein einzelnes Element in einer hohen Auflösung darstellen zu lassen. FreeHand MX bietet Ihnen im Menü des Bedienfeldes OBJEKT die Option AUFLÖSUNG FÜR RASTEREFFEKTE an. In der Windows-Version heißt die Option EINSTELLUNG FÜR RASTEREFFEKTE. Damit lässt sich schnell bestimmen, in welcher Auflösung das aktive Element mit einem Effekt dargestellt werden soll. Die Darstellung der Pixelinformationen wird stark verbessert, wenn Sie die Auflösung erhöhen.

Abbildung 15.23: Deaktivieren Sie die Option RASTEREFFEKTAUFLÖSUNG DES DOKUMENTS VERWENDEN *und geben Sie eine eigene Auflösung ein. 300 ppi reichen meist für eine gute Qualität.*

15.10 Xtra-Werkzeug: Verwischen

Dieses Xtra-Werkzeug erstellt weiche Kanten am Rand von Grafikobjekten. Sie finden einen Button in der Symbolleiste XTRA-WERKZEUGE. Auch dieses Werkzeug ist im Bedienfeld WERKZEUGE beim Schattenwerkzeug und Extrudieren-Werkzeug mit eingeordnet worden und somit doppelt vorhanden.

Abbildung 15.24:
Das Verwischenwerkzeug mit QuickInfo-Einblendung

Nach einem Doppelklick auf das Werkzeug wird ein Dialogfeld geöffnet, in dem Sie festlegen, zu welcher Farbe die Füllung und zu welcher Farbe die Konturfarbe (Pinselstrich bzw. Linie) verwischt werden soll. Klicken Sie auf die Farbkästchen, um die Farbe zu ändern.

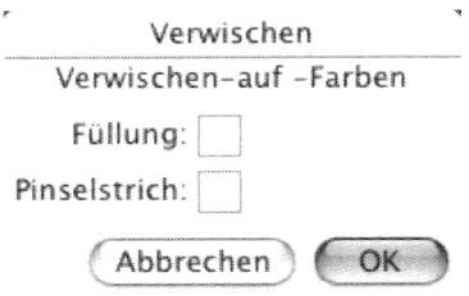

Abbildung 15.25:
Dialogfeld VERWISCHEN

Meist wird das Werkzeug auf Elemente angewendet, die keine Kontur haben, denn dadurch wird der Wischeffekt für die Füllung viel deutlicher sichtbar und das Ergebnis ist meist so, wie Sie es erwarten. Sie können mit dem Werkzeug auch ein Element bearbeiten, das nur eine Kontur hat.

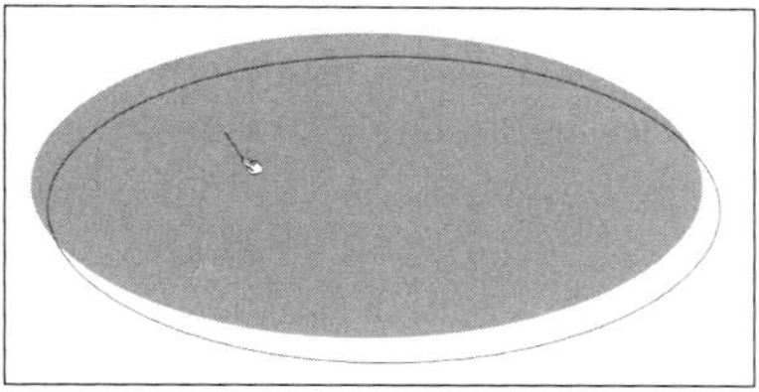

Abbildung 15.26: Wenn Sie ein Element aktiviert und das Werkzeug ausgewählt haben, ziehen Sie mit der Maus, die eine Hand zeigt, in die gewünschte Richtung.

Nachdem Sie mit dem Werkzeug ein gezeichnetes Element verschoben haben, wird eine Reihe von Kopien erstellt, die eine andere Farbe haben. Sie haben leider nicht die Möglichkeit, die Anzahl der Zwischenstufen bis zu dem Element mit der Zielfarbe zu bestimmen. FreeHand richtet sich dabei nach der eingestellten Auflösung für Ihr Dokument, die im Bedienfeld DOKUMENT festgelegt werden kann. Je höher diese Auflösung eingestellt ist, desto mehr Zwischenstufen werden erstellt.

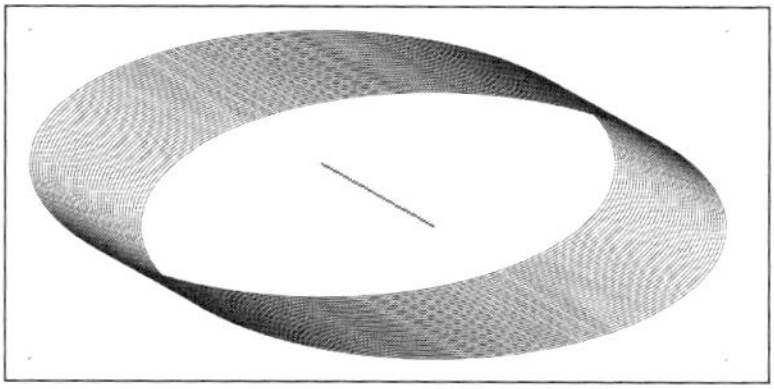

Abbildung 15.27: In der Grobansicht sehen Sie deutlich die neu erzeugten Grafikelemente. Die Grobansicht kann im Menü ANSICHT eingestellt werden.

15.11 Xtra-Werkzeug: Grafiksprühdose

Auch dieses Werkzeug ist doppelt im Programm zu finden. Sie können es aus dem Bedienfeld WERKZEUGE aufrufen, wenn Sie auf dem Mischen-Werkzeug klicken und die Maustaste festhalten. Sie können mit diesem Werkzeug verschiedene Größen und Variationen eines Elements zeichnen: Zuerst zeichnen Sie eine kleine Grafik (in unserem Beispiel eine kleine Wespe). Aktivieren Sie die Grafik und wählen Sie aus dem Menü BEARBEITEN|KOPIEREN, um die Grafik in die Zwischenablage zu kopieren.

Abbildung 15.28:
Nach einem Doppelklick auf dem Werkzeug GRAFIKSPRÜHDOSE wird das Dialogfeld des Werkzeugs geöffnet.

Sobald Sie das Dialogfeld des Werkzeuges geöffnet haben, haben Sie die Möglichkeit, die Formen auszuwählen, die mit der Grafiksprühdose gesprüht werden sollen. Sie können auch eine eigene Grafik verwenden, dazu müssen Sie in dem Pulldown-Menü die Option NEU aufrufen.

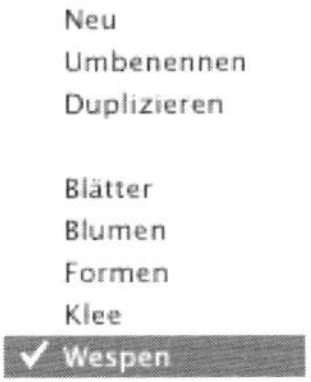

Abbildung 15.29:
Pulldown-Menü im Dialogfeld der Grafiksprühdose. Standardmäßig sind Blätter, Blumen, Formen und Klee auswählbar. Die Form Wespen ist selbst definiert.

Zuerst müssen Sie Ihrer neuen Sprühdosenform einen Namen geben. Dafür erscheint ein Eingabefeld. Ich habe mein Beispiel Wespen genannt.

Anschließend lässt sich die Grafik aus der Zwischenablage, in unserem Beispiel die kleine Wespe, in dem Dialogfenster der Grafiksprühdosen einfügen. Klicken Sie auf den Button EINFÜGEN. Danach erscheint die Grafik als Objekt 1. Sie können bis zu zehn Objekte für eine Sprühdose einsetzen, die dann im Wechsel verwendet werden. Bei einigen Sprühdosen-Beispielen wurden bereits mehrere Objekte verwendet. Probieren Sie z.B. die Formen aus, dann sehen Sie, wie die Formen im Wechsel aufgesprüht werden.

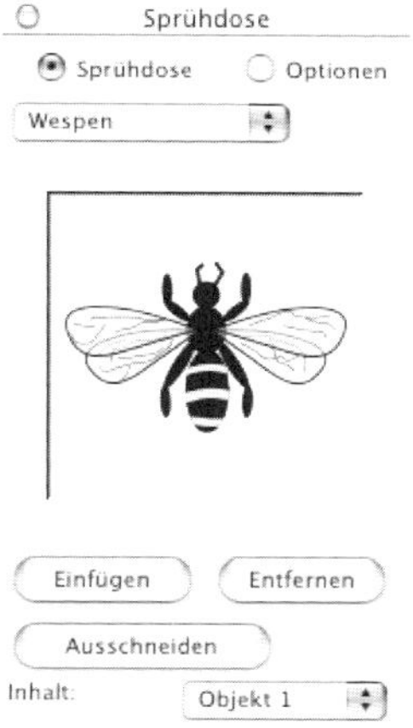

Abbildung 15.30: Dialogfeld für die Sprühdose nach dem Einfügen der Wespe

Abbildung 15.31: Richten Sie die Einstellungen nach diesem Beispiel ein und testen Sie das Werkzeug.

Wenn Sie nun mit Ihrer Sprühdose zeichnen, werden die Wespen alle in der gleichen Größe aufgesprüht, was meist nicht so gut aussieht. Um einen richtigen Schwarm simulieren zu können, sollten Sie die Optionen im Dialogfeld SPRÜHDOSE aufrufen.

Mit der Beispiel-Einstellung aus Abbildung 15.31 erreichen Sie, dass die Wespen bei jeder Mausbewegung, also vorwärts und rückwärts, gezeichnet werden. Das ist die Einstellung für den Auftrag. Der Abstand und auch die Größe werden zufällig gestaltet. Außerdem werden die Wespen im Winkel von 45

Grad gedreht. Dabei wird nach Zufall variiert und eine Wespe mal nach links oder rechts oder gar nicht gedreht.

Probieren Sie die verschiedenen Einstellungen aus, und betrachten Sie ihre Wirkungsweise. Der Auftrag kann die Einstellungen ZUFÄLLIG, SCHLEIFE und VOR UND ZURÜCK haben. Die Abstände können einem Raster entsprechen, zufällig und variabel sein. Zusätzlich ist ein Schieberegler für die Abstände vorhanden. Die Skalierung können Sie zufällig oder proportional einstellen und auch für die Skalierung gibt es einen Schieberegler. Als Letztes kann die Rotation inkrementell, zufällig oder proportional eingestellt werden und es lässt sich auch der Winkel wählen.

Abbildung 15.32: Der Wespenschwarm durch die Einstellungen aus der Abbildung 15.31 in dieser Form mit dem Sprühdosenwerkzeug gezeichnet

Praktische Zusatzoptionen

In diesem Kapitel werden die Gestaltungsfähigkeiten von FreeHand MX für die Diagrammerstellung und für die Einrichtung von Organigrammen erläutert. Sie können FreeHand auch für solche Grafiken hervorragend nutzen.

Eine Kleinigkeit, die bereits bei der Gestaltung von Rechtecken beschrieben wurde, soll an dieser Stelle für die Kreise nachgetragen werden. In FreeHand werden Kreise mit einem Anfasserpunkt dargestellt, wenn Sie auf das Werkzeug Teilauswahl klicken und der Kreis noch aktiv ist.

Wenn Sie mit der Maus an diesem Anfasserpunkt ziehen, lässt sich der Kreis zu einem Kreissegment umwandeln. Im Bedienfeld OBJEKT sehen Sie den Winkel, den Sie für den Bogen erstellt haben. Aber Sie haben auch die Möglichkeit, im Bedienfeld OBJEKT direkt Werte einzugeben.

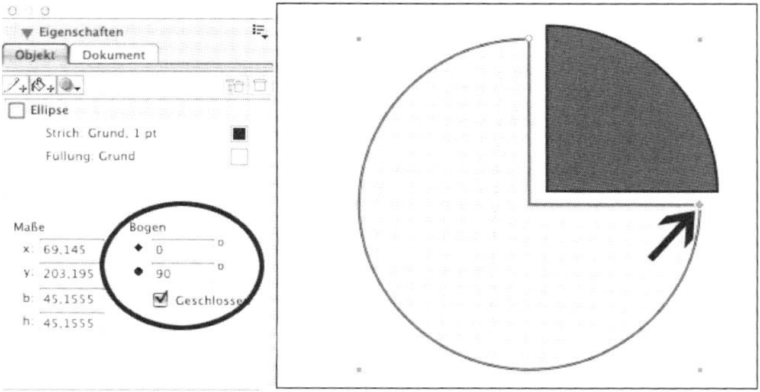

Abbildung 16.1: Der Kreis wurde nur einmal geklont und bearbeitet. Danach wurde das kleinere Kreissegment verschoben, so dass der Zwischenraum entstanden ist.

Dabei ist der erste Winkelwert die Größe des Kreissegments und der zweite Winkelwert ist der Startpunkt auf dem Kreis für dieses Segment. So lassen sich aus einem einzelnen Kreis, den Sie mehrfach klonen können, einfache Kreisdiagramme erstellen.

Bei dieser Art der Diagrammgestaltung müssen Sie die Winkelwerte selbst ausrechnen. Für Balkendiagramme ist eine solche Vorgehensweise auch denkbar, aber nicht sehr komfortabel.

16.1 Diagramme erstellen

In FreeHand können Sie ein spezielles Werkzeug zum Erstellen von Diagrammen verwenden. Damit lassen sich Diagramme erzeugen, die genau den Werten einer Statistik oder Tabelle entsprechen.

Wählen Sie im Bedienfeld WERKZEUGE das Diagrammwerkzeug aus. Es ist mit dem Mischungswerkzeug zusammengruppiert. Ein neues Diagramm erstellen Sie, indem Sie mit dem Werkzeug einen Rahmen auf Ihrer Seite ziehen, in dem das Diagramm dargestellt werden soll. Sie bestimmen dadurch schon die ungefähre Größe.

Abbildung 16.2:
Das Diagrammwerkzeug mit QuickInfo-Einblendung

Sofort, nachdem Sie den Diagrammbereich mit dem Diagrammwerkzeug bestimmt haben, wird eine Eingabemaske für die Tabelle geöffnet. Sie brauchen Werte, aus denen das Diagramm berechnet werden kann.

Für ein Kreisdiagramm werden nur Werte benötigt, aber Sie können auch Bezeichnungen in der Zeile darüber eingeben. Bei Balkendiagrammen werden mehr Werte zum Vergleich benötigt.

Abbildung 16.3: Dialogfeld DIAGRAMM

16.1.1 Kreisdiagramme

Wenn Sie in FreeHand ein Kreisdiagramm erstellen möchten, ziehen Sie mit dem Diagrammwerkzeug den Rahmen und geben in der Tabelle Werte ein. Danach klicken Sie auf den Button mit dem Diagramm-Symbol, um die Einstellungen zu verändern und statt eines Balkendiagramms ein Kreisdiagramm zu wählen.

Sie können die Platzierung der Legende wählen und die Trennung eines Segments von der Grafik einstellen. Soll ein bestimmtes Segment abgetrennt werden, muss es als Erstes in der Tabelle aufgeführt werden.

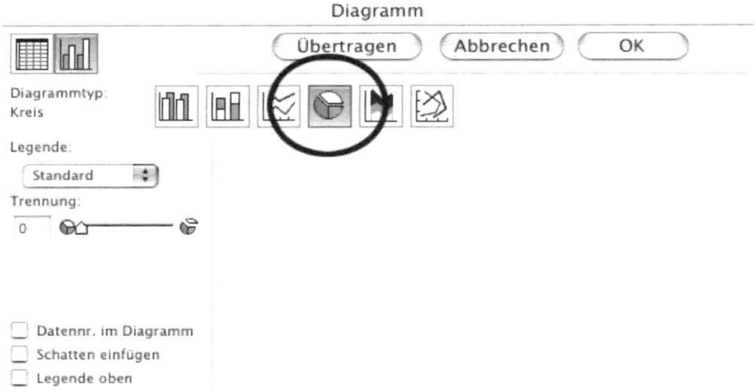

Abbildung 16.4: Die Optionen für Kreisdiagramme werden im linken Bereich des Fensters dargestellt.

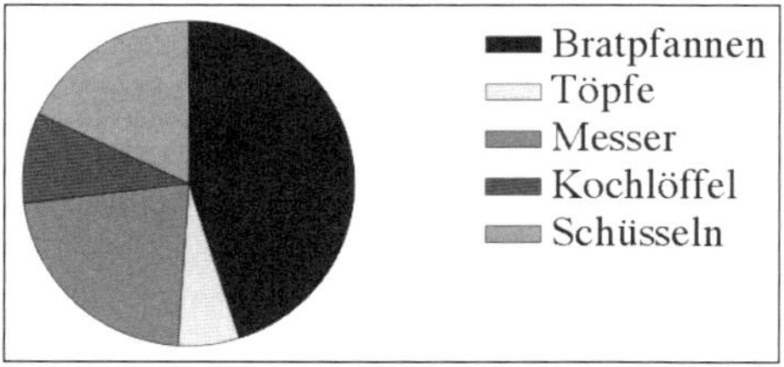

Abbildung 16.5: Zunächst werden nur Grauwerte für das Diagramm erstellt. Sie können sowohl die Farben als auch die Schriftart für die Legende nachträglich ändern.

Wenn Sie im Diagramm auch die errechneten Prozentwerte darstellen möchten, aktivieren Sie die Option DATENNR. IM DIAGRAMM.

Mit einem Schatten lässt sich das Diagramm interessanter gestalten.

Abschließend finden Sie noch eine Option für die Platzierung der Legende.

16.1.2 Balkendiagramme

Balkendiagramme müssen mit einer Menge Daten erstellt werden. Die Daten werden oft importiert, um Zeit zu sparen und Fehler zu vermeiden, die sonst durch eine erneute Eingabe der Daten passieren könnten. Ziehen Sie mit dem Diagrammwerkzeug einen Rahmen, damit die Datentabelle erscheint. Dort klicken Sie auf den Button IMPORTIEREN. Dann wählen Sie eine Datei aus, in der die Daten enthalten sind.

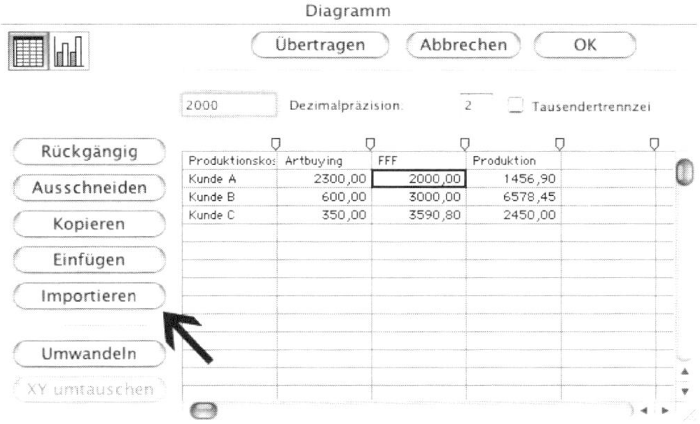

Abbildung 16.6: So kann die importierte Tabelle aussehen.

Aktivieren Sie den Button für die Diagrammoptionen und Sie sehen die Einstellungen für ein Balkendiagramm.

Auf der linken Seite lässt sich die Balkenbreite mit einem Schieberegler oder mit einem Prozentwert festlegen. Falls Sie sehen möchten, wie sich die Änderung auswirkt, klicken Sie auf den Button ÜBERTRAGEN.

Die Gruppenbreite verändert den Abstand zwischen den Balken einer Gruppe. Auch für diese Änderung lässt sich der Button ÜBERTRAGEN anklicken, damit Sie die Wirkung sehen können.

Sie können die Werte über den Balken einblenden, indem Sie die Option DATENNR. IM DIAGRAMM AKTIVIEREN wählen. Sie können mit einer Option einen Schatten zu den Balken hinzufügen und die Legende nach oben stellen.

Auf der rechten Seite bestimmen Sie, ob die Achsen links oder rechts oder an beiden Seiten eingeblendet werden sollen.

Für beide Achsen lassen sich Dialogfenster öffnen, in denen die Achsenoptionen eingerichtet werden. Und schließlich lassen sich die Rasterlinien für die Achsen aktivieren.

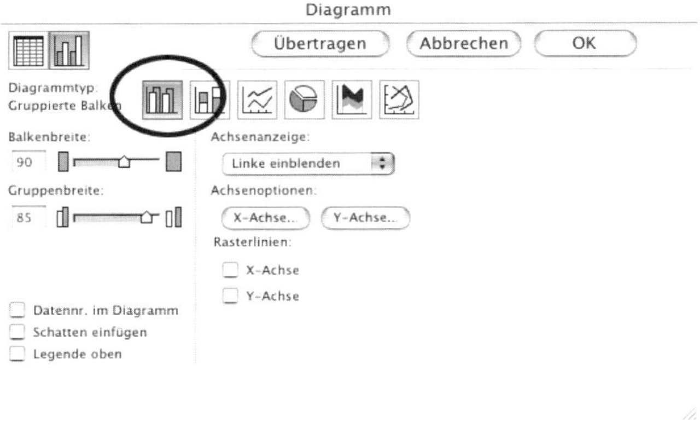

Abbildung 16.7: Die Standardeinstellung für ein Balkendiagramm

Wenn Sie in Ihrem Diagramm einen Wert haben, der stark von den anderen Werten abweicht und sehr hoch ist, kann es sinnvoll werden, wenn Sie die Optionen für die Y-Achse verändern, damit auch die kleinen Werte im Diagramm noch sichtbar bleiben. Normalerweise werden die Bezeichnungen in der Y-Achse aus den Daten berechnet, aber die Werte lassen sich auch manuell einrichten.

Die Marken sind die kleinen Teilstriche an der Achse, die nach innen in den Bereich der Balken gehen können (IN ACHSE), nach außen zu den Zahlen weisen können (NEBEN ACHSE) oder genau über der Achse platziert werden können, so dass sie ein Stück nach links und nach rechts gehen (ÜBER ACHSE). Zu den Hauptunterteilungen lassen sich auch Nebenunterteilungen hinzuschalten oder alle Marken deaktivieren, wenn Sie beide Optionen auf KEINE stellen. Die Zahl der Nebenunterteilungen lässt sich wählen, damit es nicht zu viele verwirrende Linien gibt.

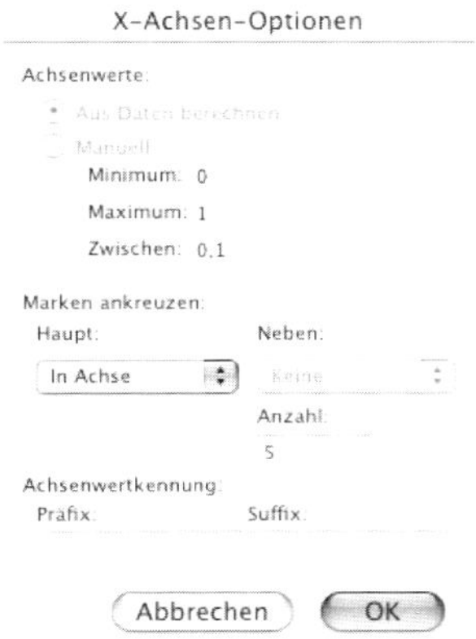

Abbildung 16.8: Mit dem Präfix werden Informationen vor die Werte der Achsenbeschriftung gestellt und mit dem Suffix eine Einheit hinzugefügt.

Die Optionen für die X-Achse sind nur dann entsprechend einzustellen, wenn es sich nicht um textliche Beschreibungen, sondern auch um Zahlenwerte handelt.

Eine Variante der Balkendiagramme sind Diagramme mit gestapelten Säulen. FreeHand MX nennt diese Form GESTAPELTE BALKEN.

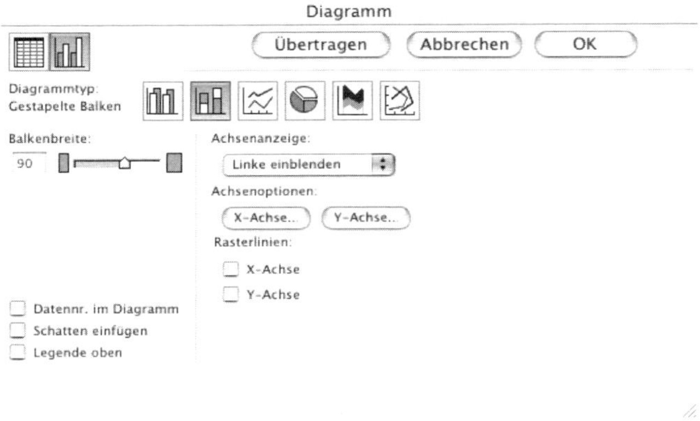

Abbildung 16.9: Für diese Art von Diagrammen lässt sich zwar die Balkenbreite definieren, aber die Gruppenbreite entfällt.

16.1.3 Liniendiagramme

Für die Achsen von Liniendiagrammen gelten fast die gleichen Einstellungen wie für Balkendiagramme, nur dass Sie keine Balken, sondern die Form der Datenpunkte auf der linken Seite einstellen können.

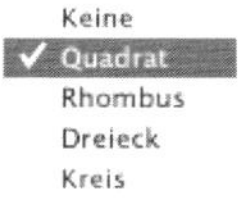

Abbildung 16.10: Sie haben die Wahl zwischen diesen Formen für die Datenpunkte in Liniendiagrammen.

16.1.4 Flächendiagramme (Diagrammtyp Bereich)

Für Flächendiagramme gibt es zusätzlich zu den Achsen-Optionen, der Einstellung des Schattens und der Platzierung der Legende keine weiteren Optionen.

16.1.5 Punktdiagramme (Diagrammtyp Streuen)

Punktdiagramme werden meist zur Visualisierung von Werten benötigt, die eine Tendenz darstellen sollen. Die dazu verwendete Tabelle enthält die Koordinaten der Punkte. Sie benötigen den Wert auf der X-Achse und auf der Y-Achse, um einen Punkt genau zu beschreiben.

Zu den Achsen-Optionen kommen nur noch die Optionen für die Punktmarken. Sie haben die Wahl zwischen verschiedenen Formen. Außerdem können Sie die Werte im Diagramm einblenden.

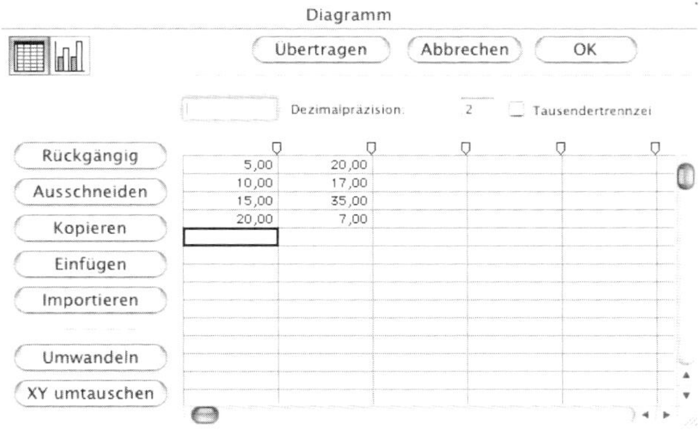

Abbildung 16.11: Eine solche Tabelle wird für Punktdiagramme verwendet.

Gestalten Sie das Diagramm erst, wenn die Grundeinstellungen für das Diagramm richtig sind. Sobald Sie aus dem Menü Xtras|Diagramm|Bearbeiten aufrufen und Änderungen am Diagramm vornehmen, werden die Farben und andere Veränderungen wieder entfernt und auf den Standard gestellt. Statt das Menü zu verwenden, können Sie auch ein Diagramm aktivieren und dann auf dem Diagrammwerkzeug doppelklicken. Damit wird auch das Dialogfeld für die Bearbeitung des Diagramms geöffnet.

16.1.6 Piktogramme in Diagramme einfügen

Diagramme lassen sich farbig gestalten und auch Bilder lassen sich in Säulenpfade einfügen. Außerdem haben Sie die Möglichkeit, Piktogramme für die Gestaltung von Säulen oder Marken in Liniendiagrammen zu verwenden. Erstellen Sie ein Element, das als Piktogramm dienen soll. Beispielsweise kleine Flugzeuge oder Herzen oder Blümchen oder etwas, das zum Thema des Diagramms passt. Kopieren Sie das Element, damit es in der Zwischenablage gespeichert ist.

Nun aktivieren Sie das Diagramm mit dem Teilauswahl-Werkzeug (weißer Pfeil) die Balken und Legendenelemente, die zu einer Datenreihe gehören. Falls Sie das nicht tun, erscheint ein Warnhinweis, sobald Sie den Menübefehl aufrufen. Wählen Sie aus dem Menü XTRAS|DIAGRAMM|PIKTOGRAMM.

In dem Dialogfeld fügen Sie das Element für das Piktogramm ein.

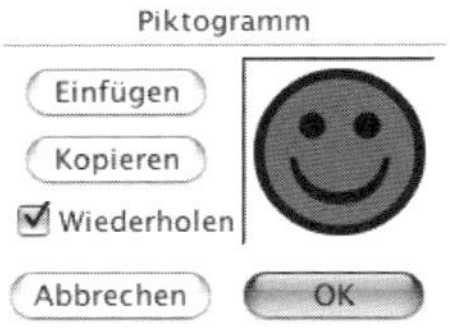

Abbildung 16.12:
Mit der Option WIEDERHOLEN wird das Piktogramm mehrfach übereinander eingesetzt. Ist die Option deaktiviert, wird es auf die gesamte Höhe des Balkens verzerrt.

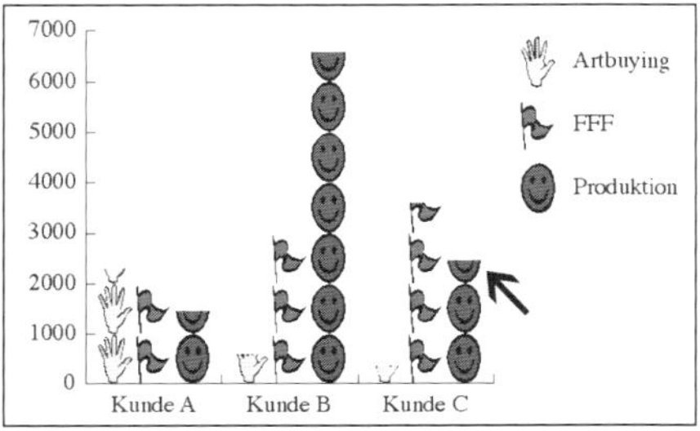

Abbildung 16.13: Piktogramme werden abgeschnitten, wenn die Balkenhöhe nicht ausreicht.

16.2 Xtra-Werkzeug: Diagramm

Zu diesem Werkzeug gibt es eigentlich nicht viel zu sagen, denn alle Funktionen sind mit dem Diagrammwerkzeug im Bedienfeld WERKZEUGE identisch. Es ist doppelt vorhanden.

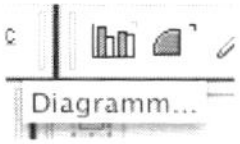

Abbildung 16.14:
Das Xtra-Werkzeug wird auch aktiviert, wenn das Werkzeug im Bedienfeld WERKZEUGE aktiv ist.

16.3 Verbindungslinien und Organigramme

Wenn Sie ein Organigramm erstellen möchten, dann lassen sich die Verbindungslinien für die einzelnen Textfelder am besten mit automatischen Verbindungslinien erstellen. Im Bedienfeld WERKZEUGE gibt es ein spezielles Werkzeug, mit dem diese Verbindungslinien automatisch erstellt werden können.

Abbildung 16.15:
Das Werkzeug für die Verbindungslinien heißt ANSCHLUSSWERKZEUG.

Aktivieren Sie das Werkzeug und klicken Sie damit auf eine Textbox. Der Anschluss wird automatisch hergestellt. Achten Sie auf das Symbol des Mauszeigers, denn der Mauszeiger zeigt einen Anschlusspunkt, wenn Sie die Textbox richtig aktivieren können. Danach ziehen Sie das Werkzeug zur nächsten Textbox und klicken dort auf den Rand. Die Verbindungslinie wird mit einer Standardlinienart erstellt, die im Bedienfeld STILE zu finden ist. Im Bedienfeld OBJEKT sehen Sie den Stil der Verbindungslinie, sobald Sie die Linie aktiviert haben.

Sie können weitere Stile für Verbindungslinien erstellen, wenn Sie diese öfter verwenden möchten. Verändern Sie die Einstellungen und wählen Sie im Bedienfeld STILE aus dem Menü des Bedienfeldes den Befehl NEU. Der neue Stil wird dem Bedienfeld hinzugefügt und kann nun für aktivierte Verbindungslinien verwendet werden.

Der Vorteil der Verbindungslinien liegt darin, dass Sie die verbundenen Textboxen verschieben können und die Linie sich neu ausrichtet. Allerdings müssen die Abstände für die korrekte Gestaltung der Pfeilspitzen immer einem Mindestabstand entsprechen.

16.4 Bibliotheken nutzen

Die Bibliothek erfüllt in FreeHand MX verschiedene Zwecke. In Kapitel 2 haben Sie bereits gelesen, dass Sie in der Bibliothek Musterseiten aufbewahren können. Im Kapitel 8 konnten Sie lesen, dass Sie in der Bibliothek Pinselformen archivieren können. Und nun möchte ich die dritte Funktionsmöglichkeit des Bedienfeldes BIBLIOTHEK erklären. In der Bibliothek werden Symbole verwaltet, die einmal erstellt wurden und dann immer wieder als Kopie des Symbols verwendet werden. So lassen sich automatisch Dateien korrigieren, denn sobald das Symbol in der Bibliothek verändert wird, ändern sich auch die verwendeten Symbolinstanzen.

Nun noch einmal Schritt für Schritt. Wenn Sie ein Symbol erstellen möchten, zeichnen Sie beispielsweise ein Logo. Aktivieren Sie das Logo und wählen Sie aus dem Menü MODIFIZIEREN die Option IN SYMBOL KONVERTIEREN aus dem Untermenü SYMBOL.

Der Menüpunkt ZU SYMBOL KOPIEREN erstellt zwar auch ein Symbol, aber das Ausgangsobjekt bleibt als normale Zeichnung erhalten und wird nicht zu einer Symbolinstanz.

Das neue Symbol wird in der Bibliothek dargestellt und kann nun beliebig oft aus der Bibliothek auf Dokumentseiten gezogen und platziert werden.

Sie können die Symbole in der Bibliothek umbenennen, wenn Sie aus dem Menü des Bedienfeldes den Befehl UMBENENNEN verwenden.

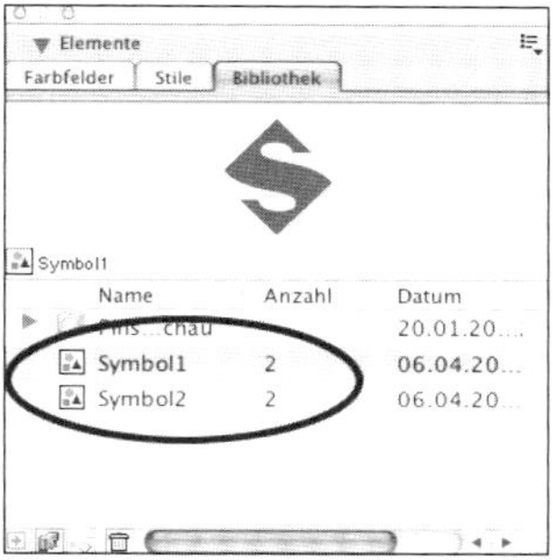

Abbildung 16.16:
In dieser Bibliothekansicht sind zwei verschiedene Symbole, die jeweils zweimal verwendet wurden und bereits umbenannt wurden.

16.4.1 Symbole einsetzen und bearbeiten

Symbole können aus der Bibliothek auf eine Seite gezogen und platziert werden. Aber auch wenn Sie einen Platzhalter für ein Logo verwendet haben, können Sie diesen Platzhalter später durch das Symbol ersetzen. Bedingung dafür ist, dass die Proportionen des Platzhalters bereits den Proportionen des späteren Symbols entsprechen. Für diese Art der Ersetzung von Platzhaltern durch ein Symbol gibt es einen Button im Bedienfeld BIBLIOTHEK.

Abbildung 16.17: In der Bibliothek finden Sie vier Buttonfunktionen: NEUES SYMBOL, NEUE GRUPPE, SYMBOL AUSTAUSCHEN und ENTFERNEN.

Eine Gruppe in der Bibliothek ist eigentlich nur wie ein Ordner oder Verzeichnis zur Sortierung von Symbolen sinnvoll.

Im Bedienfeld OBJEKT sehen Sie, ob Sie ein normales Element aktiviert haben oder ob es sich um eine Symbolinstanz handelt.

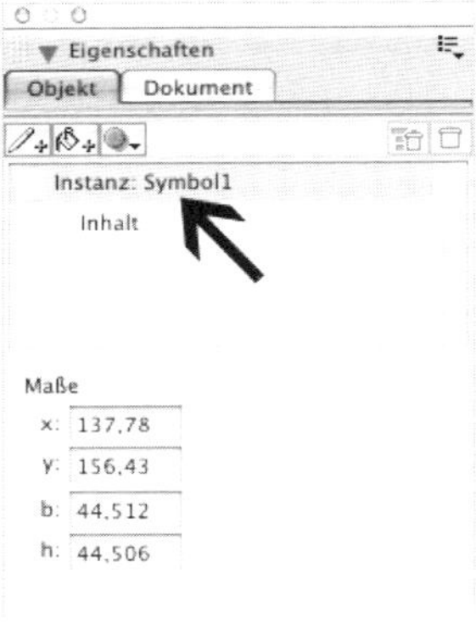

Abbildung 16.18:
Im Bedienfeld OBJEKT sehen Sie den Namen des Symbols, von dem eine Instanz aktiviert wurde.

Das bedeutet, dass Sie für die Bearbeitung das Original in der Bibliothek bearbeiten müssen. Doppelklicken Sie auf dem Symbolnamen oder die Symbolvorschau in der Bibliothek. So wird ein neues Fenster geöffnet, in dem das Symbol bearbeitbar ist. Sie können die Farbe ändern oder Pfade bearbeiten. Nach dem Schließen des Fensters werden das Symbol und alle seine Instanzen aktualisiert.

Im Menü MODIFIZIEREN|SYMBOL gibt es ebenfalls eine Option für die Bearbeitung. Wenn Sie den Menübefehl aufrufen, wird ein Fenster für die Bearbeitung des Symbols geöffnet.

Wenn Sie eine Symbolinstanz wieder in ein normales Grafikelement umwandeln möchten oder eine Abweichung von einem Symbol absichtlich erstellt werden und nicht als neues Symbol abgelegt werden soll, wählen Sie aus dem Menü MODIFIZIEREN den Befehl SYMBOL|INSTANZ FREIGEBEN.

Wenn Sie ein Symbol für viele verschiedene Dokumente verwenden möchten, dann exportieren Sie es in eine Datei, so dass Sie es immer wieder importieren können. Den Export- und den Importbefehl finden Sie im Menü des Bedienfeldes BIBLIOTHEK.

Drucken aus FreeHand

Wenn Sie Ihren Entwurf in FreeHand MX fertig gestellt haben, wollen Sie ihn natürlich auch ausdrucken. Sie werden einen von vielen verschiedenen Druckern verwenden. Genau da liegt das Problem. Sie müssen für den Drucker die passenden Druckertreiber auf Ihrem Macintosh oder PC installieren, damit Sie die richtigen Einstellungen für den Ausdruck vornehmen können. Statt einen Ausdruck auf Papier zu bringen, können Sie auch die Datei auf einem Belichter für Film oder Druckplatten ausgeben. Dazu werden ebenfalls die passenden Treiber benötigt.

17.1 Drucken und Belichten

Wenn Sie eine Datei ausdrucken oder belichten möchten, wählen Sie aus dem Menü Datei die Option Seite einrichten. In diesem Menü legen Sie fest, wie groß das Papierformat im Drucker ist, auf dem Sie drucken möchten. Manche Drucker verfügen über verschiedene Papierfächer mit verschiedenen Formaten.

Abbildung 17.1: Wählen Sie die Seiteneinstellungen, indem Sie den Drucker auswählen und dann die Papiergröße in den Pulldown-Menüs wählen.

Die Papiergröße ist immer passend zum ausgewählten Drucker auswählbar. Danach wählen Sie die Ausrichtung des Drucks und die Größe. Mit der Größeneinstellung lassen sich große Seiten verkleinert oder kleine Grafiken vergrößert ausdrucken.

Im Druckdialogfeld lassen sich die FreeHand-MX-Optionen aufrufen. In der Windows-Version sehen Sie die Optionen direkt im Druckdialogfenster.

Abbildung 17.2:
Wählen Sie in der Macintosh-Version die Optionen für FreeHand MX.

Abbildung 17.3: Dialogfeld mit den FreeHand-Optionen und dem Button ERWEITERT

Das Dialogfeld mit den FreeHand-Optionen enthält einen wichtigen Button. Sie sollten auf den Button ERWEITERT klicken, damit Sie eine genaue Vorschau der Druckeinstellungen erhalten und weitere Optionen einstellen können. Dazu zählen auch die Beschnittzeichen und Farbauszüge.

Wählen Sie Farbauszüge, wenn Sie die Datei farbsepariert ausgeben möchten.

Falls Sie nur die ausgewählten Objekte drucken möchten, aktivieren Sie die Option in diesem Druckdialogfeld.

Sie haben hier auch die Möglichkeit, die Skalierung nicht-proportional einzustellen oder eine Unterteilung einer sehr großen Datei einzurichten, bei der die Teile mit einer Überlappung gedruckt werden, so dass Sie das Bild zusammenkleben können.

Wenn Sie den ERWEITERT-Button angeklickt haben, sehen Sie ein weiteres Dialogfeld. Zunächst finden Sie die Möglichkeit, die PPD für den ausgewählten Drucker zu aktivieren. Das ist wsichtig, um später in der Kategorie PAPIER EINRICHTEN die Papierformate auswählen zu können, die auch dem Drucker entsprechen und tatsächlich ausgedruckt werden können.

Die UserPrep-Datei ist eine wichtige Datei für spezielle Drucker, die diesen Druckern die Interpretation der folgenden FreeHand-Datei erklärt.

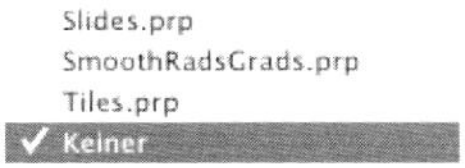

Abbildung 17.4:
Drei UserPrep-Dateien stehen zur Auswahl.

Sie können eine UserPrep-Datei verwenden, wenn Sie einen Filmbelichter verwenden möchten (`Slides.prp`) und erreichen möchten, dass radiale und abgestufte Füllungen etwas langsamer, aber korrekt ausgegeben werden. Die zweite Datei, `SmoothRadsGrads.prp` wird für die weiche Ausgabe von Rasterverläufen und Rundungen verwendet und zwar für 300- bis 600-dpi-S/W-Drucker. Dadurch wird die Druckzeit etwas verlängert. Die dritte Datei (`Tiles.prp`) ist sinnvoll, wenn Sie mit hoch auflösenden Level-2-Druckern Probleme haben, Elemente mit gekachelten Füllungen auszugeben. Das Problem wurde bei einigen Agfa-Belichtern beobachtet.

Es gibt dann eine Vorschau der zu druckenden Elemente, wobei Sie unter der Vorschau auch durch die Seiten scrollen können und so die Vorschau wechseln.

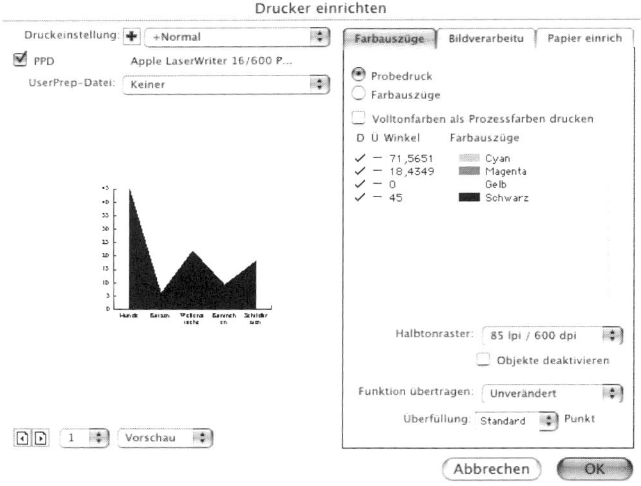

Abbildung 17.5: Auf der linken Seite eine Vorschau der Datei und auf der rechten Seite drei Kategorien für Einstellungen

17.1.1 Farbseparation einstellen

In der Kategorie FARBAUSZÜGE stellen Sie ein, ob Sie einen Probedruck auf einem Farbdrucker machen möchten oder ob Sie Farbauszüge ausgeben möchten. Dabei wird für jede Farbe ein S/W-Ausdruck erstellt. Da in der Grafik auch Sonderfarben verwendet werden können, die später eigentlich in die Farbbestandteile von Cyan, Magenta, Gelb und Schwarz zerlegt werden sollen, lässt sich mit der Option VOLLTONFARBEN ALS PROZESSFARBEN DRUCKEN die Separation von Sonderfarben erzwingen.

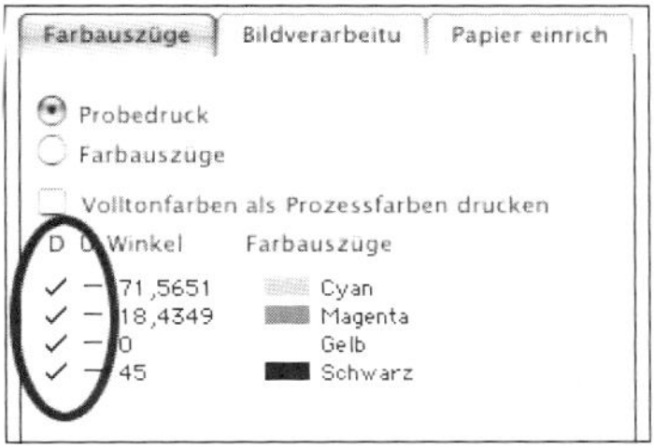

Abbildung 17.6:
Wenn eine Farbe nicht gedruckt werden soll, klicken Sie auf das Häkchen vor einem Farbnamen und entfernen sie aus der Liste der Farbauszüge.

17.1.2 Rasterung festlegen

Vor jeder Farbe wird der Rasterwinkel dargestellt, in dem Rastertonwerte der Farbe und Farbanteile in Bildern ausgegeben werden. Diese Werte entsprechen den Angaben, die in der PPD-Datei hinterlegt sind, und zeigen, was das jeweilige Ausgabegerät kann. Unter der Farbliste wird in einem Pulldown-Menü angegeben, mit welcher Rasterweite die Datei ausgegeben werden soll. Je höher der Wert, desto feiner das Raster. Gleichzeitig wird die Auflösung des Gerätes gewählt, die zu der jeweiligen Rasterweite passt.

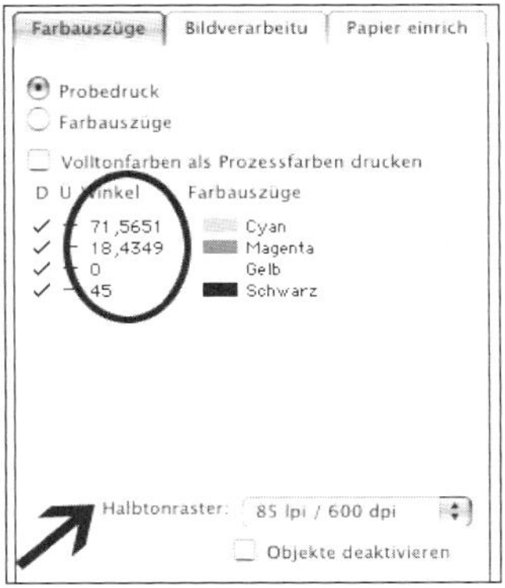

Abbildung 17.7:
Legen Sie die Rasterweite im Menü für HALBTONRASTER *fest.*

Falls Sie den Rasterwinkel für eine Farbe ändern möchten, klicken Sie auf die Zahl, die den Winkel angibt. Dadurch wird ein Dialogfenster geöffnet, in dem Sie den Winkel ändern können. Aber eigentlich sollten Sie das nicht tun: Es wird möglicherweise Probleme bei der Ausgabe geben, denn es können unerwünschte Rastermuster entstehen, die man Moiré nennt.

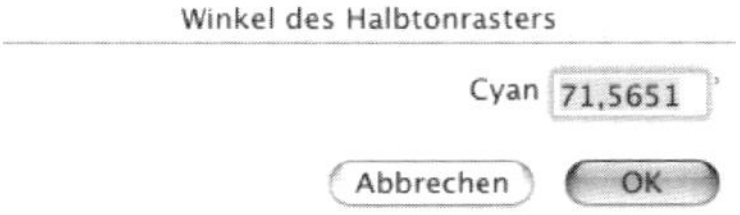

Abbildung 17.8: Der Winkel für Cyan bei einem S/W-Drucker

Wenn Sie die Option OBJEKTE DEAKTIVIEREN anklicken, werden Sonderdefinitionen für Raster in der Datei ignoriert. Diese Sonderraster werden mit dem Bedienfeld HALBTÖNE eingestellt.

17.1.3 Bedienfeld Halbtöne

Rufen Sie aus dem Menü FENSTER das Bedienfeld HALBTÖNE auf. Aktivieren Sie ein Bild und dann im Bedienfeld die gewünschten Einstellungen. Sie können in einem Pulldown-Menü die Rasterpunktform wählen und den Winkel einstellen. Darunter wird die Rasterweite eingegeben. Meist wird diese Funktion verwendet, wenn Sie eine Datei mit einem normalen Raster ausgeben und ein Element in einem groben Raster mitten in der Datei platzieren möchten.

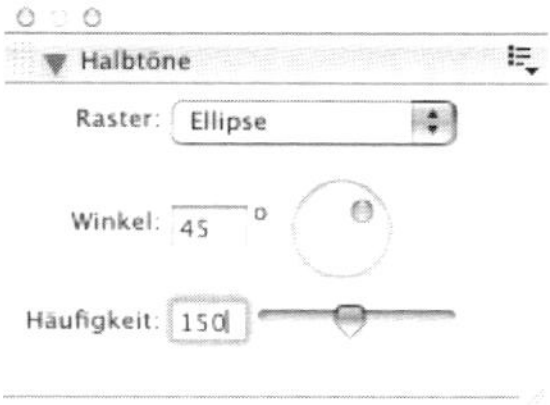

Abbildung 17.9:
Elliptische Raster werden meist im Zeitungsbereich eingesetzt.

17.1.4 Überdrucken und Überfüllungseinstellungen

Normalerweise haben Sie die Überfüllung bereits in der FreeHand-Grafik definiert. In Kapitel 9 können Sie einige Erklärungen nachlesen. Das Überdrucken von Farbflächen lässt sich in der Datei direkt im Bedienfeld OBJEKT aktivieren. Wenn Sie vorher entschieden haben, dass eine Farbe eine andere grundsätzlich überdrucken soll, können Sie sich die Arbeit sparen, in der Datei die einzelnen Objekte einzustellen. Sie können nämlich im Druckdialogfeld in den erweiterten Einstellungen auf den Strich in der Spalte für das Überdrucken klicken.

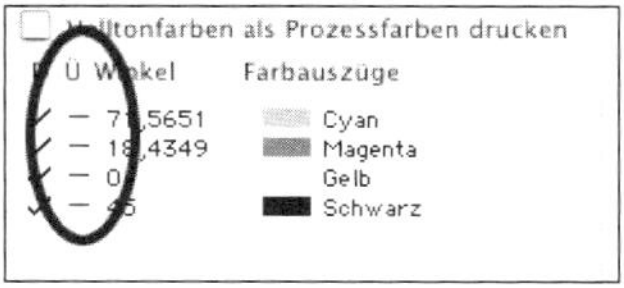

Abbildung 17.10: Durch Klick auf den Strich erscheint das Dialogfenster für das Überdrucken.

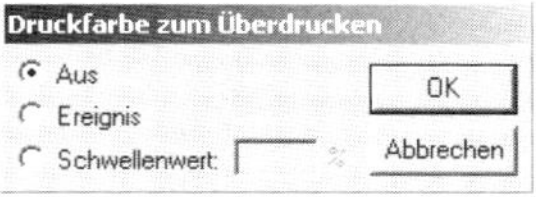

Abbildung 17.11: Stellen Sie die Option EREIGNIS ein, damit die Farbe überdruckt.

Wenn eine Farbe nur ab einem bestimmten Schwellenwert überdrucken soll, müssen Sie diesen definieren. Das bedeutet, dass Farbtöne, die einen geringeren Farbanteil enthalten, normal überfüllt werden. Aber passen Sie auf, dass die Farbe wirklich nur in den Objekten verwendet wird, die auch tatsächlich die darunter liegenden Elemente überdrucken soll.

FreeHand MX lässt auch eine generelle automatische Berechnung der Überfüllung im Ausdruck zu. Die Option STANDARD ist meist zu wenig und auch die beiden Werte, die in dem Pulldown-Menü angeboten werden, sind sehr gering. Sie sollten die Druckerei fragen, welcher Wert angebracht ist. Dann geben Sie den Wert selbst ein.

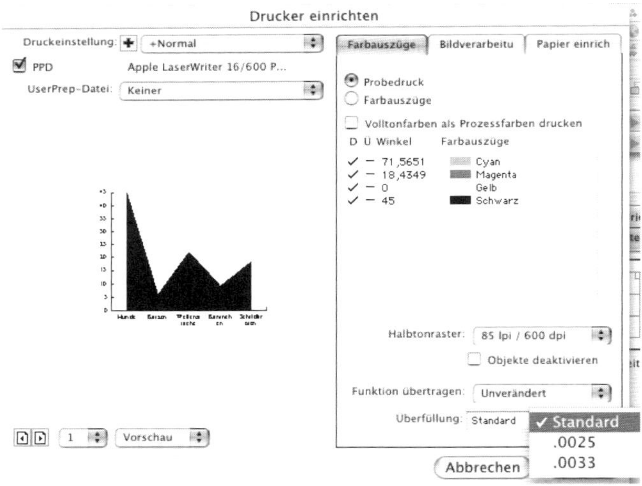

Abbildung 17.12: Definition der Überfüllung für farbseparierte Ausdrucke

17.1.5 Druckmarken

In der Kategorie BILDVERARBEITUNG werden die Zuschnittmarkierungen eingestellt. Sie können alle Marken separat wählen und einschalten. In der Vorschau sind die Markierungen sichtbar, so dass Sie eine gute Kontrolle haben, wie der Ausdruck später aussehen wird.

Für Filmbelichter müssen Sie wählen, ob die Beschichtung oben oder unten sein soll. Außerdem können Sie positive oder negative Belichtungen einrichten.

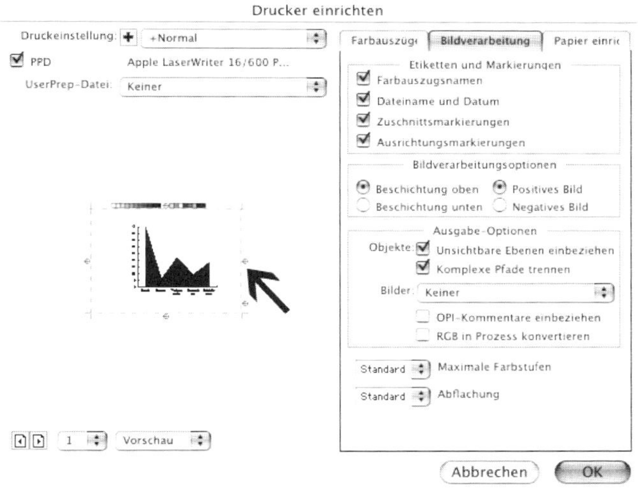

Abbildung 17.13: Die Ausgabe-Optionen lassen sich auch im Menü DATEI|DOKUMENTEINSTELLUNGEN *einrichten.*

17.1.6 Papierformat einrichten

In der dritten Kategorie lassen sich Papiergröße und Format einstellen. Auch diese Einstellungen werden in der Vorschau berücksichtigt. Meist wird aber das Format automatisch mit dem Dokumentformat bestimmt.

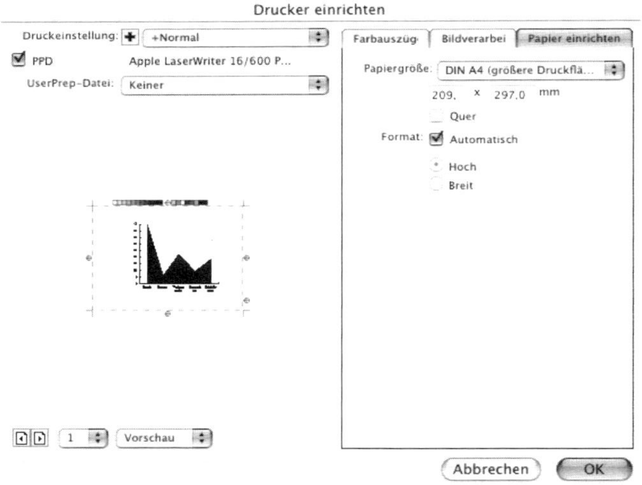

Abbildung 17.14: Stellen Sie ein Papierformat ein, das groß genug ist, um die gesamte Grafik auszudrucken.

17.1.7 Ausgabe-Optionen

Die Ausgabe-Optionen sind für einige ältere Drucker wichtig, denn oft werden sonst die Drucke nicht korrekt ausgeführt. Sie können die Ausgabe-Optionen im Druckdialogfenster in der Kategorie BILDVERARBEITUNG einstellen oder direkt im Menü DATEI|DOKUMENTEINSTELLUNGEN.

Mit der Option KOMPLEXE PFADE TRENNEN erreichen Sie, dass lange Pfade, die sehr viele Punkte haben, für die Berechnung des Drucks unterteilt werden. Damit wird es zwar weniger Druckprobleme geben, aber auch möglicherweise kleine Ansatzstellen in den Pfaden.

Die Ausgabe von Bildern ist vom Macintosh aus meist binär, unter Windows müssen Sie die Bilddaten ASCII-kodiert drucken.

Damit die OPI-Funktionalität gewährleistet ist, muss diese Option aktiviert werden. Wenn Sie nicht mit OPI (Open Prepress Interface) arbeiten, können Sie die Option deaktiviert lassen.

Für die direkte Ausgabe aus FreeHand lassen sich mit Hilfe der Ausgabe-Optionen auch RGB-Bilder in CMYK-Bilder konvertieren. Diese Funktion sollten Sie aber nur im Notfall nutzen, nämlich wenn die Bilder im falschen Farbmodus vorliegen und nicht mit einem anderen Programm umgewandelt werden können, denn die Qualität ist nicht immer optimal.

Mit den maximalen Farbstufen definieren Sie die Qualität von Verläufen. Es gibt für einige Drucker nicht die Möglichkeit, alle Farben auszugeben. Dann sollten Sie den Wert niedriger wählen, die maximale Angabe wäre 256. Wenn der Wert allerdings zu niedrig eingestellt wird, werden Streifen in Rasterverläufen gedruckt.

Die Abflachung für Kurven verändert die Ausgabequalität von Bézierkurven. Wenn Sie einen hohen Wert eingeben, wird die Kurve flacher und besteht aus mehr geraden Elementen.

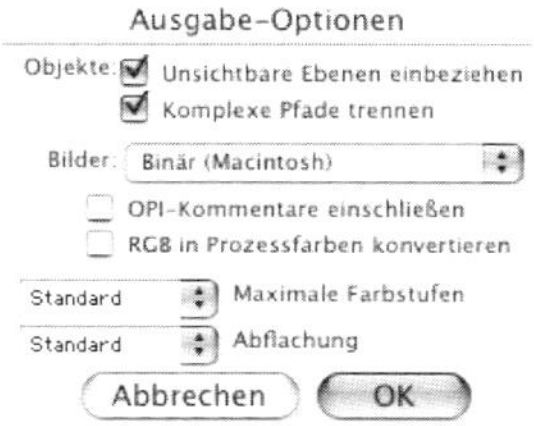

Abbildung 17.15: Wenn Sie die Ausgabe-Optionen schon in Ihrer Dokumentvorlage richtig einstellen, brauchen Sie später nichts mehr einzurichten.

17.2 Druckbereich einrichten

Wenn Sie eine komplexe Grafik erstellt haben, kann es vorkommen, dass Sie sie nicht komplett ausdrucken möchten, sondern nur einen bestimmten Bereich. Diese Art der Ausschnittsbestimmung ist auch für Dateiexporte verfügbar.

Statt den Druckbereich von Seiten einzuschränken, ist es in einigen Fällen auch erforderlich, den Bereich zu erweitern. Manchmal werden Bilder über den Seitenrand verschoben. Sie sollen im Anschnitt stehen und werden mit einer Erweiterung gedruckt, die dann später in der buchbinderischen Verarbeitung wieder abgeschnitten wird.

17.2.1 Anschnitt drucken

Wenn Sie eine Datei mit Anschnitt drucken möchten, müssen Sie die Datei dafür vorbereiten. Sie müssen Elemente über den Seitenrand hinausschieben. Anschließend stellen Sie im Bedienfeld DOKUMENT die Druckerweiterung ein. Diese Druckerweiterung gibt an, wie viel von der Montagefläche um die Seite zusätzlich ausgegeben werden soll.

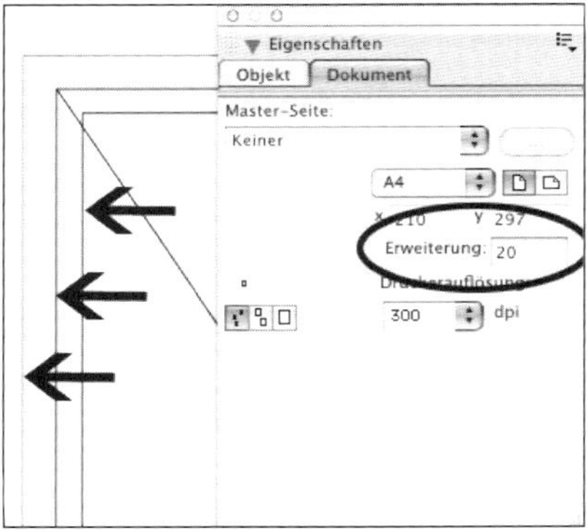

Abbildung 17.16: Datei in der Grobansicht mit Erweiterung

In der Abbildung 17.16 sehen Sie links hinter dem Bedienfeld, in dem die Erweiterung eingestellt wurde, eine graue Linie, die die Erweiterung darstellt und mit dem Pfeil ganz unten markiert ist. Die zweite Linie mit dem Pfeil in der Mitte ist die Darstellung eines Bildes in der Grobansicht und erst die dritte Linie mit dem oberen Pfeil zeigt das Seitenformat.

17.2.2 Ausgabebereich festlegen

Wenn Sie den Ausgabebereich im Verhältnis zum Seitenformat kleiner einrichten möchten, können Sie das Werkzeug AUSGABEBEREICH verwenden. Dieses Werkzeug ist in der Symbolleiste STANDARD und im Bedienfeld WERKZEUGE zu finden.

Abbildung 17.17:
Ziehen Sie mit dem Werkzeug einen Rahmen über den Bereich, den Sie ausgeben möchten.

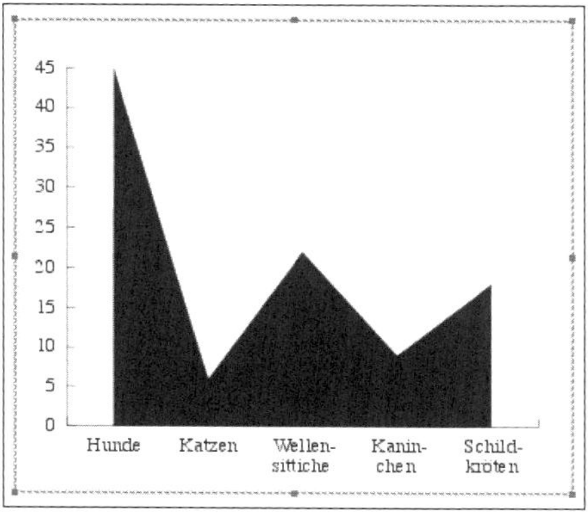

Abbildung 17.18: Der Ausgabebereich wird mit einer roten Linie markiert.

Sie können die genauen Maße für den Ausgabebereich im Bedienfeld OBJEKT einstellen und die Werte dort korrigieren.

Damit der Ausgabebereich auch tatsächlich für den Ausdruck verwendet wird, müssen Sie im Druckdialogfenster die Option DRUCKBEREICH aktivieren.

Abbildung 17.19: Die Option DRUCKBEREICH ist auch im Windows-Druckdialogfenster aktivierbar.

Wenn Sie einen Ausgabebereich eingerichtet haben und dann in der Kategorie BILDVERARBEITUNG die ZUSCHNITTMARKEN aktivieren, werden diese um den Ausgabebereich erstellt und nicht um das Seitenformat.

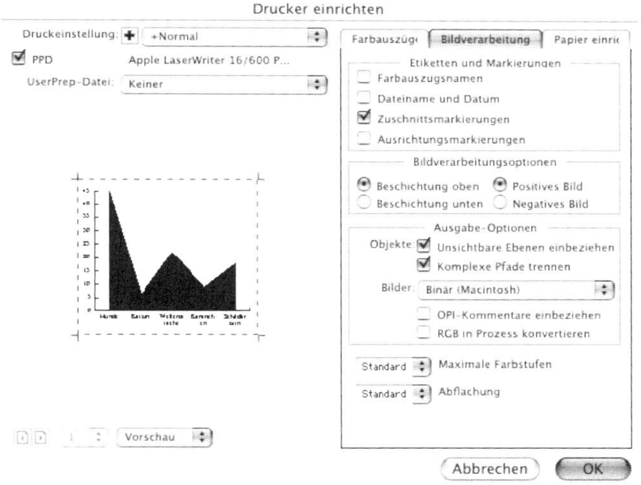

Abbildung 17.20: In der Vorschau können Sie die Wirkung des Ausgabebereichs sehen.

17.3 Für Ausgabe erfassen

Falls Sie die Daten nicht selbst ausgeben, sondern dafür einen Belichtungsservice oder Dienstleister in Anspruch nehmen, benutzen Sie die Funktion FÜR AUSGABE ERFASSEN.

Wählen Sie aus dem Menü DATEI die Option FÜR AUSGABE ERFASSEN. FreeHand führt eine Prüfung der Datei aus und erstellt automatisch einen Dokumentbericht.

Wenn Sie eine solche Sammlung für die spätere Ausgabe machen, werden auch die Schriften in dem Ordner gesammelt, in dem Sie alle benötigten Dateien zusammenkopiert haben möchten. Es werden also Kopien der Dokumente erstellt. Den Ordner bzw. das Verzeichnis, in dem die Dateien gesammelt werden sollen, müssen Sie selbst anlegen.

Da es verboten ist, Schriften einfach weiterzugeben, erscheint ein Hinweis, dass Sie sicherstellen müssen, dass Sie die Schriften auch tatsächlich weitergeben dürfen. Nehmen Sie den Hinweis bitte ernst, sonst kann es teuer werden.

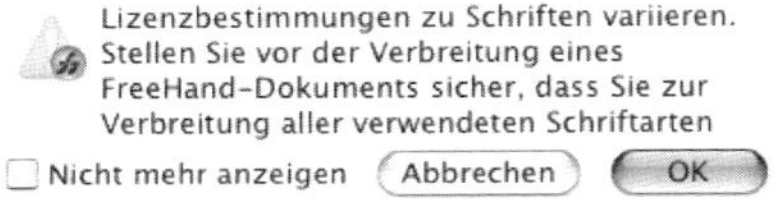

Abbildung 17.21: Wenn Sie den Hinweis nicht mehr sehen möchten, aktivieren Sie die Option NICHT MEHR ANZEIGEN.

Nach dem Schrifthinweis erscheint dann das Fenster für den Dokumentbericht.

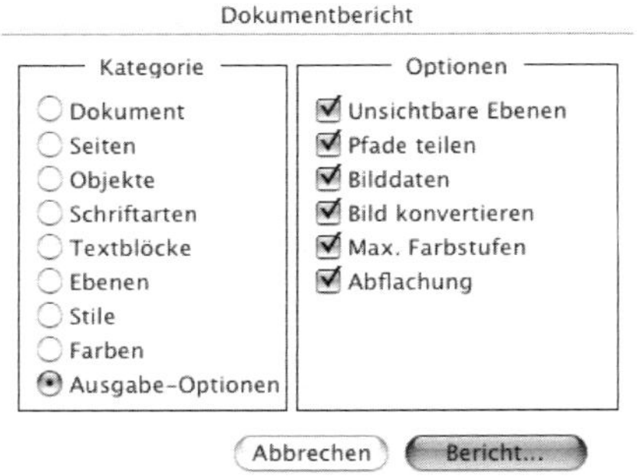

Abbildung 17.22: Ein Dokumentbericht kann auch erstellt werden, wenn Sie die Daten nur prüfen möchten. Wählen Sie aus dem Menü DATEI die Option BERICHT.

Sie können in den einzelnen Kategorien die aktiven Optionen prüfen und die Optionen deaktivieren, die irrelevant sind.

Klicken Sie auf den Button BERICHT, damit der Dokumentbericht erstellt werden kann.

Der Dokumentbericht wird normalerweise in einem Fenster dargestellt und kann gedruckt oder gespeichert werden. Wenn Sie alle Dateien für die Ausgabe sammeln wollen, wird er gespeichert und das ist dann auch der Moment, in dem Sie den Ordner für Ihre Ausgabesammlung erstellen.

Leider müssen Sie im Bericht etwas suchen, um die Angaben richtig verstehen zu können. In dem Beispiel in Abbildung 17.23 sehen Sie in der Dokumentinfo, dass die Einheiten auf Millimeter gestellt wurden, und in der Seiteninfo dann erst die Werte für die Seitengröße, die mit dieser Einheit in Verbindung stehen.

Abbildung 17.23: Beispiel für einen Dokumentbericht

Nachdem die Sammlung aller Dateien für die Ausgabe erstellt wurde, befindet sich eine Kopie der FreeHand-MX-Datei, der Dokumentbericht, die Schriften und die Bilder in dem Ordner bzw. Verzeichnis. Die Datei `Normal` enthält die Druckeinstellungen der normalen Druckkonfiguration. Sie wird jedoch meist nicht benötigt und kann ignoriert werden. Den Ordner bzw. das Verzeichnis müssen Sie dann nur noch per E-Mail bzw. ISDN verschicken oder auf einen Datenträger kopieren, damit die Daten per Bote o.Ä. versandt werden können.

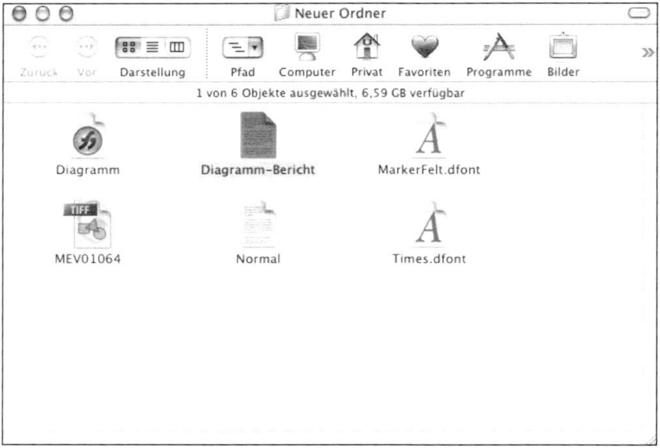

Abbildung 17.24: Bei TrueType-Schriften erscheint nur eine Schriftdatei im Ordner der Dateisammlung. Bei PostScript-Schriften werden zwei Dateien benötigt.

Web-Funktionen

Da Sie FreeHand auch hervorragend für die Gestaltung von Internetseiten einsetzen können, sollen in diesem Kapitel alle Funktionen zusammengefasst werden, die speziell für diesen Zweck in das Programm integriert wurden und Ihnen die Arbeit erleichtern können.

18.1 Seitengröße einrichten

Im Bedienfeld DOKUMENT lässt sich die Seitengröße WEB einstellen. Damit wird eine Dokumentseite auf 550 x 400 Pixel eingestellt. Natürlich werden Sie bei der Webseitengestaltung sicherlich auch die Maßeinheit Pixel am unteren Bildschirmrand bzw. bei Windows in der Symbolleiste STATUS einstellen.

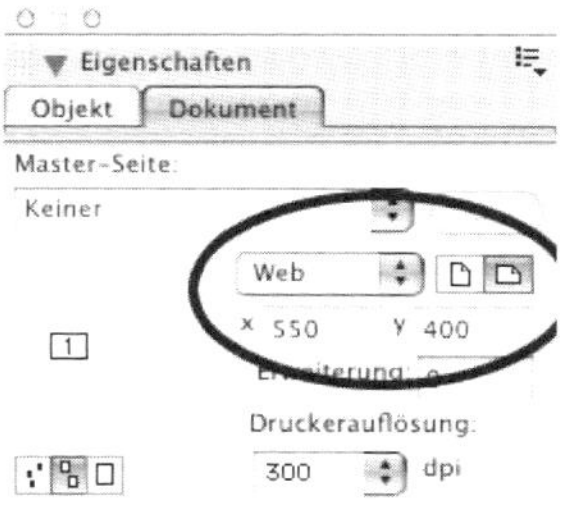

Abbildung 18.1:
Bei der Gestaltung für größere Bildschirme müssen Sie die Pixelwerte für die Breite und Höhe der Seite benutzerdefiniert einrichten.

18.2 Webfarben verwenden

Zunächst ist es wichtig, dass Sie die Farben für Ihre Webseitengestaltung auf das Internet abstimmen. Dabei helfen die beiden Farbwahl-Buttons im Bedienfeld WERKZEUGE. Dort werden im Normalfall die Color Cubes dargestellt.

Das sind Farbkästchen, die Webfarben enthalten. Es sind die Farben, die auf Macintosh und Windows-Bildschirmen gleich dargestellt werden und die in RGB definiert sind.

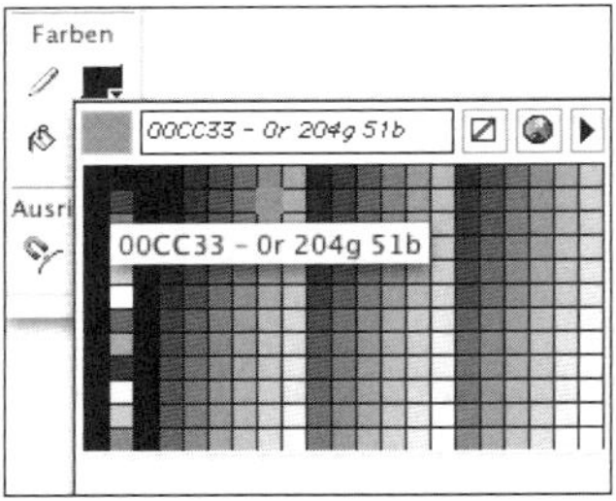

Abbildung 18.2:
Sie sehen bei der Farbwahl für die Konturfarbe oder die Linienfarbe im Bedienfeld WERKZEUGE *die Farbnummer der indizierten Farbe und die RGB-Werte.*

Es aber auch eine zweite Möglichkeit, die Webfarben für die Datei auszuwählen. Im Bedienfeld FARBFELDER finden Sie im Menü des Bedienfeldes eine Bibliothek mit dem Namen WEB SAFE COLOR LIBRARY.

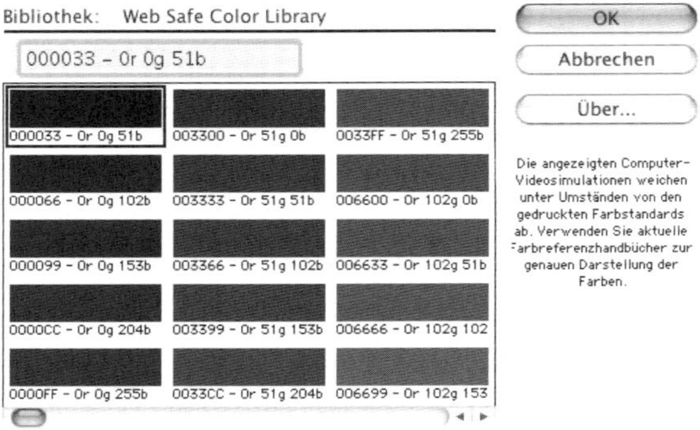

Abbildung 18.3: Die Farbfelder-Bibliothek

Aktivieren Sie die Farbfelder in der Bibliothek und klicken Sie auf den OK-Button, um die Farben in das Bedienfeld FARBFELDER zu sichern. Falls Sie mehrere Farben auswählen möchten, halten Sie die [⇧]-Taste fest.

18.3 Buttons gestalten

In zwei Bibliotheken finden Sie eine Hilfe, um Buttons für die spätere Verknüpfung von Webseiten zu gestalten. Wenn Sie im Bedienfeld STILE im Menü des Bedienfeldes die Option BUTTON STYLES aufrufen, wird ein Dialogfenster geöffnet, in dem Sie die Stile auswählen können, die importiert werden sollen.

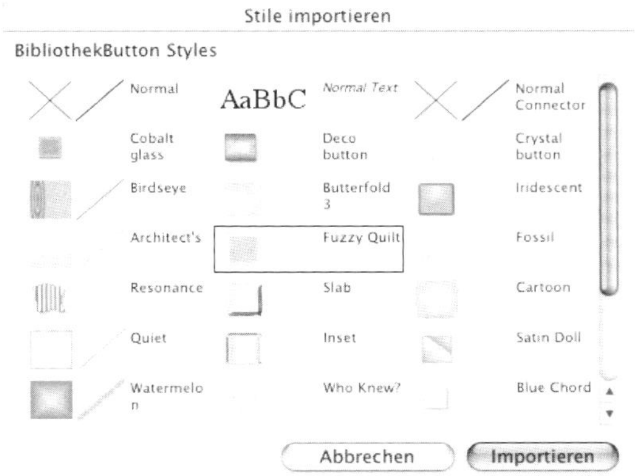

Abbildung 18.4: Sie können einen oder mehrere Stile gleichzeitig importieren.

Einige Button-Muster können Sie auch als Symbol importieren. Wählen Sie aus dem Menü des Bedienfeldes BIBLIOTHEK die Option IMPORTIEREN.

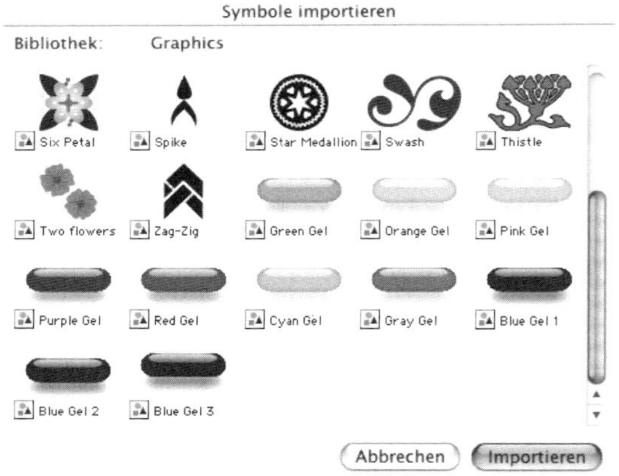

Abbildung 18.5: In der Datei GRAPHICS sind ein paar Button-Symbole, die Sie verwenden können.

18.4 Als HTML-Seite veröffentlichen

Nachdem Sie mehrere Seiten gestaltet haben, können Sie diese direkt über einen Menübefehl in HTML-Seiten umwandeln. Wählen Sie aus dem Menü DATEI die Option ALS HTML-SEITE VERÖFFENTLICHEN. Dabei werden die Bilder komprimiert und in GIFs, JPEGs oder PNGs umgewandelt. Die Vektor-Daten in der Datei wandelt FreeHand MX in Flash-Dateien um, denn so lassen sich auch Aktionen in den Flash-Dateien direkt verwenden.

Zu Anfang ist es besser, wenn Sie den Assistenten verwenden. Der Assistent sorgt dafür, dass Sie die richtigen Einstellungen vornehmen. Dort sind viele Dateiformate erklärt und Sie brauchen nur auszuwählen.

Abbildung 18.6: Dialogfeld HTML-AUSGABE

Zur besseren Kontrolle können Sie sich die HTML-Seite gleich in dem ausgewählten Browser anzeigen lassen. Wenn Sie nicht die Standardeinstellung verwenden möchten und auch nicht den Assistenten nutzen möchten, klicken Sie auf den Button EINRICHTEN, damit Sie eine eigene Einstellung erstellen und speichern können (siehe Abbildung 18.7).

Wenn Sie alle Einstellungen für die Erzeugung der HTML-Dateien vorgenommen und den Button ALS HTML-DATEI SICHERN angeklickt haben, müssen Sie einen Ordner oder ein Verzeichnis bestimmen, in dem die Dateien abgelegt werden sollen. Dort werden die Seiten als HTML-Datei und die Bilder in unterschiedlichen Formaten als SWF und/oder JPEG abgelegt oder in dem Bildformat, das Sie für die Speicherung vorgegeben hatten.

Nun sind zwar die Seiten als HTML-Dateien erzeugt, aber es gibt noch keine Verknüpfungen zwischen den Seiten (Links). Außerdem kann es vorkommen, dass Sie nach dem Speichern ein Fenster mit Ausgabe-Warnungen sehen. Dieses Warnfenster lässt sich auch im Menü FENSTER aufrufen.

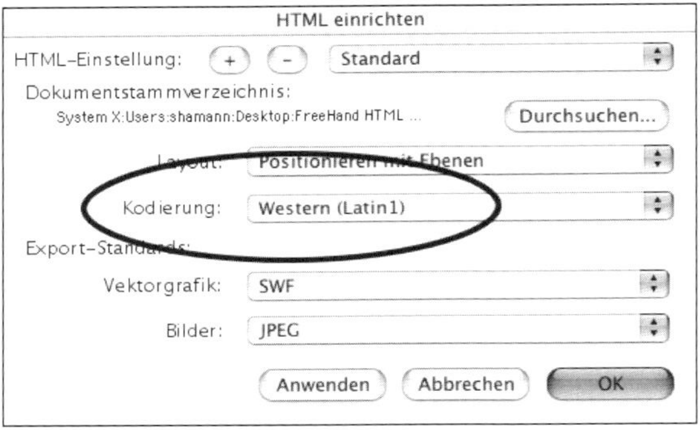

Abbildung 18.7: In diesem Menü müssen Sie die gewünschte Kodierung für die Textdarstellung im Internet wählen. Dies ist die richtige Einstellung für deutsche Webseiten.

18.5 Bedienfeld Navigation

Die Verknüpfungen zwischen zwei HTML-Seiten nennt man Links und diese Links verweisen auf eine so genannte URL. Damit ist aber nur die nächste Seite gemeint, die auf einem Server im Internet liegt.

Um nun in einer FreeHand-Datei einen solchen Link zu einer URL zu erstellen, benötigen Sie das Bedienfeld NAVIGATION. Am einfachsten ist es, wenn Sie einen Link zu einer Seite in der gleichen Datei erstellen möchten. Aktivieren Sie ein Grafikelement oder einen Text, der angeklickt werden soll, damit die nächste Seite in der Webseite aufgerufen wird, und geben Sie anschließend einen Namen für den Link im Bedienfeld NAVIGATION ein. Danach wählen Sie in dem Pulldown-Menü für den Link die gewünschte Seite aus.

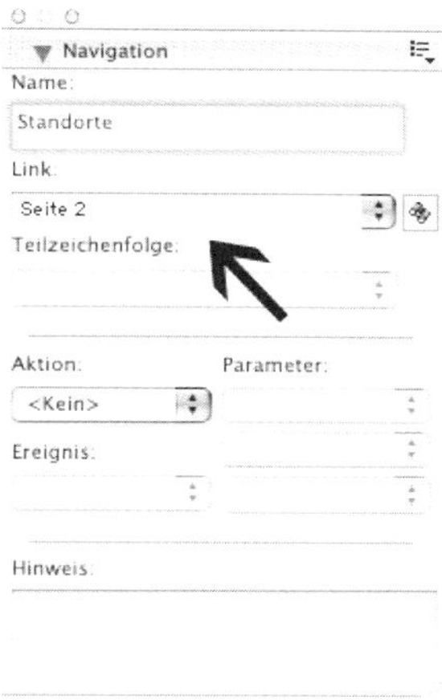

Abbildung 18.8:
Ein solcher Link funktioniert nach dem Speichern der Datei mit der Funktion ALS HTML-SEITEN VERÖFFENTLICHEN sofort.

18.6 Aktionen einrichten

Im Bedienfeld NAVIGATION lassen sich auch Aktionen einrichten. Diese können nur verwendet werden, wenn die Datei als Flash-Film exportiert wird. Ein solcher Flash-Film kann dann wieder für eine Webseite verwendet werden. Statt aber die Aktion direkt im Bedienfeld NAVIGATION zu erstellen, gibt es noch eine weitere Möglichkeit, nämlich das Aktions-Werkzeug.

18.6.1 Das Aktions-Werkzeug

Wenn Sie mit dem Aktions-Werkzeug arbeiten möchten, sollten Sie die Darstellung so einrichten, dass Sie alle Seiten sehen. Die Aktionen verweisen auf ganze Seiten, können aber auch auf platzierte Flash-Filme verweisen. Wählen Sie aus dem Menü ANSICHT die Option ALLES. Damit werden alle Seiten verkleinert dargestellt, so dass Sie alle Seiten auf der Montagefläche sehen können.

Das Aktions-Werkzeug ist im Bedienfeld WERKZEUGE und in der Symbolleiste XTA-WERKZEUGE zu finden. Es ist, wie viele Werkzeuge in FreeHand MX, doppelt vorhanden.

Abbildung 18.9:
Aktions-Werkzeug mit QuickInfo-Einblendung

Wenn Sie auf dem Aktions-Werkzeug doppelklicken, erscheint ein Dialogfenster, in dem Sie die Aktion wählen können, die ausgeführt werden soll.

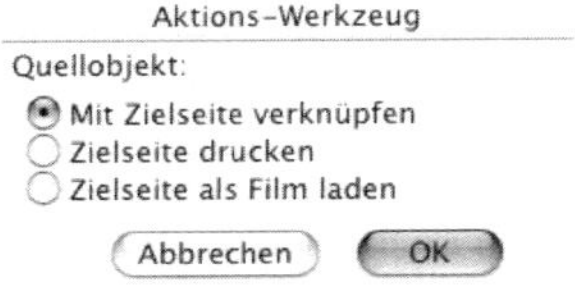

Abbildung 18.10:
Wählen Sie eine der Aktionen, die ausgeführt werden sollen.

Aktivieren Sie mit dem Aktions-Werkzeug ein Bild oder einen Textblock und ziehen Sie mit der Maus zu einer Seite, bis ein Rahmen für die Seite erscheint. Dann lassen Sie die Maustaste los. Die Aktion ist erstellt und wird mit einem kleinen blauen Pfeil und einer schicken blauen Schlangenlinie dargestellt.

Im Bedienfeld NAVIGATION lässt sich die Aktion kontrollieren oder verändern.

Die Einstellungen des Aktions-Werkzeuges entsprechen den folgenden Aktionen im Bedienfeld NAVIGATION:

- Mit Zielseite verknüpfen = Go To and stop
- Zielseite drucken = Print
- Zielseite als Film laden = Load Movie

Damit Sie eine Aktion mit einer einzelnen Textzeile verknüpfen können, müssen Sie oft Textblöcke zerlegen und für jede Zeile einen Textblock erstellen. Bedenken Sie also besser vor der Gestaltung, ob es sinnvoll ist, den Text von vornherein auf diese Weise zu erstellen.

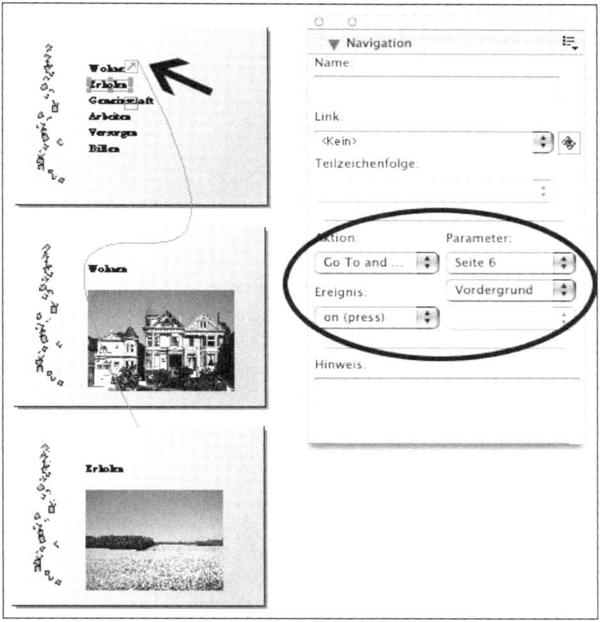

Abbildung 18.11: In diesem Beispiel wurde mit dem Aktions-Werkzeug eine Verknüpfung von der zweiten Zeile zur Seite 6 der Datei erstellt. Im Bedienfeld NAVIGATION sehen Sie die Aktionswerte.

Weitere Aktionen, die Sie vorbereiten können, werden in dem Pulldown-Menü im Bedienfeld NAVIGATION sichtbar.

Abbildung 18.12:
Die Aktionen sind mit englischen Bezeichnungen versehen.

Go To and Stop: Diese Aktion führt zu einem anderen Frame und stoppt die Animation. (Frames werden aus Ebenen oder Seiten gebildet, wenn Sie eine Flash-Datei aus FreeHand exportieren.)

Go To and Play: Diese Aktion führt zu einem anderen Frame und startet die Animation, falls sie automatisch ablaufen soll.

Play: Ein Film wird gestartet.

Stop: Ein Film wird gestoppt.

Print: Eine Seite wird gedruckt.

Full Screen: Der Film wird im Flash Player im Vollbildmodus dargestellt.

Start/Stop Drag: Wird meist verwendet, damit bei Mausklick ein Element verschoben werden kann und beim Loslassen der Maustaste das Element wieder festgesetzt wird. Die Aktion ist also von Ereignissen, wie z.B. der Mausbedienung abhängig.

Load Movie: Ein Film wird geladen, während der aktuelle Film läuft.

Unload Movie: Ein Film wird entladen, während der aktuelle Film läuft. (Load und Unload sind nur bei Dokumenten mit mehreren Seiten möglich = mehrere HTML-Seiten.)

Damit alle diese Aktionen überhaupt funktionieren und ausgeführt werden können, müssen Sie eine Datei in eine Flash-Datei exportieren.

18.7 Flash-Dateien erstellen und testen

Bevor Sie nun eine Flash-Datei für Ihre Webseite mit einer Aktion erstellen, sollten Sie kurz die grundsätzlichen Möglichkeiten kennen lernen, wie Sie eine Flash-Datei erstellen und testen.

18.7.1 Flash-Datei aus Ebenen

Eine Flash-Datei aus Ebenen ist das einfachste Verfahren eine tolle Animation für eine Webseite oder Präsentation zu erstellen. Erstellen Sie eine Mischung. Dazu lässt sich ein Flugzeug aus der Schrift Zapf Dingbats in Pfade wandeln. Damit die Animation interessanter wird, ist das zweite Flugzeug größer und anders gedreht. Nun erstellen Sie mit dem Mischungswerkzeug eine Mischung zwischen den beiden kleinen Flugzeugen. Noch besser wird die Wirkung, wenn die beiden Flugzeuge unterschiedliche Farben haben und die Mischung auf einem kurvigen Pfad platziert wird. Das ist erst einmal die Vorbereitung.

Als Nächstes müssen alle einzelnen Elemente auf aufeinander folgenden Ebenen platziert werden. Dafür gibt es eine Xtra-Funktion, die alle Elemente auf Ebenen verteilt. Wählen Sie aus dem Menü XTRAS die Option ANIMIEREN| FÜR EBENEN FREIGEBEN.

18.7.2 Xtra-Funktion: Für Ebenen freigeben

Die Xtra-Funktion FÜR EBENEN FREIGEBEN ist auch als Symbol in der Symbolleiste XTRA-FUNKTIONEN zu finden.

Abbildung 18.13:
Die Xtra-Funktion FÜR EBENEN FREIGEBEN mit QuickInfo-Einblendung

In beiden Fällen wird ein Dialogfenster geöffnet. Denn FreeHand will nun die Art der Verteilung der Elemente auf Ebenen bestimmen. Sie werden meist eine Sequenz erstellen.

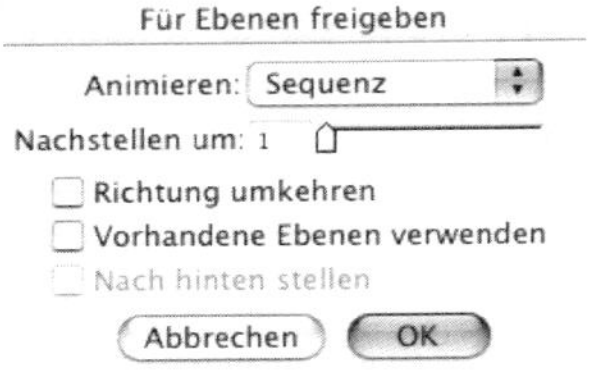

Abbildung 18.14:
Sie können die Richtung umkehren.

Alle Elemente, obwohl eine Mischung ja eine Gruppierung ist, werden verteilt. Gruppen werden auf diese Weise auseinander genommen. Im Bedienfeld EBENEN sehen Sie die neu entstandenen Ebenen.

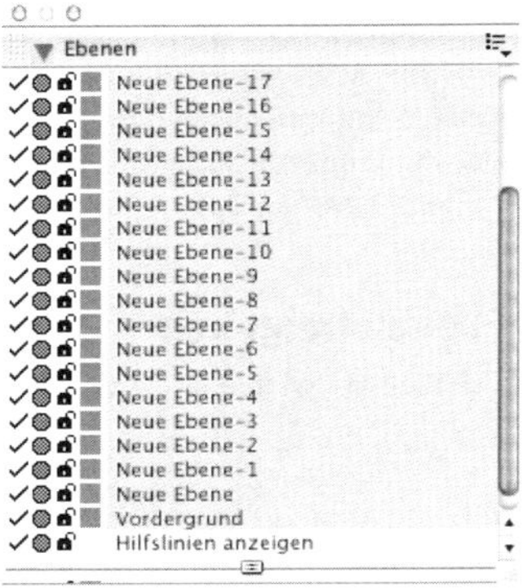

Abbildung 18.15: Es ist nicht nötig, die Ebenen umzubenennen.
Die Animation richtet sich nach der Reihenfolge und der Nummerierung.

Nachdem Sie nun die ganze Vorbereitung getroffen haben, wählen Sie aus dem Menü DATEI die Option EXPORTIEREN. Im Exportdialogfenster wählen Sie das Format MACROMEDIA FLASH (SWF) und klicken dann auf den Button EINRICHTEN.

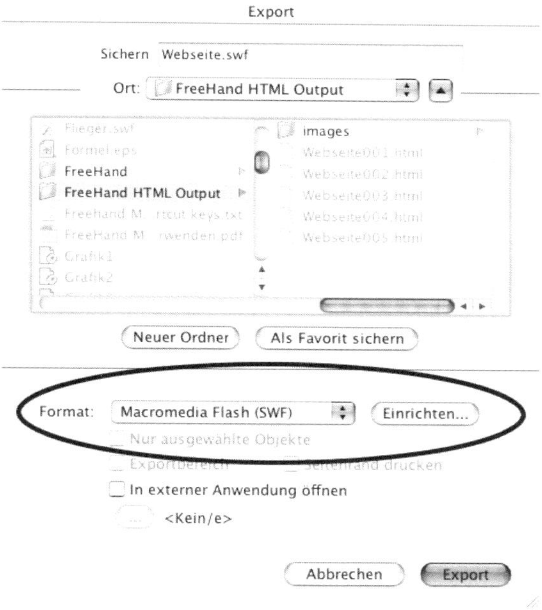

Abbildung 18.16: Mit dem Button EINRICHTEN gelangen Sie in das Dialogfeld für die Filmeinstellungen.

In den Filmeinstellungen aktivieren Sie die Option FILM|EINZELN und EBENEN|ANIMIERT. Die übrigen Einstellungen sind in der Standardeinstellung schon brauchbar. Die einzige Einstellung, die Sie möglicherweise verändern möchten, ist die Bildrate. Mit der Bildrate wird festgelegt, wie viele Bilder pro Sekunde gezeigt werden. Ein normaler Film im Internet kann bis zu 25 Bilder pro Sekunde zeigen.

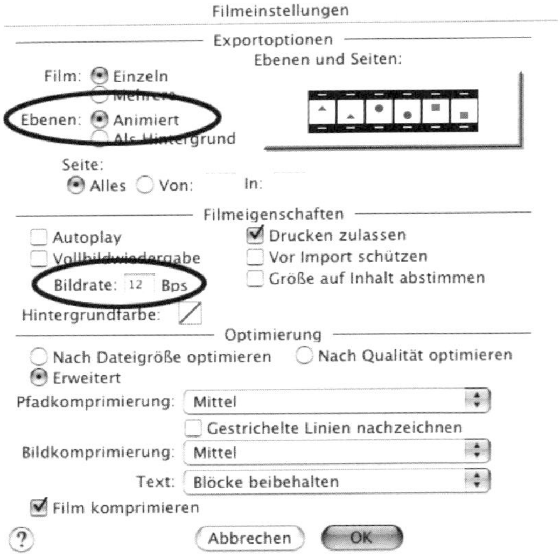

Abbildung 18.17: Der Film wird automatisch komprimiert, damit die Datei für das Internet verwendet werden kann.

18.7.3 Flash-Datei aus Seiten

Es ist auch möglich, eine Flash-Datei aus mehreren Seiten zu erstellen. Und nun kommen wieder die Aktionen ins Spiel. Sie können eine kleine Präsentation mit den Aktionen verknüpfen und so einen automatischen Seitenwechsel einstellen oder auch erst bei einem Klick auf ein Element, das mit einer Aktion versehen wurde, den Seitenwechsel auslösen.

Die Filmeinstellungen müssen aber anders eingestellt werden. Sie müssen die Seiten animieren. Nun müssen die Ebenen als Hintergrund verwendet werden. Sie müssen auch nicht alle Seiten verwenden, sondern Sie haben die Möglichkeit, einzelne Seiten genau auszuwählen. In diesem Beispiel wurde zusätzlich die Option AUTOPLAY eingestellt. Damit wird der Flash-Film automatisch abgespielt. Das kann für Filme in Webseiten wichtig sein, die als so genanntes Intro verwendet werden.

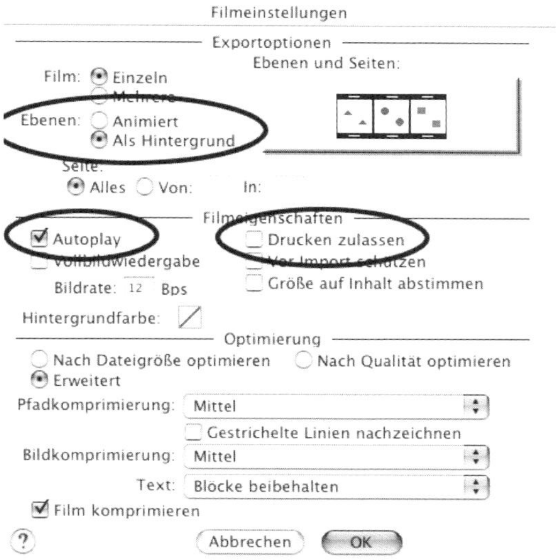

Abbildung 18.18: In diesem Fall ist das Drucken der Flash-Datei nicht zugelassen.

18.8 Symbolleiste Steuerung

Bevor Sie die Flash-Dateien tatsächlich exportieren, können Sie die Einstellungen in FreeHand direkt testen. Rufen Sie dazu aus dem Menü FENSTER die Symbolleiste STEUERUNG auf.

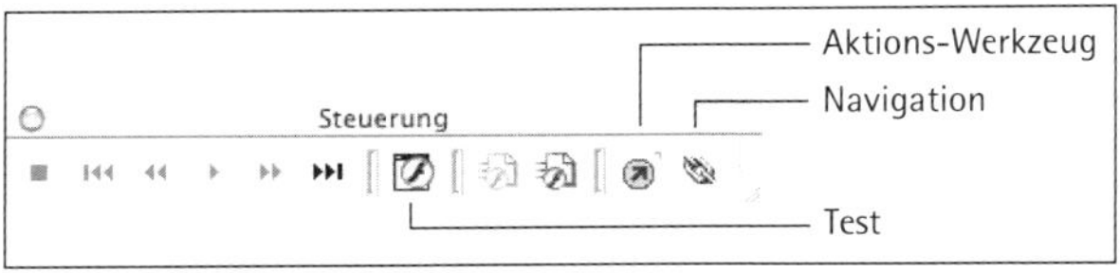

Abbildung 18.19: In dieser Buttonleiste können Sie das Aktions-Werkzeug, das Bedienfeld NAVIGATION sowie den Test-Button aufrufen.

Aktivieren Sie den Button für den Start des Tests.

Die Test-Animation wird in einem separaten Fenster dargestellt. Wenn Sie möchten, können Sie den Test wieder stoppen. Dazu finden Sie Buttons in der Symbolleiste STEUERUNG, die den Tasten eines CD-Players oder ähnlichem Audio-Abspielgerät entsprechen. Zusätzlich finden Sie einen Button, mit dem Sie das Dialogfenster für die Filmeinstellungen aufrufen können, und einen Button, mit dem Sie den endgültigen Export der Datei in eine Flash-Datei starten. Falls Sie nicht mit der Symbolleiste arbeiten möchten, gibt es diese Befehle auch im Menü FENSTER im Untermenü FILM.

A Anhang

A.1 Tastenkürzel in FreeHand MX

Beim Mac ist die Befehlstaste die [⌘]-Taste und bei Windows-Computern die [Strg]-Taste. Die Optionstaste ist beim Macintosh und beim PC die [Alt]-Taste.

Befehlsname	Kurzbefehle	Beschreibung des Befehls
DATEI|NEU	[⌘]+[N]	Erstellt ein neues Dokument oder eine neue Vorlage.
DATEI|ÖFFNEN...	[⌘]+[O]	Öffnet ein vorhandenes Dokument oder eine vorhandene Vorlage.
DATEI|SCHLIESSEN	[⌘]+[W]	Fordert zum Sichern des Dokuments auf und schließt dann das aktive Fenster.
DATEI|SPEICHERN	[⌘]+[S]	Sichert das aktive Dokument oder die aktive Vorlage.
DATEI|SPEICHERN UNTER...	[⇧]+[⌘]+[S]	Sichert eine Kopie des Dokuments in einer eigenen Datei.
DATEI|IMPORTIEREN...	[⌘]+[R]	Importiert eine Grafikdatei, die in einer anderen Anwendung oder einer früheren FreeHand-Version erstellt wurde.

Befehlsname	Kurzbefehle	Beschreibung des Befehls
DATEI|EXPORTIEREN...	⇧+⌘+R	Sichert Ihre FreeHand-Datei in dem Format, das am besten in einer anderen Anwendung geöffnet oder in diese importiert werden kann.
DATEI|DRUCKEN...	⌘+P	Druckt das aktive Dokument.
DATEI|BEENDEN	⌘+Q	Schließt alle geöffneten Fenster und beendet FreeHand.
BEARBEITEN|RÜCKGÄNGIG	⌘+Z	Macht den zuletzt angewandten Befehl rückgängig.
BEARBEITEN|WIEDERHOLEN	⌘+Y, ⇧+⌘+Z	Hebt den letzten Rückgängig-Vorgang auf.
BEARBEITEN|AUSSCHNEIDEN	⌘+X	Überträgt die Auswahl in die Zwischenablage.
BEARBEITEN|KOPIEREN	⌘+C	Kopiert die Auswahl in die Zwischenablage.
BEARBEITEN|EINFÜGEN	⌘+V	Setzt den Inhalt der Zwischenablage ein.
BEARBEITEN|SPEZIELL|ATTRIBUTE EINSETZEN	Alt+⇧+⌘+V	Wendet die zuvor kopierten Attribute auf die ausgewählten Objekte an.
BEARBEITEN|INHALT AUSSCHNEIDEN	⇧+⌘+X	Entfernt ein in ein ausgewähltes Objekt eingefügtes Objekt und fügt es wieder in das Dokument ein.
BEARBEITEN|INNEN EINSETZEN	⇧+⌘+V	Fügt ein in der Zwischenablage gespeichertes Objekt in einen ausgewählten geschlossenen Pfad ein.

Befehlsname	Kurzbefehle	Beschreibung des Befehls
BEARBEITEN|DUPLIZIEREN	Alt+⌘+D	Erstellt eine genaue Kopie und hebt sie vom Original ab.
BEARBEITEN|KLONEN	⇧+⌘+D	Erstellt eine genaue Kopie und legt sie über das Original.
BEARBEITEN|AUSWÄHLEN|ALLE	⌘+A	Wählt alle Objekte auf der aktuellen Seite aus.
BEARBEITEN|AUSWÄHLEN|ALLES IM DOKUMENT	⇧+⌘+A	Wählt alle Objekte auf den nicht gesperrten sichtbaren Ebenen der aktiven Seite aus.
BEARBEITEN|AUSWÄHLEN|KEINER	⌘+D	Hebt die Auswahl aller ausgewählten Objekte auf.
BEARBEITEN|SUCHEN/ERSETZEN|GRAFIK	⌘+F	Zeigt das SUCHEN/ERSETZEN-Bedienfeld für Grafiken an.
BEARBEITEN|VOREINSTELLUNGEN...	⌘+U	Ermöglicht das Vornehmen von Änderungen in den Programmeinstellungen, um die Arbeitsweise verschiedener Funktionen zu steuern.
ANSICHT|AUSWAHL	Alt+⌘+0	Ändert die Ansicht so, dass alle ausgewählten Objekte in das Dokumentfenster passen.
ANSICHT|SEITE	⇧+⌘+W	Ändert die Ansicht so, dass die gesamte aktuelle Seite in das Dokumentfenster passt.
ANSICHT|ALLES	⌘+0	Ändert die Ansicht so, dass alle Seiten in das Dokumentfenster passen.
ANSICHT|VERGRÖSSERUNG|50%	⌘+5	Ändern in 50 %.

Befehlsname	Kurzbefehle	Beschreibung des Befehls
ANSICHT|VERGRÖSSERUNG|100%	⌘+1	Ändern in 100%.
ANSICHT|VERGRÖSSERUNG|200%	⌘+2	Ändern in 200%.
ANSICHT|VERGRÖSSERUNG|400%	⌘+4	Ändern in 400%.
ANSICHT|VERGRÖSSERUNG|800%	⌘+8	Ändern in 800%.
ANSICHT|GROBANSICHT	⌘+K	Zeigt das Dokument druckgenau auf dem Bildschirm an.
ANSICHT|SCHNELLMODUS	⇧+⌘+K	Optimiert die Bildschirmanzeige für schnelleres Neuzeichnen. Dies hat keine Auswirkungen auf Objekte oder das Drucken.
ANSICHT|SYMBOLLEISTEN	Alt+⌘+T	Blendet alle Symbolleisten ein oder aus.
ANSICHT|BEDIENFELDER	F4, ⇧+⌘+H	Blendet alle geöffneten Bedienfelder ein oder aus.
ANSICHT|SEITENLINEALE|EINBLENDEN	Alt+⌘+R	Blendet die Lineale ein oder aus.
ANSICHT|TEXTLINEALE	⌘+/	Blendet das Textlineal ein oder aus.
ANSICHT|HILFSLINIEN|EINBLENDEN	⌘+;	Blendet nicht druckende, für die Ausrichtung verwendete Zeilen oder Objekte ein oder aus.
ANSICHT|HILFSLINIEN|SPERREN	Alt+⌘+;	Sperrt die Hilfslinien, um ein versehentliches Verschieben zu verhindern. Gibt die Hilfslinien frei, falls sie gesperrt sind.

Befehlsname	Kurzbefehle	Beschreibung des Befehls
ANSICHT|HILFSLINIEN|AN HILFSLINIEN AUSRICHTEN	⇧+⌘+;	Richtet Objekte an der nächstgelegenen Hilfslinie aus.
ANSICHT|RASTER|EINBLENDEN	Alt+⌘+G	Blendet ein nicht druckendes Raster ein oder aus.
ANSICHT|RASTER|AM RASTER AUSRICHTEN	Alt+⇧+⌘+G	Richtet Objekte an der nächstgelegenen Rasterkoordinate aus.
ANSICHT|AN PUNKT AUSRICHTEN	⌘+'	Richtet Objekte am nächstgelegenen Punkt aus.
MODIFIZIEREN|TRANSFORMIEREN|SKALIEREN...	⌘+F10	Verkleinert oder vergrößert die ausgewählten Objekte.
MODIFIZIEREN|TRANSFORMIEREN|DREHEN...	⌘+F13	Rotiert ein ausgewähltes Objekt um einen festen Punkt.
MODIFIZIEREN|TRANSFORMIEREN|NEIGEN...	⌘+F11	Neigt ein Objekt in einem schiefen Winkel.
MODIFIZIEREN|ERNEUT TRANSFORMIEREN	⌘+,	Wiederholt den letzten Transformationsvorgang.
MODIFIZIEREN|ANORDNEN|IN DEN VORDERGRUND	⇧+⌘+↑	Stellt die ausgewählten Zeichnungsobjekte in den Vordergrund der aktuellen Ebene.
MODIFIZIEREN|ANORDNEN|NACH VORNE VERSCHIEBEN	⌘+↑	Verschiebt das ausgewählte Objekt um eine Ebene nach vorne.
MODIFIZIEREN|ANORDNEN|NACH HINTEN VERSCHIEBEN	⌘+↓	Verschiebt das ausgewählte Objekt um eine Ebene nach hinten.
MODIFIZIEREN|ANORDNEN|IN DEN HINTERGRUND	⇧+⌘+↓	Stellt die ausgewählten Zeichnungsobjekte in den Hintergrund der aktuellen Ebene.

Befehlsname	Kurzbefehle	Beschreibung des Befehls
MODIFIZIEREN|AUSRICHTEN...|OBEN...	Alt+⌘+4	Richtet ausgewählte Objekte am oberen Rand des höchsten Objekts aus.
MODIFIZIEREN|AUSRICHTEN...|UNTEN...	Alt+⌘+6	Richtet ausgewählte Objekte am unteren Rand des niedrigsten Objekts aus.
MODIFIZIEREN|AUSRICHTEN...|HORIZONTAL ZENTRIEREN...	Alt+⌘+5	Richtet ausgewählte Objekte am horizontalen Mittelpunkt aller Objekte aus.
MODIFIZIEREN|AUSRICHTEN...|VERTIKAL ZENTRIEREN...	Alt+⌘+2	Richtet ausgewählte Objekte an ihrem vertikalen Mittelpunkt aus.
MODIFIZIEREN|AUSRICHTEN...|LINKS	Alt+⌘+1	Richtet ausgewählte Objekte am linken Rand des ganz links liegenden Objekts aus.
MODIFIZIEREN|AUSRICHTEN...|RECHTS	Alt+⌘+3	Richtet ausgewählte Objekte am rechten Rand des ganz rechts liegenden Objekts aus.
MODIFIZIEREN|ERNEUT AUSRICHTEN	Alt+⇧+⌘+A	Wiederholt eine Ausrichtung mit den aktuellen Einstellungen im Ausrichtungs-Bedienfeld.
MODIFIZIEREN|VERBINDEN	⌘+J	Verknüpft einen oder mehrere Pfade oder verbindet zwei Endpunkte.
MODIFIZIEREN|TEILEN	⇧+⌘+J	Unterteilt ein Objekt in kleinere Pfade oder Teilpfade.
MODIFIZIEREN|ZUSAMMENFASSEN|MISCHUNG	⇧+⌘+B	Erstellt eine Reihe von Zwischenschritten zwischen zwei Pfaden.

Befehlsname	Kurzbefehle	Beschreibung des Befehls
MODIFIZIEREN|ZUSAMMENFASSEN|MISCHUNG MIT PFAD VERBINDEN	Alt + ⇧ + ⌘ + B	Verbindet eine Mischung mit einem Pfad.
MODIFIZIEREN|SPERREN	⌘ + L	Sperrt die ausgewählten Objekte an ihrer Position, um ein versehentliches Verschieben, Ausschneiden oder Löschen zu vermeiden.
MODIFIZIEREN|SPERRUNG AUFHEBEN	⇧ + ⌘ + L	Hebt die Sperrung eines ausgewählten gesperrten Objekts auf.
MODIFIZIEREN|GRUPPIEREN	⌘ + G	Erfasst gleichzeitig zwei oder mehr ausgewählte Objekte oder Pfadpunkte.
MODIFIZIEREN|GRUPPIERUNG AUFHEBEN	⇧ + ⌘ + G	Trennt eine Gruppierung in einzelne Objekte.
MODIFIZIEREN|SYMBOL|SYMBOL BEARBEITEN	⌘ + E	Zeigt das Fenster SYMBOLBEARBEITUNG an.
MODIFIZIEREN|SYMBOL|IN SYMBOL KONVERTIEREN	F8	Erstellt ein neues Grafiksymbol aus der aktuellen Auswahl und ersetzt diese Auswahl durch eine Instanz dieses Symbols.
MODIFIZIEREN|IN BILD KONVERTIEREN...	Alt + ⇧ + ⌘ + Z	Konvertiert die ausgewählten Objekte in eine Bitmap und behält die Originalobjekte bei.
TEXT|GRÖSSE|KLEINER	⇧ + ⌘ + ,	Verkleinert den ausgewählten Text um einen Schriftgrad.
TEXT|GRÖSSE|GRÖSSER	⇧ + ⌘ + .	Vergrößert den ausgewählten Text um einen Schriftgrad.
TEXT|SCHRIFTSTIL|FETT	⌘ + B	Stellt den ausgewählten Text in Fettschrift dar.

Befehlsname	Kurzbefehle	Beschreibung des Befehls
TEXT|SCHRIFTSTIL|KURSIV	⌘+I	Stellt den ausgewählten Text in Kursivschrift dar.
TEXT|SCHRIFTSTIL|FETT KURSIV	Alt+⇧+⌘+O	Stellt den ausgewählten Text in Fett- und Kursivschrift dar.
TEXT|EFFEKT|HERVORHEBUNG...	Alt+⇧+⌘+H	Hebt den ausgewählten Text hervor.
TEXT|EFFEKT|DURCHSTREICHEN...	Alt+⇧+⌘+S	Streicht den ausgewählten Text durch.
TEXT|EFFEKT|UNTERSTREICHEN...	Alt+⇧+⌘+U	Unterstreicht den ausgewählten Text.
TEXT|AUSRICHTEN|LINKS	Alt+⇧+⌘+L	Richtet ausgewählten Text linksbündig aus.
TEXT|AUSRICHTEN|RECHTS	Alt+⇧+⌘+R	Richtet ausgewählten Text rechtsbündig aus.
TEXT|AUSRICHTEN|ZENTRIERT	Alt+⇧+⌘+C	Zentriert den ausgewählten Text.
TEXT|AUSRICHTEN|BLOCKSATZ	Alt+⇧+⌘+J	Richtet den ausgewählten Text im Blocksatz aus.
TEXT|SONDERZEICHEN|GEVIERT-LEERZEICHEN	⇧+⌘+M	Fügt ein Leerzeichen mit der Breite der aktuellen Schriftgröße ein.
TEXT|SONDERZEICHEN|HALBGEVIERT-LEERZEICHEN	⇧+⌘+N	Fügt ein Leerzeichen mit der halben Breite der aktuellen Schriftgröße ein.
TEXT|SONDERZEICHEN|ZEHNTELGEVIERT-LEERZEICHEN	⇧+⌘+T	Fügt ein Leerzeichen mit einem Zehntel der Breite der aktuellen Schriftgröße ein.
TEXT|SONDERZEICHEN|WEICHER TRENNSTRICH	⌘+-	Fügt einen Trennstrich nach dem letzten Zeichen vor einem Textzeilenumbruch ein.

Befehlsname	Kurzbefehle	Beschreibung des Befehls
TEXT|EDITOR...	⇧+⌘+E	Blendet den Texteditor ein oder aus.
TEXT|UM AUSWAHL FLIESSEN LASSEN...	Alt+⌘+W	Steuert den Textumbruch um ein ausgewähltes Objekt.
TEXT|TEXTFLUSS IM PFAD	⇧+⌘+U	Steuert den Textfluss eines ausgewählten Textblocks in einem ausgewählten geschlossenen Pfad.
TEXT|AN PFAD ANFÜGEN	⇧+⌘+Y	Verbindet einen ausgewählten Textblock mit einem ausgewählten Pfad.
TEXT|IN PFADE KONVERTIEREN	⇧+⌘+P	Ändert den ausgewählten Text in bearbeitbare Vektorobjekte.
XTRAS|LETZTEN VORGANG WIEDERHOLEN	⇧+⌘+=	Wendet die zuletzt durchgeführte Xtra-Funktion an.
FENSTER|NEUES FENSTER	Alt+⌘+N	Öffnet ein weiteres Dokumentfenster für das aktive Dokument.
FENSTER|WERKZEUGE	⌘+F2	Blendet das Werkzeug-Bedienfeld ein oder aus.
FENSTER|OBJEKT	⌘+F3	Blendet das Bedienfeld OBJEKT ein oder aus.
FENSTER|ANTWORTEN	Alt+⌘+F1	Blendet das ANTWORTEN-Bedienfeld ein oder aus.
FENSTER|EBENEN	F2, ⌘+6	Blendet das EBENEN-Bedienfeld ein oder aus.
FENSTER|FARBFELDER	⌘+F9	Blendet das Bedienfeld FARBFELDER ein oder aus.

Befehlsname	Kurzbefehle	Beschreibung des Befehls
FENSTER|STILE	[⇧]+[F11], [⌘]+[3]	Blendet das FORMAT-Bedienfeld ein oder aus.
FENSTER|BIBLIOTHEK	[F11]	Blendet die Symbolbibliothek ein oder aus.
FENSTER|FARBMISCHER	[⇧]+[F9], [⇧]+[⌘]+[C]	Blendet den Farbmischer ein oder aus.
FENSTER|AUSRICHTEN	[Alt]+[⌘]+[A]	Blendet das Ausrichtungs-Bedienfeld, über das Objekte in Bezug zueinander ausgerichtet oder verteilt werden, ein oder aus.
FENSTER|FILM|TEST	[⌘]+[↵]	Zeigt das aktuelle FreeHand-Dokument als einen Macromedia-Flash(SWF)-Film an.
FENSTER|FILM|EINSTELLUNGEN	[⇧]+[⌘]+[↵]	Greift auf das Dialogfeld 'Exporteinstellungen' von Macromedia Flash (SWF) zu.
WERKZEUGE/BEFEHLE|SEITEN|VORHERIGE SEITE	[⌘]+[Bild ↑]	Zeigt die vorherige Seite an.
WERKZEUGE/BEFEHLE|SEITEN|NÄCHSTE SEITE	[⌘]+[Bild ↓]	Zeigt die nächste Seite an.
WERKZEUGE/BEFEHLE|TEXTANPASSUNGEN|ZUM VORHERIGEN WORT BEWEGEN	[⌘]+[←]	Platziert Cursor vor dem aktuellen Wort.
WERKZEUGE/BEFEHLE|TEXTANPASSUNGEN|ZUM NÄCHSTEN WORT BEWEGEN	[⌘]+[→]	Platziert Cursor hinter dem aktuellen Wort.

Befehlsname	Kurzbefehle	Beschreibung des Befehls
WERKZEUGE/BEFEHLE|TEXTANPASSUNGEN|AN SATZANFANG BEWEGEN	⌘+7	Platziert Cursor am Satzanfang.
WERKZEUGE/BEFEHLE|TEXTANPASSUNGEN|AN SATZENDE BEWEGEN	⌘+1	Platziert Cursor am Satzende.
WERKZEUGE/BEFEHLE|TEXTANPASSUNGEN|AN ANFANG DER DARSTELLUNG BEWEGEN	⌘+Home	Platziert Cursor am Anfang der Darstellung.
WERKZEUGE/BEFEHLE|TEXTANPASSUNGEN|AN ENDE DER DARSTELLUNG BEWEGEN	⌘+Ende	Platziert Cursor am Ende der Darstellung.
WERKZEUGE/BEFEHLE|TEXTANPASSUNGEN|VORHERIGES WORT AUSWÄHLEN	⇧+⌘+←	Markiert bis zum Anfang des aktuellen Wortes.
WERKZEUGE/BEFEHLE|TEXTANPASSUNGEN|NÄCHSTES WORT AUSWÄHLEN	⇧+⌘+→	Markiert bis zum Ende des aktuellen Wortes.
WERKZEUGE/BEFEHLE|TEXTANPASSUNGEN|BIS SATZANFANG AUSWÄHLEN	⌘+8	Markiert bis zum Satzanfang.
WERKZEUGE/BEFEHLE|TEXTANPASSUNGEN|BIS SATZENDE AUSWÄHLEN	⌘+2	Markiert bis zum Satzende.

Befehlsname	Kurzbefehle	Beschreibung des Befehls
Werkzeuge/Befehle|Textanpassungen|Bis Anfang der Darstellung auswählen	⇧+⌘+Home	Markiert bis zum Anfang der Darstellung.
Werkzeuge/Befehle|Textanpassungen|Bis Ende der Darstellung auswählen	⇧+⌘+Ende	Markiert bis zum Ende der Darstellung.
Werkzeuge/Befehle|Textanpassungen|Vorheriges Wort löschen	⇧+⌘+⟵	Löscht das vorherige Wort.
Werkzeuge/Befehle|Textanpassungen|Nächstes Wort löschen	⇧+⌘+Entf	Löscht das nächste Wort.
Werkzeuge/Befehle|Textanpassungen|Zeilenabstand vergrössern	⌘+\+	Vergrößert Zeilenabstand des hervorgehobenen Textes in 100%- oder 2-Punkt-Stufen.
Werkzeuge/Befehle|Textanpassungen|Zeilenabstand weniger stark vergrössern	Alt+⌘+\+	Vergrößert Zeilenabstand des hervorgehobenen Textes in 50%- oder 1-Punkt-Stufen.
Werkzeuge/Befehle|Textanpassungen|Zeilenabstand verringern	⌘+-	Verringert Zeilenabstand des hervorgehobenen Textes in 100%- oder 2-Punkt-Stufen.
Werkzeuge/Befehle|Textanpassungen|Zeilenabstand weniger stark verringern	Alt+⌘+-	Verringert Zeilenabstand des hervorgehobenen Textes in 50%- oder 1-Punkt-Stufen.

Befehlsname	Kurzbefehle	Beschreibung des Befehls
WERKZEUGE/BEFEHLE|TEXTANPASSUNGEN|UNTERSCHNEIDUNG +1%	Alt+⌘+→	Vergrößert die Unterschneidung für den ausgewählten Text um 1%-Geviert.
WERKZEUGE/BEFEHLE|TEXTANPASSUNGEN|UNTERSCHNEIDUNG -1%	Alt+⌘+←	Verringert die Unterschneidung für den ausgewählten Text um 1%-Geviert.
WERKZEUGE/BEFEHLE|TEXTANPASSUNGEN|UNTERSCHNEIDUNG +10%	Alt+⇧+⌘+→	Vergrößert die Unterschneidung für den ausgewählten Text um 10%-Geviert.
WERKZEUGE/BEFEHLE|TEXTANPASSUNGEN|UNTERSCHNEIDUNG -10%	Alt+⇧+⌘+←	Verringert die Unterschneidung für den ausgewählten Text um 10%-Geviert.
WERKZEUGE/BEFEHLE|TEXTANPASSUNGEN|GRUNDLINIENVERSCHIEBUNG VERGRÖSSERN	Alt+⌘+↑	Vergrößert die Grundlinienverschiebung für den ausgewählten Text.
WERKZEUGE/BEFEHLE|TEXTANPASSUNGEN|GRUNDLINIENVERSCHIEBUNG VERRINGERN	Alt+⌘+↓	Verringert die Grundlinienverschiebung für den ausgewählten Text.
WERKZEUGE/BEFEHLE|TEXTANPASSUNGEN|HORIZONTALE SKALIERUNG VERGRÖSSERN	⌘+6	Vergrößert horizontale Skalierung des hervorgehobenen Textes um 5%.
WERKZEUGE/BEFEHLE|TEXTANPASSUNGEN|HORIZONTALE SKALIERUNG VERRINGERN	⌘+3	Verringert horizontale Skalierung des hervorgehobenen Textes um 5%.
WERKZEUGE/BEFEHLE|WERKZEUGE|AUSWÄHLEN	⇧+F10	Wählt Objekte aus, verschiebt sie oder ändert ihre Größe.

Befehlsname	Kurzbefehle	Beschreibung des Befehls
WERKZEUGE/BEFEHLE|WERKZEUGE|STIFT	⇧+F6	Zeichnet Pfade nach Verankerungspunkten.
WERKZEUGE/BEFEHLE|WERKZEUGE|BEZIGON	⇧+F2	Zeichnet Pfade unter Verwendung automatischer Kurven.
WERKZEUGE/BEFEHLE|WERKZEUGE|TEXT	⇧+⌘+F9	Fügt einen Textblock ein.
WERKZEUGE/BEFEHLE|WERKZEUGE|LINIE	⇧+F4	Zeichnet gerade Linien.
WERKZEUGE/BEFEHLE|WERKZEUGE|BLEISTIFT	⇧+F5	Zeichnet Freiformpfade.
WERKZEUGE/BEFEHLE|WERKZEUGE|ELLIPSE	⇧+F3	Zeichnet Ellipsen und Kreise.
WERKZEUGE/BEFEHLE|WERKZEUGE|RECHTECK	⇧+F1	Zeichnet Rechtecke, abgerundete Rechtecke und Quadrate.
WERKZEUGE/BEFEHLE|WERKZEUGE|POLYGON	⇧+F8	Zeichnet Polygone und Sterne.
WERKZEUGE/BEFEHLE|WERKZEUGE|SKALIEREN	F10	Ändert die Größe der ausgewählten Objekte.
WERKZEUGE/BEFEHLE|WERKZEUGE|DREHEN	F13	Rotiert die ausgewählten Objekte.
WERKZEUGE/BEFEHLE|WERKZEUGE|SPIEGELN	F9	Spiegelt die ausgewählten Objekte.
WERKZEUGE/BEFEHLE|WERKZEUGE|MESSER	⇧+F7	Teilt einen Pfad in zwei Pfade ein.
WERKZEUGE/BEFEHLE|STRICHE|SCHMALERER STRICH	Alt+⇧+⌘+,	Verringert Strichstärke um eine Stufe.
WERKZEUGE/BEFEHLE|STRICHE|DICKER	Alt+⇧+⌘+.	Vergrößert Strichstärke um eine Stufe.

A.2 Linienmuster in FreeHand MX

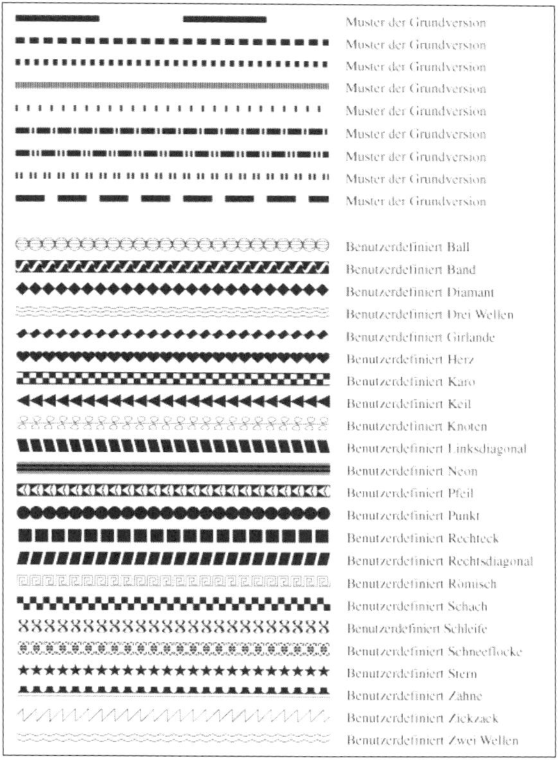

Abbildung A.1: In dieser Übersicht sehen Sie Linienmuster, die in FreeHand MX normalerweise ausgewählt werden können.

A.3 Bitmap-Muster in FreeHand MX

Abbildung A.2: In dieser Abbildung sehen Sie die Bitmap-Muster, die Sie in FreeHand MX für Linien oder Füllungen verwenden können.

A.4 PostScript-Muster in FreeHand MX

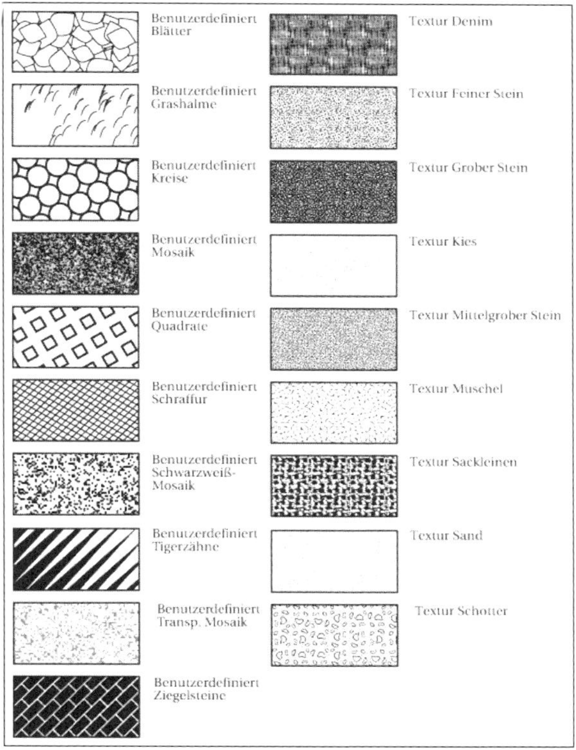

Abbildung A.3: Dies sind die benutzerdefinierten PostScript-Muster und Texturen, die in FreeHand MX ausgewählt werden können.

A.5 Textimport-Formate

Dateiformat	Windows	Macintosh	Anmerkungen
ASCII-Text	X	X	
RTF-Text	X	X	Rich Text Format. Formatierter Text bleibt erhalten.

Tabelle 1.1: Es gibt nicht sehr viele Textformate, die Sie nutzen können. Im Notfall müssen Sie die Textdatei als ASCII-Text speichern, bevor Sie sie importieren.

A.6 Bildimport-Formate

Dateiformat	Windows	Macintosh	Anmerkungen
CompuServe GIF	X	X	Bitmap
JPEG	X	X	Bitmap
Macintosh PICT		X	Bitmap
Portable Network Graphic (PNG)	X	X	Bitmap
Targa	X	X	Bitmap
TIFF	X	X	Bitmap
Windows Bitmap	X	X	Bitmap
Adobe Photoshop 3 bis 6	X	X	Bitmap. Dateien müssen zum Photoshop-2.5-Format kompatibel gespeichert werden, sind aber nicht in FreeHand bearbeitbar.
Adobe Illustrator 1.1 bis 9.0	X	X	Vektor und Bitmap
CorelDraw 7 und 8	X	X	Vektor und Bitmap. Dateien müssen ohne Bitmapkomprimierung gespeichert sein.

Dateiformat	Windows	Macintosh	Anmerkungen
DCS2 EPS-Dateien (Desktop Color Separations)	X	X	Vektor und Bitmap
FreeHand 8 über MX	X	X	Vektor und Bitmap
EPS	X	X	Vektor und Bitmap
Windows Metafile (WMF)	X		Vektor und Bitmap
Windows Enhanced Metafile (EMF)	X		Vektor und Bitmap
Acrobat PDF	X	X	PDF (Portable Document Format)
AutoCAD (DXF)	X	X	Vektor
Micrografx Designer 3.x	X		Vektor
HPGL2-Grafiken	X		Vektor, für die Ausgabe auf Plottern mit speziellen Schriften. Beachten Sie die Herstellerangaben des Plotters.
Macromedia Fireworks PNG	X	X	Editierbare Vektoren, Text, Ebenen und Bitmaps je nach Importoptionseinstellung
QuarkXPress EPS	X	X	Vektor. Diese Dateien können in FreeHand nur platziert werden.
Macromedia Flash (SWF)	X	X	SWF-Film. Der Film kann nicht bearbeitet, aber gestartet werden.

A.7 Dateiexport-Formate für Text

Dateiformat	Windows	Macintosh	Anmerkungen
ASCII-Text	X	X	Für Texte ohne Formatierung
Rich Text Format RTF	X	X	Für editierbare Texte mit Formatierung

A.8 Dateiexport-Formate für Grafiken

Dateiformat	Windows	Macintosh	Anmerkungen
Bitmap (BMP)	X	X	Bitmapgrafiken
TIFF (Tagged Image File Format)	X	X	Bitmapgrafiken
Targa		X	Bitmapgrafiken
Portable Network Graphic (PNG)	X	X	Bitmapgrafiken
JPEG	X	X	Bitmapgrafiken
GIF	X	X	Bitmapgrafiken mit indizierten Farben
Acrobat PDF	X	X	Bitmap und Vektorinformationen im PDF-Format
Adobe Illustrator 1.1 bis 7.x	X	X	Konvertierung in eine Illustrator-kompatible Datei
FreeHand 8 bis 10	X	X	Konvertierung in eine Datei für frühere FreeHand-Versionen
Macromedia Flash (SWF)	X	X	Konvertierung in einen SWF-Film

Dateiformat	Windows	Macintosh	Anmerkungen
Windows Metafile (WMF)	X		Vektorgrafiken
Enhanced Metafile (EMF)	X		Vektorgrafiken, Text
Encapsulated Post-Script (EPS)	X	X	EPS ohne Vorschau (Bitmap- und Vektorgrafiken inkl. Text)
Macintosh EPS		X	EPS mit PICT-Vorschau
MS-DOS EPS		X	EPS mit TIFF-Vorschau
EPS mit TIFF-Vorschau	X		EPS mit TIFF-Vorschau Windows-kompatibel
CMYK-EPS	X		EPS mit Farbdefinition für die Druckvorstufe
QuarkXPress EPS	X	X	EPS mit TIFF-Vorschau Windows-kompatibel
Desktop Color Separations 2.0 (DCS2 EPS)	X	X	EPS zur Verwendung mit OPI
Photoshop 3, 4/5 EPS	X	X	EPS für die Erstellung von in Photoshop gerasterten Vektorinformationen
Photoshop 5 PSD	X	X	Grafiken, die in Photoshop editiert werden können

Stichwortverzeichnis

L

M

Z